30th Anniversary Edition
The Warren Buffett Way

The Warren Buffett Way, 30th Anniversary Edition

Copyright ⓒ 2024 by Robert G. Hagstrom
All Rights Reserved.
This translation is published under the license with the original publisher John Wiley & Sons, Inc.

Korean translation copyright ⓒ 2025 by SangSangSquare
This translation is published under the license with John Wiley & Sons, Inc.
through EYA Co., Ltd.

이 책의 한국어판 저작권은 EYA Co., Ltd.를 통한 John Wiley & Sons, Inc. 사와의
독점 계약으로 주식회사 상상스퀘어에 있습니다.
저작권법에 의해 한국 내에서 보호를 받는 저작물이므로 무단전재 및 복제를 금합니다.

일러두기

- 외래어표기법에 따라 표기하지만 이미 관용적으로 사용하는 인명과 기업명의 경우 그 대로 사용했습니다.
- 원저자 주는 미주로, 옮긴이 주는 *로 표기해 본문 하단에 각주로 표기했습니다.
- 본문에서 언급하는 논문이나 기사, 잡지는 〈 〉, 단행본의 경우 《 》로 표기했습니다.
- 국내에 출간된 단행본의 경우 국역본 제목으로 표기했고, 미출간 도서의 경우 최대한 원서에 가깝게 번역하고 원제를 병기했습니다.
- 본문에 병기된 원화 환산 금액은 2025년 4월 9일 기준 환율(1달러=1,481원)을 적용해 계산 했습니다.

워런 버핏 웨이

30th Anniversary Edition

신용우 옮김
로버트 해그스트롬 지음

The Warren Buffett Way

상상스퀘어

이 책에 대한 찬사

"《워런 버핏 웨이》는 그의 경력을 개괄하고, 그의 투자 기법이 어떻게 진화했는지 설명하며, 그 과정에서 중요한 역할을 한 인물들을 소개한다. 또한 그가 타의 추종을 불허하는 성과를 기록하게 한 주요 투자 결정을 자세히 다룬다. 마지막으로 이 책은 모든 시민이 부유함의 정도와 관계없이 사용할 수 있는 투자 도구를 통해 일관되게 수익을 창출한 투자자의 사고와 철학을 담고 있다."

— 피터 린치Peter Lync, 〈서문〉 중에서

"이 책의 인기는 그 분석의 정확성과 조언의 가치를 증명하는 것과 같다. 해그스트롬의 작품이 지닌 지속적인 가치는 바로 이 명확한 초점에서 비롯된다. 이 책은 투자 기법에 대해 이야기하지만, 본질적으로는 변치 않는 원칙에 대한 내용이다."

— 빌 밀러Bill Miller, 〈서문〉 중에서

워런 버핏은 집중력이 뛰어나고, 절제력이 있으며, 분명한 목적의식을 가지고 있다. 그는 근면하고, 숫자 감각이 탁월하며, 논리적이다. 또한 그는 엄청난 양의 정보를 수집하는 데 열정적이다. 앞서 언급한 자질들을 가진 사람은 많지 않지만 결코 유일한 것은 아니다. 그리고 각각의 자질은 모두 설득력 있는 요소들이다. 누구도 이런 말에 반대하긴 어려울 것이다. 다만 이 모든 자질을 실제 행동으로 구현해 내는 사람은 극히 드물다. 이 자질들의 결합, 그리고 특별한 사람을 특별하게 만드는 무형의 '무언가'가 더해져 있었기에, 워런 버핏은 '워런 버핏 방식The Warren Buffett Way'을 적용해 특별한 성공을 거둘 수 있었던 것이다.

— 하워드 막스Howard Marks, 〈서문〉 중에서

"이 책은 현대 최고의 성공을 거둔 주식 투자자가 그렇게 될 수 있었던 규칙을 간단한 언어로 설명한다. 주요 투자 성공의 기본을 무시해 계속 어려움을 겪는 수많은 불행한 투자자들에게는 더없이 반가운 선물이 될 것이다."

— 필립 피셔Philip Fisher, 《위대한 기업에 투자하라》의 저자

"이 책의 저자인 로버트 해그스트롬은 워런 버핏의 전략을 깊이 있게 분석하며, 그의 놀라운 성공 기록에 기여한 주요 증권을 어떠한 '방법과 이유'로 선택했는지 탐구한다. 버핏의 소박한 지혜와 철학 또한 이 책을 포괄적이고 흥미로우며 쉽게 읽을 수 있도록 만드는 요소 중 하나다."

— 존 C. 보글John C. Bogle, 뱅가드 그룹The Vanguard Group 회장

"워런 버핏은 이 세기에 가장 위대한 투자자임이 분명하다. 그가 자유 시장에서 거대한 부를 쌓았기 때문이 아니라, 중요한 생각을 우리와 공유하고 성공에 필수적인 지혜와 용기를 공개적으로 보여주었기 때문이다. 버크셔 해서웨이Berkshire Hathaway는 나의 가장 크고 오랜 투자 대상이었으며, 워런은 최고의 스승이었다."

— 찰스 D. 엘리스Charles D. Ellis, 그리니치 어소시에이츠 관리 파트너Managing Partner, Greenwich Associates

"워런 버핏은 종종 단순히 '가치 투자자' 혹은 벤저민 그레이엄Benjamin Graham의 제자로 묘사된다. 해그스트롬은 시장에서 성공하기 위한 매우 실용적인 조언들과 함께 그 나머지 이야기를 채워준다."

— 마틴 S. 프리드슨Martin S. Fridson,
《슈퍼 리치: 거대한 부는 어떻게 만들어지는가》의 저자

"로버트 해그스트롬은 버핏의 접근 방식을 더 넓은 맥락에서 다루면서 벤저민 그레이엄에서 필립 피셔에 이르는 투자 거장들의 핵심 아이디어를 포착할 뿐만 아니라, 그들의 통찰을 이론적 기반을 바탕으로 명확히 설명한다. 이 책은 단순한 투자서가 아니라, 하나의 투자 도서관이다."

— 크리스 데이비스Chris Davis, 데이비스 어드바이저스Davis Advisors 회장

"로버트 해그스트롬, 인생에서 가장 흥미롭고 두려운 과제 중 하나인 자산 투자에서 우리 모두가 더 성공할 수 있도록 날카로운 사고와 명확한 글쓰기, 그리고 단순한 전략을 제공해 주어 감사하다."

— 재닛 로우Janet Lowe, 《워런 버핏, 부의 진실을 말하다》 등 베스트셀러 저자

추천의 글

자산시장이 붕괴될 때마다
워런 버핏이 소환되는 이유

홍춘욱

프리즘투자자문 대표이자 국내 대표 경제 전문가로, 30년 넘게 국내외 금융시장과 경제를 연구해 온 실전형 이코노미스트다. 그는 한국은행, 국민연금, 하나금융투자 등에서 이코노미스트로 근무하며 국내외 자산시장 전망과 투자 전략 수립을 담당했고, 이후에는 투자자문사를 설립해 실물경제와 금융을 잇는 투자 지침을 제시하고 있다.

연세대학교 사학과를 졸업하고 고려대학교에서 경제학 석사, 명지대학교에서 경영학 박사 학위를 받은 그는 '역사적 맥락 위에서 경제를 바라보는 통찰'로 주목받는다. 특히 《50대 사건으로 보는 돈의 역사》, 《대한민국 돈의 역사》, 《홍춘욱의 최소한의 경제 토픽》 등 그의 저서들은 복잡한 경제 이슈를 누구나 이해할 수 있도록 풀어내었으며, 일반 독자부터 투자 실무자까지 널리 읽히고 있다.

그는 "과거를 알면 미래가 보인다"는 신념 아래, 경제사와 금융사의 교차점을 탐색하며, 단기 전망에 급급한 정보 대신 긴 호흡의 흐름을 제시하는 해설자로 활동 중이다. 경제 콘텐츠를 기반으로 한 유튜브 채널, 강연, 기고 등을 통해 대중과 활발히 소통하고 있으며, 최근에는 은퇴 이후 삶과 자산 관리에 초점을 둔 저작과 활동을 이어가고 있다.

2024년 말, 한 인터넷 커뮤니티에 다음과 같은 글이 올라왔다. "워런 버핏이 애플을 매도한 것은 큰 실수이며, 그는 이제 시대의 흐름에 뒤쳐진 것 같다." 나는 32년 넘게 경제 분석가로 활동하면서 이와 비슷한 주장을 수도 없이 접해왔다. 그래서일까, 그 글을 보자마자 직감했다. 아마도 그 덕분에 2025년 1월, 〈조선일보〉에서 주최한 재테크 트렌드 박람회에서 "전쟁의 공포가 부각될 때는 금과 미국 리츠에 대해 관심을 가져야 한다"고 조언할 수 있었던 것 같다.[1] 이런 판단의 근거는 단순하다. 워런 버핏이 사람들에게 조롱받으면서도 투자로 돈 벌기 쉽다고 생각할 때가 오히려 시장은 가장 위험한 지점에 진입하기 때문이다.

《워런 버핏 웨이》에서 확인할 수 있듯, 투자는 결코 쉬운 일이 아니다. '투자의 신'이라 불리는 워런 버핏조차 방직 회사인 버크셔 해서웨이를 매입한 후 큰 시련을 겪었다. 자산 가치에 비해 주가가 저평가 되었다고 판단해 경영권까지 인수했지만, 한국과 일본, 대만 등 아시아 기업의 저가 공세에 밀려 결국 섬유 사업을 접어야 했다. 그는 그 시절을 "나는 마치 차를 쫓던 개가 그것을 잡고 나서 어떻게 해야 할지 모르는 상황에 처한 것 같았다"라고 회고했다.[2]

하지만 워런 버핏은 이때 한 단계 더 성장했다. 그의 평생 동반자인 찰리 멍거Charlie Munger를 만나면서, 그는 전혀 다른 투자 철학을 받아들이게 된다. 워런 버핏은 "찰리 멍거는 내가 '담배꽁초 줍기' 습관을 버리고, 엄청난 규모와 만족스러운 수익을 결합할 수 있는 …… 방향으로 나아가게 했다. 내 관점에서 찰리의 가장 중요한 업적은 오늘날 버크셔의 설계를 만들어낸 것이다. 그가 제시한 청사진은 간단했다. '괜찮은 기업을 훌륭한 가격에 산다는 방식을 잊어라. 대신 훌륭한 기업을 괜찮은 가격에 사라'"라고 회고했다.[3]

여기서 말하는 담배꽁초 줍기란, 기업의 순현금보다 낮은 가격에 주식이 거래되는 회사를 찾아 투자하는 전략을 뜻한다. 이는 워런 버핏의 스승인 벤저민 그레이엄이 대공황 이후 극도로 저평가된 미국 주식시장에서 놀라운 성과를 거두며 창안한 방식이었다.

그러나 1960년대 후반, 미국 경제가 20년 가까이 강세장을 이어가면서 그런 투자 대상은 점점 사라졌다. 이에 따라 버핏은 시스캔디See's Candies처럼 저렴하지는 않지만 성장 가능성과 브랜드 가치를 갖춘 기업을 인수하는 방향으로 전환했다. 그것은 시대 변화에 따른 불가피한 선택이었다.

바로 이 지점에서 워런 버핏의 위대함이 드러난다. 기존에 잘 하던 것을 버리고, 전혀 새로운 방식으로 '뛰어내리는 것'은 아무나 할 수 없는 일이기 때문이다. 그는 더 나아가 "일반적으로 가치 투자는 다음과 같은 특성을 가진 주식을 매수하는 것을 의미한다. 예를 들면, 주가순자산비율이 낮거나, 주가수익비율이 낮거나, 배당수익률이 높은 종목들이다. 그러나 이러한 특성들이 동시에 존재한다고 해서, 반드시 투자자가 적정 가치에 맞게 주식을 매수하고 있는 것이라고는 단정할 수 없다"라고 지적했다.[4] 즉, 주가순자산비율이 높다고 해서 가치 투자의 대상에서 반드시 제외되는 것은 아니라는 뜻이다. 그러한 관점에서 보면, 2016년부터 애플에 투자하기 시작한 것 역시 워런 버핏 철학의 연장선상에 있으며, 매우 타당한 판단이었음을 알 수 있다.

　버크셔 해서웨이 인수부터 시스캔디, 그리고 애플에 이르기까지 워런 버핏의 투자 여정은 하루아침에 이뤄진 것이 아니다. 그는 늘 공부하고, 성찰하며, 시대의 흐름을 읽기 위해 모든 것을 던졌던 사람이다. 따라서 초보 투자자들이 워런 버핏을 조롱하고 멸시하는 것을 반대로 시장이 정점을 향하고 있다는 강력한 신호로 해석해야 마땅하다. 부디 많은 이들이 《워런 버핏 웨이》를 통해, 진지하면서도 지속 가능한 투자라는 길에 들어서길 바란다.

추천의 글

이 시대 최고의 투자자가 말하는,
누구나 할 수 있는 투자법

이효석

HS아카데미 대표이자 20년 가까이 은행, 자산운용, 리서치 등 다양한 업무를 경험한 실전형 금융투자 전문가. 그는 코리안리 자산운용, 교보AXA자산운용에서 펀드매니저로 활동하며 자산 배분과 운용 전략을 다져왔고, SK증권 리서치센터 자산전략 팀장으로서 국내외 투자자에게 시장 전망과 전략적 인사이트를 제공해 왔다. 이후 업라이즈 콘텐츠비즈니스 이사를 거쳐, 매주 글로벌 시황과 경제 흐름을 쉽게 풀어내며 대중과 소통하고 있다.

포항공과대학교(포스텍) 산업공학과에서 학사 및 석사 학위를 받은 그는 공학적 사고와 정량 분석 능력을 바탕으로, 글로벌 경제 흐름과 금융시장 트렌드를 구조적으로 해석하는 데 강점이 있다. 특히 '투자자는 스스로 공부해야 한다'는 신념 아래 유튜브 채널 〈이효석 아카데미〉(구독자 39만 명 이상)를 통해 주간 글로벌 시황과 경제 읽는 법을 널리 전파하고 있다.

대표 저서로는 경제와 투자를 처음 접하는 이들에게 큰 반향을 불러일으켰던 《나는 당신이 주식 공부를 시작했으면 좋겠습니다》가 있으며, 실물경제와 금융 지식을 연결하는 친절한 해설서인 《미스터 마켓 2021·2022》 등이 있다.

대한민국의 미래는 지속 가능성 자체가 의심될 정도로 심각한 상황에 놓여 있습니다. 출산율이 0.7명이라는 충격적인 수치를 기록하면서, 오히려 외국인들이 우리보다 더 걱정할 정도입니다. 고령화는 가속화되고 있고, 노동 인구는 빠르게 줄고 있어 국민연금의 지속 가능성도 크게 위협받고 있습니다. 현재 국민연금이 고갈될 시점은 2055년으로 예상되지만, 뚜렷한 개혁은 이뤄지지 않고 있죠. 결국 개인이 투자를 통해 스스로 노후를 준비해야 하는 시대가 된 것입니다.

그런데 통계청에서 발표한 생애주기 데이터를 살펴보면, 개인의 투자도 쉽지 않다는 걸 알 수 있습니다. 우리는 태어날 때부터 소득이 없어 적자인 상태로 시작합니다. 이 적자는 17세에 약 3500만 원까지 커지고, 직장을 얻어 27세에 처음으로 흑자로 전환되죠. 43세에 가장 많은 흑자(1800만 원)를 기록하고 나서는, 61세부터 다시 적자로 돌아섭니다(147만 원). 즉, 27세부터 61세까지 약 34년간 잘 모아두지 않으면, 자산은 고갈되었는데 나는 살아 있는 상황, 말 그대로 '내 자산보다 오래 사는 위험'에 직면할 수 있습니다.

물론 한편으로 희망적인 지표도 있습니다. 바로 우리나라의 '대외 순금융 자산'입니다. 이 수치는 해외에서 우리가 받을 돈(자산)에서 갚아야 할 돈(부채)을 뺀 개념으로, 2007년까지만 해도 0.2조 달러 정도 빚지고 있는 상태였습니다. 그러나 2015년부터 상황이 바뀌기 시작했고, 2024년에 드디어 1조 달러의 순자산을 기록했습니다. 마치 예전에는 2000만 원 대출만 있던 청년이 1억 원 자산가가 된 셈입니다. 이 놀라운 변화는 우리가 소득을 '좋은 금융자산'에 잘 투자해 얻은 결과입니다. 하지만 앞서 말한 것처럼 우리의 미래를 낙관해서는 안 됩니다. 앞으로가 더 중요하기 때문입니다. 이 1조 달러가 연 10%씩 증가한다면, 한화로 약 150조 원이 증가하는 것입니다. 이는 국내 상장기업 전체 순이익에 필적하는 금액이죠. 이제 투자는 단순히 개인의 재테크를 넘어, 국가적인 과제가 되었습니다. 그런 의미에서 《워런 버핏 웨이》는 국내 투자자들에게 정말 귀중한 선물이 될 것입니다.

투자의 진정한 목적은 '잘 살다가 잘 죽는 것'이라고 생각합니다. '잘 산다'는 것은 인플레이션을 이기는 수익률을 통해 구매력을 지키는 것이고, '잘 죽는다'는 것은 자산이 소진되기 전에 인생을 마무리하는 것입니다. 결국 투자는 내 소득을 '좋은 자산'에 잘 저장하는 과정이라 정의할 수 있습니다.

그렇다면 '좋은 자산'이란 무엇일까요? 시간이 갈수록 가치가 오르는 자산이어야 하겠죠. 하지만 우리가 일상에서 접하는 대부분의 자산들(자동차, 가전제품, 건물 등)은 시간이 지날수록 가치가 하락합니다. 그런데 시간이 지나도 가치가 오히려 상승하는 자산이 있습니다. 바로 기업입니다. 그래서 워런 버핏은 언제나 기업을 '소유'하는 것을 선호합니다. 그는 주식을 단순히 사는 것이 아니라, 기업 자체를 소유한다고 생각했고, 좋은 기업을 고르는 것이 투자에서 가장 핵심적인 요소라고 말했습니다.

버핏은 "주식을 이해하는 가장 지적인 방법은 사업가의 관점에서 생각하는 것"이라고 합니다. 투자와 사업은 본질적으로 비슷하기 때문이죠. 투자는 돈을 빌려주고 이자를 받는 것이고, 사업은 사람을 고용해 노동력을 빌려 쓰고 월급을 주는 것이니까요. 그래서 사업을 이해하려면 결국 사람을 이해해야 하고, 이는 투자에서도 마찬가지입니다.

워런 버핏은 어떻게 이 시대 최고의 투자자가 되었을까요? 그의 성과는 너무 압도적이어서, 시장을 장기적으로 이기는 건 어렵다는 이론조차 예외로 만들어버렸습니다. 이 책은 그가 말하는 "내가 하는 일은 누구나 할 수 있는 능력의 범위를 넘지 않는다"는 주장을 뒷받침하는 이야기이기도 합니다. 물론 이 책을 다 읽는다고 해서 바로 버핏처럼 될 수는 없겠죠. 하지만 그가 걸어온 길을 따라가 보는 것만으로도 충분히 의미가 있습니다.

2022년 5월, 저는 미국 오마하에서 열린 버크셔 해서웨이 주주총회에 직접 참석해 워런 버핏을 만났습니다. 그때를 생각하면 항상 떠오르는 재미있는 일화가 하나 있는데요, 자신의 투자 지식을 자랑한 한 소녀의 솔직한 질문에서 시작됩니다. "할아버지, 그럼 결국 뭘 사야 하나요? 한 종목만 알려주세요." 소녀의 당돌한 질문에 장내는 웃음바다가 되었고, 버핏은 다정한 목소리로 "너 자신에게 투자하는 것이 가장 높은 수익률을 낸단다 Invest in yourself"라고 대답했습니다.

그날 제가 들었던 말 중에서 가장 인상 깊었던 문장이었습니다. 왜냐하면 더 많이 배우면 learn, 더 많이 벌 수 있기 earn 때문이죠. 주식보다 중요한 투자 대상은 '자기 자신'이라는 진리를, 이 책을 통해 직접 확인해 보시기 바랍니다.

초판 머리말

워런 버핏의 철학과 투자법, 그리고 전설이 된 이유

피터 린치

1977년부터 1990년까지 피델리티 마젤란 펀드를 이끌며 연평균 29.2%의 수익률을 기록한 전설적인 펀드매니저다. 그는 이 기간 동안 S&P 500 지수를 2배 이상 초과하는 수익률을 달성했으며, 펀드 자산은 1800만 달러(약 267억 원)에서 140억 달러(약 21조 원)로 성장했다. 이 같은 성과는 월스트리트 역사상 유례없는 기록으로, 그를 "투자의 거장", "월가의 영웅"으로 불리게 만들었다.

린치의 투자 철학은 "자신이 아는 것에 투자하라(Know what you own)"는 문장으로 대표되며, 일상에서 접하는 기업을 직접 분석하고 기업 방문을 통해 정보를 얻는 실사 기반 투자에 중점을 뒀다. 그는 기업의 성장성과 내재가치를 평가해 장기적으로 수익을 얻는 방식을 통해 개인 투자자들에게도 실질적인 투자 기준을 제시했다.

그는 은퇴 이후에도 피델리티 부회장직을 유지하며 자문 역할을 수행하고 있고, 교육과 문화 분야의 사회공헌 활동에도 꾸준히 참여하고 있다. 린치가 집필한 《월가의 영웅》, 《이기는 투자》, 《투자 이야기》는 오늘날까지도 전 세계 투자자들에게 널리 읽히며, 그의 투자 철학을 전하는 대표적인 저서로 평가받고 있다.

1989년의 어느 주중 저녁, 집에 있는데 전화가 울렸다. 당시 열한 살이었던 둘째 딸 애니가 먼저 전화를 받았다. 아이는 나에게 워런 버핏에게 전화가 왔다고 말했다. 난 분명 장난이라고 생각하며 받았다. 전화를 건 사람은 이렇게 말을 꺼냈다. "오마하에 사는 워런 버핏입니다(내가 다른 워런 버핏과 헷갈릴까 봐). 방금 당신의 책을 읽었는데, 정말 마음에 드는군요. 제가 버크셔 연례 보고서에 당신의 글을 인용해도 될까요? 저도 항상 책을 쓰고 싶었는데, 기회가 없더군요." 그는 아주 빠르고 힘 있게 말했다. 15초에서 20초 사이에 두어 번의 웃음과 함께 40여 개의 단어를 쏟아냈다. 난 곧장 그의 요청을 수락했고 우리는 10분 정도 이야기를 나눴다. 내 기억에 버핏은 이런 말로 대화를 마무리했다. "만약 오마하에 왔는데 나를 만나러 오지 않는다면, 당신을 네브래스카의 멍청이라고 부를 겁니다."

난 네브래스카의 멍청이라고 불리지 않기 위해 6개월 뒤에 그를 만나러 갔다. 워런 버핏은 사무실 구석구석을 직접 안내했고(회사의 크기가 테니스 코트 절반 정도였기 때문에 오래 걸리지 않았다), 난 전체 열한 명의 직원과 인사를 나눴다. 컴퓨터나 주식 시황 표시판 같은 건 보이지 않았다.

한 시간쯤 뒤 우리는 현지 식당에 갔고, 그의 안내에 따라 난 멋진 스테이크와 함께 30년 만에 처음으로 체리 콜라를 마셨다. 우리는 어린 시절 했던 일(직업)이나 야구, 브리지Bridge(카드 게임의 일종), 과거에 투자했던 기업들에 관한 이야기를 나누었다. 워런은 버크셔가 소유한 모든 주

초판 머리말

식과 기업에 관한 질문에 대답했고, 함께 토론했다(절대로 버크셔 해서웨이라고 부르지 않았다).

워런 버핏은 어떻게 역사상 최고의 투자자가 되었을까? 한 사람의 개인이자 주주로서, 관리자로서, 다수의 기업을 소유한 사람으로서, 그는 도대체 어떤 사람일까? 버크셔 해서웨이의 연례 보고서는 뭐가 그렇게 특별하고, 버핏은 왜 거기에 큰 공을 들일까? 그리고 다른 사람들은 여기서 어떤 교훈을 얻을 수 있을까? 이 질문들에 답을 얻기 위해, 난 버핏과 직접 대화를 나눴고, 그가 회장으로서 남긴 가장 최근의 연례 보고서 5회분을 다시 읽었다(1971년과 1972년 보고서 내용은 단 2쪽 분량이다). 추가로 30년 넘게 워런 버핏과 활발하게 교류한 아홉 명과 다양한 관계와 관점에서 이야기를 나눴다. 잭 번Jack Byrne, 로버트 덴햄Robert Denham, 돈 키오Don Keough, 캐럴 루미스Carol Loomis, 찰리 멍거, 톰 머피Tom Murphy, 칼 라이하르트Carl Reichardt, 프랭크 루니Frank Rooney, 그리고 세스 스코필드Seth Schofield다.

워런 버핏의 성품에 관해서 사람들은 상당히 일관된 반응을 보였다. 버핏은 자신의 삶에 만족하며 살고 있다. 자신이 하는 모든 일을 사랑한다. 사람을 상대하고, 엄청난 분량의 연간 및 분기 보고서를 보고, 수많은 신문과 정기간행물을 읽는다. 투자자로서는 강단, 인내, 유연성, 용기, 자신감, 결단력을 가지고 있다. 언제나 위험을 없애거나 최소화할 수 있는 투자처를 찾는다. 게다가, 오즈메이커Oddsmaker*로 확률과 배당률 계산

---

* 스포츠 경기나 이벤트에서 발생할 결과의 확률을 계산하고 배당률(odd)을 설정하는 사람 또는 회사.

에도 매우 능숙하다. 나는 이 능력이 간단한 수학 계산을 좋아하는 성향, 브리지 게임에 대한 적극적인 참여와 몰두, 그리고 보험 및 재보험 분야에서 높은 수준의 위험을 감수하고 수용했던 오랜 경험에서 나온다고 생각한다. 그는 손실 가능성이 낮고, 보상이 큰 투자에서 위험을 기꺼이 감수한다. 버핏은 자신의 실수와 실패를 열거하지만, 사과하지는 않는다. 자기 자신을 농담거리로 삼기를 즐기고, 동료들을 객관적인 말로 칭찬한다.

워런 버핏은 사업을 깊이 연구하는 뛰어난 학생이자 청취자이며, 기업이나 복잡한 문제의 핵심 요소를 빠르고 정확하게 파악할 줄 안다. 이 덕분에 그는 단 2분 만에 투자하지 않기로 결정을 내리기도 하고, 며칠간의 연구만으로 대규모 매수를 결정하기도 한다. 그는 항상 준비된 상태를 유지하는데, 이는 그가 연례 보고서에서 말한 "노아는 비가 오기 전부터 방주를 짓고 있었다"는 철학에 기인한다.

경영자로서 회사의 부서장이나 최고 경영자에게 전화를 거는 일은 거의 없지만, 반대로 그들이 밤낮을 가리지 않고 그에게 전화를 걸어 무언가를 보고하거나 조언을 구하는 건 기쁘게 여긴다. 버핏은 주식에 투자하거나 기업 전체를 인수한 뒤에는 격려자이자 의견을 나누는 상대가 된다. 버핏은 야구 경영에 비유해 "4할 타자에게는 스윙 방법을 가르치지 않는다"라고 말한다.

워런 버핏의 학습과 적응 의지를 볼 수 있는 두 가지 예가 있다. 바로 대중 연설과 컴퓨터 사용이다. 1950년대 버핏은 100달러(약 14만 원)를 주고 데일 카네기 수업에 등록했는데, "연설하는 동안 무릎을 떨지 않기 위해서가 아니라 무릎을 떨면서도 연설할 수 있도록 하기 위해서"였다. 그는 버크셔 해서웨이의 연례 주주총회에서 2000명이 넘는 청중을 앞에 두고 찰리 멍거와 무대에 앉아 메모도 없이 강연하고 질문에 답변한다. 그의 연설 방식은 윌 로저스Will Rogers, 벤저민 그레이엄, 킹 솔로몬King Solomon, 필립 피셔, 데이비드 레터먼David Letterman, 빌리 크리스털Billy Crystal을 만족시킬 만큼 인상적이다. 그는 또한 브리지 게임을 더 많이 즐기기 위해 1994년 초 컴퓨터 사용법을 배워, 전국에 있는 사람들과 게임하는 네트워크에 접속했다. 그리고 머지않아, 그가 오늘날 컴퓨터에서 사용하는 수백 개의 데이터 검색과 기업 정보 서비스를 투자 조사에 사용하기 시작한 것으로 보인다.

워런 버핏은 사업의 내재가치intrinsic value*를 판단하고 (주식의) 가격을 공정하거나 저렴하게 지불하는 게 투자의 핵심 요소라고 강조한다. 그는 1988년과 1989년 코카콜라Coca-Cola 주식을 10억 달러(약 1조 4810억 원) 이상 매입했는데 6년 전에 비해 5배, 60년 전에 비해 500배가 오른 가격이었다. 그는 3년 만에 투자금을 4배로 만들었고, 다음 5, 10, 20년 동안 코카콜라로 더 많은 돈을 벌 계획을 세웠다. 1976년 그는 상당한 비중의 가이코GEICO(미국의 대표적인 자동차 보험회사) 주식을 매입했다. 당시 가격은 61달러(약 9만 원)에서 2달러(약 3000원)로 떨어진 상태였고, 결국 0원이 되리라는 게 일반적인 생각이었다.

평범한 투자자가 어떻게 워런 버핏의 투자 방법을 활용할 수 있을까? 워런 버핏은 절대로 '자기 능력의 범위' 밖에 있거나 이해하지 못하는 사업에 투자하지 않는다. 모든 투자자는 시간이 지나면 자신이 종사

---

* 　기업이 가지고 있는 본질적인 가치를 의미하며, 사업의 미래 현금흐름을 할인해 현재가치로 환산한 것을 말함.

하고 있는 산업이나 즐겨 찾아보는 사업 분야에서 전문성을 확보하고 심화할 수 있다. 한 사람이 인생에서 많은 판단을 정확하게 내릴 필요는 없다. 버핏 또한 40년에 걸친 자신의 투자 경력에서 단 12건의 투자 결정이 성패를 갈랐다고 말한 바 있다.

소수의 주식에만 집중함으로써 투자자들이 더 신중하고 철저하게 조사할 수 있다면, 위험을 크게 줄일 수 있다. 버크셔의 보통주 중 75퍼센트 이상은 겨우 5개의 증권으로 이루어진다. 훌륭한 기업이 일시적인 문제를 겪고 있을 때나, 주식시장이 하락해 걸출한 프랜차이즈가 헐값이 되었을 때 매입하는 건 이 책에서 여러 번 분명하게 언급하는 원칙 중 하나다. 주식시장, 경제, 금리, 선거를 예측하려 들지 말고, 그런 일을 생업으로 하는 사람에게 돈을 낭비하지 말아야 한다. 사실 정보와 재무 상태를 연구하고, 기업의 미래 전망을 중시하며, 모든 상황이 유리할 때 구매하길 바란다. 하지만 많은 사람이 자신의 카드를 확인하지도 않고 밤새 포커를 치듯이 투자하고 있다.

가이코가 2달러일 때, 웰스파고Wells Fargo(미국의 대형 금융기관으로 현재 미국 4대 상업은행 중 하나), 제너럴 다이내믹스General Dynamics(미국의 대표적인 방위산업 기업)가 어려움을 겪을 때, 이 주식을 살 수 있는 지식과 용기를 가진 투자자는 매우 드물었다. 대부분의 투자자들은 이 기업들이 커다란 문제에 빠졌다고 말했다. 하지만 워런 버핏은 캐피탈 시티즈Capital Cities(미국의 미디어 기업)/ABC(미국의 지상파 방송사), 질레트Gillette, 워싱턴 포스트Washington Post, 어필리에이티드 퍼블리케이션Affiliated Publications(미국의 미디어 기업), 프레디 맥Freddie Mac(미국의 정부 후원 기업으로 공식 명칭은 연방주택대출모기지공사), 코카콜라의 주식도 매입했다(코카콜라는 버크셔 해서웨이에 60

억 달러, 약 8조 8860억 원이 넘는 수익을 남겼다. 주주 자본 100억 달러의 60퍼센트에 해당하는 금액이다). 이들은 모두 뛰어난 실적을 기록했던, 운영을 잘하는 기업이자 거대한 프랜차이즈 사업이었다.

워런 버핏은 자신의 주주들뿐만 아니라 버크셔의 연례 보고서를 활용해 대중들이 더 좋은 투자자가 되도록 돕는다. 그의 친가와 외가 모두 신문 편집자 집안이며, 고모 앨리스는 30년 이상 공립학교에서 교사 생활을 했다. 워런 버핏은 사업 전반, 특히 투자에 관해 가르치고 글쓰기를 즐긴다. 그는 스물한 살 때 네브래스카대학교 오마하 캠퍼스에서 자원봉사로 강의를 했다. 1955년 뉴욕에서 일할 당시에는 스카스데일Scarsdale 고등학교에서 성인을 대상으로 주식시장 교육과정을 가르치기도 했다. 또 1960년대 후반부터 1970년대까지 10년 동안 크레이튼대학교Creighton University에서 무료로 강의했다. 버핏은 1977년 앨 소머 주니어Al Sommer Jr.가 이끄는 위원회에 참여해 미국 증권거래위원회SEC에 기업 공시에 관한 자문을 제공했다. 그 이후 버크셔 연례 보고서 양식이 크게 바뀌었다. 1977년 후반과 1978년 초에 작성된 1977년 보고서부터는 이전 1956년에서 1969년 사이의 파트너십 보고서와 유사한 형식으로 변화했다.

1980년대 초반부터는 버크셔의 연례 보고서를 통해 주주들에게 회사의 보유 자산과 신규 투자 성과를 알리고, 보험 및 재보험 업계의 현황을 업데이트했다. 1982년부터는 버크셔가 인수하고자 하는 기업에 대한 기준을 목록화해 왔다. 이 보고서에는 올바른 주식 투자에 필요한 '해야 할 것'과 '하지 말아야 할 것'이 포함된 다양한 예시와 비유, 일화, 은유가 풍부하게 담겨 있다.

워런 버핏은 버크셔의 내재가치를 장기적으로 연평균 15% 성장시키겠다는 목표를 설정함으로써 향후 성과에 대해 높은 기준을 수립했다. 이는 소수의 사람들만이 달성한 목표이며, 1956년부터 1993년까지 그 외에 아무도 이룬 적이 없다. 버핏은 회사의 규모가 커지면서 이 기준을 유지하기 어려워질 것이라고 언급했지만, 항상 기회가 있으며 버크셔는 많은 투자 자금을 늘 보유하고 있어 매년 성장했다고 말했다. 그의 자신감은 1993년 6월 발행된 연례 보고서의 60쪽 마지막 문장에 강조되어 있다. "버크셔는 1967년 이후 현금 배당을 공표한 적이 없다."

워런 버핏은 언제나 투자에 관한 책을 쓰고 싶다고 말했다. 언젠가 그런 날이 오기를 바란다. 그러나 그때까지 그의 연례 보고서들이 그 역할을 대신하고 있으며, 19세기 작가들인 애드거 앨런 포Edgar Allan Poe(미국의 시인이자 소설가), 윌리엄 새커리William Makepeace Thackeray(영국의 소설가이자 풍자 작가), 찰스 디킨스Charles Dickens(영국의 소설가이자 사회비평가)가 연재 형식으로 글을 썼던 방식과 유사하다. 1977년부터 1993년까지의 버크셔 해서웨이 연례 보고서는 그 책의 17개 장에 해당한다. 그리고 그 사이에 우리는 《워런 버핏 웨이》라는 책도 갖게 되었다. 이 책에서는 그의 경력을 개괄하고, 그의 투자 기법이 어떻게 진화했는지 설명하며, 그리고 그 과정에서 중요한 역할을 한 인물들을 소개한다. 또한 그가 타의 추종을 불허하는 성과를 기록하게 한 주요 투자 결정을 자세히 다룬다. 마지막으로 이 책은 모든 시민이 부유함의 정도와 관계없이 사용할 수 있는 투자 도구를 통해 일관되게 수익을 창출한 투자자의 사고와 철학을 담고 있다.

1994년 10월

개정판 머리말

워런 버핏의 12가지 원칙, 시대를 초월한 투자 지침서

빌 밀러

빌 밀러는 1991년부터 2005년까지 무려 15년 연속으로 S&P 500 지수를 능가한 실적을 기록한 전설적인 투자자다. 이는 액티브 펀드 운용 역사상 가장 이례적인 성과로 평가받으며, 그를 월스트리트에서 "전설적인 펀드매니저", "가치 투자의 대가"로 자리매김하게 했다.

그는 한때 약 750억 달러(약 112조 원)의 자산을 운용하던 레그메이슨 캐피탈 매니지먼트Legg Mason Capital Management의 최고투자책임자(CIO)로 활동했으며, 이후 2017년에는 이 회사를 인수해 LMM의 100% 지분을 확보하고 회장이자 CIO로 회사를 이끌었다. 이후 회사는 밀러 밸류 파트너스Miller Value Partners로 리브랜딩되었고, 그는 '밀러 오퍼튜니티 트러스트' 및 '밀러 인컴 펀드' 등의 대표 펀드를 운용했다.

2022년, 밀러는 공식 은퇴를 선언하고, 펀드 운용 권한을 아들인 빌 밀러 4세와 파트너 사만다 맥레모어에게 각각 승계했다. 현재 밀러 밸류 파트너스는 이전보다 규모는 줄었지만 여전히 수십억 달러에 달하는 자산을 관리하고 있으며, 밀러는 개인적으로 비트코인, 아마존, 델타항공, GM, 핀테크 및 고배당주 등 다양한 자산에 장기 투자하는 것으로 알려져 있다. 그의 투자 철학은 시장의 비효율성을 활용한 가치 기반 접근으로, 월스트리트 역사에 길이 남을 족적을 남겼다.

로버트 해그스트롬의 《워런 버핏 웨이》는 1994년 출판되자마자 신드롬을 일으켰고, 지금까지(2004년 기준) 120만 부 이상 판매되었다. 이 책이 꾸준히 사랑받은 이유는 정확한 분석과 가치 있는 조언 덕분이다.

워런 버핏을 이야기할 때 그가 다루는 숫자의 규모에 압도될 수 있다. 대부분의 투자자들이 수백, 수천 단위로 생각하는 반면, 버핏은 수백만, 수십억 단위의 세계에서 움직이기 때문이다. 하지만 그렇다고 그에게 배울 게 없다는 의미는 아니다. 오히려 정반대다. 우리가 그의 행동과 업적을 살펴보고 그 근본적인 사고방식을 이해할 수 있다면 우리의 투자 결정도 그의 방식에 맞춰 조정할 수 있게 될 것이다.

이게 바로 로버트의 책이 가진 중요한 기여다. 그는 여러 해 동안 워런 버핏의 말과 행동, 그리고 의사 결정을 면밀히 연구하면서 공통된 요소들을 찾아냈다. 이 책에서는 그 공통점을 12가지 원칙으로 정리했다. 이 원칙들은 시대와 시장을 초월해 워런 버핏의 투자 철학을 안내하는 가치를 담고 있다. 덕분에 이 원칙들은 모든 투자자들에게도 유용한 길잡이가 될 수 있다.

이 책의 인기는 그 분석의 정확성과 조언의 가치를 증명하는 것과 같다. 해그스트롬의 작품이 지닌 지속적인 가치는 바로 이 명확한 초점에서 비롯된다. 이 책은 투자 기법에 대해 이야기하지만, 본질적으로는 변치 않는 원칙에 대한 내용이다. 원칙은 변하지 않기 때문에 워런이 특유의 익살스러운 미소를 지으며 "그래서 그것들을 원칙이라고 부르는 거죠"라고 말하는 듯하다.

지난 10년은 기본적인 진리를 우리에게 생생하게 보여주었다. 그 기간 동안 주식시장의 흐름은 여러 번 바뀌었고, 우리는 하늘 높이 치솟는 거품으로 많은 사람들이 부자가 되는 장면을 목격했다. 그러나 그 뒤 가파른 추락이 이어졌고, 길고 고통스러운 약세장을 겪었다. 그러다 마침내 2003년 봄, 시장이 바닥을 찍고 회복하기 시작하는 과정도 목격했다.

하지만 그 모든 과정에서도 워런 버핏의 투자 방식은 단 한 번도 변하지 않았다. 그는 이 책에 제시된 동일한 원칙들을 계속 따랐다.

- 주식을 산다는 것은 전체 기업의 일부 지분을 매입하는 것이라고 생각해야 한다.
- 집중적인(low-turnover) 포트폴리오를 구축하라.
- 이해하고 분석할 수 있는 기업에만 투자하라.
- 매입 가격과 기업의 장기적인 가치 사이에 안전마진(margin of safety)을 확보하라.

버크셔 해서웨이의 투자자들은 늘 그렇듯, 꾸준한 방식으로 수익을 거둔다. 2003년 경기가 회복되기 시작한 뒤 이곳의 주식은 30% 이상 상승하며, 주당 약 2만 달러(약 2962만 원)에 이르렀다. 같은 기간 전체 시장의 수익률을 훨씬 능가한 결과다.

가치 투자에 대한 사상은 벤저민 그레이엄에서 시작되어 워런 버핏과 그 동시대인들을 거쳐, 로버트 해그스트롬 같은 차세대 실천가들로 이어지고 있다. 그레이엄의 가장 유명한 제자인 버핏은 투자자들에게 종종 그레이엄의 저서 《현명한 투자자》를 공부하라고 권한다. 나 또한 이 책을 자주 추천한다. 《워런 버핏 웨이》는 고전과 한 가지 중요한 공통점을 가지고 있다. 이 책의 조언이 당신을 부자로 만들어주지는 않더라도, 가난하게 만들 가능성은 거의 없다는 점이다. 이 책에 담긴 기술과 원칙을 이해하고 이를 이성적으로 실행한다면, 더 나은 투자자가 될 것이다.

2004년 10월

두 번째 개정판 머리말

탁월한 투자 성과를 만드는 12가지 자질과 철학

하워드 막스

"월스트리트의 살아 있는 전설"이자 가장 저명한 가치 투자자 중 한 명이다. 1995년 오크트리 캐피탈 매니지먼트Oaktree Capital Management를 공동 설립하였으며, 현재 공동 회장을 맡고 있다.

2024년 9월 30일 기준으로 오크트리 캐피탈은 약 2050억 달러(약 304조 원)의 자산을 운용하고 있다. 〈포브스Forbes〉에 따르면, 2025년 4월 8일 기준으로 하워드 막스의 순자산은 약 22억 달러(약 3조 2500억 원)로 추정된다.

그는 시장 기회와 리스크에 대한 남다른 통찰력으로 잘 알려져 있으며, 고객들에게 보내는 메모 형식의 편지는 날카로운 논평과 오랜 세월에 걸쳐 유효성이 입증된 철학으로 가득하다. 실제로 그의 투자 철학을 정리한 저서 《투자에 대한 생각》은 비평가들의 극찬을 받으며 베스트셀러에 올랐다.

오크트리 캐피탈을 설립하기 전, 그는 1985년부터 1995년까지 TCW 그룹에서 부실 채권, 하이일드 채권 및 전환사채 투자를 총괄했으며, 미국 채권 투자의 총괄 책임자였다. 그 이전에는 16년간 시티코프 인베스트먼트 매니지먼트Citicorp Investment Management에서 근무하며, 전환사채 및 하이일드 채권 담당 시니어 포트폴리오 매니저이자 부사장을 역임했다. 또한 주식 리서치 애널리스트와 리서치 부문장을 지냈다.

펜실베이니아대학교 와튼스쿨에서 재무학을 전공하고, 시카고대학교 경영대학원에서 회계와 마케팅으로 MBA를 취득했다. CFA 자격증을 보유하고 있으며, 현재 CFA 정회원으로 활동하고 있다.

워런 버핏의 탁월한 투자 성과를 어떻게 설명할 수 있을까? 내가 가장 자주 받는 질문 중 하나이며, 이 글에서 탐구하고 싶은 주제이기도 하다.

1960년대 후반 시카고대학교에서 MBA를 공부하던 시절, 나는 그곳에서 최근 몇 년 사이에 개발된 새로운 금융 이론을 접하게 되었다. '시카고 학파Chicago School' 사상의 핵심 요소 중 하나는 바로 '효율적 시장 가설Efficient Market Hypothesis'이었다. 이 가설에 따르면 수백만의 지적이고, 의욕적이며, 객관적이고, 정보에 밝은 투자자들의 집단적 노력 덕분에 정보는 즉시 시장 가격에 반영된다. 그 결과 자산은 더 많지도 적지도 않은 공정한 위험 조정 수익을 제공한다. 가격은 절대 누군가 이용해 이득을 볼 정도로 너무 낮거나 너무 높지 않으며, 따라서 어떤 투자자도 지속적으로 기회를 식별해 이익을 얻을 수 없다는 것이다. 바로 이 가설이 '시카고 학파'의 "시장을 이길 수 없다(You can't beat the market)"는 유명한 격언을 뒷받침한다.

효율적 시장 가설은 이러한 결론에 대한 지적인 근거를 제공하며, 수많은 경험적 데이터는 대부분의 투자자들이 모든 노력을 기울이고도 시장을 이기지 못한다는 점을 보여준다. 이는 초과 수익을 낼 수 없다는 강력한 논거다.

모든 투자자가 시장을 이기지 못하는 것은 아니다. 때때로 일부 투자자는 시장을 초과하는 성과를 내기도 하지만 그만큼 성과가 저조한 투자자도 존재한다. 시장 효율성은 개별 투자자의 수익률이 시장 수익률에서 벗어나는 것을 완전히 불가능하게 만들 만큼 강력한 힘은 아니다. 단지 누구도 충분히 큰 차이로, 충분히 지속적으로 시장을 이겨 효율적 시장 가설을 반박할 수는 없다고 주장한다. 다른 많은 과정과 마찬가지로 이례적인 사례는 존재하지만 그들의 뛰어난 수익률은 무작위성에 기반한 것으로 간주되며, 따라서 일시적인 것으로 설명된다. 내가 어렸을 때, 이런 말이 있었다. "타자기가 있는 방에 침팬지를 오래 넣어두면, 결국 그중 한 마리가 성경을 쓰게 될 것이다." 이는 무작위성이 존재한다면, 가끔은 예외적인 일도 일어날 수 있다는 뜻이다. 그러나 나의 어머니는 이렇게 말씀하셨다. "예외가 규칙을 증명하는 법이다." 일반적으로 규칙이 항상 100% 성립하지는 않는다. 하지만 예외가 극히 드물다는 사실은 그 규칙이 기본적으로 진실임을 보여준다. 아마추어와 전문가를 막론하고, 매일 수백만 명의 투자자들이 시장을 이길 수 없다는 사실을 증명하고 있다.

그리고 워런 버핏이 있다. 워런 버핏과 벤저민 그레이엄, 피터 린치, 스탠 드러켄밀러Stan Druckenmiller, 조지 소로스George Soros, 줄리언 로버트슨Julian Robertson 같은 몇몇 전설적인 투자자들은 시카고 학파의 이론을 정면으로 반박하는 투자 실적을 보여주었다. 간단히 말해, 그들은 충분히 오랜 기간 충분히 많은 자금을 운용하면서 시장을 초과하는 성과를 거두었다. 이는 시장 효율성이 절대적이라는 주장에 반박할 수 있는 강력한 증거가 된다. 이들의 실적은 뛰어난 투자자가 운이 아니라 실력으로 시장을 이길 수 있다는 사실을 명확히 보여준다.

특히 워런 버핏의 경우, 그 성과를 부정하기란 매우 어렵다. 그의 사무실 벽에는 본인이 직접 타이핑한 문서가 걸려 있는데, 이 문서에는 1956년 버핏 파트너십을 시작할 당시 자본금이 10만 5000달러(약 1억 5550만 원)였다는 내용이 적혀 있다. 그 이후 그는 추가 자본을 유치하고 이를 운용해, 현재 버크셔 해서웨이의 투자 규모는 1430억 달러(약 211조 7830억 원)에 이르며, 순자산은 2020억 달러(약 299조 1620억 원)에 달한다. 그는 수년간 주요 지수를 압도적으로 초과하는 성과를 기록했다.

이 과정에서 워런 버핏은 미국에서 두 번째로 부유한 사람이 되었다. 흥미로운 점은 〈포브스〉 리스트에 오른 많은 부호들과 달리, 그의 부는 유산으로 물려받은 부동산 자산이나 독창적인 기술 혁신에 기반한 것이 아니었다. 오히려 누구에게나 열려 있는 투자 시장에서 부지런히 노력하고, 뛰어난 투자 실력만으로 쌓아 올린 것이었다.

워런 버핏의 독보적인 성과를 가능하게 한 요인은 무엇일까? 내 생각에 그 핵심은 다음과 같다.

버핏은 엄청나게 똑똑하다. 워런 버핏의 수많은 재치 있는 명언 중 하나는 이렇다. "만약 아이큐가 160이라면, 30포인트를 팔아라. 그 정도는 필요 없다." 말콤 글래드웰Malcolm Gladwell은 《아웃라이어》에서 "큰 성공을 이루기 위해 천재가 될 필요는 없다. 그냥 적당히 똑똑하기만 하면 된다"고 지적했다. 지능이 높다고 해서 성공 가능성이 더 커지는 것은 아니다. 오히려 지나치게 똑똑한 사람들이 스스로 발목을 잡거나 현실 세계에서 성공(과 행복)으로 가는 길을 찾지 못하는 경우도 많다. 즉, 높은 아이큐만으로 훌륭한 투자자가 되는 건 불가능하다. 만약 그것이

가능했다면, 미국에서 가장 부유한 사람들은 대학 교수들이었을 것이다. 뛰어난 투자자가 되려면 단순한 학문적 지능뿐만 아니라, 비즈니스 감각과 세상 물정을 아는 것이 필수적이다.

난 버핏의 아이큐가 130을 훨씬 웃돌 것이라 생각한다. 그리고 그가 '불필요한' 여분의 지능을 일부러 줄이려 한 적도 없을 것 같다. 핵심을 빠르게 파악하고, 논리적으로 타당한 결론에 도달한다. 처음에 상황이 불리하더라도 그 결론을 끝까지 유지하는 능력은 그가 이룬 성공과 그의 본질을 잘 보여주는 중요한 요소다. 한마디로 그는 철저하게 분석적이다.

버핏은 또한 놀라울 정도로 빠른 판단력을 가지고 있다. 결론을 내리는 데 몇 주나 몇 달이 걸리지 않는다. 그는 모든 데이터를 알 필요도, 고려할 필요도 느끼지 않는다. 오직 중요한 데이터만 파악하면 된다. 그리고 그는 어떤 데이터가 중요한지 직감적으로 알아내는 뛰어난 감각을 가지고 있다.

버핏은 일관된 투자 철학에 따라 움직인다. 많은 투자자가 자신이 무엇이든 마스터할 수 있다고 생각하거나, 적어도 그렇게 행동한다. 또한 세상이 끊임없이 변하고 있으니 최신 트렌드에 맞춰 자신의 방식을 유연하게 바꾸고 적응해야 한다고 믿는다. 그러나 이러한 사고방식에는 문제가 있다. 누구도 모든 것을 알 수 없으며, 새로운 기술을 지속적으로 배우고 받아들이는 것은 쉽지 않다는 점이다. 이러한 태도는 특정 분야에서 전문성을 키우고, 유용한 지름길을 개발하는 데 오히려 방해가 된다.

반면 버핏은 자신이 모르는 것을 명확히 인지하고, 자신이 아는 것에만 집중하며, 나머지는 다른 사람에게 맡긴다. 이 점이 매우 중요하다. 마크 트웨인Mark Twain*의 유명한 말처럼, "당신을 곤경에 빠뜨리는 것은 당신이 모르는 것이 아니다. 확실히 알고 있다고 착각하는 것이다." 버핏은 자신이 이해하고 편하게 느끼는 산업에만 투자하며, 주로 평범한 분야에 집중한다. 반대로 첨단기술 기업처럼 자신이 잘 모르는 분야는 의도적으로 피한다. 그는 자신의 철학과 이해의 범위를 넘어서는 기회는 과감히 넘기기로 유명하다. 무엇보다 자신이 놓친 기회로 인해 다른 사람들이 돈을 벌더라도 그 상황을 기꺼이 받아들인다(대부분의 사람들은 그렇게 하지 못한다).

버핏은 유연하게 사고한다. 투자 철학을 갖는 것이 중요하다고 해서, 결코 변하지 말아야 한다는 의미는 아니다. 상황이 크게 변하면 적응이 필요할 때도 있고, 심지어 더 나은 철학으로 전환해야 할 수도 있다. 중요한 것은 언제 변화를 받아들이고, 언제 기존 원칙을 고수해야 하는지 아는 것이다.

워런 버핏은 투자 초기에 자신의 위대한 스승 벤저민 그레이엄의 방식을 따랐다. 이는 '딥 밸류deep value'라고 불리며 가치가 저평가된 기업, 특히 순현금보다 낮은 가격에 거래되는 기업을 매수하는 방식이다. 이 접근법은 때때로 '담배꽁초 줍기'라는 조롱을 받기도 했다. 하지만

---

*   미국의 소설가.

얼마 후 그의 파트너인 찰리 멍거의 조언에 따라, 방어적 '해자'*와 가격 결정권을 갖추고, 유능한 사람들이 운영하는 고품질 기업을 합리적인 가격(반드시 헐값일 필요는 없다)에 매입하는 방식으로 전략을 전환했다.

워런 버핏은 오랫동안 자본집약적인 기업을 기피하는 투자 방식을 고수해 왔다. 그러나 그는 이 편견을 극복하고 '벌링턴 노던 산타페 철도 Burlington Northern Santa Fe railway'를 매입하며, 2008년 금융위기 이후 경기 회복에 따른 민감성과 철도 운송량 증가 전망을 유리하게 활용했다.

투자 철학은 족쇄가 아닌 길잡이가 되어야 한다. 이는 투자에서 마주하는 수많은 어려움 중 하나다. 워런 버핏은 이러한 도전에 주저하지 않는다. 그는 새로운 유행이 나타날 때마다 변화를 쫓지도 않으며, 동시에 자신의 사고방식이 굳어버리도록 방치하지도 않는다.

버핏은 감정에 휘둘리지 않는다. 투자의 성공을 가로막는 많은 장애물은 인간의 감정과 깊이 연관되어 있다. 효율적 시장 가설이 실패한 주요한 이유는 투자자들이 객관성을 유지하지 못하기 때문이다. 대부분의 투자자들은 가격이 오르면, 탐욕스럽고 자신감에 차며 과도하게 낙관적이 된다. 그 결과, 이익을 실현하기보다는 승리에 도취되어 추가 매수를 하게 된다. 반대로 가격이 떨어지면 우울과 두려움에 빠져 자산을 헐값에 처분하고, 시장이 저점일 때조차 매수를 꺼리게 된다. 그리고 가장 위험한 감정 중 하나는 질투다. 사람들은 자신의 성과를 남들과 비교하며,

---

* 성벽 주변에 인공으로 땅을 파서 고랑을 내거나 자연 하천을 이용해 적의 접근을 막는 성곽 시설.

타인이 더 높은 수익을 올리는 것을 보면 질투심에 휩싸여 무리하게 추가적인 위험을 감수하기도 한다. 단지 남들이 그렇게 하기 때문이라는 이유만으로 자신이 잘 알지도 못하는 투자를 하는 경우도 많다.

버핏은 이런 감정적인 영향에서 완전히 자유로운 사람처럼 보인다. 그는 자산 가치가 상승해도 과도하게 기뻐하지 않으며, 하락한다고 해서 낙담하지도 않는다. 그의 성공 기준은 대중이나 미디어가 아니라 오직 그 자신이 정한 기준에 의해 결정된다. 그는 다른 사람들이 자신을 옳다고 생각하는지, 혹은 자신의 투자 결정이 다른 사람들에게 올바르게 보이는지에 대해 전혀 개의치 않는다(그는 2000년대 초 기술 거품에 참여하지 않아 '전성기가 지났다'는 평가를 받기도 했다. 하지만 결코 자신의 철학을 바꾸지 않았다). 버핏이 신경 쓰는 것은 오직 자신의 판단(그리고 찰리 멍거의 의견)과 자신의 주주들이 돈을 버는지 여부 뿐이다.

그는 역(逆)투자자이며, 기존의 틀을 깨는 이단적 투자자다. 일반적인 투자자들은 대세를 따라야 한다고 생각한다. 하지만 이는 감정적인 오류에 쉽게 빠질 수 있다. 최고의 투자자들은 중요한 순간 갈림길에서 대중과 반대로 행동한다. 그러나 단순히 다른 사람과 반대로 행동하는 것만으로는 충분하지 않다. 다른 사람의 행동을 이해하고, 그 행동이 왜 잘못되었는지 파악하며, 그 대신 무엇을 해야 하는지 알아야 한다. 또한 반대 방향으로 행동하는 강단이 필요하다(이는 예일대학교 데이비드 스웬슨 David Swensen 교수가 말한 '불편할 정도로 독창적인 포지션'을 고수하는 것과 같다). 그리고 가장 어려운 점은 자신이 옳다는 것이 입증될 때까지 오랜 시간 완전히 틀린 것처럼 보일 수 있다는 사실이다. 이는 마치 "너무 앞서가면

틀린 것과 다름없다"는 옛 격언과 같다. 이를 종합해 보면, 이런 접근 방식이 결코 쉽지 않음을 알 수 있다.

워런 버핏은 역투자를 실행하는 데 뛰어난 능력을 가지고 있으며, 심지어 이를 즐긴다. 그는 한때 나에게 이렇게 말한 적이 있다. "나는 고수익 채권이 시장에서 꽃처럼 평가받는 것도 봤고, 잡초처럼 취급받는 것도 봤다. 나는 그것이 잡초일 때가 더 좋았다." 역행적인 투자자들은 인기가 없을 때 자산을 매수하는 것을 선호한다. 그리고 워런 버핏만큼 이를 잘 실행하는 사람은 없다.

버핏은 역순환적(counter-cyclical) 투자자다. 투자는 미래를 예측하고 대비하는 활동이지만, 최고의 투자자들조차도 경제 상황, 금리 변동, 시장 흐름을 정확히 예측할 수 없음을 인정한다. 대부분의 사람들이 의존하는 예측이 불가능하다면, 우리는 무엇을 해야 할까? 내 생각에 가장 큰 수익을 얻는 방법 중 하나는 역순환적으로 행동하는 것이다.

경제가 호전되고, 기업들이 높은 수익을 기록하며, 자산 가격이 오르고, 위험 감수가 보상 받을 때는 심리적으로 투자하기가 쉽다. 하지만 이미 가격이 상승한 자산을 매수하는 것만으로는 뛰어난 투자 성과를 거둘 수 없다. 진정한 투자 기회는 경제와 기업이 어려움을 겪고 있을 때 찾아온다. 이런 시기에는 자산 가격이 그 본래 가치를 충분히 반영하지 않을 가능성이 크기 때문이다. 그러나 이러한 방식의 투자는 결코 쉽지 않다.

버핏은 경제 주기가 바닥에 이르고, 낙관론이 사라졌을 때 투자하는 능력과 이를 선호하는 성향을 여러 차례 보여주었다. 예를 들어, 2008년 금융위기가 한창일 때, 그는 골드만삭스Goldman Sachs와 제너럴 일렉트

릭General Electric의 우선주에 각각 50억 달러(약 7조 4050억 원)씩 투자했다. 또 2009년에는 경기 민감주인 벌링턴 노던에 340억 달러(약 50조 3540억 원)를 투자했다. 이제 와서 돌이켜보면 이러한 투자가 오늘날 얼마나 현명한 선택이었는지는 명백하지만, 당시 금융 붕괴에 대한 공포가 만연했던 순간에 과연 몇 명이나 이렇게 과감한 결정을 내릴 수 있었을까?

버핏은 장기적인 관점을 유지하며, 시장 변동성에 신경 쓰지 않는다. 내가 이 업계에 종사한 45년 동안 투자자들의 투자 기간은 점점 더 짧아졌다. 이는 몇 가지 요인에 기인한다. 우선 투자 성과에 대한 미디어의 과도한 관심(1960년대에는 거의 없었다), 그리고 투자자와 고객들 사이에 단기 성과 집착이 확산된 것, 헤지펀드의 연간 성과 보상 구조가 단기 실적을 중시하도록 유도한 점을 들 수 있다. 다른 사람들이 비합리적인 편견에 휩쓸리는 순간이야말로 우리가 이를 피하고 기회를 잡을 수 있는 순간이다. 대부분의 투자자들이 분기별 혹은 연간 실적에 지나치게 집착하기 때문에, 오히려 장기적인 관점으로 사고하는 사람들에게는 수익의 기회가 생긴다.

버핏은 "내 보유 기간은 영원이다"라고 말한 것으로 유명하다. 또한 그는 "변동성이 있는 연 15% 수익률이, 안정적인 연 12% 수익률보다 낫다"고 말했다. 이러한 원칙 덕분에 그는 훌륭한 투자 아이디어를 오랜 기간 유지하며, 복리의 힘을 극대화할 수 있었다. 매년 포트폴리오를 변경하고 단기 세율로 세금을 내기보다는 장기적으로 보유함으로써 세금 부담을 최소화하는 방식을 택한다. 이러한 접근 방식은 시장변동성이 심한 시기에도 흔들리지 않고, 오히려 그런 시기를 기회로 삼아 수익을 얻을 수 있게 돕는다. 실제로 대부분의 투자자들이 유동성을 중요하게 여기고 필요하면 빠져나갈 수 있는 투자를 선호하는 반면, 워런 버핏의 행동을 보면 아예 팔 수 없는 주식에 투자하는 것조차 기꺼이 감수하는 것을 알 수 있다.

버핏은 최고의 아이디어에 과감하게 집중 투자하는 것을 두려워하지 않는다. 분산 투자는 오랫동안 신중한 투자 관리의 핵심으로 여겨져 왔다. 요컨대 이는 개별 손실의 가능성을 줄이고, 동시에 손실이 큰 포지션에 투자했다는 이유로 법적 소송을 당하는 리스크를 줄이는 역할을 한다. 그러나 분산 투자로 손실의 고통을 줄일 수 있는 만큼 동시에 최고의 투자 기회에서 얻을 수 있는 잠재적 이익도 줄어든다.

다른 많은 일에서처럼, 버핏은 분산 투자에 대해 일반적인 관점과는 다른 견해를 가지고 있다. 그는 이렇게 말한 적이 있다. "우리가 채택한 전략은 전통적인 분산 투자 원칙을 따르지 않는다. 따라서 많은 전문가들은 이 전략이 일반적인 투자자들이 사용하는 것보다 위험하다고 말할 것이다. 하지만 우리는 포트폴리오 집중 전략이 위험을 줄일 수도 있다고 믿는다. 특히, 이 전략이 투자자가 특정 기업에 대해 더 깊이 생각하고, 그 기업의 경제적 특성에 대해 충분히 확신이 생긴 후 투자하도록 만들기 때문이다."

버핏은 훌륭한 투자 아이디어가 아주 드물게 찾아온다는 사실을 잘 알고 있다. 그래서 그는 기준을 높게 설정하고, 진정으로 가치 있는 아이디어에만 투자하며, 그런 기회를 포착했을 때는 과감하게 베팅한다. 따라서 그는 자신이 신뢰하는 기업과 경영진에 과감하게 투자하며, 단순히 남들이 보유한다는 이유로 따라 투자하는 일은 절대 하지 않는다. 또한 실수를 줄이기 위해 가치가 낮은 자산에 분산 투자하는 일도 하지 않는다. 그는 이를 '최악을 줄이는' 전략이라고 부른다. 이러한 원칙들은 우수한 투자 성과를 거두기 위해 필수적인 요소들이다. 하지만 이러한 방식이 포트폴리오 관리에서 일반적인 규칙이 아니라 예외적인 사례에 해당한다는 점은 아이러니하다.

워런 버핏은 때로는 아무것도 하지 않는 것이 필요하다는 사실을 잘 알고 있다. 많은 투자자들이 언제나 좋은 투자 기회가 존재한다고 믿거나 자신이 언제든 훌륭한 투자처를 찾아낼 만큼 똑똑하다는 인상을 주어야 한다고 생각한다.

워런 버핏은 오랜 기간 비활동 상태를 유지하는 것을 거리낌없이 받아들인다. 그는 수많은 거래를 거절하며, 진정으로 가치 있는 기회가 찾아올 때까지 기다린다. 그는 야구 역사상 최고의 타자 중 한 명인 테드 윌리엄스Ted Williams를 예로 들며 자신의 투자 철학을 설명한다. 마치 윌리엄스가 배트를 어깨에 걸치고 서서 완벽한 공이 올 때까지 기다리듯이 버핏 역시 확신이 드는 투자 기회가 나타날 때까지 움직이지 않는다. 과연 누가 좋은 투자 기회가 언제나 꾸준히 온다고 혹은 언제든 투자하기에 적절한 시기라고 주장할 수 있을까?

마지막으로 그는 실직을 걱정하지 않는다. 자신이 옳다고 믿는 모든 결정을 실제로 실행할 수 있는 투자자는 많지 않다. 유동성이 낮거나, 논란이 있거나, 겉보기에는 매력적이지 않은 자산을 매수하는 것, 혹은 모두가 더 오를 것이라 확신하는 자산을 매도하는 것, 그리고 가장 유망하다고 생각하는 소수의 종목에 포트폴리오를 집중하지 못하는 것은 실패했을 때의 결과를 두려워하기 때문이다.

자금을 운용하는 '대리 투자자'들은 과감한 행동으로 직장 상사에게 해고되거나, 고객의 계약 해지로 이어질까 봐 걱정한다. 그래서 그들은 신중하고 논란이 없는 방식만을 택하며, 행동을 절제한다. 존 메이너드 케인스 John Maynard Keynes는 이런 경향을 이렇게 표현했다. "속세의 가르침에 따르면, 평범한 실패가 비범한 성공보다 평판에는 더 좋다." 하지만 이런 경향은 중요한 문제를 야기한다. 실패가 걱정되어 대담한 위치에 가기를 꺼린다면, 그만큼 성공의 결정적인 차이를 만드는 위치에 가는 것도 불가능해진다. 위대한 투자자들은 자신의 지적인 결론을 행동으로 옮겼다. 다시 말해, 위대해질 용기가 있다. 확실히 버핏은 고용주에게 해고당할 걱정이 없다. 그의 지위는 그의 자본만큼 영구적이기 때문이다. 그의 투자에는 고객이 존재하지 않으며, 시장 폭락 시 일반적인 펀드매니저들처럼 고객의 자금 인출로 인해 자산을 헐값에 매도해야 하는 상황을 겪을 필요가 없다. 이 단순한 사실은 위대한 투자자의 성공에 중요한 역할을 했다. 그리고 버핏이 이러한 구조를 우연히 만든 것이 아니라 의도적으로 구축했음은 분명하다. 그는 헤지펀드 모델에서 벗어나 버크셔 해서웨이라는 기업 형태로 전환함으로써, 단기적인 자본 유출의 위험을 없앤 것이다. 그가 이런 방식 외에 다른 선택을 했을 리 없다.

물론 워런 버핏은 다른 뛰어난 투자자와 비슷한 특성을 많이 가지고 있다. 그는 집중력 뛰어나고, 절제력이 있으며, 분명한 목적의식을 가지고 있다. 또한 근면하고, 숫자 감각이 탁월하며, 논리적이다. 또한 그는 엄청난 양의 정보를 수집하는 데 열정적이다. 그는 책을 읽고 존경하는 사람들과 교류하는 방식으로 정보를 끊임없이 수집하는 열정적인 학습가이기도 하다. 그리고 지금의 그는 명성을 얻거나 돈을 벌기 위해 투자하는 것이 아니라 투자 자체에서 얻는 복잡한 지적 퍼즐을 푸는 과정을 즐기기 위해 투자한다. 그에게 명성과 부는 노력에서 비롯된 부산물일 뿐 궁극적인 목표가 아니다.

이론적으로는 지난 60년간 워런 버핏이 해온 일을 다른 사람들도 할 수 있었을 것이다. 앞서 언급된 자질들을 가진 사람은 많지 않지만 결코 유일한 것은 아니다. 그리고 각각의 자질은 모두 설득력 있는 요소들이다. 누구도 이런 말에 반대하긴 어려울 것이다. 다만 이 모든 자질을 실제 행동으로 구현해 내는 사람은 극히 드물다. 이 자질들의 결합, 그리고 특별한 사람을 특별하게 만드는 무형의 '무언가'가 더해져 있었기에, 워런 버핏은 '워런 버핏 방식'을 적용해 특별한 성공을 거둘 수 있었던 것이다.

2013년 7월

서문

좋은 투자자가 되기 위해 워런 버핏에게 배운 것

워런 버핏을 처음 만난 건 40년 전이다. 실제로 만난 건 아니었고, 1983년 버크셔 해서웨이 연례 보고서의 의장 서문을 읽으면서였다. 난 미국 동부 연안에 있는 거래소에서 증권 중개인이 되기 위한 교육을 받고 있었다. 학습 과정의 일부로 버크셔의 연례 보고서를 분석하는 것도 포함되어 있었다. 다른 많은 사람들처럼 나도 버핏의 글을 읽자마자 그 명료함에 감명을 받았다. 무엇보다도 주식을 소유하는 것이 사업체를 소유하는 것과 같다는 그의 논리를 얼마나 합리적으로 설명하는지에 감탄했다. 대학에서 인문학을 전공했던 나는 회계나 금융을 공부한 적이 없었기에, 대차대조표와 손익계산서의 숫자들만으로 주식을 이해하는 것이 쉽지 않았다.

  하지만 워런 버핏이 내게 네브래스카 가구 마트Nebraska Furniture Mart의 로즈 블럼킨Rose Blumkin, 〈버펄로 이브닝 뉴스Buffalo Evening News〉의 스탠 립시Stan Lipsey, 시스캔디 숍See's Candy Shops의 척 허긴스Chuck Huggins, 가이코의 잭 번을 소개했을 때, 난 가장 지적으로 주식을 이해하는 방법이 곧 사업가의 관점에서 생각하는 것이라는 버핏의 설득력 있는 주장에 즉시 공감했다. 주식을 산다는 것은 곧 회사를 소유하는 것이라는 그의 설명 덕분에 모든 것이 단번에 이해됐다. 그 순간은 마치 계시를 받은 것 같았다. 워런 버핏은 투자라는 행위의 본질을 드러나게 해 주었다. 대차대조표와 손익계산서는 여전히 있었지만, 숫자라는 골격은 갑자기 근육과 피부, 목적을 갖춘 생명체로 변했다. 한마디로, 보통주의 개념이 생명을 얻은 것처럼 느껴졌다. 숫자만 보던 나는 이제 기업과 그 사업을 운영하며 제품과 서비스를 판매해 매출과 이익을 창출하는 사람들을 떠올리기 시작했다. 그 숫자들은 결국 스프레드시트를 채우는 결과물일 뿐이었다.

  내가 증권 중개인으로서 자격을 얻고 실무에 들어갔을 때, 무엇을 해야 할지 정확히 알고 있었다. 나는 고객의 돈을 훌륭한 사업체에 투자할 생각이었다. 다시 말해, 워런 버핏의 조언을 따르고 '주식 선택가stock picker'가 아니라, '기업 선택가business picker'가 되기로 했다. 무엇보다 워런 버핏의 투자 전략을 계속 연구하는 데 전념하기로 마음먹었다. 나는 미국 증권거래위원회에 편지를 보내 버크셔 해서웨이의 과거 연례 보고서와 버크셔가 소유한 상장 기업들의 연례 보고서를 모두 요청했다. 그 후 몇 년 동안, 나는 워런 버핏과 버크셔에 관한 모든 신문 및 잡지 기사를 모았다. 마치 어린아이가 좋아하는 야구선수를 따라다니는 것처럼 나는 그렇게 버핏을 따라다녔다.

몇 년 뒤, 워런 버핏은 다음과 같이 말했다. "우리가 하는 일은 누구나 할 수 있는 능력 범위를 넘어서지 않는다. 비범한 결과를 얻기 위해 비범한 일을 할 필요는 없다." 아마도 이 말을 들은 사람들은 버핏의 중서부식 겸손함으로 치부했을 것이다. 버핏은 과시하는 사람이 아니지만, 그렇다고 사람들을 혼란스럽게 하지도 않는다. 나는 그가 이 말을 진심으로 믿지 않았다면 절대로 하지 않았을 것이라고 확신했다. 그리고 그 말이 사실이라면, 버핏이 투자와 주식 선택에 대해 어떻게 생각하는지를 보여주는 중요한 단서가 될 것이라고 생각했다. 어쩌면 그것은 보물 지도를 발견할 가능성이 있다는 것을 의미했다. 이것이 바로 내가 《워런 버핏 웨이》를 쓰게 된 동기였다.

이 책을 쓰면서 직면한 주요 도전은 워런 버핏의 "내가 하는 일은 누구나 할 수 있는 능력의 범위를 넘어서지 않는다"는 주장을 실제로 입증하는 것이었다. 일부 비평가들은 그의 성공에도 불구하고, 워런 버핏의 특이한 성향 때문에 널리 적용될 수 없는 투자 방식이라 주장한다. 하지만 난 동의하지 않는다. 버핏이 독특한 인물임은 분명하고, 이것은 그를 성공으로 이끈 원천이기도 하다. 하지만 그의 방법론을 이해하고 나면 개인과 기관 모두에게 적용할 수 있다. 이 책의 목표는 투자자들이 워런 버핏이 성공했던 전략을 사용할 수 있도록 돕는 것이다.

이를 위해, 버크셔 회장의 서신, 수많은 잡지와 뉴스 기사, TV 인터뷰, 그리고 연례 주주총회에서 나온 워런 버핏의 글 중 가장 중요한 내용들을 선별했다. 나는 모든 자료를 철저히 조사하며 놓친 것이 없도록

했다. 이 과정에서 버핏이 사업적 관점, 경영진의 행동, 재무 수익률, 마지막으로 보통주의 가치를 평가하는 방법을 통해 기업을 분석하는 방식을 추출했다. 그리고 이 내용을 워런 버핏만의 12가지 투자 원칙으로 정리했다. 이 핵심 원칙들은 버핏의 4단계 투자 전략을 상세히 설명하고 명확히 하기 위해 제시했다.

1단계, 주식을 사업처럼 분석하라.
2단계, 각 매수에 안전마진을 설정하라.
3단계, 포트폴리오를 낮은 회전율로 집중 관리하라.
4단계, 시장의 투기적이고 감정적인 회유로부터 자신을 보호하라.

《워런 버핏 웨이》는 기본적으로 단순한 접근 방식을 설명한다. 복잡한 컴퓨터 프로그램을 배울 필요도 없고, 두께가 약 5센티미터에 달하는 투자 매뉴얼을 해독할 필요도 없다. 당신이 재정적으로 기업의 지분 10%를 살 수 있는 여유가 있든, 100주를 매수할 수 있는 능력이 있든, 이 책은 투자 수익을 달성하는 데 도움을 줄 수 있다. 그럼에도 불구하고 회의론자들은 존재한다. 우리가 수년간 받은 주요 반박은 워런 버핏에 관한 책을 읽는다고 해서 그와 동일한 투자 수익을 올릴 수 있다는 보장이 없다는 것이었다. 그에 대해 난 이렇게 말하고 싶다. 첫째, 나는 이 책을 읽는다고 해서 개인이 버핏과 동일한 결과를 얻을 수 있다고 암시한 적이 없다. 둘째, 누군가 그렇게 생각했다면 왜 그런지 오히려 의문이 든다. 타이거 우즈Tiger Woods처럼 골프 치는 법에 관한 책을 샀다고 해서 골프장에서 우즈처럼 칠 수 있다고 기대하지는 않을 것이다. 우리가 그 책을 읽는 이유는 자신의 골프 실력을 향상하는 데 도움이 될 몇 가지 팁들이 책 속에 있다고 믿기 때문이다. 《워런 버핏 웨이》도 마찬가지다. 이 책을 통해 당신의 투자 수익률이 향상되었거나, 투자법에 대한 몇 가지 교훈을 얻었다면 성공한 것이다.

워런 버핏식 접근법의 핵심은 '매수 후 보유buy-and-hold' 투자 전략이다. 이해하기 쉬운 만큼 많은 사람이 매력을 느낀다. 몇 년 동안 매수하고 보유함으로써 사업의 정체성과 비례해 수익을 얻는다는 개념은 단순하고 명확하다. 투자자들은 이 접근 방식의 메커니즘을 쉽게 이해할 수 있다. 워런 버핏의 매력은 두 가지로 요약할 수 있다. 첫째, 그는 '매수 후 보유' 접근 방식의 대표자로 여겨진다. 둘째, 이를 실천함으로써 그는 세계 최고의 투자자가 되었다.

내가 《워런 버핏 웨이》를 쓴 지 30년이 지난 지금, 주식시장의 잡음은 계속 커지고 있다. 그리고 한계에 도달했다고 생각하는 순간, 귀가 터질 듯한 굉음으로 변한다. TV 해설자, 금융 전문 기자, 애널리스트, 시장의 전략가들은 서로의 말을 가로막으며 투자자들의 관심을 끌기 위해 경쟁한다. 오늘날의 주식시장은 마치 모든 것의 가격을 알지만, 가치를 모르는 사람들이 즐기는 냉소적인 게임이 되어버린 듯하다.

그러나 정보의 홍수 속에서도 투자자들은 여전히 수익을 내기 위해 고군분투하고 있다. 일부는 시장에 남아 있는 것조차 버거워하는 실정이다. 주가는 별다른 이유 없이 급등했다가 순식간에 폭락하곤 한다. 자녀의 교육비나 자신의 은퇴 자금을 위해 주식시장에 눈을 돌렸던 사람들은 혼란에 빠진다. 주식시장에는 일정한 규칙이나 논리가 존재하는 것이 아니라, 그저 어리석음만이 가득해 보인다.

하지만 워런 버핏의 지혜와 조언은 그 모든 것을 초월한다. 투기꾼이 투자자보다 우위를 점한 것처럼 보이는 환경에서도, 버핏의 조언은 수많은 길 잃은 투자자들에게 언제나 안전한 피난처가 되어왔다.

장기 투자는 한때 신중한 선택으로 여겨졌다. 하지만 오늘날 누군가에게 자신이 장기 투자자라고 말하면, 시대에 뒤떨어진 사람, 한때 유효했지만 이제는 지나간 개념에 집착하는 구식 투자자로 취급받는다. 세상은 빠르게 움직이고 있다고들 하며, 매수와 매도를 반복하지 않으면 도태되는 것처럼 여기는 시대가 된 것이다.

주식시장에서 '기업 중심 투자자business-driven investor'로 활동하는 것은 때때로 둥근 블록을 네모난 구멍에 넣으려고 하는 것처럼 느껴질 수 있다. 하지만 우리는 워런 버핏에게 배웠고, 단기적인 시장 가격에 의존하지 않고도 성과를 신중하게 측정하는 법을 배웠다. 문제는 '기업 중심 투자자'들이 온갖 도전이 가득한 주식시장에서 성공할 수 있느냐가 아니다. 진정한 질문은 우리가 올바른 투자 마인드를 갖추었는가, 그리고 궁극적인 투자자가 남긴 교훈을 제대로 배우고 있는가에 대한 것이다.

차례

- 이 책에 대한 찬사　004
- 추천의 글　008
- 초판 머리말　016
- 개정판 머리말　024
- 두 번째 개정판 머리말　028
- 서문　042

CHAPTER 1.
세계 최고의 투자자　053

- 패턴 이해하기　059
- 기업가의 탄생　060
- 버핏 리미티드 파트너십　077
- 버크셔 해서웨이: 복리의 제왕, 거대 복합기업　083

CHAPTER 2.
워런 버핏의 투자 수업　089

- 하워드 호먼 버핏: 초기의 영향　093
- 벤저민 그레이엄: 투자 방법론의 개발　102
- 필립 피셔: 좋은 기업을 구별하는 법　114
- 찰리 멍거: 지적 관점　125

CHAPTER 3.
기업 중심 투자   145

- 비즈니스 원칙   151
- 경영진 원칙   155
- 재무 원칙   167
- 가치 원칙   174
- 현명한 투자자   183

CHAPTER 4.
보통주 매수   187

- 워싱턴 포스트   194
- 가이코 코퍼레이션   210
- 캐피탈 시티즈/ABC   228
- 코카콜라   243
- 애플   258
- 이익잉여금의 가치   284

CHAPTER 5.
기업 포트폴리오 관리　　289

- 오늘날의 포트폴리오 관리: 두 가지 선택　　292
- 세 번째 선택: 집중 투자　　295
- 버핏 마을의 슈퍼 투자자들　　301
- 3000명의 집중 투자자들　　316
- 더 효과적인 성과 측정법　　322
- 집중 액티브 투자　　343

CHAPTER 6.
지금도 유효한 액티브 운용　　347

- 현대 금융의 대가들　　351
- 효율적 시장 가설　　371
- 투자와 투기: 차이 이해하기　　380
- 평행 세계에서의 투자　　387

CHAPTER 7.
머니 마인드   393

- 스포츠맨, 스승, 예술가   399
- 버크셔 해서웨이: 미국의 대표 기업   409

▶ 감사의 말   417

★ 부록 A 버크셔의 성과와 S&P 500 지수 비교(1965~2022)   423
★ 부록 B 버크셔의 보통주 포트폴리오(1977~2021)   427

▶ 참고 문헌   466
▶ 찾아보기   483

CHAPTER 1.
세계 최고의 투자자

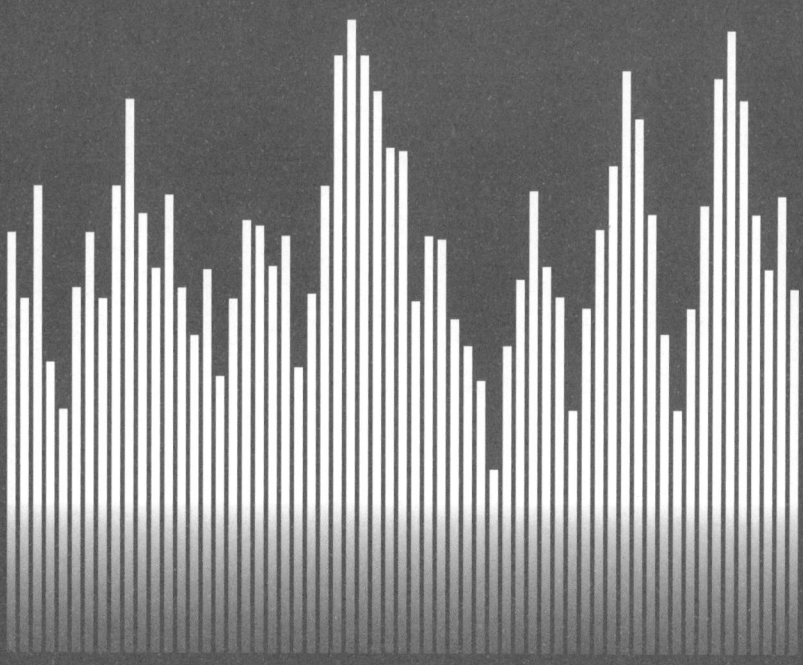

THE WARREN BUFFETT WAY

우리가 투자자로서 갖고 있는 내재적 욕구 중 하나는 세상을 이해하는 것이다. 특히 우리의 재정적 안녕에 직접 영향을 주는 요소라면 더욱 그렇다. 그리고 예상치 못한 일이 발생하면 우리는 그 이유를 찾으려 한다.

이러한 상황은 1973년에 발생했다. 주가가 가파르게 하락하기 시작했고, 그 하락세는 다음 해에 더욱 심화되었다. 1974년 말까지 전체 주식시장은 끔찍하게도 50%가 하락했다. 투자자들은 충격에 빠졌고, 자신의 포트폴리오와 은퇴 자금이 어떻게 되었는지 의아해하며, 스스로에게 이렇게 물었다. "내가 무엇을 다르게 했어야 했을까?"

때마침, 주요 대학의 학자들은 오랫동안 주식시장에 대해 고민하고 있었다. 그들은 각각 별도로 연구하며 시장 행동에 관한 몇 가지 아이디어, 특히 '위험과 수익'이라는 핵심 개념을 개발하고 다듬었다.

그중 한 가지 아이디어는 심리학에 뿌리를 두고 있으며, 대부분의 사람들이 돈 문제와 관련해 감정적으로 반응한다는 점을 인정하는 데에서 시작된다. 특히 대부분의 투자자는 손해 본다는 생각을 하는 것조차 싫어하며, 금융 학자들은 이를 '가격 변동성price volatility'과 동일시했다. 만약 시장이 크게 요동칠 때 투자자들이 평정심을 유지하지 못하면, 겁에 질려 나쁜 결정을 내릴 확률이 높다. 그래서 이상적인 투자 전략은 투자자가 가격 변동을 얼마나 견딜 수 있는지를 고려해 그에 맞게 설계되어야 한다.

위험 감내와 밀접하게 연결된 또 다른 개념은 '분산 투자'다. 주식 포트폴리오가 다양한 산업과 기업에 분산되어 있으면 변동성을 더 잘 관리할 수 있다는 게 핵심 아이디어다. 즉, 경제의 특정 영역이 어떤 재난으로 타격을 입더라도, 광범위하게 분산된 포트폴리오는 손실을 줄이는 보호막 역할을 한다는 것이다.

수년간 "위험은 곧 가격 변동성"이라는 이론과 "분산 투자가 가격 변동성을 완화한다"는 두 가지 일반적인 개념은 끊임없이 논의되고, 수정되며, 확장되고, 논문으로 발표되었으며, 다시 논쟁의 대상이 되었다. 결국 이런 폐쇄적인 발전 과정을 거쳐 이 두 개념은 하나의 종합적인 이론으로 합쳐졌고, 이는 '현대 포트폴리오 이론Modern Portfolio Theory'으로 알려졌다. 하지만 이 개념은 오랫동안 학계에만 머물러 있다가 1973년에서 1974년까지 이어진 주식시장 폭락 이후 주목받기 시작했다. 충격적인 손실을 본 투자자들과 전문가들이 해답을 찾기 위해 현대 포트폴리오 이론을 다시 들여다보기 시작한 것이다.

그렇게 현대 포트폴리오 이론이 학계의 상아탑에서 "발견"되어 시장으로 나왔다. 당시에는 모든 투자자들이 현대 포트폴리오 이론을 유일하게 합리적인 투자 방법인 것처럼 받아들이는 듯 보였다.

그런데 현대 포트폴리오 이론에는 딱 한 가지 문제가 있다. 바로 워런 버핏이라는 인물이다.

버핏은 위험을 가격 변동성과 동일시하지 않는다. 그는 광범위하게 분산된 보통주 포트폴리오를 운용하기보다 소수 종목에 집중하고 매매 회전율이 낮은 포트폴리오를 관리한다. 그럼에도 불구하고 거의 70년에 달하는 그의 투자 성과는 많은 사람들이 그를 '세계 최고의 투자자'라고 부르게 만들었다. 혹은 '5시그마 five-sigma 사건'[1]에 비유하기도 하는데, 이는 통계적으로 거의 발생하지 않는 수준의 예외적인 사례를 의미한다.

오마하에서 태어나고 자란 워런 버핏은 네브래스카대학교를 졸업하고, 가치 투자 분야의 기념비적인 책인 《증권 분석》의 공동 저자이자, 스승인 벤저민 그레이엄과 데이비드 도드 David Dodd에게 배우기 위해 컬럼비아대학교로 간다. 그레이엄은 버핏이 "지금까지 나온 책 중 가장 중요한 투자서"라고 극찬한 《현명한 투자자》의 저자이기도 하다. 버핏은 이 책이 자신의 주식 투자 방식을 완전히 바꿔놓았다고 자주 언급했다.

컬럼비아대학교를 졸업한 버핏은 멘토인 그레이엄이 운영하는 그레이엄-뉴먼 Graham-Newman 사에서 잠시 일하다가 다시 오마하로 돌아와 1956년에 자신의 투자 회사인 버핏 리미티드 파트너십 Buffett Limited Partnership을 설립한다. 그리고 스스로 '다우존스 산업평균지수 DJIA를 연평균 10%포인트 이상 초과 달성하기'라는 야심 찬 목표를 세운다. 그 후 13년 동안(1957~1969년) 이 파트너십은 연평균 31%의 수익률을 기록했는데, 같은 기간 다우지수의 연평균 수익률 9%보다 22포인트나 높은 수치였다. 더 놀라운 것은 10년 동안 단 한 번도 다우지수 수익률을 밑돈 적이 없으며, 그 기간 내내 단 한 해도 손실을 기록하지 않았다는 점이다.

1962년 버핏 파트너십은 버크셔 해서웨이라는 매사추세츠주에 있는 방직 업체의 주식을 사들이기 시작한다. 그리고 1965년에는 버핏이 사실상 회사의 경영권을 장악하게 된다. 1969년 말, 버핏 파트너십이 운영을 종료하자 그는 파트너들에게 자신의 개인 자금을 파트너십에서 버크셔 해서웨이 주식으로 옮길 것이라고 밝혔다. 이것이 오늘날의 버크셔 해서웨이로 성장하는 여정의 시작이었다. 버크셔 해서웨이는 현재 사기업과 상장 주식을 보유한 거대 복합기업으로 자리 잡았다. 버핏이 경영을 맡은 첫 10년 동안(1965~1974년의 심각한 약세장 포함), 버크셔 해서웨이에 투자된 1달러는 3배로 증가했다. 같은 기간 S&P 500 지수에 동일한 1달러를 투자하고 배당금까지 재투자했을 경우, 수익이 고작 13센트에 불과한 것과 비교하면 엄청난 결과였다. 하지만 이것은 단지 시작에 불과했다.

워런 버핏보다 오랜 기간 돈을 운용해 온 전문 투자자는 없다.[2] 버핏 파트너십과 버크셔 해서웨이가 겹치는 기간을 제외하면 그는 무려 66년간 포트폴리오를 운용해 왔다. 버크셔 해서웨이의 성과만 따로 떼어 보면(1965~2022년), 58년 동안 버크셔의 전체 누적 수익률은 3,787,464%였고, 같은 기간 배당금을 포함한 S&P 500 지수는 24,708%의 수익을 기록했다. 이를 연평균으로 환산하면 버핏은 19.8%의 복리 수익을 달성했으며, S&P 500 지수는 9.9%에 그쳤다. 달리 말해, 1달러를 1965년에 S&P 500 지수에 투자했다면 2022년 말에는 248달러(약 36만 7000원)가 되었을 것이고, 같은 시점에 버크셔에 투자했다면 3만 7875달러(약

5609만 3000원)가 되었을 것이다.

패턴 이해하기

인간의 마음은 패턴을 갈구한다. 왜냐하면 패턴은 질서를 암시하고, 이는 우리가 세상을 이해하도록 돕기 때문이다. 투자자들도 다르지 않다.[3] 그들 역시 패턴을 찾는 동물이다. 문제는 대부분의 투자자들이 잘못된 곳에서 패턴을 찾고 있다는 점이다. 많은 이들이 단기 주가 변동을 예측할 수 있는 믿을 만한 패턴이 있다고 확신하지만 이는 착각이다. 주식시장을 꾸준히 예측할 수 있는 모델은 존재하지 않는다. 시장은 너무 거대하고, 복잡하며, 끊임없이 변한다. 따라서 예측을 위한 정확한 패턴은 반복되지 않는다. 그럼에도 투자자들은 여전히 패턴을 찾으려 애쓴다.

워런 버핏도 패턴을 찾는다. 하지만 그가 찾는 패턴은 시장에 국한되지 않고, 기업을 분석할 때 발견되는 패턴이다. 버핏은 기업 내부에서 세 가지 핵심 영역인 비즈니스의 본질, 재무 성과, 그리고 경영진의 역량에서 반복적으로 나타나는 패턴이 존재한다는 사실을 깨달았다. 그리고 결국 이 패턴들이 언젠가 주가의 향방을 예측하는 단서가 된다고 확신한다. 물론 단기적으로 주가는 기업의 변화에 맞춰 즉각적으로 움직이지 않는다. 그러나 투자 기간을 충분히 길게 잡으면 기업의 경제적 실적에서 드러나는 패턴이 결국 주가와 일치하는 경향이 있다는 사실을 확인할 수 있다.

사람들은 오래 일하다 보면 자연스럽게 기회(운)가 찾아온다고 말한다. 워런 버핏 역시 투자 인생에서 항상 운이 따랐던 것은 아니었다. 하지만 분명한 것은 오랜 기간 지속되는 성공은 탁월한 능력 위에 구축된다는 사실이다.[4] 이 책의 목적은 세계 최고의 투자자인 워런 버핏의 능력과 기법을 탐구하는 데 있다.

기업가의 탄생

버핏 가문의 역사는 1696년 뉴욕 롱아일랜드 북쪽 해안에서 한나 타이투스Hannah Titus와 결혼한 존 버핏John Buffett까지 거슬러 올라간다. 그로부터 시간이 흘러 1867년, 시드니 호먼 버핏Sidney Homan Buffett은 미국 서부의 부름을 받아 뉴욕을 떠나 오마하에서 역마차를 끄는 일을 맡는다. 이곳에 머물기로 한 그는 1869년 S. H. 버핏 식료품점을 열고, 오늘날까지 오마하에 남아 있는 버핏 가문의 역사를 시작했다.

1900년이 되자, 오마하는 고층 건물과 케이블카로 가득 찬 도시로 성장했고, 인구는 14만 명으로 급증했다. 시드니 버핏은 식료품 사업을 확장했으며, 곧 그의 두 아들이 사업에 합류했다. 막내 아들 어니스트는 아버지가 있는 큰 번화가를 떠나 교외에 새로운 식료품점을 열었고, '어니스트 버핏, 식료품 상인 겸 명품 상인Ernest Buffett, Grocer and Master Merchant'이라고 거창하게 명명했다. 어니스트에게는 네 명의 아들이 있었고, 그 중 한 명인 하워드가 워런 버핏의 아버지다.

하워드 버핏은 식료품 사업에 별로 관심이 없었다. 그는 언론인을 꿈꿨고 네브래스카대학교에 다니는 동안 학교 신문인 〈데일리 네브래스칸Daily Nebraskan〉 편집장을 맡는다. 그러나 대학 마지막 해, 레일라 슈탈Leila Stahl과의 우연한 만남이 그의 미래를 바꾸어놓았다. 레일라의 마음을 얻고, 예비 장인에게 결혼 승낙을 받기 위해, 하워드는 언론계에서 일했던 경력을 포기하고 경제적으로 더 안정적인 보험 판매업을 선택한다. 이후 그는 보험 판매 경험을 살려 증권사에서 증권 판매하는 일로 전환했고, 이를 계기로 버핏, 스켈린카 앤드 컴퍼니Buffett, Skelincka & Company라는 새로운 중개회사를 설립하게 된다.

어린 시절, 워런은 식료품점을 운영하던 할아버지에게 많은 것을 배웠다. 잘 알려져 있듯이 워런 버핏은 투자자가 되기 전에 이미 기업가였다. 즉, 이익을 추구하기 위해 직접 사업을 시작한 사람이었다. 버핏은 여섯 살 때, 그를 아끼던 이모 앨리스로부터 크리스마스 선물을 받았다. 선물 포장을 뜯어 보니, 허리에 찰 수 있는 니켈로 도금된 동전분배기가 들어 있었다. 그는 이 물건을 가장 소중한 자산으로 여기며 다양한 방식으로 활용하기 시작했다. 어린 워런은 보도 위에 테이블을 놓고 지나가는 사람들에게 껌을 팔았다. 또 집마다 돌아다니며 껌과 탄산음료를 팔기도 했다. 그는 할아버지의 식료품점에서 코카콜라 6팩을 25센트에 사서, 한 병당 5센트에 팔았다. 투자금 대비 20%의 수익을 올린 셈이었다.

그 후 버핏은 〈새터데이 이브닝 포스트Saturday Evening Post〉와 〈리버티Liberty〉 잡지를 판매한다. 주말에는 미식축구 경기장에서 행상으로 팝콘과 땅콩을 팔았고, 여가 시간에는 인근 골프장을 돌아다니며 골퍼들이 잃어버린 골프공을 찾아 깨끗하게 닦아 12개당 6달러(약 9000원)에 되팔았다. 그리고 (네브래스카를 거꾸로 쓴) 액서벤Ak-sar-ben 경마장에 가서, 사람들이 실수로 버린 당첨 가능성이 있는 경마 티켓을 찾아다니기도 했다. 이후 그는 직접 경마 우승 예상지를 만들어 판매하기도 했다. 그는 '스테이블보이-셀렉션StableBoy-Selections'이라는 경마 팁 시트를 25센트에 팔았는데, 이는 경마장의 공식 팁지인 '블루 시트Blue Sheet'보다 저렴한 가격이었다.

버핏이 열두 살이던 1942년 그의 아버지가 미국 국회의원으로 선출되면서 가족이 워싱턴 D.C로 이사하게 된다. 이 변화는 어린 버핏에게 큰 시련이었다. 그는 고향인 오마하를 몹시 그리워하며 힘들어했고, 결국 할아버지 그리고 이모 앨리스와 함께 살기 위해 오마하로 돌아간다. 이듬해, 버핏은 다시 워싱턴에서 새로운 도전을 시작하기로 결심했고, 곧 〈워싱턴 포스트〉와 〈워싱턴 타임스-헤럴드Washington Times-Herald〉 두 신문 배달 업무를 맡으며, 기업가적 모험을 재개했다.

버핏은 우드로 윌슨 고등학교에서 돈 데일리Don Daly라는 친구를 만나는데, 그는 곧 버핏의 돈 벌기 열정에 감화된다. 두 사람은 저축한 돈을 합쳐 25달러(약 3만 7000원)에 개조된 핀볼 게임기를 구매한다. 버핏은 동네의 한 이발사에게 수익의 절반을 나누는 조건으로 가게에 핀볼 게임기를 놓도록 설득했다. 첫날 운영을 마치고 돌아가 보니, 기계에는 4달러(약 6000원) 상당의 5센트 동전이 들어 있었다. 이 성공을 발판으로 '윌슨 동전 게임기 회사'는 점차 확장해 7대의 기계를 운영하게 되었고, 버핏은 곧 주당 50달러(약 7만 4000원)를 벌게 되었다. 그 후 버핏과 데일리는 1934년식 롤스로이스를 350달러(약 52만 원)에 구매해 하루 35달러

(약 5만 2000원)에 임대하는 사업을 시작했다. 열여섯 살에 버핏은 네브래스카 농장 40에이커(약 16만 1874제곱미터)를 매입한 뒤 이를 농부에게 임대한다. 고등학교를 졸업할 당시 그의 통장에는 무려 6000달러(약 889만 원)가 있었다.

버핏이 돈을 벌겠다는 열정에 불타오른 이유는 무엇일까? 그것은 대공황이라는 극적이면서도 가슴 아픈 사건 때문이었다. 버핏의 어린 시절은 평온해 보이지만, 어느 날 저녁 그의 아버지가 집으로 돌아오면서 모든 것이 바뀌었다. 아버지는 가족에게 자신이 다니던 은행이 문을 닫아 직장을 잃었고, 저축한 돈도 모두 사라졌다는 소식을 전했다. 대공황이 마침내 오마하까지 영향을 미친 것이다. 버핏의 할아버지는 아들에게 일자리를 줄 수는 없었지만, 외상으로 가족에게 식료품을 제공하며 어려운 시기를 견디도록 도왔다.

워런 버핏은 대공황의 산물이라고 해도 과언이 아니다. 비록 대공황이 그의 삶에 짧게 영향을 미쳤지만, 그것은 그의 마음에 깊고도 강렬한 인상을 남겼다. 《버핏: 21세기 위대한 투자 신화의 탄생》의 저자 로저 로웬스타인Roger Lowenstein은 이렇게 표현했다. "버핏은 처음 맞이한 힘든 시기를 아주, 아주, 아주 부자가 되겠다는 순수한 동기로 극복했다. 이 생각을 다섯 살도 되기 전부터 했고, 이후 거의 멈추지 않았다."[5] 버핏은 종종 아버지의 사업파트너였던 칼 팔크Carl Falk의 집을 방문해 투자 관련 서적들을 읽곤 했다. 어느 날, 팔크 부인이 점심을 준비하던 중 버핏이 이렇게 선언하는 것을 들었다. "나는 서른 살이 되기 전에 백만장자가 될 거예요. 그렇지 않으면 오마하에서 가장 높은 빌딩에 올라가 뛰어내릴 거예요." 이 말을 들은 팔크 부인이 경악하며 다시는 그런 말을 하지 말라고 다그쳤지만 버핏은 그저 웃었다. 팔크 부인이 왜 그런 말을 하냐고 캐묻자, 워런은 이렇게 대답했다. "단순히 돈을 원하는 게 아니에요. 난 돈을 버는 게 재미있고, 불어나는 걸 보는 게 재미있어요."[6] 몇 년 후 그는 이렇게 덧붙였다. "돈은 나를 독립적으로 만들어줄 수 있다. 내 삶에서 하고 싶은 것을 할 수 있게 해 주었다. 내가 가장 원했던 것은 나 자신을 위해 일하는 것이었다. 내가 원하는 일을 매일 한다는 생각이 내게는 정말 중요했다."[7]

◆ 꿈을 좇다: 초기 영향들

워런 버핏의 성공을 설명하는 유명한 일화들은 많다. 하지만 많이 알려지지 않은 일화 중 가장 중요한 이야기가 하나 있다.

1941년 열한 살의 워런은 오마하 공립 도서관 벤슨 지점에서 책을 둘러보다가 반짝이는 은빛 표지의 품격 있어 보이는 《백만장자가 되는 1000가지 비밀》이라는 제목의 책을 발견했다. 이 책의 부제는 "자신만의 사업을 시작하고 여가 시간을 활용해 돈을 버는 실제 경험을 바탕으로 한 실용적인 제안들"이었으며, F. C. 미네커가 1936년에 출간한 것이었다. 당시 관행에 따라, 프랜시스 메리 코완 미네커Frances Mary Cowan Minaker는 성별을 숨기기 위해 이니셜을 사용했다.

1940년대 네브래스카주 오마하에 살고 있는 어린 소년을 떠올려보자. 그 당시에는 TV도 비디오게임도, 개인용 컴퓨터나 스마트폰도 없었다. 물론 라디오 프로그램이 있었고, 가끔 시내 극장에서 토요일 오후에 영화를 볼 수 있었지만, 대부분의 사람들, 특히 워런에게 가장 큰 오락은 읽기였다. 그는 신문이나 잡지, 책을 읽으며 세상을 배웠다. 이제 어린 워런이 도서관에서 막 나온 보물을 꼭 쥐고 집으로 달려가는 모습을 상상해 보자. 집에 들어오자마자 의자에 털썩 앉아, 책의 첫 장을 펼치고 새로운 세계에 빠져들었다. 그것은 바로 돈 버는 법에 대한 것이었고, 아직 완전히 이해하거나 체득하지 못했지만, 이제 막 그 세계로 첫걸음을 내딛고 있었다.

미네커의 책은 408쪽에 달하는 방대한 분량으로 다양한 내용을 담고 있다. 새로운 사업에 관한 수백 가지의 구체적인 제안뿐만 아니라, 뛰어난 영업 기술, 광고, 상품 판매, 고객 관리 등과 관련한 명확하고 직관적인 지침을 제공한다. 또한 좋은 아이디어를 성공적인 사업으로 발전시킨 사람들의 이야기가 가득 담겨 있으며, 때로는 놀라운 성공 사례도 포함되어 있다.

제임스 C. 페니James C. Penney의 이야기가 특히 인상적이었다. 그는 첫 직장에서 한 달에 고작 2.27달러(약 3400원)를 받으며 일을 시작했다. 하지만 페니는 쥐꼬리만한 월급을 다른 두 명의 파트너와 합쳐 1902년 4월 14일 첫 번째 'J. C. 페니' 매장을 열었다. 첫해 매출은 2만 8891달러(약 4279만 원)에 달했으며, 제임스가 가져간 순이익 몫은 1000달러(약 148만 원)가 조금 넘는 금액이었다.

또 다른 페이지를 넘긴 워런은 존 워너메이커John Wanamaker의 이야기를 읽었다. 당시 스물세 살이었던 그는 처남인 네이선 브라운Nathan Brown을 설득해 저축해 둔 푼돈을 모아 고향 필라델피아에 남성복 매장을 열었다. 그때는 1861년으로 미국은 전국적인 내전(남북전쟁)을 앞두고 있었고, 경제 상황도 최악이었다. 1857년 은행 공황의 여파로 실업률이 치솟았고, 제조업체와 도매업자들은 거의 몰락한 상태였다. 그러나 그들은 주저하지 않고 1861년 4월 27일 가게 문을 열었다. 8년 뒤 워너메이커 앤드 브라운Wannamaker & Brown은 미국 최대 남성복 소매점으로 성장했다.

상상의 나래를 펼치며, 워런은 계속 책을 읽어나갔다.

153쪽에 이르렀을 때, 워런은 아마도 커다란 미소를 지었을 것이다. 6장에는 가판 사업에 관한 이야기가 시작되는데, 이 어린 사업가가 이미 5년 이상 해온 일이었다. 책의 10장에는 수많은 서비스 사업 아이디어가 담겨 있었다. 그중 하나는 동전 투입식 당구대를 지역 상점과 주점에 설치하는 것이었다. 오늘날의 시각에서 보면, 이 아이디어는 2년 후 버핏이 시작한 핀볼 사업과 직접적으로 연결되는 듯하다. 같은 10장, "당신의 서비스를 판매하라"는 부분에서는 또 다른 이야기가 소개되었는데, 이 일화는 워런의 사고방식에 많은 영향을 미쳤다.

1933년 해리 라슨Harry Larson이라는 사람이 동네 약국에서 약을 사고 있을 때, 누군가(정확히 누구인지는 알 수 없지만) 그의 몸무게가 얼마인지 물었다. 해리는 주위를 둘러보다가 동전 투입식 체중계를 발견했고, 1센트를 넣어 몸무게를 쟀다. 그 이후 그는 담배 계산대로 이동해 줄을 서 있었다. 그 짧은 시간 동안, 일곱 명이 더 체중계를 사용하는 것을 본 해리는 이를 유심히 관찰했다. 궁금증이 생긴 그는 가게 주인에게 질문했다. 주인은 체중계를 임대했다고 설명하며, 자신이 가져가는 수익의 25%가 한 달에 약 20달러(약 3만 원)이라고 설명했다. 나머지 75% 수익은 체중계 회사가 가져갔다.

해리는 미네커에게 이렇게 말했다. "그게 모든 것의 시작이었어요."

그는 통장에서 175달러(약 26만 원)를 찾아 세 대의 체중계를 임대했고, 곧 월 98달러(약 14만 5000원)의 수익을 올리기 시작했다. 하지만 버핏을 자극한 건 해리의 그다음 행동이었다. "난 모두 70대의 기계를 샀는데, 추가로 구입한 67대는 처음으로 구입했던 기계에서 나온 동전으로 충당했다. 결국 나는 기계 값을 모두 갚고도 충분히 잘 살 만큼 벌 수 있었다."[8]

이것이 바로 '한 푼씩' 쌓아가는 복리의 본질이다. 알베르트 아인슈타인Albert Einstein이 한 유명한 말을 들어본 적이 있을 것이다. "복리 이자는 세계 8대 불가사의다. 이를 이해하는 사람은 복리의 이익을 얻고, 이해하지 못하는 사람은 그 대가를 치른다." 그러나 복리의 개념은 단순한 이자보다 훨씬 더 광범위하고 강력하다. 그것은 바로 수익을 이용해 더 큰 수익을 창출하는 것이다. 해리 라슨은 본능적으로 이 원리를 깨달았다. 그리고 어린 워런 버핏 역시 이를 이해하고 있었다.

수년 후, 버핏은 동전 투입식 체중계 사업을 예로 들어 자신의 투자 철학을 설명했다. "체중계 사업은 이해하기 쉬웠다. 한 대를 사서 그 수익으로 더 많은 기계를 사는 것이다. 그러다 보면 어느새 20대가 생기고, 사람들은 하루에 50번씩 몸무게를 재게 될 것이다. 그때 돈은 바로 이런 데서 나오는 거라고 생각했다. 그것이 복리의 힘이다. 이보다 더 좋을 수 있을까?"[9] 이 사고방식은 이후 '버크셔 해서웨이'를 설계하는 데 있어 핵심적인 틀과 구조를 형성했다.

미네커는 이렇게 썼다. "자신만의 사업을 시작하는 첫 번째 단계는 그 사업에 대해 아는 것이다. 그러니 당신이 시작하려는 사업과 관련된 모든 자료를 읽어라. 다른 사람들의 경험을 종합적으로 이해하고, 그들이 멈춘 지점에서 당신의 계획을 시작하라." 그는 성공하는 법뿐만 아니라 실패하지 않는 법까지 철저히 배우는 것이 중요하다고 강조했다. 미네커는 독서를 이렇게 비유했다. "사업에 대한 책을 읽는 것은 마치 사업가와 그의 거실에 앉아 직접 대화를 나누는 것과 같다." 그리고 이렇게 덧붙였다. "자신이 모든 것을 안다고 생각하는 사람들만이 이런 경험 공유를 어리석다고 여긴다." 진짜 어리석은 것은 수백 달러(오늘날 가치로 따지면 수십만, 심지어 수백만 달러)를 낭비하며 자신의 아이디어가 실패하는 것을 직접 경험하는 것이다. 반면, 누군가는 이미 같은 아이디어를 시도했고, 실패 이유를 글로 남겼을 수도 있다. 그리고 그 글을 읽는 것만으로 "왜 그것이 좋은 아이디어가 아닌지 정확히 알 수 있다."[10]

워런 버핏은 이 교훈을 결코 잊지 않았다. 버크셔 해서웨이의 본사에서 가장 큰 공간은 버핏의 사무실이 아니라 복도 끝에 있는 참고 도서관 reference library이다. 이 도서관에는 수많은 서류 캐비닛이 줄지어 놓여 있으며, 그 안에는 각종 기업들의 기록이 빼곡히 보관되어 있다. 이 캐비닛에는 과거부터 현재까지 주요 상장 기업들의 모든 연례 보고서가 담겨 있으며, 버핏은 그 모든 자료를 읽었다. 그는 이를 통해 성공하고 수익을 낸 기업이 무엇인지 배웠을 뿐만 아니라, 그보다 더 중요한 어떤 기업이 실패했고 어떻게 돈을 잃었는지를 배웠다.

버핏이 미네커에게 배운 두 번째 교훈은 '실행'이라는 한 단어로 요약할 수 있다. 미네커가 강력하게 말했듯이, "돈을 벌기 시작하는 방법은 '시작하는' 것이다."[11] 수십만 명이 창업을 꿈꾸지만 사업 전망이 나아지길 기다리거나, 자신의 상황이 좋아지기를 기다리거나, 단순히 적절한 시기가 오기를 기다리며 실행에 옮기지 못한다. 미네커는 사람들이 "앞을 명확히 볼 수 없기 때문에" 시작을 미루는 경우가 많다고 지적한다. 여기서 주의할 점은 완벽한 순간은 결코 오지 않으며, 그것을 기다리는 것은 아무것도 하지 않으려는 핑계일 뿐이라는 것이다.

미네커는 또 다른 결정 지연 현상을 지적한다. 사람들이 종종 너무 많은 조언을 구하다가 아무것도 하지 못하는 상황에 빠진다는 것이다. "충분히 많은 사람들에게 조언을 구하면, 결국 아무것도 하지 않게 될 가능성이 크다."[12] 워런 버핏을 연구한 사람이라면 미네커의 이 조언이 버핏의 투자 방식과 일치한다는 것을 쉽게 알아챌 것이다. 물론 버핏은 오랜 사업 파트너인 찰리 멍거와 함께 큰 아이디어를 논의한다. 하지만 버크셔 해서웨이가 좋은 조건으로 무언가를 매수할 수 있는 기회를 맞이했다고 생각하면, 경제가 성장 중인지 침체 중인지 금리 전망이 상승 중인지 하락 중인지와 상관없이 결정을 미루지 않는다. 그에게 중요한 것은 좋은 사업이 적정 가격에 거래되는지 여부이며, 조건이 맞으면 그는 즉시 행동한다.

미네커는 조언뿐만 아니라 강렬한 영감을 주는 말도 남겼다. "새로운 사업을 시작하는 것은 마치 선장이 배를 몰고 항구를 떠나는 것과 같다. 그때는 오직 자신의 판단과 능력에 의존해야 한다." 그는 이를 "사업에서 가장 만족스러운 순간"이라고 표현했다.[13]

어린 워런 버핏이 이 말의 진정한 의미를 깨닫는 모습은 충분히 상상할 수 있다. 여섯 살 때부터 사탕과 소다수를 팔기 시작한 버핏은 이미 자신의 상사였다. 그는 확고한 자신감이 있었고, 무엇보다 자립심을 소중히 여겼다. 고등학교를 졸업할 때쯤, 버핏은 이미 오마하에서 가장 부유한 열여섯 살의 소년이었다. 어쩌면 세계에서 가장 성공한 십대였을

지도 모른다. 하지만 그는 아직 자신이 장담했던 백만장자가 되지는 못했다. 그 목표를 이루려면 계속 배워야 했다.

◆ 배움을 얻다

소년 시절 워런 버핏은 숫자에 매료되어 있었으며, 복잡한 수학 계산도 암산으로 쉽게 했다. 여덟 살 때는 주식시장과 관련된 아버지의 책을 읽기 시작했고, 열한 살이 되던 해에는 아버지가 일하던 증권사에서 주식 시세판을 기록하는 일을 했다. 같은 해 버핏은 처음으로 시티스 서비스Cities Services라는 주식 종목을 매수하며, 주식 투자를 시작했다. 앞서 살펴본 것처럼, 그의 어린 시절은 돈을 벌기 위한 창업 활동과 주식시장에 대한 배움으로 가득했다. 비록 버핏의 아버지는 그에게 고등교육을 받을 것을 권유했지만, 어린 버핏은 이미 자신이 성공했다고 믿었다. 그래서 아버지에게 대학에 가지 않고 사업을 하겠다고 말했다. 어차피 자신은 이미 비즈니스와 투자에 관한 책을 수백 권 읽었으니, 대학이 무엇을 가르쳐줄 수 있겠냐는 것이 그의 논리였다. 그러나 아버지의 설득으로 결국 대학에 진학하게 되었다.

버핏의 주장은 일리가 있었다. 그는 1947년 펜실베이니아대학교 와튼 스쿨에 입학했지만, 그곳에서 2년간 별다른 소득을 얻지 못했다. 그는 회계와 사업에 대해 교수들보다 더 많이 알고 있었고, 강의실에서 공부하는 시간보다 필라델피아 증권사들을 방문해 주식시장을 연구하는 데 더 많은 시간을 보냈다. 1949년 가을 학기가 시작될 때쯤, 버핏은 더 이상 와튼 스쿨에 있지 않았다.

오마하로 돌아온 버핏은 네브래스카대학교에 입학해 1년 만에 학사 학위를 취득했다. 그는 두 학기에 걸쳐 14개의 과정을 수강하며 학업을 마쳤다. 그해 내내, 그리고 졸업 후에도 대부분의 시간 동안 도서관에서 비즈니스와 투자에 관한 책을 읽으며 지식을 쌓았다. 그리고 1950년 여름 어느 날, 벤저민 그레이엄의 신간 《현명한 투자자》를 발견한다. 그리고 이 책은 그의 인생을 완전히 바꿔놓았다.

이 책은 버핏이 비즈니스 스쿨을 조사하기 시작하게 만들었다. 그해 늦여름에는 벤저민 그레이엄과 《증권 분석》의 공동 저자인 데이비드 도드가 컬럼비아대학교의 교수로 재직 중이라는 사실을 발견했다. 버핏은 "그분들이 오래전에 돌아가셨을 거라고 생각했다"라고 말했다.[14] 하지만 실제로 그레이엄과 도드는 살아 있었고, 학교에서 강의도 하고 있었다. 그래서 그는 서둘러 지원서를 제출했고, 입학 허가를 받았다. 1950년 9월, 버핏은 오마하에서 1200마일(약 1931킬로미터) 떨어진 뉴욕의 캠퍼스에 발을 내딛었다.

버핏이 들은 첫 번째 수업은 데이비드 도드가 강의한 금융 111-112, '투자 관리 및 증권 분석Investment Management and Security Analysis'이었다.[15] 뉴욕으로 떠나기 전에 버핏은 《증권 분석》을 한 권 구해 읽었는데, 컬럼비아대학교에 도착했을 때는 이미 거의 외우다시피 하고 있었다. 그는 이렇게 말했다. "사실 나는 그 책 내용을 이미 알고 있었다. 당시에는 말 그대로, 거의 800쪽에 달하는 책에 실린 있는 모든 사례를 거의 다 외우고 있었다. 나는 그 책을 완전히 흡수했다."[16]

봄학기가 시작되었을 때, 버핏은 흥분을 감추지 못했다. 그가 듣게 된 강의는 벤저민 그레이엄이 진행하는 세미나 수업으로, 20명의 학생이 참여했다. 이 수업은《증권 분석》과《현명한 투자자》의 내용을 실제로 거래되는 주식과 연결해 다루었다.

그레이엄의 메시지는 이해하기 쉬웠지만, 실제로 실행하기에는 가히 혁명적이었다.《증권 분석》이 나오기 전까지, 월스트리트에서 주식을 고르는 일반적인 방식은 다음과 같았다. 먼저, 특정 주식에 대한 개인적인 의견을 정하는 것이다. 이 주식이 좋아 보이는가, 아닌가? 그다음 다른 사람들이 이 주식을 어떻게 할지 예측하는 것이다. 매수할까, 매도할까? 이 과정에서 '재무적 사실'은 거의 무시되었다. 그러나 벤저민 그레이엄은 이 방식을 완전히 뒤집었다. 그는 이렇게 주장했다. "단순한 시장 의견에 따라 섣불리 주식에 돈을 던지기 전에, 먼저 그 주식의 실제 가치를 계산해 보는 것이 어떠한가?"

그레이엄의 방식은 단순하면서도 효과적이었다. 먼저, 기업의 유동자산(매출 채권, 현금, 기타 유동 자산)을 모두 더한 뒤 모든 부채를 차감한다. 이를 통해 기업의 순자산을 계산할 수 있다. 그런 다음에서야 비로소 주가를 살펴본다. 만약 주가가 순자산보다 낮다면, 이는 가치 있는 투자이며 잠재적으로 수익성 있는 매수 대상이었다. 하지만 주가가 회사의 순자산보다 높다면 투자할 가치가 없었다. 이 접근법은 숫자에 익숙했던 버핏의 사고방식과 완벽히 맞아떨어졌다. 벤저민 그레이엄은 버핏이 수년간 찾고 있던 투자에 대한 체계적인 접근법을 제시했다. 그 핵심은 다음과 같았다. "1달러 가치의 증권을 50센트에 매수하라."

워런 버핏은 컬럼비아대학교에서의 모든 순간을 즐겼다. 수업이 없을 때면, 도서관에서 20년 전 주식시장에 대한 옛 신문 기사들을 읽으며 시간을 보냈다. 그는 일주일 내내, 이른 아침부터 늦은 밤까지 공부했다.

많은 사람이 그가 과연 잠은 자는지 궁금해했다.

곧 모든 사람이 버핏이 가장 뛰어난 학생이라는 사실을 깨달았다. 그는 벤저민 그레이엄의 질문이 끝나기도 전에 손을 들고 답을 말했다. 동기였던 빌 루안Bill Ruane은 당시 그레이엄과 버핏 사이에 즉각적인 교감이 있었고, 나머지 학생들은 단지 청중일 뿐이었다고 회상했다.[17] 학기 말, 버핏은 A+를 받았다. 이는 그레이엄이 컬럼비아대학교에서 22년간 강의하면서 처음으로 준 성적이었다.

학기가 끝난 후, 버핏은 그레이엄에게 그가 운영하던 투자 회사 '그레이엄-뉴먼'에서 일할 수 있는지 물었다. 그러나 그레이엄은 거절했다. 처음에 버핏은 이 거절에 상처를 받았지만, 나중에 그 회사가 월스트리트에서 불공정한 대우를 받고 있다고 여겨진 유대인 애널리스트들에게 일자리를 우선적으로 제공한다는 사실을 알게 되었다. 버핏은 무료로 일하겠다고 제안했지만, 다시 한번 정중한 거절을 당했다. 결국 버핏은 오마하로 돌아가 스스로 할 수 있는 일을 찾아보기로 결심했다.

그는 겨우 스물한 살이었다.

◆ **투자에 집중하다**

1951년 여름, 워런 버핏이 오마하에 도착했을 때 그의 관심과 에너지는 오직 투자에만 집중되어 있었다. 더 이상 용돈을 벌기 위한 파트타임에는 관심이 없었다. 버핏이 가장 존경하는 두 사람, 그레이엄과 그의 아버지는 지금이 주식시장에 투자할 시기가 아니라고 말했다. 두 사람은 시장 조정이 오래전에 이루어졌어야 했다고 경고했다. 하지만 워런은 미네커의 말을 떠올렸다. "돈을 벌기 시작하는 방법은 일단 시작하는 것이다."

버핏은 오마하 국립 은행에서 일자리 제안을 받았지만, 이를 거절하고 가족 기업인 버핏-팔크 앤드 컴퍼니Buffett-Falk & Company에 들어간다. 이 회사의 이름은 동업자인 칼 팔크의 기여를 반영해 변경된 상태였다. 하워드 버핏의 친구가 회사 이름이 곧 '버핏 앤드 선Buffett & Son'으로 바뀔지 묻자, 워런 버핏은 이렇게 대답했다. "아마 버핏 앤드 파더Buffett & Father가 되겠죠."[18]

버핏은 버핏-팔크 앤드 컴퍼니에 자신의 모든 열정과 노력을 쏟아부었다. 그는 연설을 배우기 위해 '데일 카네기 공공 연설 강좌'에 등록해 대중 연설 기술을 배웠고, 오마하대학교에서 '투자 원칙'을 가르치기 시작했다. 그의 강의는 그레이엄의 책 《현명한 투자자》를 바탕으로 이루어졌다. 버핏은 또한 〈상업 및 금융 연대기The Commercial and Financial Chronicle〉에 '내가 가장 좋아하는 유가증권'이라는 제목의 칼럼을 썼으며, 그레이엄이 가장 좋아했던 투자처이지만 잘 알려지지 않은 보험회사인 "정부 직원 보험회사 가이코"를 추천했다. 이 기간에 워런은 벤저민 그레이엄과의 관계를 계속 유지하며 가끔 주식 투자 아이디어를 전하기도 했다.

그러던 1954년 어느 날, 그레이엄이 그의 전 제자에게 전화로 일자리를 제안했다. 버핏은 즉시 비행기를 타고 뉴욕으로 향했다.

그레이엄-뉴먼에서 재직하는 동안 버핏은 자신의 스승이었던 그레이엄의 투자 접근법에 완전히 몰두했다. 그는 혼자가 아니었다. 그레이엄은 버핏 외에도 월터 슐로스Walter Schloss, 톰 냅Tom Knapp, 버핏의 동기였던 빌 루안도 고용했다. 슐로스는 이후 28년 동안 WSJ 리미티드 파트너스WSJ Limited Partners에서 자금을 운용했고, 프린스턴에서 화학을 전공한 냅은 '트위디, 브라운 파트너스Tweedy, Browne Partners'의 창립 멤버가 된다. 루안은 릭 커니프Rick Cuniff와 함께 유명한 세쿼이아 펀드 Sequoia Fund를 공동 설립했다. 매일 이 4명의 애널리스트는 '스탠더드 앤드 푸어스Standard & Poor's'의 주식 가이드를 연구하는 데 시간을 쏟고, 그레이엄-뉴먼 뮤추얼 펀드Graham-Newman mutual fund를 위한 투자 아이디어를 제안했다.

버핏은 그레이엄-뉴먼에서 보낸 2년이 흥미진진했지만, 동시에 답답하기도 했다. 그레이엄과 그의 파트너 제롬 뉴먼Jerome Newman은 버핏이 제안한 대부분의 추천 종목을 받아들이지 않았다. 1955년 다우존스 산업평균지수가 420이라는 사상 최고치를 기록했을 때, 그레이엄-뉴먼 뮤추얼 펀드는 400만 달러(약 59억 2400만 원)의 현금을 보유하고 있었다. 버핏이 아무리 설득력 있는 주식을 추천해도 그레이엄-뉴먼은 받아들이지 않았다. 버핏은 자신의 아이디어를 실현할 수 있는 유일한 방법이 자신의 포트폴리오를 구성하는 것이라는 사실을 깨달았다. 그 다음 해, 그레이엄 역시 모든 것을 정리했다. 그는 캘리포니아의 베벌리힐스로 이주해 82세로 생을 마감할 때까지 UCLA에서 강의하고 글을 쓰며 지냈다.

버핏에게 그레이엄은 단순한 스승 이상이었다. 로저 로웬스타인은 이를 잘 묘사했다. "그레이엄은 버핏에게 경이롭고 때로는 위협적으로 느껴지는 도시, 즉 주식시장으로 가는 첫 번째 믿을 만한 지도를 제공한 사람이었다. 그는 이전까지 도박과 비슷했던 주식 선정 과정을 체계적인 과학으로 바꾸어놓았다."[19] 버핏이 열한 살 때 처음으로 '시티스 서비스' 우선주를 매수한 이후, 그는 인생의 절반을 주식시장의 수수께끼를 연구하며 보냈다. 이 과정에서 방대한 시간을 들여 기술적 분석과 차트 해석에 몰두하며 보냈다. 이제 그는 그 답을 얻었다. 《스노볼: 워런 버핏 공식 전기》의 저자 앨리스 슈뢰더Alice Schroeder는 이를 인상적인 비유로 설명한다. "워런의 반응은 평생 동굴에서 살던 사람이 처음으로 햇살 아래서 눈을 껌뻑이며 현실을 마주했을 때 나타나는 반응이었다. 버핏이 원래 가지고 있던 주식의 개념은 종이 한 조각이 거래되는 가격 패턴에서 비롯된 것이었다. 그러나 이제 그는 그 종이들이 단순한 거래 대상이 아니라, 그 뒤에 존재하는 본질적 가치를 상징하는 것임을 깨달았다."[20]

버핏은 다시 오마하로 돌아왔다. 5년 전 갓 졸업한 젊은 시절의 버핏과는 전혀 다른 사람이 되어 있었다. 그는 이제 더 나이가 들고, 더 많은 경험을 쌓았으며, 투자에 대해 확실히 더 현명해졌고, 훨씬 더 부유해졌다. 그레이엄에게 얻은 지식과 가족, 친구들의 재정적 지원을 바탕으로 그는 제한적 투자 파트너십을 시작한다. 당시 버핏의 나이는 스물다섯 살이었으며, 한 가지는 확실히 알고 있었다. 다시는 남을 위해 일하지 않을 것이라는 점이었다. 그는 이제 자신의 배를 지휘할 선장이 될 준비가 되어 있었다.

버핏 리미티드 파트너십

미네커의 책 10장 '서비스 판매하기'는 독자들에게 자신의 재고 목록을 만들라는 말로 시작한다. 자신이 무엇을 잘하는지, 그리고 다른 누구보다 더 잘하는 것이 무엇인지 파악하라는 것이다. 그런 다음, 누가 도움이 필요한지, 그리고 그들에게 어떻게 가장 잘 접근할 수 있을지 알아내라고 제안한다.

워런 버핏은 오마하대학교에서의 강의와 투자에 관한 인기 있는 칼럼을 통해 이미 오마하에서 명성을 쌓기 시작했다. 게다가 그레이엄-뉴먼에서 보낸 시간은 그의 신뢰도를 더욱 높였다. 그래서 그가 오마하로 돌아오자마자 가족과 친구들이 앞다투어 그에게 자신들의 자산을 관리해 달라고 했다. 그의 여동생 노리스와 그녀의 남편, 그를 아끼던 앨리스 이모와 장인어른, 대학 시절 룸메이트였던 척 퍼슨Chuck Person, 그리고 오마하 출신 변호사 댄 모넨Dan Monen까지 모두 투자에 참여하기를 원했다. 결국 1956년 봄, 이들은 버핏에게 10만 5000달러(약 1억 5550만 원)의 투자금을 맡겼다. 이렇게 해서 스물다섯 살의 워런 버핏이 책임 파트너로 있는 '버핏 리미티드 파트너십'이 탄생했다.

모두가 오마하의 한 디너 클럽에서 열린 출범 회의에 모였을 때, 버핏은 단호한 태도로 시작했다. 그는 각자에게 공식적인 파트너십 계약서를 나눠주며, 그 문서가 법률적인 형식에 맞춰 작성돼 딱딱해 보일 수 있지만 그 안에 의심스러울 만한 내용은 전혀 없다고 안심시켰다. 그런 다음, 그는 모든 것을 투명하게 공개[21]하며 파트너십의 기본 원칙을 설명했다.

먼저 금융 조건에 대해 설명했다. 유한책임 파트너들은 투자 파트너십에서 우선적으로 연 6%의 수익을 받는다. 그 이후에는 수익의 75%가 유한 파트너들에게 배분되며, 나머지 25%는 버핏이 가져간다. 만약 특정 연도에 목표 수익을 달성하지 못하면, 부족분은 다음 해에 보충된다. 즉, 유한책임 파트너가 어느 해에 6%의 수익을 받지 못하면, 부족한 만큼 다음 해의 6% 수익에 추가된다. 버핏은 파트너들이 손실을 완전히 회복하기 전까지 자신의 성과급을 받지 않겠다고 약속했다.

버핏은 파트너들에게 결과를 보장할 수는 없지만, 자신이 파트너십을 위해 투자하는 모든 결정은 벤저민 그레이엄에게 배운 가치 원칙에 기초할 것이라고 약속했다. 그는 파트너들에게 연간 수익이나 손실을 평가하는 방법에 대해서도 설명했다. 먼저 주식시장의 일간, 주간, 월간 변동에 신경 쓰지 말라고 조언했다. 이는 어차피 그의 통제 범위를 벗어난 것이기 때문이다. 또한 특정 연도에 투자 실적이 좋거나 나쁜 것에 대해 지나치게 신경 쓰지 말라고 강조했다. 최소 3년, 가능하다면 5년 이상의 성과를 기준으로 판단하는 것이 더 낫다고 말했다.

버핏은 파트너들에게 "우리의 투자 성과는 인기가 아닌 가치를 기준으로 선택될 것이다"라고 약속했으며, 파트너십은 "영구적인 자본 손실(단기적인 가격 변동 손실이 아님)을 최소화하는 데 집중할 것"이라고 선언했다.[22] 마지막으로 워런은 자신이 주식시장이나 경제 주기를 예측하지 않을 것이라고 밝혔다. 따라서 파트너십이 어떤 주식을 매수, 매도 또는 보유하고 있는지에 대해 논의하거나 공개하지 않을 것이라고 설명했다.

그날 저녁 식사 자리에서 모두가 파트너십에 가입했다. 이후 몇 년 동안 더 많은 파트너가 추가될 때마다 동일한 규칙이 적용되었다. 혹시

라도 잊지 않도록, 버핏은 매년 각 파트너에게 성과 보고서를 보낼 때 이 원칙들을 함께 첨부했다.

◆ **파트너십의 성장**

버핏 파트너십은 출발부터 놀라운 성과를 기록했다. 설립 후 첫 5년 (1957~1961년) 동안 다우존스 산업평균지수는 75% 상승했고, 그 동안 파트너십은 251%의 수익률을 기록했다(유한 파트너들의 수익률은 181%). 버핏은 애초에 다우지수를 연간 10%포인트 초과하는 성과를 내는 것이 아니라, 평균 35%포인트 초과하는 성과를 거두고 있었다.

버핏의 명성이 널리 알려지자, 그에게 자산을 관리해 달라는 요청이 계속 늘어났다. 1961년 말, 버핏 파트너십의 자본금은 720만 달러(약 106억 6320만)에 달했으며, 이는 그레이엄-뉴먼 사가 전성기 때 관리하던 금액을 초과하는 규모였다. 그중 100만 달러(약 14억 8100만 원)는 버핏 본인의 자산이었다. 이때 그의 나이는 서른한 살이었다.

더 많은 투자자들이 참여하면서 새로운 파트너십이 계속 형성되었고, 결국 1962년 버핏은 모든 파트너십을 한데 통합하기로 결정했다. 같은 해, 그는 파트너십 사무실을 자신의 집에서 오마하의 키위트 플라자Kiewit Plaza로 옮겼다. 현재 그의 사무실은 여전히 이곳에 위치하고 있다. 그 이듬해인 1963년, 버핏은 자신의 명성을 더욱 높이는 데 기여한 가장 유명한 투자 중 하나를 진행했다.

1960년대 발생한 최악의 기업 스캔들 중 하나는 얼라이드 크루드 베지터블 오일Allied Crude Vegetable Oil의 CEO인 티노 데 안젤리스Tino De

Angelis가 회사의 샐러드 오일 재고를 담보로 대출을 받을 수 있다는 점을 발견하면서 일어났다. 그는 기름이 물 위에 뜬다는 단순한 사실을 이용해 사기를 저질렀다. 뉴저지에 정제 공장을 세우고, 5층 높이의 저장탱크를 설치한 뒤 물을 가득 채운 후 그 위에 샐러드 오일을 몇 피트(약 30~90cm)정도만 부었다. 재고 조사를 위해 검사관들이 방문하면, 얼라이드 직원들은 탱크 꼭대기로 올라가 측정봉을 기름 층에 담가 측정한 후 조작된 수치를 검사관들에게 불러주었다. 이 스캔들이 터지면서 뱅크 오브 아메리카Bank of America, 뱅크 레무미Bank Lemumi, 아메리칸 익스프레스American Express를 비롯한 여러 국제 금융 및 무역회사들이 1억 5000만 달러(약 2221억 5000만 원) 이상의 부당 대출을 지원한 것으로 드러났다.

아메리칸 익스프레스는 이른바 "샐러드 오일 스캔들"에서 가장 큰 피해를 본 기업 중 하나였다. 이 회사는 5800만 달러(약 858억 9800만 원)의 손실을 입었고, 주가는 50% 이상 폭락했다. 버핏은 이 재정적 손실을 인지하고 있었지만, 아메리칸 익스프레스 고객들이 이 스캔들을 어떻게 받아들이고 있는지는 알 수 없었다. 그래서 그는 오마하의 여러 식당을 방문해 계산대 근처에서 고객들을 지켜보았다. 그 결과, 아메리칸 익스프레스의 그린카드*사용이 줄어들지 않았다는 사실을 확인했다. 또한 지역 은행 몇 곳을 방문해 이 금융 스캔들이 아메리칸 익스프레스 여행자 수표American Express Travelers Cheques 판매에 영향을 미치지 않았다는 사실을 알아냈다. 사무실에 돌아온 버핏은 즉시 파트너

---

* 아메리칸 익스프레스에서 발행하는 신용카드.

십 자산의 25%에 해당하는 1300만 달러(약 192억 5300만 원)를 아메리칸 익스프레스에 투자했다. 그 후 2년만에, 주가는 3배로 뛰었고, 파트너들은 2000만 달러(약 296억 2000만 원)의 수익을 얻었다.

◆ 다우를 뛰어넘다

버핏은 다우존스 산업평균지수를 크게 초과하는 성과를 기록했다. 10년이 지나자 버핏 파트너십의 자산은 5300만 달러(약 784억 9300만 원) 이상으로 성장했으며, 버핏의 지분은 1000만 달러(약 148억 1000만 원)에 육박했다. 하지만 파트너십이 놀라운 수익을 올리고 있음에도 불구하고, 점차 어려움이 커졌다. 버핏이 시장을 샅샅이 뒤져도 자신의 가치 투자 기준에 부합하는 주식을 찾는 게 점점 어려워졌기 때문이었다. 1956년 파트너십이 시작된 이후로, 버핏이 벤저민 그레이엄에게 배운 가치 평가 전략은 주식시장에서 강력한 우위를 점했다. 하지만 1960년대 중반에 접어들면서 새로운 시대가 도래했다. 이 시기는 '고고$_{gogo}$ 시대'라고 불렸으며, 이는 성장주를 의미했다. 시장은 점점 탐욕에 휩싸이기 시작했다. 빠르게 돈을 벌고, 잃는 '고위험 고수익 주식'에 대한 투기가 활발해졌다.[23]

시장 심리가 근본적으로 변화하는 와중에도 버핏 파트너십은 뛰어난 성과를 계속 냈다. 1966년 말까지 파트너십은 59%의 수익률을 기록하며, 다우지수의 8% 수익률과 큰 차이를 보였다. 이는 파트너십 역사상 최고의 성과를 거둔 해였다. 하지만 현실주의자인 버핏은 파트너들에게 이 결과를 두고 "이건 이례적인 경우로 간주해야 한다. 브리지 게임에서 스페이드 13장을 한 번에 뽑는 것과 같은 우연이다"[24]라고 썼다.

그럼에도 불구하고 버핏은 점점 더 불안감을 느꼈다. 주식시장에 나타나는 새로운 흐름은 그가 생각하는 이치에 맞지 않았다. 그는 시장이 매우 투기적이며, 가치 있는 투자처를 찾기가 점점 더 어려워진다고 생각했다. 결국 1969년 투자 성과가 정점이었을 때, 버핏은 투자 파트너십을 해산하기로 결정했다. 그는 파트너들에게 편지를 보내 현재 시장 환경과 자신이 맞지 않다고 고백했다. 그는 "하지만 한 가지는 분명하다. 내가 논리를 이해하고 있지만 적용하기 어려운 기존 투자 방식을 버리지 않을 것이란 사실이다. 비록 그것이 크고 겉보기에 쉬운 수익을 포기하는 결과를 초래하더라도 말이다. 반면, 내가 완전히 이해하지 못하고, 성공적으로 실천해 본 적도 없으며, 영구적인 자본 손실로 이어질 가능성이 있는 방식을 받아들이지는 않을 것이다"[25]라고 말했다.

버핏 파트너십을 해산하면서, 버핏은 모든 파트너들이 다음 단계를 명확히 이해할 수 있도록 특별히 신경을 썼다. 그는 세 가지 선택지를 제시했다. 주식시장에 남고 싶은 사람들에게는 대학 동창이자 그레이엄-뉴먼 사에서 함께 일했던 빌 루안을 추천했다. 버핏 파트너십의 2000만 달러(약 296억 2000만 원)는 루안, 커니프 앤드 스타이어스Ruane, Cuniff & Stires로 이전되며, 세쿼이아 펀드가 탄생했다.

파트너들에게 제공된 두 번째 선택지는 지방채에 투자하는 것이었다. 버핏의 관점에서 볼 때, 향후 10년 동안 주식의 수익률은 지방채와 대략 동일한 것으로 전망되었다. 지방채는 기본적으로 세금이 면제되고, 위험도가 낮았다. 유능한 교육자인 버핏은 각 파트너에게 면세 채권을 사는 방법에 관한 100쪽 분량의 매뉴얼을 발송했다.²⁶ 세 번째 선택지는 파트너들이 파트너십의 주요 보유 자산 중 하나인 버크셔 해서웨이의 보통주를 할당받는 일이었다.

버핏이 파트너십을 해체했을 때, 적지 않은 사람이 그의 전성기가 끝났다고 생각했다. 하지만 실제로 그의 전성기는 이제 막 시작되고 있었다. 버핏은 항상 정직하고 꾸밈없이 말했다. 그는 파트너들에게 자신의 버핏 파트너십 개인 투자를 버크셔 해서웨이로 옮길 계획이라고 말했다. 버핏 파트너십은 초기 자산 10만 5000달러(약 1억 5550만 원)에서 시작해 자산 1억 400만 달러(약 1540억 2400만 원) 규모로 성장했으며, 이 과정에서 버핏은 2500만 달러(약 370억 2500만 원)를 벌어들였다. 그리고 이 돈을 버크셔 해서웨이로 옮겨 회사에 대한 완전한 통제권을 확보하려 한다고 밝혔다. 초기 버핏 파트너십의 충성스러운 투자자 중 한 명인 독 에인절Doc Angel은 이렇게 말했다. "제대로 된 판단력을 가진 사람이라면 그 말로 충분했다."²⁷

 ## 버크셔 해서웨이: 복리의 제왕, 거대 복합기업

버크셔 면 제조회사Berkshire Cotton Manufacturing는 1889년에 설립되었다. 40년 뒤, 버크셔는 여러 다른 방직 사업체와 운영을 통합하며, 뉴잉글랜드 지역에서 가장 큰 산업 기업 중 하나로 성장했다. 이 시기에 버크셔는 미국 면화 수요의 약 25%를 생산했고, 뉴잉글랜에서 생산되는 전력의 1%를 소비했다. 1955년 버크셔는 해서웨이 제조사와 합병하며 버크셔 해서웨이로 사명을 변경했다.

버핏 파트너십 초기, 워런 버핏은 버크셔 해서웨이의 주식을 매입하기 시작했다. 당시 주가는 주당 7.5달러(약 1만 1100원)였으며, 운영 자본이 10.25달러(약 1만 5200원), 1주당 순자산은 20.20달러(약 3만 원)였다. 이는 전형적인 벤저민 그레이엄 스타일의 주식이었다.

불행하게도 버크셔와 해서웨이가 합병한 뒤 몇 년 동안은 암울했다. 합병 후 10년도 되지 않아 주주 지분은 절반으로 줄었고, 영업 손실은 1000만 달러(약 148억 1000만)를 초과했다. 버핏은 미국의 섬유 제조사들이 훨씬 저렴한 외국산 수입품과 경쟁하느라 어려움을 겪는 상황을 잘 알고 있었다. 그럼에도 불구하고, 그는 "아직 한 모금이 남은 버려진 담배꽁초를 줍고 싶은" 유혹을 견딜 수 없었다.[28] 이 '담배꽁초 이론Cigar Butt Theory'은 그레이엄이 강조한, 경제적 생명력이 거의 없는 자산을 헐값에 사들이는 전략을 뜻한다. 대차대조표상 현금과 유가증권, 그리고 앞으로 발생할 수 있는 한정적인 사업 이익을 감안했을 때, 버핏은 버크셔 해서웨이가 큰 손실을 입을 가능성은 낮고, 돈을 벌 가능성은 합리적으로 높다고 판단했다.

1965년이 되자, 버핏 파트너십은 버크셔 해서웨이의 보통주 39%를 보유하고 있었다. 당시 버핏은 회사의 경영권을 장악하기 위해 이사회와 위임장 쟁탈전을 벌이고 있었으며, 무능한 경영진을 해고하고 자본 배분에 더 능숙한 사람들로 교체하려고 했다. 결과적으로 워런 버핏이 싸움에서 승리했지만, 그 대가로 버핏 파트너십 자산의 25%를 경제적으로 침몰 중인 회사에 투자하게 되었고, 마땅한 출구전략도 없었다. 이에 대해 그는 "나는 마치 차를 쫓던 개가 그것을 잡고 나서 어떻게 해야 할지 모르는 상황에 처한 것 같았다"[29]라고 말했다.

역사상 가장 위대한 투자 파트너십 중 하나를 운영하던 버핏이 자신의 순자산을 한물간 제조업체를 소유하는 데 쏟아부은 여정은 마치 그리스 비극을 연상하게 했다. 과연 버핏은 무슨 생각을 하고 있었을까?

그가 무엇을 생각하지 않았는지는 분명했다. 버핏은 회사를 완전히 회생시킬 명확한 계획이 없었다. 그리고 그레이엄의 조언을 따르면서도, 회사를 더 큰 바보에게 팔 생각이 전혀 없었다. 75년이나 된, 뉴잉글랜드의 19세기 남성 정장 안감 제조업체, 그것도 수익성이 낮고 자본 집약적이며 노동 의존적인 회사를 누가 사려고 하겠는가? 대부분 이렇게 예상했겠지만, 버핏은 훨씬 더 강력한 원칙에 의해 움직이고 있었다. 바로 그의 투자 철학 핵심에 자리 잡은 원칙인 "장기적인 복리"였다.

어렸을 때부터 버핏은 복리의 이점을 배웠다. 더 중요한 것은 그가 다양한 일을 해서 얻은 수익을 재투자하며 복리의 효과를 직접 경험했다는 점이다. 한 지역에서 신문을 배달해 돈을 벌 수 있었다면, 두 지역에서 하면 더 많은 돈을 벌 수 있었다. 핀볼 기계 한 대를 운영해 저축을 늘릴 수 있었다면, 핀볼 기계 세 대를 운영하면 훨씬 더 수익이 좋았다. 어린 시절부터 워런 버핏은 번 돈을 쓰는 데에는 관심이 없었다.

여러 방면에서 버핏의 어린 시절 사업들은 복합기업과도 같았다. 그는 한 사업에서 번 돈을 손실 없이 다른 사업으로 옮기거나, 더 나아가 가장 유망한 사업에 재투자할 수 있었다. 그리고 20년 뒤, 버크셔 해서웨이와 함께 그는 실제로 복합기업을 이루었지만, 이를 알아챈 사람은 거의 없었다.

대부분은 워런 버핏이 다 무너져가는 섬유 사업에 주사위를 굴렸다고 생각했다. 하지만 그들이 간과한 점은 단 한 번의 대담한 결정으로 버핏이 버크셔 해서웨이라는 법인을 소유하게 되었다는 사실이다. 이 법인은 그 자체로 섬유 회사를 소유하고 있었다. 버핏은 버크셔 해서웨이의 제조 부문에서 남아 있는 현금을 최대한 끌어모아 더 나은 사업에 재배치하면 된다고 판단했다. 다행히 버크셔에 소속된 섬유 제조업체들은 재무제표에 충분한 현금과 단기 유가증권을 보유하고 있었고, 우리가 앞으로 보게 될 훨씬 더 밝은 이야기로 이어진다. 얼마 지나지 않아 버크셔 해서웨이는 단일 섬유 제조업체에서 다양한 사업 포트폴리오를 소유한 복합기업으로의 변신을 완성했다.

2014년 버크셔 해서웨이의 연례 보고서에서 버핏은 주주들에게 복합기업을 소유하는 장점에 대해 간략하게 설명했다. "복합기업 형태를 신중하게 활용하면, 장기적으로 자본을 극대화할 수 있는 이상적인 구조가 된다." 버핏은 복합기업이 자본을 합리적이고 최소 비용으로 배분할 수 있는 완벽한 구조라고 설명했다. 더 나아가 다양한 사업을 소유한 복합기업은 이상적인 위치에 있다고 말했다. "세금이나 기타 비용을 거의 들이지 않고도, 추가적인 투자 기회가 제한적인 사업에서 더 유망한 다른 부문으로 큰 금액을 이동시킬 수 있기 때문이다."[30]

버크셔 해서웨이에 관한 버핏의 결정을 보면, 그가 벤저민 그레이엄에게 배운 주식 선택 방식에서 벗어났다는 점을 눈치챘을 것이다. 장기 자본 이익을 극대화하는 것은 벤저민 그레이엄의 전략이 아니었다. 그레이엄의 주식 매수 방식은 주로 하방 가격 위험이 제한된 저평가된 자산에 집중하는 것이었다. 주가가 공정 가치로 되돌아오면 곧바로 주식을 매도하고 다음 투자로 이동했다. 기존 포지션을 여러 해에 걸쳐 복리로 키워가는 개념은 그레이엄의 계산에 포함되지 않았다. 실제로《증권 분석》이나《현명한 투자자》어디에도 '복리'라는 단어는 등장하지 않는다.

반면 버핏은 파트너십의 초기 시절부터 이미 "복리의 즐거움"[31]에 관해 썼다. 1963년 버핏은 파트너들에게 보낸 서한에서 크리스토퍼 콜럼버스의 항해를 후원한 이사벨라 여왕의 이야기를 했다. 당시 투자금은 3만 달러(약 4443만 원)였는데, 만약 그 금액이 연 4% 복리로 운용되었다면, 500년 후에는 2조 달러(약 2962조 원)가 되었을 것이라고 지적했다. 매년 버핏은 파트너들에게 복리 이자의 경이로움을 가르쳤다. 이 개념은 약 300년 전(1683년), 스위스의 수학자 야코프 베르누이Jacob Bernoulli가 발견한 수학 원리였다. 버핏은 10만 달러(약 1억 4810만 원)를 연 4%로 운용하면, 30년 뒤에는 22만 4000달러(약 3억 3174만 원)가 되지만 연 16%로 운용하면 848만 4940달러(약 125억 6620만 원)가 된다고 강조했다. 그의 조언은 간단했다. "오래 살며, 돈을 높은 수익률로 복리 투자하라."

하지만 우리는 파트너십 기간과 그 시기에 그레이엄이 끼친 영향을 간과해서는 안 된다. 버핏은 그레이엄의 주식 선택 방식을 완벽하게 실행하며 버핏 파트너십의 자산을 성장시켰다. 이 성공은 그의 순자산을 증대시켰고, 매년 지급되는 성과급으로 그의 재정은 더 안전해졌다. 이를 통해 그의 가족을 위한 탄탄한 재정적 토대를 마련할 수 있었다. 하지만 가족의 재정적 미래가 확보된 후, 문제는 다음이었다. "이제 무엇을 해야 할까?"

한 가지 선택지는 파트너십을 계속 유지하며 매년 주식을 사고팔고,

수수료와 세금을 내고, 과대 평가된 시장이라는 암초를 계속 헤쳐 나가는 것이었다. 다른 선택지는 배를 갈아타고 새로운 항로를 개척하는 것이었다.

2023년 기준, 한때 뉴잉글랜드의 평범한 섬유 제조사였던 버크셔 해서웨이는 시장 가치로 7440억 달러(약 1101조 8640억 원)가 되었고, 세계에서 아홉 번째로 큰 기업이 되었다. 버핏이 1962년 주당 7.5달러(약 1만 1100원)에 매수했던 A주 주가는 현재 51만 7917달러(약 7억 6711만 원)에 거래되고 있다. 이 놀라운 성취에서 특히 주목할 점은 버크셔 해서웨이가 신약을 개발하거나 신기술을 발명해 이 지점에 도달한 것이 아니라는 것이다. 오히려 17세기의 기적, 금융 복리라는 오래된 개념을 완벽히 구현함으로써 이룩한 결과다.

CHAPTER 2.
워런 버핏의 투자 수업

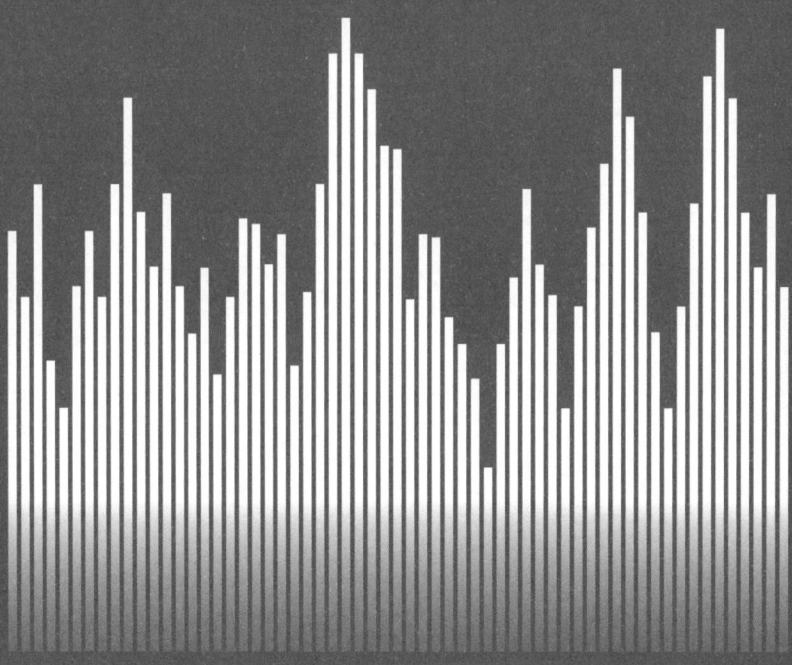

THE WARREN BUFFETT WAY

투자는 머리싸움이다. 신체적 도전이 아니다. 내가 얼마나 힘이 센지, 얼마나 빠르고 멀리 뛸 수 있는지는 중요하지 않다. 그러나 투자 세계를 어떻게 개념화하고, 그 안에서 자신의 역할을 어떻게 정의하는지는 매우 중요하다.

이를 다른 말로 표현하면 세계관이다. 이는 타고난 기질, 인생 경험과 이에 대한 반응, 공식 교육, 독서, 삶에서 중요한 사람들을 통해 흡수한 아이디어들이 복합적으로 얽혀 이루어진 흥미로운 조합이다. 이러한 요소들은 당신 삶의 철학이라는 정신적 모자이크를 형성하는 데 기여한다. 그러나 여기서는 단 하나의 차원, 즉 당신의 투자 철학과 그것이 당신의 의사 결정에 어떤 영향을 미치며, 그 결정들이 다시 어떤 영향을 미치는지에 대해 논의한다.

투자 철학을 잘 정의하면 다음과 같다. "금융 시장이 어떻게 작동하는지에 대한 신념과 통찰, 그리고 투자 목표를 달성하기 위해 시장 구조를 어떻게 활용할 것인가에 대한 원칙들의 집합"[1]이다. 좋은 정의란 대게 그러하듯이 이 정의 역시 간결하고 핵심적인 내용을 담고 있다. 그러나 그 의미를 이해하려면 이를 분석하고 세부적으로 살펴볼 필요가 있다.

첫째, "신념과 통찰의 집합"을 탐구해 보자. 이는 금융 시장이 어떻게 작동하는지에 대한 당신만의 신념과 통찰, 즉 개인적인 견해가 무엇인지 묻는다. 버핏의 경우, 이에 대한 간결한 답변을 제공한다. 그는 주식 시장이 종종 증권 가격을 효율적으로 평가하지만, 항상 그런 것은 아니라고 말한다. 이것이 그가 금융 시장을 바라보는 관점이다.

둘째, "시장을 활용하기 위해 무엇이 필요한가?" 이는 방법론과 개인적 특성이라는 두 가지 별개의 요소를 포함하고 있기 때문에 더 복잡하다. 이 점에 있어서도 버핏은 우리에게 지침을 제공한다. 그는 투자자들이 집중적이고 낮은 회전율의 포트폴리오를 관리하되, 사업 중심 원칙에 기반한 종목들로 구성해야 한다고 조언한다. 또한 이러한 종목의 가치를 평가할 때는 미래 잉여현금흐름 free cash flow 의 할인된 현재가치 모델을 활용해야 한다고 강조한다. 이것이 바로 버핏이 시장 수익률을 초과 달성하기 위해 사용하는 방법, 즉 그의 투자 프로세스다. 두 번째 요소인 투자자의 개인적 특성과 관련해, 버핏은 투자자 "기질"의 중요성을 언급한다. 특히, 변동성에 대해 투자자가 어떤 관점을 갖는지가 핵심이라고 말한다.

이처럼 시장에 대한 관점과 투자 전략 그리고 투자자로서의 기질이라는 개별 구성 요소들이 모두 합쳐져서 당신의 전체적인 투자 철학을 형성한다.

버핏의 투자 철학을 이해하려 한다면 참고할 정보는 충분히 많다. 그러나 대부분의 사람들은 그의 투자 방식을 분석하는 데 지나치게 집중하는 반면, 오랜 세월에 걸쳐 터득한 기반, 즉 그가 이러한 방법을 성공적으로 적용할 수 있도록 뒷받침한 원칙들을 간과하는 경향이 있다. 이번 장의 목표는 버핏이 시간과 경험을 통해 배운 투자 방법과 그의 초기 생애 동안 형성된 철학적 사고를 정리해, 그가 시장에서 투자할 때 흔들리지 않는 신념을 갖게 된 과정을 조명하는 것이다.

이를 위해 그의 투자 철학을 형성하는 데 중요한 역할을 한 주요 영향들을 깊이 있게 살펴볼 것이다. 이 과정은 아직 충분히 조명되지 않은 한 인물, 즉 그의 아버지로부터 시작된다. 아버지가 아들에게 얼마나 큰 영향을 미쳤는지 이해하게 되면, 버핏의 철학을 이루는 가장 초기의 뿌리를 더 잘 이해할 수 있다. 이 철학은 그의 개인적인 삶뿐만 아니라 투자 세계에서의 접근 방식을 이끄는 지침이 되어왔다.

하워드 호먼 버핏: 초기의 영향

워런 버핏은 자신의 성공이 상당 부분 알맞은 시기와 장소에서 태어난 덕분이라고 공공연히 말한다. 그는 이걸 "금수저"라고 부른다. "나는 세상에서 정말 좋은 출발을 했다. 1930년 미국에서 태어날 확률은 50분의 1이다. 나는 태어나면서 다른 나라가 아니라 미국에서 태어난 덕분에 복권에 당첨된 셈이다"[2]라고 말한다. 여기에 덧붙이자면, 네브래

스카주 오마하에서 버핏 가문의 일원으로 태어난 것은 파워볼*에 당첨
된 것과도 같았다.

1장에서 나는 시드니 호먼 버핏이 뉴욕에서 오마하까지 마차를 몰고
이동하는 모험을 했으며, 이후 1867년 오하마에 정착해 식료품점을 열
었다는 이야기를 소개했다. 당시 오마하는 매우 활기찬 도시였다. 불과
15년 전, 아이오와주 카운슬 블러프스 Council Bluffs 출신의 부동산 투기
꾼들이 '론 트리 페리 Lone Tree Ferry'를 타고 미주리 강을 건너와 정착지
를 개척했다. 이곳은 1804년 루이스와 클라크 원정대가 지나갔던 바로
그 장소였으며, 오늘날 우리가 알고 있는 오마하 개척 시대의 출발점이
었다. 이어지는 26개 조약을 통해 원주민과의 협상이 이루어졌고, 이
지역은 네브래스카주 동중부로 편입되었다. 그 이후 1862년, 에이브러
햄 링컨 대통령이 오마하를 유니온 퍼시픽 철도의 동쪽 종착지로 지정
하면서, 이 도시는 미국 서부 확장을 이끄는 새로운 경제 중심지로 빠
르게 성장하게 되었다.

그들은 왜 이런 고난을 감수했을까? 그 이유는 '자유'였다. 다양한 형
태의 자유, 그중에서도 자신만의 사업 기회를 추구하고, 가족을 위한 더
나은 미래를 보장할 수 있는 자유가 가장 큰 원동력이었다.³

전미경제연구소 NBER에 따르면, 1854년부터 1913년 사이에 미국은
총 15번의 경기침체를 겪었다. 이는 평균적으로 4년에 한 번씩 발생한
경제침체를 의미하며, 이 중 상당수는 심각한 수준이었다. 특히 1873년

---

* 미국의 45개 주와 미국령 버진아일랜드, 푸에르토리코, 워싱턴 D.C에서 발매되
는 숫자 선택식 복권 게임으로 당첨금이 매우 높다.

에 시작해 1879년까지 지속된 불황은 대표적인 사례다. 이 기간 경기 침체의 원인으로는 날씨, 미래에 대한 불확실성, 현대사회의 혁신, 노동자를 대체한 새로운 산업 장비의 제조, 저축의 순환성과 그로 인한 대량 과잉 생산, 은행의 실패, 그리고 거대 기업의 비윤리적 행동[4] 등 다양한 설명과 책임 전가가 뒤따랐다. 그러나 이 모든 핑계는 결국 하나의 결론으로 모아졌다. 바로 정치 체계에 대한 비난이었다. 당시 많은 사람들이 워싱턴 D.C와 그 연장선상에 있는 뉴욕이 미국 경제를 오랫동안 잘못 관리해 왔다고 믿었다. 서부로 향한 개척자들은 새로운 시작을 원했다.

이전 장에서 하워드 버핏이 아버지인 어니스트 버핏의 식료품 사업을 이어받지 않기로 결정했다는 점을 살펴보았다. 대신 그는 보험을 판매하다가 이후 증권 판매업에 진출해 자신의 증권 중개회사를 설립하는 길을 선택했다. 하워드 버핏은 가족을 위해 열심히 일했고 사업적으로도 성공을 거두었지만, 돈을 더 많이 벌어야 한다는 강박은 없었다. 그가 진정으로 열정을 가졌던 분야는 정치와 종교였다. 그는 오마하교육위원회Omaha school board에서 활동했으며, 주일학교 교사로도 봉사했다. 그는 의심의 여지가 없는 정직함과 강직함의 소유자였다. 술도 마시지 않았고, 담배도 피우지 않았다. 또한 고객의 투자 결과가 좋지 않을 경우, 그 손실을 자신이 떠안는 경우도 종종 있었다. 그는 자녀들, 워런과 두 딸인 도리스Doris와 버티Bertie에게 신뿐만 아니라 지역사회에도 책임을 다해야 한다고 늘 가르쳤다. "너에게 모든 짐을 짊어지라고 요구하는 것은 아니다. 하지만 네가 맡은 몫을 내려놓을 수도 없다."[5]

◆ **정치적 뿌리**

1942년, 하워드 버핏은 네브레스카 제2선거구에서 공화당 후보로 출마했다. 그의 정치 슬로건은 "당신의 자녀들이 자유롭기를 원하십니까?"였다. 신문 광고에서는 그의 아내와 자녀들의 사진을 함께 게재하며 이렇게 약속했다. "만약 이기적인 정치인들이 정부를 망치는 모습에 지쳤다면, 그리고 정치적인 목적 때문에 발생하는 전쟁을 막고 싶다면……, 함께 힘을 모읍시다. 당신과 나는, 진정한 미국인으로서 우리 아이들을 위해 미국의 자유를 지킬 힘을 가지고 있습니다."⁶ 하워드 버핏은 언더독underdog으로 여겨졌지만, 그의 자유에 대한 메시지는 오마하의 개척자 정신과 잘 맞아떨어졌다. 그 결과 그는 1942년 선거에서 승리했고, 1944년, 1946년, 1950년 재선에 성공했다.

오늘날, 하워드 버핏은 정치적으로 자유주의자로 기억되며, 옛 공화당의 '올드 라이트Old Right' 일원으로 간주된다. 올드 라이트는 미국 보수주의의 한 분파로, 공화당과 민주당 내에서 해외 군사 개입에 반대하고, 종이 화폐의 안전장치로 금본위제 폐지를 반대하며, 특히 루스벨트 대통령의 뉴딜 정책에 반대했던 그룹이다. 하워드 버핏은 특히 루스벨트 행정부의 정책이 인간의 창의성을 억압하며 나라를 파국으로 몰고 간다는 신념을 가지고 있었다. 그는 현대 자유지상주의 발전을 지지했던 경제학자 머리 로스바드Murray Rothbard와 절친한 친구였다. 로스바드는 모든 정부 서비스가 민간 부문에서 더 효율적으로 제공될 수 있다고 믿었다.

정치인으로서 하워드 버핏은 기자가 되겠다는 자신의 꿈을 되살리며 왕성한 정치 작가로 활동했다. 1944년, 〈오마하 월드 헤럴드Omaha World-Herald〉에 기고한 "정부가 인간 에너지의 사용을 막는다"라는 제목의 기사에서 그는 이렇게 지적했다. "인간의 에너지가 전기를 발견하고 자동차를 발명했으며 설파제와 페니실린을 포함해 우리가 누리는 모든 좋은 것들을 만들어냈다. 인류의 역사는 약 6000년 전에 시작됐다. 그 중 5800년 넘게 정부는 에너지의 자유로운 사용을 막아왔다. 그러다 미국 독립혁명이 일어나면서 역사상 처음으로 인간의 에너지가 해방되었다. 그 결과, 오늘날 일용직 노동자도 100년 전 왕조차 상상할 수 없었던 편리함과 안락함을 누릴 수 있게 되었다."

자유지상주의는 본질적으로 자유를 옹호하는 정치 철학으로, 여기에는 정치적 자유뿐만 아니라 선택의 자유까지 포함한다. 자유지상주의의 핵심은 "자아", 즉 국가보다는 개인을 우선시하며, 국가 권위에 대해 회의적인 태도를 취하는 데 있다. 미국에서 자유주의의 뿌리는 존 로크 John Locke로 거슬러 올라간다. 그의 저서 《인간오성론》은 자유주의 정치 이론의 기초를 확립했다. 토머스 페인 Thomas Paine은 1776년 정치 논설인 《상식》에서 식민지의 독립을 주장하며, 자유지상주의 이념을 지지했다. 시인이자 자연주의자였던 헨리 소로우 Henry David Thoreau 역시 자유지상주의 사상에 영향을 준 초기 사상가로, 그의 저서 《월든》에서 단순한 삶과 자급자족을 옹호했다. 하지만 자유지상주의 사상에서 가장 강력한 목소리를 낸 인물은 미국의 철학자이자, 수필가, 그리고 시인인 랠프 월도 에머슨 Ralph Waldo Emerson이었다. 유명한 문학평론가 해럴드 블룸 Harold Bloom은 "에머슨의 정신은 곧 미국의 정신"이라고 평했다.[7]

금융저널리스트 로저 로웬스타인은 처음으로 랠프 월도 에머슨과 하워드 버핏, 그리고 워런 버핏으로 이어지는 연결고리를 발견했다. 로웬스타인은 그의 저서 《버핏: 21세기 위대한 투자신화의 탄생》에 다음과 같이 썼다. "버핏 특유의 자립심은 그의 아버지에게 배운 에머슨식 독립 정신의 온화함과 연결되어 있다."[8]

◆ **철학의 뿌리**

에머슨은 개인주의 옹호자였으며, 개인적인 사고를 억누르는 사회적 힘을 비판하는 인물이었다. 1841년에 처음 발표된 그의 에세이 《자기 신뢰》는 가장 유명한 작품으로 평가받는다. 이 에세이에서 그는 세 가지 주요 주제를 제시한다. 첫째, 고독과 공동체다. 에머슨은 공동체가 자기 성장을 방해하는 산만한 요소라고 경고하며, 더 많은 시간을 조용한 성찰에 할애해야 한다고 믿는다. 두 번째는 비非순응의 개념이다. 그는 "진정한 인간이 되려는 자는 비순응자가 되어야 한다"라고 말하며, 개인은 타인의 의견에 상관없이 옳다고 생각하는 것을 해야 한다고 주장한다. 마지막으로 "영성"이 특히 중요한 주제로 등장한다. 에머슨은 진리가 개인 내부에 있다고 말하며, 제도적인 사고에 의존하는 것은 개인의 지적 성장을 방해한다고 경고한다.

《자기 신뢰》를 읽어본 사람이라면 에머슨의 철학과 워런 버핏의 투자 행위 사이에서 연관성을 쉽게 발견할 수 있다. 그렇다면 버핏을 비순응자라고 할 수 있을까? 그의 유명한 주식 투자 방식을 오늘날 자금 관리 업계를 지배하고 있는 현대 포트폴리오 이론의 관행과 비교하면 답은 명확하다. 또 다른 연결고리로 에머슨은 이렇게 썼다. "내게 중요한 것은 내가 하는 일이지, 사람들이 어떻게 생각하는가가 아니다." 버핏 역시 사람들이 주식시장에 관한 대화를 갈망하는 이유를 이해하지 못한다고 말한다. 이는 그가 주식이나 시장 가격을 생각하지 않는다는 의미가 아니다. 다만, 왜 다른 사람들과 끊임없이 소통해야 하는지 이해하지 못할 뿐이다. 그는 "난 다른 사람들이 어떻게 생각하는지 듣고 싶지 않다. 그저 많은 정보를 알고 싶을 뿐이다. 결국 내 돈은 내가 직접 관리해야 하니까."[9]

에머슨은 고독 속에서 살아가는 것 자체가 도전이라는 점을 조심스럽게 경고한다. 그는 "고독 속에서 살아가는 것은 어려운 일이다. 왜냐하면 항상 당신의 의무를 당신보다 더 잘 알고 있다고 주장하는 사람들이 있기 때문이다. 세상 속에서는 세상의 의견을 따라 사는 것이 쉽고, 고독 속에서는 자신의 의견을 따라 사는 것이 쉽다. 하지만 진정 위대한 사람은 군중 속에서도 고독의 독립성을 완벽한 달콤함으로 유지하는 사람이다"[10]라고 말한다.

투자자들이 직면하는 가장 어려운 도전 중 하나는 끊임없이 주의를 끄는 미디어 환경 속에서 독립적인 고독을 유지하는 것이다. 하지만 워런 버핏은 일찍부터 "달콤한 독립성"을 지키고 유지하는 것이 얼마나 중요한지 배웠다.

"자기 신뢰"는 버핏의 사고방식에서 "자신감"으로 드러나는 강력한 특성으로, 이는 고독과 성찰이라는 두 가지 요소를 통해 길러진다. 하지만 그것만으로는 충분하지 않다. 독립적인 사고와 행동을 이끄는 정신적 강인함이 주식시장에서 수익성 있는 투자를 가능하게 하는 핵심이라는 점을 이해해야 한다. 시장을 초과 성과로 이기고 싶다면, 시장과 발맞추어 걸어서는 안 된다. 시장의 잘못된 가격mispricing을 이용하는 것, 즉 시장을 이기기 위한 필수조건은 종종 시장의 흐름에 역행하는 결단력에서 비롯된다.

그래서 어렵다. 주식을 매수하거나 매도하기 전에, 투자자는 최종 결정을 혼자 내려야 한다. 이때 성공적인 투자는 자기 신뢰에 달려 있다는 것을 잊지 말아야 한다. 자기 신뢰는 버핏의 투자 접근법에서 핵심에 해당한다. 자기 신뢰를 가진 사람은 성공하지만, 그렇지 않은 사람은 실패할 확률이 높다. 이러한 맥락에서 에머슨의 사상이 하워드 버핏을 거쳐 그의 아들 워런에게 전해진 것이다.

워런 버핏과 그의 아버지 하워드 버핏 사이의 긴밀한 유대감은 잘 알려져 있다. 워런의 어린 시절 동안 부자는 떼려야 뗄 수 없는 사이였다. 하워드 버핏은 어린 아들을 강속구 fireball라고 불렀고, 워런은 뭐든지 아버지와 똑같이 행동하려고 했다. 훗날 그는 "만약 아버지가 구두 판매원이었다면, 나도 지금 구두 판매원이었을 것"이라고 고백할 정도였다.[11] 워런 버핏은 아버지가 인생 최고의 선생님이며, 자신이 책을 사랑하게 이끌어준 사람이라고 자주 말했다. 우리가 알다시피, 버핏은 매일 조용한 고독 속에서 책을 읽고 공부하는 데 엄청난 시간을 쏟는다. 아마도 에머슨이 알았다면 이런 워런 버핏의 삶을 인정하며, 찬사를 보냈을 것이다.

잠시 시간을 내어 어린 워런이 오마하의 집에서 사랑하는 아버지와 함께하면서 성장한 환경을 상상해 보자. 매일 그는 아버지가 자유지상주의 관점에서 시사 문제를 논하는 이야기를 들으며 성장했다. 저녁 식사 자리에서 나누던 대화는 종종 정치로 이어졌고, 그 중심은 항상 "이 정책이 인간의 자유를 증대시키는가, 아니면 감소시키는가"라는 계산법이었다.[12]

워런 버핏이 그의 애국심을 아버지에게 물려받았다는 것은 의심할 여지가 없다. 하지만 그는 정직과 성실, 그리고 도덕적 행동의 중요성 또한 배웠다. 워런은 이렇게 말했다. "내가 받은 최고의 조언은 아버지가 하신 말씀이다. 아버지는 '명성을 쌓는 데는 20년이 걸리지만, 이를 잃는 데는 20분이면 충분하다. 이 점을 기억한다면 다르게 행동할 것이다'라고 말씀하셨다."[13]

하워드 버핏 하원의원은 1964년 4월 30일에 세상을 떠났다. 그의 유언장에 기록된 유산 가치는 56만 3292달러(약 8억 3423만 원)였으며, 이 중 33만 5000달러(약 4억 9613만)는 버핏 파트너십에 투자하고 있었다. 그의 아내 레일라 그리고 두 딸 도리스와 버티를 위한 신탁이 설립되었고, 워런이 신탁관리인으로 지명되었다. 감정적인 가치를 지닌 몇 가지 개인 물품을 제외하고, 하워드 버핏은 아들에게 별도의 유산을 남기지 않았다. 그리고 그 이유를 다음과 같이 설명했다. "아들 워런에게는 추가적인 유산을 남기지 않는다. 그 이유는 아들에 대한 사랑이 부족해서가 아니라 그가 이미 상당한 재산을 스스로 마련했기 때문이며, 아들 본인이 나에게 추가 유산을 남기지 말라고 조언했기 때문이다."[14]

비록 유형의 유산은 적었지만, 워런 버핏이 아버지에게 받은 무형의 유산은 훨씬 더 가치 있었다. 에머슨은 이렇게 썼다. "진정한 평화를 가져다줄 수 있는 것은 오직 자신뿐이다. 진정한 평화를 가져다줄 수 있는 것은 원칙의 승리뿐이다." 이것이 아버지가 아들에게 준 궁극적인 선물이었다.

워런 버핏은 역사 속 인물과 대화를 나눌 수 있다면 누구를 선택하겠냐는 질문을 받았을 때 망설임 없이 "아버지"[15]라고 대답했다.

벤저민 그레이엄: 투자 방법론의 개발

벤저민 그레이엄은 1894년 런던에서 태어났으며, 그의 가족은 오스트리아와 독일에서 도자기와 골동품을 수입하는 유대인 상인 집안이었다. 1895년, 그레이엄의 아버지는 미국 뉴욕에 지점을 열기 위해 가족을 이주시켰지만, 얼마 지나지 않아 35세의 젊은 나이로 세상을 떠났다. 그로 인해 그의 어머니는 무일푼 상태에서 세 아들을 홀로 키워야 했다.

경제적인 어려움에도 불구하고, 그레이엄의 어머니는 가족을 굳건히 지켰다. 벤저민 그레이엄은 브루클린에 있는 명문 고등학교에 다녔으며, 이후 컬럼비아대학교에 입학했다. 뛰어난 학생이었던 그는 수학과 철학을 깊이 연구했으며, 그리스어와 라틴어로 된 주요 고전 작품을 섭렵했다. 그의 오랜 친구인 어빙 칸은 "그의 사고 속도가 너무 빨라 대부분의 사람들이 그가 복잡한 질문을 듣자마자 어떻게 즉각 해결할 수 있는지 이해하지 못했다"라고 말했다. 칸은 이어서 "그레이엄은 기억의 폭과 깊이라는 또 하나의 놀라운 특징을 가지고 있었다"라고도 했다. 그레이엄은 그리스어, 라틴어, 독일어, 스페인어를 읽을 수 있었다. 심지어 공식적으로 스페인어를 배우지 않았음에도 불구하고 한 번은 스페인어 소설을 문학적 영어로 번역해 이를 미국 출판사에서 출간하기도 했다.[16]

그레이엄은 컬럼비아대학교를 차석으로 졸업했으며, 졸업 후 철학, 수학, 영어 학과에서 동시에 교수직 제안을 받았다. 그러나 학문 분야의 낮은 초봉을 걱정한 그는 컬럼비아대학교 학장인 프레더릭 케펠

Frederick Keppel에게 조언을 구했다. 케펠 학장은 그의 잠재력을 알아보고 그레이엄을 월스트리트로 이끌었고, 1914년 그레이엄은 뉴버거, 핸더슨, 앤드 뢰브Newburger, Henderson, and Loeb에 채권 부서 보조로 합류한다.

그러나 그레이엄은 곧 불만족을 느꼈다. 그 이유는 처음 사무원으로 입사해 채권 판매원으로 훈련받았지만, 그가 진정으로 하고 싶었던 것은 증권 판매가 아니라 글쓰기였기 때문이었다. 경제학이나 회계학에 대한 공식적인 교육을 받지 않았음에도 불구하고, 그레이엄은 스스로 철도 회사와 철도 채권을 연구하며 리서치 보고서를 작성하기 시작했다.[17]

그의 보고서 중 하나인 미주리 퍼시픽 철도Missouri Pacific Railroad에 관한 리포트가 뉴욕 증권거래소NYSE에서 명망 있는 회사인 J.S. 바흐 앤드 컴퍼니J.S. Bache and Company의 한 파트너 눈에 띄었다. 이에 따라 그는 50%의 급여 인상을 조건으로 통계 담당자라는 직책을 제안받았다. 그레이엄은 뉴버거 측에 회사에 대한 충성심은 있지만, 영업직에는 흥미가 없다는 입장을 밝혔다. 뉴버거는 이에 대응해 자체적인 급여 인상을 제안했으며, 인상률이 정확히 50%에는 미치지 않았지만 그레이엄이 독자적으로 통계 부서를 신설할 기회를 포함하는 조건을 내걸었다. 결국 그는 뉴버거에 남기로 결정했고, 동시에 글쓰기도 병행하기로 했다.

1900년대 초반에는 투자 자본이 채권 매수에 집중되어 있었다. 보통주 투자는 재무 자료가 아닌 내부 정보에 의존하는 투기처럼 여겨졌다. 그럼에도 불구하고, 그레이엄은 〈더 매거진 오브 월스트리트The Magazine of Wall Street〉에 채권 및 주식 투자 팁을 제공하는 글을 기고하기 시작했다. 그의 글은 곧 독자층을 형성하게 되었고, 이어서 〈투자자를 위한 수업〉이라는 소책자를 발간해 "주식의 시장 가치가 내재가치intrinsic value보다 낮다면, 주가 상승 가능성이 매우 높다"고 주장했다. 이는 내재가치라는 용어가 금융 언론에 처음으로 등장한 순간이었다.[18]

◆ 초기 투자자로서의 삶

그레이엄은 1923년 뉴버거를 떠나 자신의 투자 회사를 설립했다. 2년 후 그는 제롬 뉴먼을 영입해 '그레이엄-뉴먼 법인'을 설립했으며, 이 회사는 1956년까지 지속되었다. 그레이엄의 초기 투자 결과는 유망했다. 그의 포트폴리오 대부분은 헤지(위험 회피) 전략이나 차익거래arbitrage 상황에 기반했기 때문에 1929년 주식시장이 폭락했을 때 큰 손실을 피할 수 있었다. 1930년, 그는 주식시장이 바닥을 쳤다고 믿어 헤지 없이 다시 주식시장에 신중히 발을 들였다. 그러나 시장이 다시 나빠지면서 그레이엄은 인생에서 두 번째로 재정적 파산 위기에 처했다. 그러나 모든 것이 끝난 것은 아니었다.

1927년, 주식시장 붕괴 이전에 그레이엄은 모교에서 야간 투자 강의를 시작했다. 컬럼비아대학교 강의 목록에는 월스트리트의 투자 전문가가 "증권 분석의 심화 과정"을 강의한다고 안내되어 있었으며, 강의는 매주 월요일 저녁 셔머혼 홀Schermerhorn Hall 305호에서 열렸다. 강의에 대해서는 이런 설명이 적혀 있었다. "투자 이론을 실질적인 시장 실험에 적용. 가격과 가치 간의 괴리를 찾아내는 기법." 이 강의에서 그레이엄은 증권 분석이라는 용어를 처음 사용했으며, 월스트리트의 기존 직함인 통계학자를 대체할 새로운 호칭으로 "증권 분석가"를 제안

했다.[19]

그레이엄은 수업에 한 가지 조건을 요구했다. 누군가 상세한 강의 노트를 작성해야 한다는 것이었다. 여기에 금융학 교수로 갓 활동을 시작한 데이비드 도드가 자원했다. 도드가 기록한 내용들은 그들의 기념비적인 저서 《증권 분석》의 근간이 되었다. 이 책이 1934년 출간되었을 때, 〈뉴욕 타임스〉의 루이스 리치Louis Rich는 이렇게 평했다. "이 책은 학문적 탐구와 실용적 통찰이 결합한 완벽하고 성숙하며 꼼꼼한 결과물이다. 만약 이 책이 영향을 미친다면, 이는 투자자가 시장보다는 증권 자체에 집중하도록 만든 덕분일 것이다."[20]

《증권 분석》이 주목받은 데는 시기적인 요인도 컸다. 이 책은 1929년 주식시장 붕괴라는 세계를 뒤흔든 사건이 일어난 지 몇 년 후에 출간되었다. 이 사건은 그레이엄에게도 큰 영향을 미쳤고, 그의 사상에 깊은 영향을 주었다. 다른 학자들이 이 경제 현상을 설명하려고 노력하는 동안 그레이엄은 사람들에게 다시 경제적 발판을 마련하고 수익성 있는 투자 방식을 찾도록 도움을 주었다.

1929년의 위험성에 대해 그레이엄은 이렇게 설명했다. 문제는 투기가 투자를 가장하려 했던 것이 아니라, 투자가 투기의 형태를 띠기 시작했다는 점이었다. 그는 과거에 기반한 낙관주의가 만연했으며, 그것이 위험하다고 지적했다. 과거의 성과에 고무된 투자자들은 앞으로도 지속적인 성장과 번영의 시대가 이어질 것이라고 예측하며, 주가에 대한 균형 감각을 잃어갔다. 그레이엄은 사람들이 수학적 기대치를 고려하지 않고 주식을 매수하고 있으며, 낙관적인 시장에서 제시하는 가격이라면 어떤 것이든 지불할 준비가 되어 있었다고 말했다. 이러한 광기의 정점에서 투자와 투기의 경계는 흐려졌다.

그레이엄과 도드는 《증권 분석》에서 투자와 투기를 명확하게 정의하려고 시도했다. 그들은 이렇게 적었다. "투자란 철저한 분석을 바탕으로 원금의 안전성과 만족스러운 수익을 약속하는 행위를 말한다. 이러한 요건을 충족하지 않는 행위는 투기다."[21]

◆ 투자의 정의

《증권 분석》은 높은 평가를 받았지만, 독자들은 그레이엄과 도드가 제시한 투자와 투기의 정의에 더 많은 설명을 요구했다. 그레이엄은 수년 뒤 《현명한 투자자》에서 이를 인정하며 이렇게 말했다. "우리는 이 정의를 고수해 왔지만, 그 기간 동안 '투자자'라는 용어 사용에 있어 급격한 변화가 있었음을 주목해야 한다." 그는 투자자라는 용어가 주식시장에 참여하는 모든 사람에게 마구잡이로 사용되고 있는 점을 우려했다. "신문에서는 주식을 사고파는 모든 사람을 '투자자'라고 부르는데, 이는 월스트리트의 편리한 언어 관습에서 나온 것이다. 무엇을 사고, 어떤 목적으로, 어떤 가격에 사고파는지, 현금으로 거래하는지 아니면 신용거래를 사용하는지에 상관없이 모두가 투자자가 되어버렸다."[22]

그레이엄은 심각하게 경고했다. "보통주에서 투자와 투기를 구분하는 것은 항상 유용한 일이었으며, 이러한 구분이 사라지는 것은 우려할 만한 일이다." 그레이엄은 투기에 따른 위험한 행동을 방지하기 위한 대안으로 안전마진을 기준으로 주식을 선택하는 투자 방식을 제안했다. 그는 주식 가격이 내재가치보다 낮을 경우 안전마진이 존재한다고 보았다. 그리고 다음으로 나오는 당연한 질문은, 내재가치를 어떻게 측정하느냐다. 이에 대해, 그레이엄은 "내재가치는 '사실'에 의해 결정되는 가치"라고 단호하게 답한다. 이러한 사실에는 기업의 자산, 수익과 배당금, 다시 말해 정량적 요소가 포함된다.

그레이엄은 정성적인 요소에 지나치게 의존하는 경향을 비판했다. 그의 경험에 따르면, 투자자들이 실물 자산hard assets에서 벗어나 무형자산intangibles에 집중할수록 잠재적으로 위험한 사고방식을 지니게 된다고 보았다. 경영진에 대한 의견이나 사업의 본질과 같은 요소들은 객관적으로 파악하기 어려우며, 이처럼 판단이 쉽지 않은 항목일수록 부정확하게 측정될 가능성이 크다. 반면 기업 내재가치의 상당 부분이 명확하게 측정 가능한 정량적 요소로 구성될수록, 투자자의 하방 리스크는 제한될 수 있다고 판단했다. 예를 들어, 고정 자산은 측정할 수 있으며, 배당 역시 측정할 수 있다. 현재 및 과거의 수익 역시 측정할 수 있다. 이러한 요소들은 수치로 입증할 수 있으며, 실제 경험에 기반해 논리적으로 평가할 수 있는 근거가 된다.

일설에 따르면, 그레이엄은 이렇게 말했다고 전해진다. "좋은 기억력은 오히려 짐이다." 인생에서 두 번이나 재정적으로 파산했던 경험은 그로 하여금 성장 가능성보다 하락에 대비하는 투자 방식을 채택하게 만들었다. 그는 투자에 두 가지 규칙이 있다고 했다. 첫 번째 규칙은 "잃지 말라"이고, 두 번째 규칙은 "첫 번째 규칙을 잊지 말 것"이다. 그는 주식을 매수할 때 "잃지 말라"라는 철학을 안전마진 접근법으로 구체화했다. 이는 두 가지 명확하고 실질적인 지침으로 요약된다. (1) 순자산 가치net asset value의 3분의 2 미만 가격으로 회사를 매수하라. (2) 낮은 주가수익비율에 집중하라.

안전마진은 완벽한 위험 회피 전략으로 여겨지지만, 항상 완벽한 것은 아니다. 그레이엄은 미래 성장에 대한 장밋빛 예측이 실현되지 않을 경우, 많은 경제적 수익을 창출하지 못하더라도 현재 자산에 집중하는 것이 훨씬 낫다고 믿었다. 그 이유는 누군가, 어딘가에서, 어떻게든 부실하게 운영되는 사업에서도 괜찮은 수익을 만들어낼 수 있기 때문이다. 최후의 수단으로 자산을 청산할 수도 있다. 물론, 이는 항상 누군가가 부실기업의 장부 가치를 기꺼이 매수할 것이라는 가정을 전제로 한다.

버핏 파트너십을 버크셔 해서웨이로 전환하는 과정에서 워런 버핏은 그레이엄의 낮은 주가수익비율과 높은 장부 가치의 기업을 매수하는 방식이 항상 확실한 방법이 아니라는 것을 직접 배웠다. 그는 곧 수익을 거의 창출하지 못하는 기업을 장부 가치로 매각했을 때 얻는 가격이 기대 이하인 경우가 많다는 사실을 깨달았다.

그레이엄의 방식에 따라 버핏은 새롭게 구성된 버크셔 해서웨이를 위해 여러 기업의 보통주를 매수했다. 파트너십 시절에 부실한 사업의 저평가된 주식을 매수한 전략은 주로 버핏이 이를 신속히 매도하고 넘어갈 수 있었기 때문에 성공적으로 작동했다. 그러나 버크셔를 위해 경제적 가치가 낮은 기업의 저렴한 자산을 매수하고 보유하는 전략은 실패한 것으로 드러났다. 버핏은 이렇게 말했다. "내 처벌은 소규모 농기계 제조업체, 3위 백화점, 그리고 뉴잉글랜드의 섬유 제조업체의 경제학에 대한 학습이었다."[23] 그 농기계 제조업체는 뎀스터 밀 제조사Dempster Mill Manufacturing, 백화점은 호치차일드 콘Hochschild Kohn, 섬유 제조업체는 버크셔 해서웨이였다. 버핏은 이 기업들을 완전히 소유함으로써 자본 배분을 직접 관리할 수 있었지만, 이러한 수준 이하의 사업들에서 나오는 경제적 수익은 그야말로 참담했다. 이 기업들은 버핏이 새로운 버크셔 해서웨이에서 소유하기를 원했던 "1센트짜리 저울"과는 거리가 멀었다.

자산 가치가 1000만 달러(약 148억 1000만 원)인 기업이라 하더라도, 제때 매각할 수 있다면 큰 수익을 거둘 수 있다. 하지만 기업의 근본적인 경제성이 나쁘고 매각에 10년이 걸린다면, 총수익률은 평균 이하가 될 가능성이 높다. 버핏은 "시간은 훌륭한 사업의 친구지만, 평범한 사업의 적이다"[26] 라는 사실을 깨달았다. 부실한 기업을 제때 청산하고, 매입 가격과 자산의 시장 가치에서 차익을 얻지 못한다면, 그의 투자 성과 역시 해당 기업의 열악한 경제성을 그대로 반영할 수밖에 없었다.

덤스터 밀, 호치차일드 콘, 버크셔 해서웨이에서의 실패한 투자가 버핏으로 하여금 벤저민 그레이엄의 가르침을 외면하게 했을 거라고 생각할 수 있다. 하지만 이는 사실과 거리가 멀다. 오늘날 버핏은 투자자들에게 《현명한 투자자》의 두 개의 장, '8장, 투자자와 시장 변동'과 '20장, 투자의 중심 개념으로서의 안전마진'에 나오는 그레이엄의 소중하고 시대를 초월한 조언에 주의를 기울일 것을 강력히 권한다. 이 두 장에는 철학적 지혜의 진주와도 같은 통찰이 담겨 있다.

◆ 가치 투자

《현명한 투자자》의 마지막 장에서 그레이엄은 이렇게 말한다. "건

전한 투자의 비결을 한 단어로 요약하라는 과제가 주어진다면, 우리는 '안전마진'이라는 모토를 제안하겠다."[25] 1990년 버크셔 해서웨이의 연례 보고서에서 워런 버핏은 이렇게 고백했다. "그 말을 읽은 지 42년이 지났지만, 여전히 이 단어가 옳다고 생각한다."[26] 안전마진의 개념, 즉 투자 대상을 내재가치보다 낮은 가격에 매수하는 방식은 가치 투자의 초석이 돼왔으며 앞으로도 그럴 것이다.

버핏이 그레이엄의 가르침과 갈등을 겪었던 부분은 안전마진의 개념 자체가 아니라 장기적인 내재가치를 어떻게 바라볼 것인가에 있었다. 만약 투자자가 경제성이 열악한 기업을 매수했는데, 그 기업의 가격이 순자산 가치보다 낮고 주가수익비율이 낮았다면, 이는 분명히 그레이엄의 안전마진 개념에 부합한다. 하지만 주식이 자산의 공정 가치에 가까운 가격으로 재평가되면, 투자자에게는 결국 평범한 기업의 저조한 경제적 성과만 손에 남게 된다. 버핏이 버크셔 초기 시절에 배운 것은, 수익을 고율 복리로 증가시킬 수 있는 더 나은 기업들의 경제성을 이해하는 것이 내재가치를 다르게 생각하도록 요구한다는 점이었다. 게임은 단순히 "저평가된 실물 자산"을 매수하는 것이 아니라, 현금 흐름을 창출하고 장기적으로 높은 경제적 수익을 낼 수 있는 기업의 공정 가치를 지능적으로 평가하는 방법을 배우는 것으로 전환되었다.

그레이엄의 주식 선별 방식은 버핏이 자신의 복합기업을 위해 소유하고 싶었던 기업 유형을 정확히 가려내지 못했다. 하지만 버핏의 투자 철학을 고취시킨 것은 그레이엄의 "태도"였다. 특히 두 가지, "시장의 고유한 변동성을 어떻게 바라볼 것인가와 투자와 투기의 차이를 이해하는 것"이 중요했다.

《현명한 투자자》의 8장, '투자자와 시장 변동성'에서 벤저민 그레이엄은 독자에게 '미스터 마켓Mr. Market'에 대해 소개했다. 이후 버핏은 1987년 버크셔 해서웨이 연례 보고서에서 미스터 마켓 이야기를 주주들에게 전했다. "나의 벗이자 스승인 벤저민 그레이엄은 시장 변동성에 대한 정신적인 태도를 오래전에 설명했으며, 나는 이것이 투자 성공에 가장 적합하다고 믿는다."

버핏은 이렇게 이어갔다.

주식시장의 가격 변동성을 이해하기 위해 자신을 "미스터 마켓"이라는 파트너가 있는 사기업의 공동 소유주라고 상상해 보자. 이 파트너는 매일 어김없이 나타나 당신의 지분을 매수하거나 자신의 지분을 매도할 가격을 제안한다. 그러나 기업의 경제적 특성이 안정적일지라도, 미스터 마켓이 제시하는 가격은 전혀 그렇지 않을 것이다. 불행히도 그는 심각한 감정 기복을 가진 인물이기 때문이다. 어떤 날에는 미스터 마켓이 과도한 낙관론에 빠져 사업의 긍정적인 면만 보게 된다. 이럴 때 그는 매우 높은 가격을 제시한다. 이는 당신이 그의 지분을 사들여, 곧 다가올 큰 이익을 빼앗을까 봐 두려워하기 때문이다.

반면 또 다른 날에는 미스터 마켓이 심각한 비관론에 빠져 사업과 세상의 앞날에 대해 어두운 전망만 보게 된다. 이 경우 그는 매우 낮은 가격을 제시한다. 이는 당신이 자신의 지분을 떠넘길까 두려워하기 때문이다.

그런 다음 버핏은 시장 변동에 대한 그레이엄의 메시지 핵심으로 들어간다. 그는 이렇게 말한다. "미스터 마켓에게는 또 하나 매력적인 특징이 있다. 그를 무시해도 전혀 신경 쓰지 않는다는 점이다. 오늘 그의 제안이 당신에게 흥미롭지 않다면, 내일 새로운 제안과 함께 다시 나타날 것이다. 거래 여부는 전적으로 당신의 선택에 달려 있다. 이러한 조건에서 그의 행동이 더 조울증에 가까울수록 당신에게는 더 유리하다."

이어 버핏은 미스터 마켓 이야기를, 투자와 시장에 대한 자신의 사고방식에 깊이 자리 잡은 개념인 "자기 신뢰"와 연결 지어 설명한다.

미스터 마켓은 당신을 위해 존재하는 것이지, 당신을 이끌기 위해 존재하는 것이 아니다. 당신에게 유용한 것은 그의 지혜가 아니라 그의 지갑이다. 만약 그가 어느 날 특히 어리석은 모습으로 나타난다면, 당신은 그를 무시하거나 그를 이용할 자유가 있다. 하지만 그의 영향을 받게 된다면 이는 치명적인 결과를 초래할 것이다. 실제로 만약 당신이 자신의 사업을 미스터 마켓보다 훨씬 더 잘 이해하고 평가할 수 있다는 확신이 없다면, 애초에 이 게임에 참여해서는 안 된다. 포커에서 흔히 말하듯, "30분 동안 게임에 참여했는데, 누가 호구인지 모른다면 당신이 바로 그 호구다."[27]

버핏은 다음과 같이 결론지었다. "투자자는 훌륭한 비즈니스 판단력을 시장에서 퍼져 나가는 전염성 강한 감정으로부터 자신의 사고와 행동을 단절시키는 능력과 결합함으로써 성공할 수 있다. 나는 이러한 단절을 유지하려는 노력에서 벤저민 그레이엄의 미스터 마켓 개념을 마음에 굳게 새기는 것이 매우 유용하다는 것을 알게 되었다."[28]

버핏은 자신만의 독창적인 방식을 우리에게 보여주었다. 그가 벤저민 그레이엄과 깊이 연결된 부분은 수학적인 '안전마진' 개념을 제외하면, 단순히 낮은 주가수익비율과 낮은 주가순자산비율의 기업을 매수하라는 방법론적 접근보다는 철학적인 측면이 더 강하다.

워런 버핏이 벤저민 그레이엄에게 보이는 헌신과 존경심은 널리 알려져 있으며, 이는 75년 동안 지속되었다. 버핏과 그레이엄이 공유하는 신념과 가치관을 투자 철학의 관점에서 자세히 살펴보면, 명확한 연결고리를 발견할 수 있다. 버핏의 철학적 기반은 이미 그의 아버지에 의해 형성되었지만, 이제 그는 아버지에게 배운 것과 그레이엄의 저서를 자연스럽게 결합할 수 있는 기회를 얻게 되었다.

로저 로웬스타인은 이렇게 설명했다. "벤저민 그레이엄은 버핏에게 시장의 다양한 가능성을 탐구할 도구를 제공했을 뿐만 아니라, 그의 기질에 맞는 투자 접근법을 제시했다." 그 결과, "그레이엄의 투자 기법으로 무장한 버핏은 그레이엄의 인격적 모범을 본받아 특유의 자립적인 방식으로 투자할 수 있었다."[29] 그러나 버핏과 그레이엄의 관계는 단순한 스승과 제자의 관계를 넘어섰다. 버핏은 그레이엄의 투자 방법과 철학을 기꺼이 받아들였지만, 그를 단순한 투자 스승이 아니라 "아버지처럼 영웅적인 인물"로 여겼다. 실제로 버핏은 다음과 같이 말했다. "벤저민 그레이엄은 단순히 저자나 선생님이 아니었다. 내 인생에서 아버지를 제외하면, 그 어떤 남성보다 나에게 큰 영향을 준 사람이었다."[30]

버핏은 이렇게 말했다. "평생에 걸쳐 성공적으로 투자하기 위해서는 천문학적인 수준의 아이큐가 필요하지 않다. 중요한 것은 의사결정을 내리기 위한 건전한 지적 틀과 그 틀이 감정에 의해 훼손되지 않도록 하는 능력이다."[31] 벤저민 그레이엄은 시장을 현명하게 바라보는 철학적 토대를 버핏에게 제공했다. 이제 버핏에게 남은 것은 비즈니스 안목을 더욱 갈고닦으며, 좋은 기업이 갖추어야 할 속성을 이해하는 것뿐이었다.

필립 피셔: 좋은 기업을 구별하는 법

필립 피셔는 1958년 최초로 〈뉴욕 타임스〉 베스트셀러 목록에 오른 투자서 《위대한 기업에 투자하라》를 썼다. 피셔는 기본적 분석에 기반한 성장주의 매수 후 보유 전략을 옹호했다. 나아가 투자자에게 집중적이고 낮은 회전율의 포트폴리오를 구성할 것을 권장했다. 그는 이렇게 말했다. "보통주를 매수할 때 올바르게 일을 처리했다면 매도해야 할 시점은 거의 오지 않는다."[32]

워런 버핏은 피셔의 책을 읽은 뒤, 그를 직접 찾아갔다. "그를 만났을 때, 나는 그의 생각만큼이나 그의 인품에 감명을 받았다. 벤저민 그레이엄과 마찬가지로 피셔는 겸손하고, 관대한 영혼을 지녔으며, 탁월한 스승이었다."[33]

벤저민 그레이엄과 데이비드 도드가 《증권 분석》을 쓰던 당시, 필립 피셔는 투자 상담가로 일하기 시작했다. 스탠퍼드대 경영대학원을 졸업한 뒤, 그는 샌프란시스코에 있는 앵글로 런던 앤드 파리 내셔널 은행 Anglo London & Paris National Bank에서 분석가로 일을 시작한다. 그리고 2년도 채 되지 않아, 은행의 통계 부서장이 된다. 이 위치에서 그는 1929년 주식시장의 붕괴를 목격한다. 그 후 지역 증권사에서 짧고 비효율적인 경력을 거친 후, 피셔는 자신의 회사를 설립하기로 결심한다. 1931년 3월 31일, 피셔 앤드 컴퍼니Fisher & Company는 고객을 유치하기 시작했다.

1930년대 초반에 투자 상담 회사를 설립하는 게 무모해 보일 수도 있었지만, 피셔는 두 가지 이점을 활용할 수 있다고 판단했다. 첫째, 주식시장 붕괴 이후에도 자금을 보유한 투자자는 기존 브로커에게 불만을 품었을 가능성이 높았다. 둘째, 대공황 한가운데에서 기업인들은 시간을 내 피셔와 이야기를 나눌 여유가 충분했다.

스탠퍼드대학교에서 피셔가 수강했던 한 경영학 수업 중 하나에서는 교수와 함께 샌프란시스코 지역의 기업들을 정기적으로 방문하는 것이 필수 과제였다. 교수는 기업의 경영진들이 그들의 운영 방식에 관해 이야기하도록 유도했으며, 종종 그들의 즉각적인 문제 해결을 도왔다. 학교로 돌아오는 길에, 피셔와 교수는 방문했던 기업과 경영진에 대해 복기하며 의견을 나누었다. 피셔는 나중에 이렇게 말했다. "매주 그 한 시간은 내가 받은 훈련 중 가장 유익한 시간이었다."[34]

이 경험을 통해 피셔는 평균 이상의 잠재력을 지니고 있는 유능한 경영진을 보유한 기업에 투자함으로써 뛰어난 수익을 얻을 수 있다고 믿게 되었다. 이런 기업을 찾기 위해 피셔는 기업의 사업 특성과 경영진의 속성을 기준으로 평가하는 '15점 체계'를 개발했다.[35]

1. 기업의 제품이나 서비스가 향후 몇 년간 매출을 크게 증가시킬 수 있을 만큼 충분한 시장 잠재력을 가지고 있는가?
2. 현재 매력적인 제품군의 성장 잠재력이 대부분 활용된 후에도 매출 잠재력을 더욱 증가시킬 제품이나 프로세스를 계속 개발하려는 경영진의 의지가 있는가?
3. 기업의 연구 개발 활동은 회사 규모에 비해 얼마나 효과적인가?
4. 기업이 평균 이상의 영업 조직을 가지고 있는가?
5. 기업의 수익률이 높은가?
6. 기업은 수익률 유지 혹은 개선을 위해 어떤 노력을 하고 있는가?
7. 기업이 뛰어난 인력과 인사 관계를 유지하고 있는가?
8. 기업이 뛰어난 경영진을 보유하고 있는가?
9. 기업의 경영진은 충분한 역량과 경험을 갖추고 있는가?
10. 기업의 원가 분석 및 회계 통제 수준은 얼마나 우수한가?
11. 관련 산업의 특수성 측면에서, 경쟁사에 비해 경쟁 우위가 있는 중요한 단서가 있는가?
12. 기업이 수익과 관련해 단기적 관점을 가지고 있는가? 아니면 장기적 전망을 가지고 있는가?
13. 기업이 회사의 성장을 위해 자기자본 조달이 필요하다면, 발행 주식 수의 증가로 인해 기존 주주가 이 예상 성장에서 누릴 수 있는 이익이 상당 부분 상쇄될 가능성이 있는가?
14. 기업 경영진은 상황이 좋을 때는 투자자에게 자유롭게 이야기하지만, 문제가 발생하거나 실망스러운 일이 생기면 침묵하는가?
15. 기업은 의심할 여지 없이 정직한 경영진을 보유하고 있는가?

피셔가 가장 인상 깊게 여긴 기업의 특성은 수년에 걸쳐 업계 평균보다 높은 비율로 매출과 이익을 성장시키는 능력이었다. 이를 위해 피셔는 기업이 "향후 몇 년간 매출을 크게 증가시킬 수 있을 만큼 충분한 시장 잠재력을 가진 제품이나 서비스를 보유해야 한다"고 믿었다.[36] 그는 연간 매출 증가의 일관성에 크게 신경 쓰지 않았다. 대신 그는 기업의 성공을 여러 해에 걸쳐 판단했다. 피셔는 경기 변동이 매출과 수익에 상당한 영향을 미친다는 점을 인지하고 있었다. 그러나 그는 다음 두 유형의 기업이 수십 년에 걸쳐 평균 이상의 성장을 보여줄 가능성이 있다고 보았다. (1) "행운이 따르면서 능력을 갖춘 기업" (2) "능력이 있었기에 행운을 얻은 기업"[37]이다.

피셔는 미국의 알루미늄 기업인 알코아Alcoa를 첫 번째 유형의 예로 들었다. 그는 이 회사에 "능력"이 있었던 이유로 창립자들이 위대한 능력을 가진 훌륭한 사람들이었다는 점을 꼽았다. 알코아의 경영진은 자사 제품의 상업적 용도를 예견하고 공격적으로 알루미늄 시장을 개척해 매출을 증가시켰다. 또한 피셔는 알코아가 "행운"도 가진 기업이라고 말했는데, 이는 경영인의 즉각적인 통제 범위를 넘어서는 사건들이 회사와 시장에 긍정적인 영향을 미쳤기 때문이다. 특히, 항공 운송의 빠른 발전은 알루미늄 판매를 급격히 증가시켰고, 그 결과 알코아는 경영진이 처음에 예상했던 것보다 훨씬 더 큰 이익을 얻었다.

피셔는 듀폰DuPont 사를 "능력이 있어서 행운을 얻은" 기업의 좋은 예로 들었다. 만약 듀폰이 기존 제품인 발파용 화약 생산만 고수했다면, 대부분의 일반적인 광업 회사와 비슷한 성과를 냈을 것이다. 하지만 경영진이 화약 제조를 통해 얻은 지식을 활용해 나일론, 셀로판, 아크릴 같은 새로운 제품을 출시하며 새로운 시장을 창출했고, 궁극적으로 듀폰 사는 수십억 달러의 매출을 올렸다.

피셔는 한 기업의 연구개발R&D 노력이 매출을 평균 이상으로 성장시키는 데 크게 기여한다고 언급했다. 그는 듀폰과 알코아 같은 기업이 장기적으로 성공을 거둘 수 있었던 이유가 연구개발에 상당한 투자를 했기 때문이라고 설명했다. 심지어 비기술적 사업조차도 더 나은 제품과 더 효율적인 서비스를 창출하기 위해 헌신적인 연구 노력이 필요하다고 지적했다.

다음으로 피셔는 한 기업의 영업 조직을 검토했다. 그는 기업이 뛰어난 제품과 서비스를 개발할 수 있지만, 그것들이 "전문적으로 판매되지 않으면" 연구개발 노력이 매출로 이어지지 않을 것이라고 믿었다. 피셔는 영업 조직이 고객으로 하여금 기업 제품과 서비스의 이점을 이해하도록 돕는 역할을 해야 한다고 설명했다. 또한 영업 조직은 고객의 구매 습관을 모니터링하고 고객의 필요가 변화하는 징후를 감지할 수 있어야 한다. 그는 영업 조직이 시장과 연구개발 부서 사이의 소중한 연결고리가 된다고 결론지었다.

◆ 수익의 중요성

하지만 시장 점유율만으로는 부족하다. 피셔는 평균 이상의 매출 성장을 기록하는 기업이라 해도, 주주들에게 수익을 창출하지 못한다면 적절한 투자 대상이 될 수 없다고 보았다. 그는 "아무리 매출이 성장하더라도, 장기적으로 이익이 함께 증가하지 않는다면 올바른 투자 대상이 될 수 없다"[38]고 말했다. 따라서 피셔는 제품과 서비스를 가장 낮은 비용으로 생산할 수 있을 뿐만 아니라, 지속적으로 그러한 경쟁력을 유지하려는 기업을 찾았다. 손익분기점이 낮거나, 이익률이 높은 기업은 경기 침체에서도 더 잘 버틸 수 있으며, 결국 더 약한 경쟁자를 시장에서 몰아내면서 시장 지배력을 강화할 수 있다.

피셔는 어떤 기업도 비즈니스 운영 비용을 철저히 분석하고, 동시에 제조 과정의 각 단계별 비용을 이해하지 않는다면 장기적인 수익성을 유지할 수 없다고 강조했다. 이를 위해 기업은 적절한 회계 통제와 원가 분석 시스템을 구축해야 한다. 이러한 비용 정보를 잘 활용하면 기업은 자원을 경제적 잠재력이 가장 높은 제품이나 서비스에 집중할 수 있게 된다. 더 나아가, 회계 통계 시스템은 기업 운영상의 문제점을 식별하는 데 도움을 줄 수 있다. 이렇게 발견된 비효율성은 기업의 전반적인 수익성을 보호하기 위한 조기 경보 장치로 작용한다.

피셔가 기업의 수익성에 민감했던 이유는 또 하나의 중요한 우려와 연결되어 있었다. 바로 기업이 향후 외부 자본 조달 없이 성장할 수 있는 능력이었다. 그는 만약 기업이 성장하기 위해 주식을 발행해야만 한다면, 유통 주식 수가 늘어나면서 주주들이 기업 성장으로 얻을 수 있는 이익이 상쇄될 수 있다고 말했다. 피셔는 높은 이익률을 가진 기업일수록 내부적으로 자금을 조달할 수 있는 능력이 크며, 이 자금을 활용해 기존 주주의 지분을 희석시키지 않고도 성장을 지속할 수 있다고 설명했다. 또한 고정자산과 운영 자본에 대한 비용을 적절히 통제할 수 있는 기업일수록, 현금흐름을 더 효과적으로 관리하고 외부 자본 조달 없이도 운영을 이어갈 가능성이 크다고 덧붙였다.

◆ 경영의 중요성

피셔는 우수한 기업이 평균 이상의 사업적 특성을 가질 뿐만 아니라, 평균 이상의 경영 능력을 지닌 인물들에 의해 운영된다는 점을 잘 알고 있었다. 이러한 경영진은 현재 제품과 서비스가 시장에서 자연 수명을 다한 이후에도 새로운 제품과 서비스를 개발하려는 강한 의지가 있다. 피셔는 많은 기업들이 몇 년 동안 지속할 수 있는 제품과 서비스 라인을 보유하고 있어 적절한 시장 전망을 가지고 있지만, 10년 혹은 20년에 걸쳐 일관된 성과를 보장할 수 있는 정책을 마련한 기업은 드물다고 말했다. "경영진은 장기적인 이익을 위해 단기적인 이익을 기꺼이 희생하려는 의지를 포함해 실행 가능한 정책이 있어야 한다."[39] 하지만 피셔는 단기적인 이익 희생과 단기적인 이익 포기를 혼동해서는 안 된다고 경고했다. 뛰어난 경영진은 장기적인 계획을 실행하는 동시에 일상적인 운영에도 집중할 수 있는 능력을 갖추고 있어야 한다.

피셔는 경영진의 중요한 자질을 또 하나 강조했다. 기업의 경영진은 의심할 여지가 없는 정직성과 성실성을 가지고 있는가? 경영진은 주주들을 위한 신탁자로 행동하는가, 아니면 자신의 이익만을 우선시하는 것처럼 보이는가?

피셔는 경영진의 의도를 파악하는 한 가지 방법으로, 주주들과의 소통 방식을 관찰해 보라고 제안했다. 모든 기업은 좋든 나쁘든 예상치 못한 어려움을 겪는 시기가 온다. 일반적으로 사업이 잘될 때는 경영진이 자유롭게 이야기하지만, 사업이 어려워지면 일부 경영진은 회사의 문제를 솔직하게 공개하기보다 침묵을 지키려 한다. 따라서 기업이 위기에 처했을 때 경영진이 어떻게 대응하는지 살펴보면 그들이 회사의 미래를 책임질 자격이 있는 사람들인지 알 수 있다.

피셔는 더 깊이 들어갔다. 그는 사업이 성공하려면 경영진이 모든 직원들과도 좋은 업무 관계를 구축해야 한다고 설명했다. 직원들은 자신의 직장에 대해 진심으로 만족감을 느껴야 한다. 블루칼라 직원들은 자신이 존중받고 품위 있게 일한다고 느껴야 하며, 임원급 직원들은 승진이 편애가 아닌 능력을 기반으로 둔다고 느껴야 한다.

피셔는 또한 경영진의 깊이를 고려했다. 최고경영자가 유능한 팀을 보유하고 있는가? 그리고 그가 사업의 일부를 운영할 권한을 위임할 능력이 있는가?

마지막으로 피셔는 기업의 특성, 즉 사업 및 경영 측면과 같은 업계 내 다른 기업과 비교했을 때의 차별점을 조사했다. 이 과정에서 경쟁사와 비교했을 때 우위를 점하고 있는 단서를 찾으려고 했다. 그는 단순히 기업의 재무 보고서를 읽는 것만으로는 투자를 정당화하기에 충분하지 않다고 주장했다. 신중한 투자에서 필수적인 단계는 해당 회사를 잘 아는 사람들로부터 최대한 많은 정보를 얻는 것이라고 믿었다. 피셔는 이것을 포괄적인 탐문이라고 칭하며, 이를 통해 얻은 정보를 "현장 정보 수집scuttlebutt"이라고 불렀다. 오늘날로 치면 이는 일종의 '찌라시'에 해당한다. 피셔는 이 과정을 적절히 처리하면 투자자가 뛰어난 투자처를 식별하는 데 필요한 중요한 단서를 제공할 수 있다고 주장했다.

"현장 정보 수집" 조사는 가능한 많은 정보원을 인터뷰하는 것으로 이어졌다. 그는 고객 및 공급 업체와 대화를 나눴고, 직원뿐만 아니라 해당 회사에서 일했던 컨설턴트를 찾아냈다. 그는 대학의 연구 과학자, 정부 관계자, 무역 협회 임원들과 접촉했으며, 경쟁사와도 인터뷰를 진행했다. 비록 경영진이 자사에 대한 세부 정보를 공개하는 데 주저할 수 있지만, 피셔는 경쟁사에 대한 의견을 가지고 있지 않은 경우는 거의 없다는 사실을 발견했다. 그는 이렇게 말했다. "산업 내 각 회사의 강점과 약점에 대한 상대적인 평가를 얻기 위해, 해당 회사와 관련된 사람들의 대표적인 단면 의견을 종합하면 놀랍도록 정확한 그림을 얻을 수 있다."[40]

의심의 여지 없이, 필립 피셔가 한 기업을 이해하는 데 필요하다고 느낀 시간과 헌신은 벤저민 그레이엄이 주장한 가치 접근법의 핵심인 수익 및 장부 가치의 회계 비율을 계산하는 수학적 작업보다 훨씬 더 방대했다. 그레이엄은 대차대조표를 연구했고, 피셔는 기업과 사람을 연구했다. 기본적인 분석은 정량적인 분석보다 훨씬 더 수고로운 작업이다. 이는 필연적이다. 왜냐하면 회사의 장기적인 본질적 가치를 판단하는 데 필요한 통찰은 기업의 현재가치를 단순히 파악하는 것보다 훨씬 더 어렵기 때문이다.

분명히 "현장 정보 수집" 네트워크를 개발하고, 인터뷰를 진행하는 것은 많은 시간이 필요하다. 오늘날의 투자자들이 고려 중인 다수의 기업에 "현장 정보 수집" 과정을 적용하는 건 불가능해 보일 수 있다. 그러나 필립 피셔는 이를 해결했다. 그는 업무량을 줄이기 위한 간단한 방법을 찾았다. 바로 자신의 포트폴리오에 포함된 기업의 수를 줄이는 것이었다. 벤저민 그레이엄은 산업 전반에 걸쳐 많은 주식을 보유할 것을 추천했던 반면, 필립 피셔는 대개 10개 이하의 회사를 보유했으며,

그중 서너 개 회사가 그의 포트폴리오에서 75%를 차지했다. 그는 이렇게 말했다. "나는 많은 좋은 투자처를 원하지 않는다. 몇 개의 뛰어난 투자처를 원한다."[41]

◆ 전문성의 범위

피셔는 성공적으로 투자하려면 몇 가지 일을 잘 해내는 것만으로도 충분하다고 믿었다. 그중 하나는 자신이 이해할 수 있는 범위 내에 있는 기업에 투자하는 것이었다. 피셔는 초기에 저지른 자신의 실수에 대해 이렇게 말했다. "내 경험의 한계를 넘어 내 능력을 과대평가했던 것이 실수였다. 나는 철저히 이해한다고 믿었던 산업을 벗어나 전혀 다른 분야에 투자하기 시작했으며, 그 분야에 대한 배경지식이 부족했다."[42] 피셔의 이 고백은 워런 버핏의 깨달음과 같은 맥락이다. 성공적인 투자는 자신이 잘 이해할 수 있는 분야에서 이루어진다는 것이다. 다시 말해, 잘 모르는 산업이나 기업에 손을 대기보다는 자신이 제대로 이해할 수 있는 영역 안에서 투자해야 한다는 뜻이다.

버핏은 1969년 〈포브스〉 지와의 인터뷰에서 "난 15%의 필립 피셔, 85%의 벤저민 그레이엄이다"라고 말했다.[43] 당시에는 그레이엄이 버핏에게 미친 영향이 매우 크다는 점이 놀랍지 않았다. 처음에는 열정적인 독자로, 그다음에는 학생으로, 직원으로, 협력자로, 그리고 마침내 동료로서 버핏은 그레이엄과 함께했다. 그레이엄은 버핏의 미숙한 사고방식을 다듬어준 인물이었다. 그러나 버핏을 그레이엄의 영향만으로 만들어진 인물이라고 보는 것은 필립 피셔의 영향을 간과하는 것과 다름없다.

버핏은 버크셔 해서웨이를 운영하며 초기 투자 실수를 겪고 나서 그레이엄의 엄격한 원칙에서 벗어나기 시작했다. 그는 이렇게 표현했다. "나는 진화했지만 유인원에서 인간으로, 또는 인간에서 유인원으로 깔끔하게 변화한 것은 아니었다."[44] 이 문제는 수십 년 전에 영국의 경제학자 존 메이너드 케인스가 지적한 바 있다. "문제는 새로운 아이디어를 받아들이는 것이 아니라, 오히려 기존의 사고방식에서 벗어나는 데 있다."[45] 버핏이 덧붙였다. "나는 쉽게 벗어나지 못했다. 그 이유 중 하나는 나를 가르친 스승에게서 배운 대부분의 것들이 (그리고 지금도) 매우 가치 있었기 때문이다." 그러나 그는 결국 이렇게 결론을 내렸다. "궁극적으로 나는 직간접적인 경험을 통해 유형 자산을 최소한으로 활용하면서도 지속적인 영업권(장부 가치를 초과하는 내재가치)을 많이 보유한 기업을 선호하게 되었다."[46]

버핏은 1983년 버크셔 해서웨이 연례 보고서에서 주주들에게 이렇게 말했다. "난 경제적 영업권에서 대부분의 가치가 나오는 기업을 멀리하고 유형 자산을 선호하라고 배운 35년 전과는 생각이 많이 달라졌다."[47] 버핏은 나중에 이유를 덧붙였다. "필립은 무엇이 기업을 위대하게 만드는지 알고 있다. 나는 필립의 아이디어에 압도적으로 공감한다."[48]

하지만 버핏에게 그레이엄의 저평가된 주식을 매입하는 양적 방법에서 피셔의 위대한 기업을 선별하는 질적 접근법으로의 전환은 단순히 학문적인 실험이 아니었다. 그것은 그의 새로운 친구이자 투자 동료, 그리고 곧 버크셔 해서웨이의 부회장이 될 찰리 멍거의 영향이기도 했다. 찰리 멍거는 다른 누구보다도 버핏의 투자 사고를 풍부하게 만들었다.

"찰리 멍거는 내가 '담배꽁초 줍기' 습관을 버리고, 엄청난 규모와 만족스러운 수익을 결합할 수 있는 사업(버크셔 해서웨이)을 구축하는 방향으로 나아가게 했다. 내 관점에서 찰리의 가장 중요한 업적은 오늘날 버크셔의 설계를 만들어낸 것이다. 그가 제시한 청사진은 간단했다. '괜찮은 기업을 훌륭한 가격에 산다는 방식을 잊어라. 대신 훌륭한 기업을 괜찮은 가격에 사라.'"[49]

찰리 멍거: 지적 관점

워런 버핏이 1956년 투자 파트너십을 시작할 당시, 자본금은 10만 달러를 조금 넘었다. 그래서 초기 업무 중 하나는 더 많은 투자자가 서명하도록 설득하는 일이었다. 어느 운수 좋은 날, 버핏은 이웃인 에드윈 데이비스Edwin Davis 박사 부부에게 평소처럼 자세하게 투자 제안을 설명하고 있었다. 그런데 갑자기 데이비스 박사가 말을 끊더니 불쑥 10만 달러를 주겠다고 말했다. 버핏이 이유를 묻자, 이런 답이 돌아왔다. "자네를 보니 찰리 멍거가 생각나는군."[50]

'세상 좁게도' 찰리 멍거는 1924년 1월 1일 네브래스카 오마하에서 태어났다. 그는 지금 버핏이 사는 곳에서 겨우 180미터 떨어진 곳에서 자랐다. 비록 나이 차이가 있어 어린 시절에 버핏과 만나진 않았지만, 어니스트 버핏의 식료품점에서 일한 경험도 있었다. 멍거는 오마하를 떠나 미시간대학교와 캘리포니아대학교에 입학했다. 하지만 제2차 세계대전으로 학업이 중단되어, 공군에서 기상장교로 복무한다. 전쟁이 끝난 뒤, 멍거는 학사 학위가 없었음에도 불구하고 하버드 로스쿨에 입학해 1948년에 졸업했다.

비록 두 사람이 오마하에서 자라고 많은 지인들을 공유했지만, 버핏과 멍거는 1959년이 되어서야 처음 만났다. 당시 멍거는 남부 캘리포니아로 이사한 상태였다. 아버지를 잃고, 오마하에 다시 방문했을 때 데이비스 박사는 두 사람이 만날 때가 되었다고 생각해, 지역 식당에 저녁 식사 자리를 마련한다. 그리고 예사롭지 않은 파트너십이 시작됐다.

연방 판사의 손자이자 변호사의 아들인 찰리 멍거는 이미 로스앤젤레스에서 성공적으로 법률사무소를 설립했지만, 주식시장에 매우 관심이 많았다. 첫 저녁 식사에서 버핏과 멍거는 다양한 주제에 대해 깊이 있는 대화를 나눴다. 그 후 두 사람은 자주 대화를 나눴고, 버핏은 멍거에게 법조계를 떠나 투자에 전념할 것을 자주 권했다. "난 그에게 법이 훌륭한 취미가 될 수도 있지만, 투자에 집중하면 더 나은 결과를 낼 수 있을 거라고 말했다."[51]

1962년 멍거는 버핏의 파트너십과 유사한 형태로 찰스 멍거 파트너십Charles Munger Partnership을 설립했지만, 여전히 법률 업무를 병행했다. 성공적인 3년을 보낸 뒤 그는 법조계를 완전히 떠났고, 오늘날까지도 그의 이름을 딴 로펌이 운영되고 있다.

로스앤젤레스의 멍거 투자 파트너십과 오마하에 있는 버핏의 파트너십은 접근 방식이 비슷했다. 두 사람 모두 내재가치에 비해 저평가된 주식을 매입하는 전략을 추구했으며, 모두 탁월한 투자 성과를 거두었다. 따라서 두 사람이 같은 주식을 매수한 것도 그리 놀랍지 않다. 멍거는 버핏과 마찬가지로 1960년대 후반 블루칩 스탬프Blue Chip Stamps 의 주식을 매입하기 시작했고, 결국 이 기업의 이사회 의장이 되었다. 1978년 버크셔 해서웨이와 블루칩 스탬프가 합병되면서 찰리 멍거는 버크셔의 부회장이 되었다.

업무 관계에서, 찰리 멍거는 금융적 통찰력뿐만 아니라 기업과 관련된 법적 토대를 마련했다. 또 버핏과는 사뭇 다른 지적인 관점을 제공했다. 멍거는 과학, 역사, 심리학, 철학, 수학 등 다양한 분야에 열정적으로 관심을 가졌으며, 이들 각각의 분야가 중요한 개념을 포함하고 있어 사려 깊은 사람들이 이를 모든 활동, 특히 투자 결정에 적용해야 한다고 믿었다.

금융 지식, 법률적 배경, 다양한 학문에서 얻은 통찰은 멍거가 투자 철학을 형성하는 데 영향을 미쳤고, 이는 버핏의 철학을 더욱 풍요롭게 만들었다. 벤저민 그레이엄의 가르침에 굳건히 헌신했던 버핏이 계속해서 헐값에 판매되는 주식을 찾는 동안, 멍거는 필립 피셔가 제시한 원칙을 향해 점차 나아갔다.

그렇다면 찰리 멍거는 어떻게 워런 버핏이 "담배꽁초 투자"에서 벗어나 고품질 기업을 고려하도록 설득했을까? 그 답은 초콜릿 상자, 정확히는 "시스캔디"에서 찾을 수 있다.

1921년 71세 할머니 메리 시Mary See는 로스앤젤레스에 작은 사탕 가게를 열어 자신의 레시피로 만든 초콜릿을 판매하기 시작했다. 그의 아들과 파트너의 도움으로 이 사업은 캘리포니아 남부와 북부로 확장하며 작은 체인점으로 성장했다. 이 기업은 대공황을 견디고, 제2차 세계대전 동안의 설탕 배급제를 극복했으며, 이후의 치열한 경쟁에서도 살아남았다. 그 비결은 "제품 품질과 관련해서는 절대 타협하지 않는다"라는 변치 않는 하나의 전략 덕분이었다.

약 50년 뒤, '시스캔디'는 미국 서부 연안 최고의 사탕가게 체인이 되었고, 메리 시의 후손들은 이제 그들의 다음 인생 단계로 나아갈 준비를 하고 있었다. 기업에 30년 동안 몸담았던 척 허긴스는 최고의 구매자를 찾고 매각을 조율하는 임무를 맡았다. 몇몇 인수 기업이 관심을 가졌지만, 계약은 성사되지 않았다.

1971년 말, 버크셔 해서웨이가 대주주였던 블루칩 스탬프의 투자 고문은 블루칩이 시스캔디를 매입해야 한다고 제안했다. 호가는 4000만 달러(약 592억 4000만 원)를 요구했지만, 시스캔디가 1000만 달러의 현금을 보유하고 있었기 때문에, 실제 매입가는 3000만 달러(약 444억 3000만 원)였다. 그러나 버핏은 회의적이었다. 시스캔디는 장부 가치의 3배로 평가받았는데, 이는 그레이엄의 가치 기반 원칙에 따르면 지나치게 높은 가격이었다.

멍거는 버핏이 생각하는 높은 가격이 실제로는 좋은 거래라고 버핏을 설득했다. 버핏은 2500만 달러(약 370억 2500만 원)를 제시했고, 시스캔디는 수락했다. 이는 버핏의 사고방식에 지각 변동 같은 변화를 일으키는 시발점이었다. 버핏은 자신을 새로운 방향으로 나아가게 만든 것이 멍거였다고 시인했다. 멍거는 후에 이렇게 말했다. "우리가 품질을 보고 돈을 지불한 첫 번째 사례였다."[52] 10년 뒤, 버핏은 시스캔디를 1억 2500만 달러(약 1851억 2500만 원, 1972년 매입가의 5배)에 매각하라는 제안을 받는다. 하지만 그는 제안을 거절했다.

시스캔디는 버크셔 해서웨이에 "1센트짜리 저울"로 적합했을까?

2014년 버크서 해서웨이 연례 보고서에서 워런 버핏은 주주들에게 시스캔디가 가져다준 경제적 수익을 개괄했다. 버핏이 보고한 바에 따르면, 인수 후 22년 동안 시스캔디라는 동전 저울은 세전 수익으로 19억 달러(약 2조 8139억 원)를 배당했으며, 추가로 재투자된 자본은 단지 4000만 달러(약 592억 4000만 원)에 불과했다. 다시 말해, 연간 약 180만 달러(약 26억 6580만 원)를 추가 투자해 연평균 8600만 달러(약 1273억 6600만 원)의 세전 수익을 창출한 셈이다.

워런 버핏은 이 기회를 활용해 복리의 교훈을 실현했다. 그는 "시스캔디는 엄청난 자금을 만들어 버크셔가 다른 사업을 인수할 수 있게 했고, 그 사업들 역시 상당한 금액을 배당할 수 있을 정도의 수익을 창출했다(이를 토끼가 번식하는 것에 비유해 보라). 게다가 시스캔디의 운영을 지켜보며, 나는 브랜드의 강력한 가치에 대한 경영 지식을 얻었고, 이는 내가 다른 수익성 높은 투자를 발견할 수 있는 눈을 뜨게 했다"[53]라고 말했다. 버핏이 시스캔디를 소유하며 얻은 경험은 이후 그가 "코카콜라"와 "애플"을 인수하는 데 큰 동기를 부여한 주요 요인으로 여겨진다.

◆ **박학다식한 사람의 사고방식**

워런 버핏이 처음으로 찰리 멍거에게 끌렸던 이유는 주로 벤저민 그레이엄을 많이 떠올리게 했기 때문이라고 알려져 있다. 그레이엄과 멍거 모두 독립적인 사고를 중시했다. 두 사람 모두 "객관성과 현실주의에 대한 성실함과 헌신"[54]으로 잘 알려져 있다. 그리고 두 사람 모두 역사, 문학, 과학에 조예가 깊은 다독가였다. 그레이엄은 고전을 선호했지만, 멍거는 수백 권의 전기를 탐독했다. 또한 그레이엄과 멍거는 모두 벤저민 프랭클린을 존경했고, "평생 학습"의 중요성을 깊이 받아들였다.

찰리 멍거는 박학다식한 사람이었다. 그의 지식 범위는 놀라울 정도로 광범위했으며, 모르는 것이 거의 없어 보였다. 그리고 그레이엄처럼 멍거는 놀라운 속도로 결론을 도출하는 능력을 갖추고 있었다. 워런 버핏은 이렇게 말했다. "찰리는 세상에서 가장 뛰어난 30초 사고력을 지니고 있다. 그는 한 번에 A에서 Z까지 도달한다. 당신이 문장을 끝내기도 전에 모든 것을 다 본다."[55] 찰리 멍거는 그의 업적만으로도 별도의 책 한 권을 쓸 수 있을 정도다. 다행히도 우리는 이미 몇 권의 책을 가지고 있다. 《가난한 찰리의 연감》[56] 같은 책들은 멍거의 탁월한 사고방식을 잘 담고 있다.

찰리 멍거의 방대한 지식의 원천을 깊이 탐구하면 세 가지 뚜렷한 핵심 요소를 발견할 수 있다. 첫째는 세상에 대한 지혜의 추구이고, 둘째는 실패에 대한 연구이며, 셋째는 합리성을 받아들이는 도덕적 책무다.

1994년 4월, 찰리 멍거가 지닌 지식의 원천은 서던캘리포니아대학교 마셜 경영대학원의 길포드 배브콕Guilford Babcock 박사가 주관하는 '학생 투자 세미나'에서 열린 놀라운 강연을 통해 세상에 드러났다. 학생들은 멍거의 주식시장에 관한 견해와 몇 가지 투자 팁을 얻을 기대에 부풀어 있었다. 하지만 멍거는 그들에게 작은 장난을 치겠다고 선언했다. 투자에 대해 직접적으로 말하기보다 "세속적 지혜를 성취하는 기술의 한 분야로 주식 선택"에 대해 이야기하겠다고 했다. 그후 한 시간 반 동안 멍거는 학생들에게 시장, 금융, 경제를 각각의 개별적인 주제로 생각하는 것이 아니라 물리학, 생물학, 사회학, 수학,

철학, 심리학을 포함한 더 넓은 연구 집합의 구성 요소로 간주하도록 권했다.

이 접근법은 찰리 멍거가 존경하는 인물 중 한 명의 사고방식과 정확히 일치했다. 1749년, 벤저민 프랭클린은 자신을 "인쇄업자 B. 프랭클린"으로 소개하며 〈펜실베이니아 청소년 교육과 연관된 제언 Proposals Relating to the Education of Youth in Pensilvania〉이라는 제목의 소책자를 출간했다. 이 소책자에서 그는 고등교육의 기본적인 목적에 대해 자신의 견해를 제시하고, 이러한 아이디어를 기반으로 학교를 설립하자고 제안했다. 당시로서는 파격적이고 급진적인 생각이었다. 당시 고등교육 기관들은 젊은 남성들을 목회자로 양성하는 데 초점이 맞춰져 있었지만, 프랭클린의 비전은 훨씬 더 넓었다. 그는 젊은이들이 비즈니스와 정부에서 리더십을 발휘할 수 있도록 교육하는 것이 중요하며, 이를 위해서는 여러 학문 분야를 접해야 한다고 믿었다. 또한 이러한 교육이 당시 대부분의 대학 캠퍼스를 지배하던 상류층만이 아니라 노동계급의 학생들에게도 제공되어야 한다고 확신했다. 프랭클린은 자신의 비전을 실현하기 위해 필라델피아를 이끄는 시민의 지지를 얻었고, 1751년 펜실베이니아 주립 아카데미와 자선 학교(현재 펜실베이니아대학교)의 문을 열었다.

프랭클린의 아이디어가 획기적이라는 말은 절대 과장이 아니다. 펜실베이니아대학교 예술 및 과학 대학의 전 학장이었던 리처드 비먼Richard Beeman 박사는 벤저민 프랭클린을 "교양교육의 창시자"라고 말한다. 프랭클린은 학생들이 읽기, 쓰기, 산수, 체육, 웅변의 기본 기술을 익힌 후에는, 더 방대한 지식 체계들 사이의 연결을 발견하는 데 주의를 기울여야 한다고 믿었다. 비먼 박사는 이를 프랭클린이 "특정 사고 습관"을 배양한 것이라고 설명한다.

벤저민 프랭클린의 사고 습관에서 찰리 멍거의 세속적 지혜를 성취하려는 초점까지 연결된 흐름을 볼 수 있다. 멍거에 따르면, 세속적 지혜를 얻기 위해 모든 학문 분야의 전문가가 될 필요는 없다. 우리가 필요한 것은 각 학문에서 주요한 "정신적 모델"에 대한 기본적인 이해일 뿐이다. 그렇게 하면 투자에 필요한 "교양교육"을 효과적으로 갖출 수 있고, 멍거가 '롤라팔루자 효과 Lollapalooza effect'*라고 말한 현상을 누리게 된다.

그렇다면 투자에서의 교양교육이란 정확히 무엇을 의미할까?[57]

◆ **세속적 지혜의 기초**

물리학에서 우리는 아이작 뉴턴 Isaac Newton을 공부하게 된다. 뉴턴은 《수학 원리 Principia Mathematica》에서 운동의 세 가지 법칙을 제시했는데, 그 중 세 번째 법칙인 "모든 작용에는 크기가 같고 방향이 반대인 반작용이 있다"는 경제학의 기본 원리, 특히 수요와 공급 원리와 상관관계가 있다. 수요와 공급이 균형을 이루면 경제는 "평형 상태"에 있다고 말할 수 있다. 그러나 생산이나 소비의 우연한 사건으로 인해 이 평형이 깨지면, 경제는 그와 같은 크기의 반대 힘으로 반응해 균형을 회

---

* 찰리 멍거가 자주 강조한 개념으로, 여러 가지 심리적·경제적 요인이 동시에 작용하면서 그 영향력이 단일 요인의 힘보다 훨씬 커지는 현상.

복한다. "불균형"은 오래 지속될 수 없다. 뉴턴을 공부하면 이러한 불변의 진리를 체득할 수 있다.

하지만 경제와 주식시장을 물리학적 관점으로 보지 않는 사람도 많다. 어쩌면 자연스럽게 생물학에 끌릴 수도 있다. 이 경우 찰리 멍거는 찰스 다윈Charles Darwin을 읽어보라고 추천할 것이다. 다윈은 우리에게 생명체가 학습하고, 진화하며, 적응하고, 예상치 못하게 변할 수 있다는 것을 가르쳐주었다. 주식시장이 살아 숨 쉬는 시스템이라는 사실은 의심의 여지가 없다. 하지만 원자물리학 시스템과는 정반대다. 물리학 시스템은 예측 가능성이 매우 높으며, 동일한 작용을 수천 번 반복할 수 있다. 그래서 대개 완벽한 평형 상태로 작동한다. 반면, 생물학적 시스템은 비평형적 특성을 보여준다. 작은 효과가 큰 결과를 초래하거나, 반대로 큰 효과가 작은 결과로 이어지는 것은 비평형적인 특성의 전형이다. 물리학에서는 "음(부정)의 피드백"이 시스템을 예측 가능한 방식으로 되돌린다. 하지만 생물학에서는 "양(긍정)의 피드백"이 시스템을 새롭고 예상치 못한 방향으로 밀어낼 수 있다. 이는 주식시장과 유사하다.

사회학을 연구하면 또 다른 정신적 모델을 얻을 수 있다. 가장 최적화되고 효율적인 사회 체제는 "다양성"이 높다. 이를 흔히 "집단 지성 효과wisdom of the crowd's effect"라고 부른다. 하지만 다양성이 붕괴되고, 구성원들이 하나의 사고방식을 공유하게 되면 시스템은 불안정해져 호황과 불황으로 이어진다. 이는 주식시장도 마찬가지다.

수학에서는 블레즈 파스칼Blaise Pascal과 피에르 드 페르마Pierre de Fermat가 공식화한 "확률 이론probability theory"을 배운다. 여기서 18세기 장로교 목사인 토머스 베이즈Thomas Bayes가 제시한 "베이즈 정리

Bayes' theorem"를 주목해야 한다. 이 정리는 우리의 초기 믿음을 업데이트하고 관련 확률을 변경하는 수학적 절차를 제공한다. 파스칼, 페르마, 베이즈를 종합하면 기업의 미래 잉여현금흐름을 적절히 추정할 수 있는 틀이 마련되며, 이를 통해 투자 자산의 "내재가치"를 계산할 수 있다. 여기에 확률 이론을 더하면 포트폴리오 내 보통주의 비중을 최적화하는 데에도 도움을 준다.

철학에서는 근대 철학자인 르네 데카르트René Descartes, 프란시스 베이컨Francis Bacon, 임마누엘 칸트Immanuel Kant, 데이비드 흄David Hume을 공부해야 한다. (이번 장의 후반부에서 다시 만나게 될 것이다.) 투자자라면 또한 오스트리아 출신으로 논리학, 수학, 언어철학을 연구했던 루트비히 비트겐슈타인Ludwig Wittgenstein의 저작도 읽어야 한다. 비트겐슈타인에 따르면 우리가 어떤 사건의 "의미"를 말할 때, 결국 우리가 선택한 단어들이 그 사건을 어떻게 설명하는지 결정한다. 그리고 우리가 어떤 결과를 제대로 설명하지 못하는 경우, 이는 적절한 단어를 사용해 정확하게 서술하지 못했기 때문일 가능성이 크다.

철학을 공부하면서 랠프 월도 에머슨과 윌리엄 제임스William James를 빼놓을 수는 없다. 이 장의 앞부분에서 이미 에머슨을 언급했으며, 하워드 버핏에게 영향을 미쳤고, 하워드가 에머슨의 글을 아들인 워런 버핏에게 전해줬다는 이야기를 다룬 바 있다. 투자자라면 "미국의 독특한 철학인 실용주의"의 창시자 중 한 사람으로 여겨지는 윌리엄 제임스를 연구해야 한다. 실용주의적 사고방식 덕분에 워런 버핏은 그레이엄의 "자산 중심 평가 기법asset-centric valuation techniques"에서 벗어나 찰리 멍거가 강조한 더 나은 기업의 미래 잉여현금흐름 예측 방식으로 전환할 수 있었다.

더불어 심리학에 대한 깊은 탐구 없이는 투자에서 교양교육을 완성할 수 없다. 심리학을 연구하는 일은 즉시 실패 연구, 즉 멍거가 정의한 두 번째 지적 영역으로 이어진다. 찰리 멍거의 생각에 따르면, 무엇이 성공하는지 연구하는 것도 중요하지만, 무엇이 실패하는지 연구하는 것은 절대적으로 필수적이다. 실패의 근본 원인을 파악하는 일은 심리학에서 시작된다. 거의 예외 없이 우리의 실패와 실수는 심리적 오류에 뿌리를 둔 사고의 오류에서 비롯된다.

찰리 멍거는 오래전부터 표준적인 사고의 오류에 관심이 있었다고 말했다. 대학생일 때부터 의사 결정 심리학에 대해 이해하기를 바랐으나, 당시 정규 교육과정에서 도움을 얻지는 못했다. 그래서 1948년에 법학 학위를 받은 직후 멍거는 "내 생각 중 가장 비효율적인 부분을 제거하기 위한 긴 여정"[58]을 시작했다.

1948년을 주목해야 한다. 찰리 멍거가 의사 결정 심리학을 공부하기 시작한 시기는 심리학과 투자 사이의 연관성에 대한 연구가 거의 없던 시기였다. 오늘날 "행동재무학 behavioral finance"으로 널리 알려진 분야는 1950년대, 1960년대, 1970년대에도 학문적으로 존재하지 않았다. 첫 번째 본격적인 연구인 대니얼 카너먼 Daniel Kahneman과 에이모스 트버스키 Amos Tversky의 《불확실성 속의 판단: 휴리스틱과 편향 Judgment Under Uncertainty: Heuristics and Biases》이 1982년에 출간되었지만, 이후에도 학계 깊숙이 묻혀 있었다. 그로부터 2년 뒤, 로버트 치알디니 Robert Cialdini는 멍거가 좋아하는 책 중 하나인 《설득의 심리학》을 출간한다.

40년이 지난 지금도 투자자들은 여전히 인지적 오류를 이해하려고 고군분투하고 있다. 찰리 멍거는 무려 75년 전에 이미 그 여정을 시작하며 세상이 문제를 정의하기도 전에 "인지적 실패cognitive failures"를 피하는 자신만의 로드맵을 그렸다.

찰리 멍거가 자신의 "심리적 무지를 제거하기 위한 투쟁"을 통제하고, 의사결정을 개선하기 위해 자신만의 로드맵을 구축했다는 점은 놀랄 일이 아니다. 1994년 마셜 경영대학원에서의 강연 직후, 멍거는 케임브리지 행동연구센터에서 두 번 연속으로 강의했다. 첫 번째는 1994년 가을, 두 번째는 1995년 봄에 이루어졌다. "인간의 오판 심리The Psychology of Human Misjudgment"라는 제목 아래, 멍거는 "심리적 오류 경향과 그에 대한 해결책"[59]을 정리한 목록을 제시했다. 이 목록에는 25가지 경향이 포함되어 있으며, 그중에는 "보상과 처벌, 과민반응 경향 reward and punishment/super-response tendency", "롤라팔루자 경향, 특정 결과에 유리한 심리적 경향이 결합되어 극단적인 결과를 초래하는 현상" 등이 있었다. 각 경향에 대해 멍거는 상세한 설명을 제공한 뒤, 미래의 실수를 방지할 수 있는 해법을 제시했다. 이 25가지 경향과 해결책은 모두 《가난한 찰리의 연감》에서 확인할 수 있다.

다음은 한 가지 예시다. 15번의 경향은 "사회적 증거 경향social-proof tendency"이라고 불린다. 이는 주변 사람들의 신념과 행동을 깊이 생각하지 않고 그대로 받아들이는 매우 흔하고 인간적인 경향을 묘사한다. 이는 본질적으로 "자기 확신"에 관한 것이다. 찰리 멍거는 이렇게 경고했다. "사람은 주변에서 생각하고 행하는 것을 무의식적으로 따라 하며 자신의 행동을 지나치게 단순화하는 경우가 많다." 이 경향으로 인해 투자자들은 다른 사람들의 행동에 의해 잘못된 행동으로 끌려 들어갈 위험이 있다. 또는 행동이 꼭 필요한 순간에 행동하지 않고 안일하게 머무르게 될 수도 있으며, 이는 마찬가지로 위험한 상황으로 이어질 수 있다. 멍거가 제시한 해결책은 간단하다. "다른 사람들의 행동이 잘못되었을 때 그것을 무시하는 방법을 배워라. 이보다 더 가치 있는 기술은 거의 없다."[60]

찰리 멍거가 "인간의 오판 심리"에서 심리적 경향을 정의할 때, 단순히 한두 가지를 나열한 게 아니라 무려 25가지를 상세히 설명했다는 점에 주목해야 한다. 그리고 각각에 대한 해결책을 제시하면서, 투자자들이 끊임없이 자신의 판단을 재평가해야 한다고 강조했다. 그는 이렇게 질문했다. "이 목록에 정리된 심리적 경향이 현실 세계에서 어떤 의미가 있는가?" 그리고 스스로 답변했다. "제대로 활용하면, 이 심리적 사고 체계는 지혜와 올바른 행동을 확산시키고 재앙을 피하는 데 도움이 된다."[61] 이 한 문장 안에 멍거의 핵심 메시지가 함축되어 있다. 즉, 세상을 넓게 이해하는 지혜를 기르고, 실패를 피하는 법을 배우며, 지적이고 올바르게 행동하라는 것이다. 멍거는 마지막 요소를 "올바른 행동"이라고 불렀으며, 이는 그의 세 번째 핵심 개념인 "이성적 사고"로 자연스럽게 이어진다.

이성적 사고 워런 버핏의 전기 작가인 로저 로웬스타인은 버핏에 대해 이렇게 말했다. "그의 천재성은 주로 인격에서 비롯되었으며, 인내, 절제, 그리고 이성적 사고에서 드러난다"[62] 라고 말했다. 이 말은 찰리 멍거에게도 그대로 적용된다. 멍거는 이렇게 말했다. "버크셔는 이성의 성전과도 같다."⁶³ 하지만 찰리 멍거에게 이성적 사고란 단순한 개념이 아니라, 모든 것을 이끄는 도덕적 나침반이었다. 멍거에게 이성적 사고란 인간이 추구할 수 있는 가장 고귀한 목표였으며, 이는 멍거의 사고 체계를 형성하는 데 있어 가장 중요한 요소였다. 따라서 우리는 멍거가 말하는 '이성적 사고'가 무엇을 의미하는지 더욱 깊이 탐구할 필요가 있다.

"이성주의"는 세월이 흐르면서 그 의미가 다소 모호해진 개념 중 하나다. 철학에서 순수한 의미의 이성주의는 우리가 지식을 얻는 방식에 대한 이론을 가리킨다. 이 이론에 따르면(여기서 간략하게 설명하자면), 이성주의자는 사고하고 분석함으로써, 즉 "연역적 추론 deductive reasoning"과 인간의 사고력을 활용해 지식을 얻는다는 뜻이다. 이를 "선험적 지식 a priori knowledge"이라고 부른다. 이에 반대되는 개념은 "경험주의"로 우리가 지식을 얻는 유일한 방법은 감각 경험을 통한 직접적인 경험뿐이라고 주장한다. 즉, 후험적 지식을 강조하며, 경험주의자들은 직접 보고, 듣고, 맛보고 하는 등 감각적으로 확인할 수 없으면, 그것을 진실이 아니라고 여긴다. 물론 실제 삶에서 사람들은 상황에 따라 두 가지 접근 방식을 모두 활용한다. 이는 양자택일의 문제가 아니라, 서로 보완적으로 작용하는 개념이다.

하지만 일상적인 대화에서 우리는 이성적이라는 단어를 훨씬 두루뭉술하게 사용한다. 누군가 "너는 지금 이성적이지 않아"라고 말할 때, 이는 보통 논리적이지 않다거나, 분별력이 없거나, 올바르게 생각하지 않는다는 의미로 사용되는 경우가 많다.

워런 버핏과 찰리 멍거는 모두 이성적 사고의 개념을 강조한다. 곧 살펴보겠지만, 그들은 다른 사고 모델보다 이 개념을 더 중시하는 경향이 있다. 따라서 그들이 이성적 사고의 중요성에 대해 이야기할 때는 귀를 기울여야 한다. 그러나 우리가 그들이 정확히 어떤 의미로 이성적 사고를 말하는지 이해할 수 있을까? 그들은 "이성적"이라는 단어를 단순히 논리적이고 분별 있는 사고를 의미하는 일상적인 의미로 사용하고 있을까? 아니면 철학적 전통에서 논의되어 온 두 학파 간의 고전적인 논쟁을 염두에 두고 있는 것일까?

나는 이 두 가지 관점이 결합된 형태라고 본다. 워런 버핏과 찰리 멍거는 수십 년간 중요한 개념에 관해 읽고 사유하며, 다양한 원천에서 지식을 흡수해 자신들만의 진리 체계를 만들어왔다. 그들이 형성한 독창적인 버크셔식 이성적 사고가 어떤 철학적 흐름에서 비롯되었는지를 탐구하는 것은 의미 있는 작업이 될 것이다.

프랜시스 베이컨Francis Bacon과 르네 데카르트라는 근대 철학의 두 중요한 인물은 이러한 상반된 관점을 잘 보여준다. 두 사람은 16세기 후반부터 17세기 중반까지 활동한 동시대 인물로, 둘 다 중세 대학에서 가르치던 철학을 거부했지만, 그 이후 어떤 방향으로 나아가야 하는지에 대해서는 의견이 달랐다. 경험주의자였던 베이컨은 모든 지식이 실제 경험에서 비롯되거나 이를 통해 검증될 수 있어야 한다고 주장했다. 그는 목수, 농부, 선원, 망원경과 현미경을 사용하는 과학자들이 실용적인 지식을 습득하는 과정을 중시했다. 그들에게 중요한 것은 사물이 실제로 어떤지에 대한 탐구였지, 사물이 어떨 것이라고 상상하는 것이 아니었다. 반면, 이성주의자였던 데카르트는 진정한 지식이 오직 이성을 통해서만 얻을 수 있으며, 자명한 진리의 '제1 원리'를 추론함으로써 도달할 수 있다고 보았다. 이처럼 경험주의와 이성주의 사이의 긴장은 실제로 존재했으며, 삶의 도전에 맞설 개인적인 철학을 정립하려는 사람들에게는 명확한 길잡이가 되지 못했다.

한 세기 뒤, 계몽주의 시대에 새로운 주장이 나타났다. 역사상 가장 위대한 철학자 중 한 사람인 임마누엘 칸트는 이성주의와 경험주의의 대립을 통합하는 철학적 전환을 이끌었다. 1755년부터 약 40년 동안, 칸트는 당시 프로이센에 속했던 쾨니히스베르크대학교에서 강의했다. 이곳은 그가 학생 시절을 보낸 곳이기도 하다. 그의 강의는 물리학, 천문학, 수학, 지리학, 인류학, 심리학 등 놀랍도록 폭넓은 주제를 다루었는데, 이는 "세상을 넓게 이해하는 지혜"의 완벽한 사례라 할 수 있다.

그러나 흄은 이러한 철학적 논쟁 자체에 크게 관심이 없었다. 그가 더 중요하게 여긴 것은 "인간의 정신이 어떻게 작동하는가?"였다. 흄의 대표적인 철학서는 1739년에 출간된 《인간 본성에 관한 논고A Treatise of Human Nature》다. 이후 그는 이 책을 다시 정리해 《인간 이해에 관한 연구An Enquiry Concerning Human Understanding》(1748년)와 《도덕 원칙에 관한 연구An Enquiry Concerning the Principles of Morals》(1751년) 두 권으로 나누었다. 《인간 이해에 관한 연구》에서 흄은 우리가 사고하는 방식에 대해 다음과 같은 주장을 펼친다. 인간은 "아이디어를 연결하는 정신적 습관"을 형성한다. 즉 어떤 개념 X를 떠올릴 때 우리의 정신은 자동적으로 Y로 이어지고, 그 결과 이 두 개념이 필연적으로 연결되어 있다고 가정하게 된다는 것이다.

흄이 제시한 정신이 작동하는 방식에 대한 개념은 칸트가 이성주의와 경험주의를 통합하는 메타이론을 개발하는 데 결정적인 통찰을 제공했다. 칸트는 이후 "칸트주의Kantianism"라고 불리게 된 새로운 관점을 제시했다. 그의 이론에 따르면, 이성주의자도 옳고 경험주의자도 옳지만, 동시에 둘 다 틀리기도 하다. 영국의 철학자이자 철학사학자인 A. C. 그레일링A. C. Grayling은 이를 다음과 같이 정리한다. "경험주의자들은 감각 경험 없이는 지식이 존재할 수 없다고 주장하는 점에서 옳다. 하지만 인간의 정신이 백지상태에서 시작한다고 보는 점에서 틀렸다. 이성주의자들은 정신이 선험적 개념을 가지고 있다는 점에서 옳지만, 이 개념만으로 세상을 이해할 수 있다고 보는 점에서 틀렸다."[64]

이성적 투자 이제 이 두 가지 이론을 투자에 적용해 보자. 벤저민 그레이엄은 이성주의자로 볼 수 있으며, 그의 접근 방식은 르네 데카르트의 철학과 유사하다. 그레이엄의 지식은 연속적인 사고 과정을 통해 구축되었으며, 각각의 단계는 논리적으로 연결되고 철저히 검토된다. 그의 투자 접근법은 수학적이며, "자명한 진리"에 의존한다. 예를 들어, 그가 기업 가치를 평가하는 방식은 '선험적 추론'에 기반하며, 실제로 회사를 운영한 경험이 아니라 논리적 계산을 바탕으로 한다. 따라서 그레이엄은 낮은 주가수익비율과 장부 가치 비율을 가진 저평가 주식을 선호했다. 이러한 데이터는 직접적인 경험이 아니라, 연구와 분석을 통해 얻을 수 있는 정보였기 때문이다.

반면 찰리 멍거는 프랜시스 베이컨의 철학적 입장을 따랐다. 멍거에게 진리란 관찰할 수 있는 사실과 개인적인 경험에서 비롯되며, 이는 지식을 쌓는 근거가 된다. 1962년 투자 파트너십을 시작했을 때 멍거는 그레이엄의 가르침을 알고 있었지만, 완전히 믿지는 않았다. 멍거는 단순히 저평가된 주식을 찾는 것이 아니라 장기적으로 좋은 기업을 식별하는 데 집중했다.

워런 버핏의 투자 철학을 연구해 보면 임마누엘 칸트의 사상이 반영된 것을 확인할 수 있다. 한편으로 버핏은 이성주의자다. 그는 기업의 내재가치보다 낮은 가격일 때만 주식을 사고, 이를 통해 "안전마진"을 확보하는 그레이엄의 방법론에 충실하다. 그러나 동시에 그는 기업을 소유한 경험에서 배운 교훈을 따르는 경험주의적 요소도 중시한다. 실제로 사업체를 직접 소유하며 얻은 실질적 경험은 버핏의 투자 이해도를 크게 향상시켰다. 찰리 멍거가 워런 버핏을 위해 구축한 철학적 가교를 이해하려면, 버핏의 다음 말에 주목할 필요가 있다. "나는 사업가이기 때문에 더 나은 투자자가 되었고, 투자자이기 때문에 더 나은 사업가가 되었다."[65] 이는 데이비드 흄의 사고 과정과도 연결된다. 흄의 이론에 다르면, 버핏은 주식(X)을 볼 때 자동으로 기업(Y)을 떠올리며, 기업(Y)을 분석할 때, 주식(X)을 생각하게 된다.

어느 날 저녁 식사 자리에서 누군가 찰리 멍거에게 성공 비결을 묻자, 그는 이렇게 답했다. "나는 이성적이다. 그게 답이다. 나는 이성적이다."[66] 그리고 그는 덧붙였다. "자신이 이성적이라고 말하는 사람은 세상이 어떻게 돌아가는지, 무엇이 작동하고 무엇이 작동하지 않는지, 그리고 그 이유까지 알아야 한다."[67] 이것은 그에게 단순한 생각이 아니었다. 그에게 이성적 사고는 삶의 근본적인 원칙이었다. 그는 자주 이렇게 말했다. "가능한 한 이성적으로 사고하려고 노력하는 것은 도덕적인 의무다."[68]

좋은 소식은 이성적 사고가 학습할 수 있다는 것이다. 찰리 멍거는 이렇게 말했다.[69] "이성적 사고 능력의 향상은 단순히 선택하거나 선택하지 않는 것이 아니다. 이성적으로 변하는 것은 오랜 시간이 걸리는 과정이다. 그것은 다양한 결과와 함께 천천히 얻는 것이다. 하지만 이보다 더 중요한 것은 없다."[70]

찰리 멍거는 워런 버핏의 곁에서 그의 아버지 하워드 버핏이나 버핏의 스승인 벤저민 그레이엄보다 더 오랜 시간을 함께했다. 버핏과 멍거는 1959년에 처음 만나 즉시 친구가 되었다. 1962년 찰리 멍거가 투자 파트너십을 시작했을 때 두 사람은 투자 동료가 되었고, 1978년 멍거가 버크셔 해서웨이의 부회장이 되면서 두 사람은 거의 50년 동안 사업 파트너십을 확고히 했다. 수년 동안 두 사람은 65년간의 우정, 62년간의 투자에 대한 열정, 그리고 45년간의 선장과 부선장이라는 관계를 나누며 버크셔 해서웨이를 세계에서 가장 크고 존경받는 기업 중 하나로 이끌었다. 결국 두 사람은 인생의 절반 이상을 함께했다.

멍거와 버핏은 업무 관계상 정식 파트너십을 체결하지는 않았지만, 세월이 흐르며 더욱 긴밀하고 상호 의존적인 관계로 발전했다. 멍거가 버크셔의 이사진으로 합류하기 전에도 이미 두 사람은 많은 투자 결정을 함께 내렸으며 매일 의견을 교환했다. 점차 그들의 사업은 더 깊이 얽히게 되었다.

찰리 멍거는 모든 면에서 버핏이 인정한 "공동 운영 파트너"이자 또 다른 자아였다. 두 사람의 긴밀한 협력 관계를 이해하려면 버핏이 "찰리와 나는"이라고 말한 횟수를 세어보면 된다. 그는 "찰리와 나는 이것을 했다", "찰리와 나는 저것을 결정했다", "찰리와 나는 이것을 믿는다", "찰리와 나는 저것을 조사했다", "찰리와 나는 이렇게 생각한다" 등 마치 "찰리와 나"라는 이름의 한 사람처럼 말하곤 했다.

CHAPTER 3.
기업 중심 투자

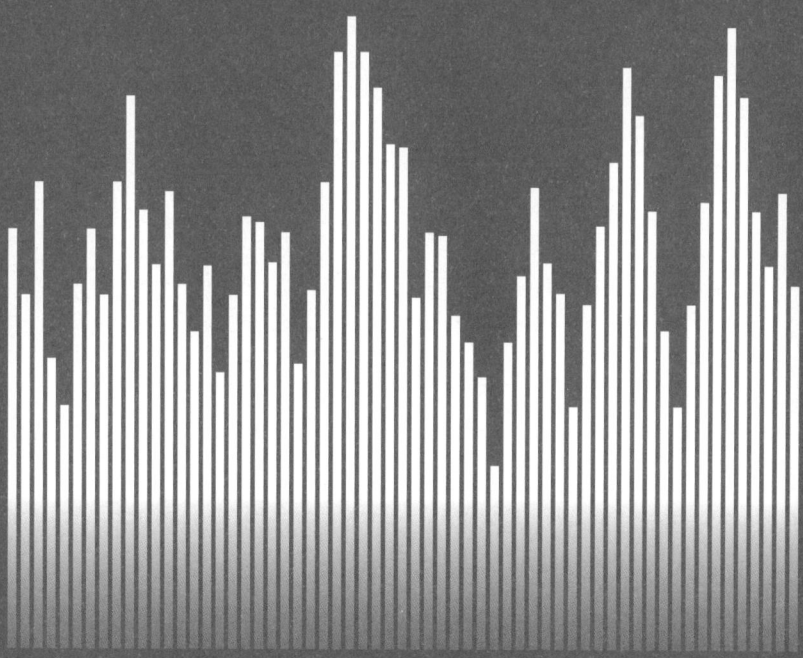

THE WARREN BUFFETT WAY

"투자는 가장 사업적일 때, 가장 지적이다(Investment is most intelligent when it is most businesslike)."[1]

이 문장은 벤저민 그레이엄의 기념비적인 책, 《현명한 투자자》의 핵심이다.

"이는 투자에 대해 쓴 가장 중요한 아홉 단어다."[2]

이는 그레이엄의 가장 유명한 제자인 워런 버핏의 말이다.

세계 최고의 투자자가 그레이엄의 이 말이 투자에 관한 가장 중요한 문장임을 강조할 때, 우리는 이 말을 정확히 이해하기 위해 집중하고 세심하게 주의를 기울여야 한다. 비록 오늘날 우리는 그레이엄이 기업 가치를 평가했던 방법을 넘어섰지만, 버핏은 주식을 하나의 사업으로 보는 방법에 대한 그의 조언이 여전히 영속적이고 매우 귀중하다고 설명한다.

1917년으로 거슬러 올라가 〈월스트리트 매거진〉에 첫 글을 기고할 때부터, 그레이엄은 투자를 바라보는 더 나은 방식이 존재한다고 굳게 믿었다. 그것은 다른 투자자가 자신의 주식으로 무엇을 할지 예측하는 것이 아니라고 확신했다. 그레이엄의 핵심은 투자 세계에서 사업가의 사고방식이 투기꾼의 것보다 훨씬 우월하다는 점을 이해하는 것이다. 그럼에도 그는 "많은 유능한 기업가들이 자신들의 사업에서 성공을 이끌어낸 건전한 원칙을 완전히 무시한 채 투자하려는 모습을 보는 것이 실망스럽다"[3]라고 말했다.

그레이엄은 한 기업의 보통주를 구매한 사람이 "이중 지위double status"를 획득했다고 믿었으며, 어떤 행동을 취할지 선택할 수 있는 권리가 있다고 보았다. 그들은 자신을 "기업의 소수 주주"로 간주할 수도 있다. 이 경우 그들의 재산은 기업의 이익이나 자산 가치 변화에 따라 결정된다. 반면, 자신이 단순히 '한 장의 종이, 즉 주식 증서를 보유한 사람'이라고 여길 수도 있다. 이 경우 주식시장이 열려 있는 동안 매 순간 변동하는 가격에 따라 주식을 몇 분 안에 사고팔 수 있지만,[4] 그 가격은 종종 대차대조표상의 가치와 동떨어질 수 있다. 즉, 투자자는 "기업의 주인"이 될 것인지, 아니면 "주식 투기꾼"이 될 것인지 선택해야 한다.

워런 버핏에 따르면, 기업을 통째로 매입하는 것과 그 기업의 보통주를 사는 건 기본적으로 차이가 없다. 이 두 가지 옵션 중 버핏은 언제나 기업을 직접 소유하는 걸 선호해 왔다. 그 이유는 자본 배분이라는 기업 운영에서 가장 중요한 의사결정에 직접 영향을 미칠 수 있기 때문이다. 반면 보통주를 매수하는 방식에는 한 가지 큰 단점이 있다. 기업을 통제할 수 없다는 점이다. 하지만 버핏은 이에 대해 두 가지 뚜렷한 장점이 이를 상쇄한다고 설명한다. 통제권이 없는 기업을 선택할 수 있는 범위, 즉 주식시장이 훨씬 더 광범위하다. "가끔 주식시장은 우리가 탁월한 기업의 지분을 터무니없이 낮은 가격에 매수할 기회를 제공한다. 이는 기업 통제권을 확보하기 위해 개별적으로 협상해야 하는 거래보다 훨씬 유리한 조건일 수 있다."[5] 결국 버핏이 기업을 직접 인수하든, 주식시장에서 일부 지분을 매수하든 그의 전략은 언제나 같다. 그는 자신이 이해할 수 있는 기업, 장기적으로 유리한 전망을 가진 기업, 정직하고 유능한 사람들에 의해 운영되는 기업, 그리고 중요한 것은 매력적인 가격에 제공되는 기업을 찾는다.

대다수 투자자는 주식시장을 분석하고 경제를 예측하는 데 너무 많은 시간을 소모하며, 이후 광범위하고 연관성이 없는 포트폴리오를 조합한 다음, 시장을 앞서기 위해 헛된 시도로 주식을 계속해서 사고판다. 버핏은 이를 전혀 고려하지 않는다. 그는 "투자할 때, 우리는 시장 분석가나 거시경제 분석가나 증권 분석가가 아니라, 기업 분석가로서 봐야 한다"[6]라고 말했다. 이는 버핏이 무엇보다 기업가의 관점에서 접근한다는 걸 의미한다. 그는 기업을 전체적으로 보고, 사업의 모든 정량적 및 정성적 측면, 경영진, 재정 상태, 그리고 매입 가격을 면밀히 검토한다.

1966년까지 거슬러 올라가는 버크셔 해서웨이의 연례 보고서를 검토해 보면, 워런 버핏의 의사결정을 이끌어온 기본 원칙들을 발견할 수 있다. 이 원칙들을 추려 자세히 살펴보면, 자연스럽게 네 가지 범주로 분류할 수 있다.

- 비즈니스 원칙: 기업이 가져야 할 세 가지 핵심 특성
- 경영진 원칙: 경영진이 반드시 갖춰야 할 세 가지 중요한 자질
- 재무 원칙: 기업이 유지해야 할 네 가지 핵심 재무 지표

• 가치 원칙: 매입 시 따라야 할 두 가지 중요한 지침

다음 12가지 원칙은 버핏이 기업 전체를 매입하거나 시장에서 주식을 매수할 때 항상 염두에 두는 불변의 원칙이다.

워런 버핏의 투자 원칙

비즈니스 원칙
1. 단순하고 이해하기 쉬운 사업에 투자하라.
2. 일관된 운영 역사가 있는 기업에 투자하라.
3. 장기적으로 전망이 유리한 사업에 투자하라.

경영진 원칙
4. 경영진이 합리적인 기업에 투자하라.
5. 경영진이 주주들에게 솔직한 기업에 투자하라.
6. 경영진이 제도적 관성에 저항하는지 확인하라.

재무 원칙
7. 주당 순이익이 아닌 자기자본수익률에 집중하라.
8. "오너 어닝"을 계산하라.
9. 이익 마진이 높은 기업을 찾아라.
10. 회사가 1달러의 이익을 유보했다면, 최소한 1달러 이상의 시장 가치를 창출했는지 확인하라.

가치 원칙
11. 기업의 가치를 평가하라.
12. 안전마진을 확보한 상태로 기업을 매입할 수 있는가?

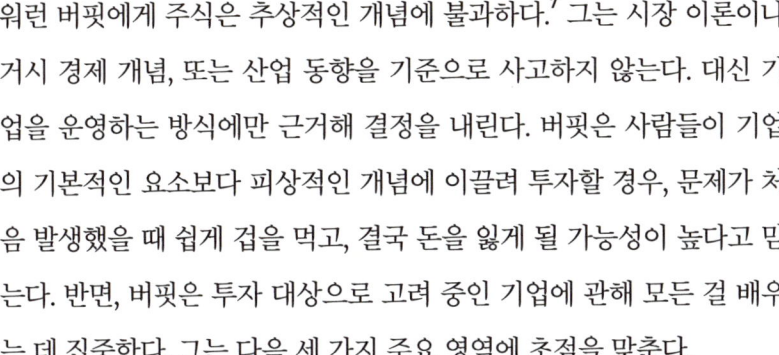

워런 버핏에게 주식은 추상적인 개념에 불과하다.[7] 그는 시장 이론이나 거시 경제 개념, 또는 산업 동향을 기준으로 사고하지 않는다. 대신 기업을 운영하는 방식에만 근거해 결정을 내린다. 버핏은 사람들이 기업의 기본적인 요소보다 피상적인 개념에 이끌려 투자할 경우, 문제가 처음 발생했을 때 쉽게 겁을 먹고, 결국 돈을 잃게 될 가능성이 높다고 믿는다. 반면, 버핏은 투자 대상으로 고려 중인 기업에 관해 모든 걸 배우는 데 집중한다. 그는 다음 세 가지 주요 영역에 초점을 맞춘다.

- 사업은 단순하고 이해하기 쉬워야 한다.
- 기업은 일관된 운영 역사가 있어야 한다.
- 사업은 유리한 장기적 전망을 가져야 한다.

◆ 단순하고 이해하기 쉬운 사업

버핏은 투자자의 재무적 성공이 자신이 투자하는 사업을 얼마나 잘 이해하느냐와 깊이 연관되어 있다고 본다. 이는 사업 중심 투자자와 주식을 계속 사고파는 단기 투자자를 구분 짓는 중요한 특징이다.

수년에 걸쳐 버핏은 다양한 산업에서 많은 기업들을 소유해 왔다. 일부 기업은 완전히 통제했고, 다른 기업은 소액주주로 참여했다. 하지만 그는 이 모든 사업의 운영 방식을 매우 잘 알고 있다. 그는 각 사업의 매출, 비용, 현금흐름, 가격 책정 유연성, 자본 배분의 필요성을 충분히 이해했다. 버핏이 버크셔 해서웨이의 모든 사업과 주식 보유 현황에 대해 높은 수준의 지식을 유지할 수 있는 이유는 자신의 재무적·지적 이해 범위 안에 있는 기업들로 선택을 제한하기 때문이다. 그의 논리는 매우 설득력 있다. 자신이 완전히 이해하지 못하는 산업에 속한 기업을 소유하고 있다면, 그 사업의 변화와 발전을 정확히 해석하거나 현명한 결정을 내릴 수 없다는 것이다.

투자 성공은 얼마나 많이 알고 있느냐가 아니라, 자신이 모르는 걸 얼마나 현실적으로 정의하느냐에 달려 있다. 버핏은 이렇게 조언한다. "자신의 능력 범위 안에서 투자해야 한다. 중요한 것은 그 범위가 얼마나 크냐가 아니라, 그 경계를 얼마나 명확히 정의하느냐이다."[8]

◆ **일관된 운영 역사**

워런 버핏은 복잡한 사업뿐만 아니라 어려운 문제를 해결하려 하거나 이전 계획이 실패해 방향을 근본적으로 바꾸는 기업도 피한다. 그의 경험에 따르면, 최고의 수익은 몇 년 동안 동일한 제품과 서비스를 제공해 온 기업에서 나온다. 큰 사업 변화를 겪는 것은 큰 실수를 저지를 가능성을 높이기 때문이다.

버핏은 "심각한 변화와 예외적인 수익은 보통 함께하지 않는다"고 봤다.[9] 하지만 대부분의 사람들은 그 반대가 사실인 것처럼 투자하는 경향이 있다. 투자자들은 빠르게 변화하는 산업이나 기업 재편이 진행 중인 회사에 끌리는 경우가 많다. 버핏은 투자자들이 설명하기 어려운 이유로 내일의 가능성에 지나치게 집착한 나머지 오늘날의 사업 현실을 무시한다고 말한다.

버핏은 특정 시점에 인기를 얻는 주식에는 거의 관심을 두지 않는다. 그는 오히려 장기적으로 성공하고 수익을 낼 것이라 믿는 기업에 투자하는 데 훨씬 관심이 많다. 물론 미래 성공을 예측하기란 쉬운 일이 아니지만, 꾸준한 실적은 비교적 신뢰할 수 있는 성과 지표로 여겨진다. 한 기업이 동일한 제품이나 서비스로 해마다 일관된 결과를 보여준다면, 그러한 결과가 지속될 것이라고 합리적으로 가정할 수 있다.

또 버핏은 어려운 문제를 해결하려는 사업을 피하는 경향이 있다. 그의 경험상 반전은 거의 일어나지 않았다. 어려운 사업을 더 저렴하게 찾는 것보다 좋은 사업을 합리적인 가격에 찾는 것이 더 수익성이 높을 수 있다. 한 번은 이렇게 말했다. "찰리와 나는 어려운 사업 문제를 해결하는 방법을 배우지 못했다. 대신 우리는 그것들을 피하는 법을 배웠다. 우리가 어느 정도 성공했다면, 그것은 우리가 넘을 수 있는 낮은 장애물을 찾는 데 집중했기 때문이지, 높은 장애물을 넘는 능력이 있었기 때문이 아니다."[10]

◆ 장기적으로 유리한 전망

버핏은 경제 세계를 두 가지로 나누는데, 하나는 프랜차이즈라고 부르는 소수의 위대한 사업, 그리고 대다수는 매입할 가치가 없는 평범한 사업이다. 그는 프랜차이즈를 (1) 필요한 혹은 원하는 제품이나 서비스를 제공하고, (2) 가까운 대체제가 없으며, (3) 규제를 받지 않는 기업으로 정의한다. 이런 특성 덕분에 기업은 시장 점유율이나 판매량 손실에 대한 걱정 없이 가격을 유지하고, 때로는 올릴 수 있다. 이런 가격 책정 유연성은 위대한 기업을 정의하는 중요한 특징 중 하나로, 평균 이상의 자본수익률을 가능하게 만든다.

버핏은 이렇게 말한다. "우리는 투자 자본 대비 높은 수익을 창출하고, 그러한 수익을 지속할 가능성이 높은 주식을 좋아한다."[11] 또한 그는 덧붙인다. "기업에 대해, 나는 장기적인 경쟁 우위를 보고, 지속 가능한지를 판단한다."[12]

이러한 위대한 기업들은 개별적으로, 집합적으로 버핏이 해자라고 부르는 것을 형성한다. 이는 기업이 경쟁사에 비해 명확한 우위를 가지도록 하고, 경쟁으로부터 보호받게 한다. 버핏은 해자가 클수록, 그리고 더 지속 가능할수록 더 선호한다. 그는 "투자의 핵심은 특정 기업의 경쟁 우위를 판단하는 것과 무엇보다 그 우위를 지속할 수 있는지를 파악하는 것이다. 넓고 지속 가능한 해자를 가진 제품과 서비스는 투자자에게 보상을 제공한다. 나에게 가장 중요한 것은 그 사업 주변에 얼마나 큰 해자가 있는지 알아내는 것이다. 내가 좋아하는 것은 물론, 큰 성과와 큰 해자, 그리고 피라니아와 악어로 가득 찬 해자다"[13]라고 말했다.

반대로, 평범한 사업은 경쟁사의 제품과 거의 구분할 수 없는 상품을 제공한다. 이러한 원자재 사업 commodity businesses은 막대한 광고 예산에도 불구하고, 의미 있는 제품 차별화를 이루지 못한다. 일반적으로 원자재 사업은 낮은 수익률을 기록하며, 이익 문제가 발생하기 쉽다. 제품이 기본적으로 경쟁사의 것과 다를 바 없기 때문에, 가격을 기반으로만 경쟁할 수 있고, 이는 당연히 이익률을 감소시킨다. 원자재 사업을 수익성 있게 만드는 가장 확실한 방법은 저비용 공급자가 되는 것이다. 원자재 사업이 높은 수익을 기록하는 다른 시점은 공급이 부족한 시기인데, 이는 예측하기 매우 어려운 요인이다. 버핏은 원자재 사업의 장기적인 수익성을 판단하는 핵심은 "공급 부족 기간 대비 공급 과잉 기간의 비율"이라고 말한다. 그러나 이 비율은 종종 미미하다. 그는 이렇게 말한다. "내가 좋아하는 것은 내가 이해할 수 있고, 지속될 것이라고 생각되는 경제적 강점이다."[14]

마지막으로 버핏은 자신의 지혜 중 하나를 이렇게 말한다. "위대한 기업을 정의하는 한 가지는 25~30년 동안 위대해야 한다는 점이다."[15]

경영진 원칙

새로운 투자나 사업 인수를 고려할 때, 버핏은 경영진의 자질을 매우 꼼꼼히 살핀다. 그는 버크셔 해서웨이가 매입하는 기업이나 주식이 반드시 자신이 존경하고 신뢰할 수 있는 정직하고 유능한 경영진에 의해 운영되어야 한다고 강조한다. 그는 이렇게 말한다. "우리는 존경할 만한 자질을 갖추지 못한 경영진과 함께하고 싶지 않다. 그들의 사업 전망이 아무리 매력적이라 해도 말이다. 나쁜 사람과 좋은 거래를 성사시킨 적은 단 한 번도 없다."[16]

버핏은 자신이 존경하는 경영진을 발견하면 찬사를 보낸다. 매년 버크셔 연례 보고서의 회장 서신을 읽는 독자들은 다양한 버크셔 사업을 관리하는 이들에 대해 따뜻한 칭찬을 보내는 것을 볼 수 있다. 그는 자신이 보유한 주식의 기업 경영진에 대해서도 마찬가지로 철저하다. 특히 그는 다음 세 가지 특성을 중요하게 본다.

- 경영진이 합리적인가?
- 경영진이 주주들에게 솔직한가?
- 경영진이 제도적 관행을 거부할 용기를 가지고 있는가?

버핏이 경영진에게 전하는 최고의 찬사는 그 또는 그녀가 항상 기업의 소유주처럼 생각하고 행동한다는 것이다. 소유주처럼 행동하는 경영진은 기업의 주요 목표인 주주 가치의 증대를 잊지 않고, 이를 달성하기 위한 합리적인 결정을 내리는 경향이 있다. 또한 버핏은 주주들에게 솔직하고 완전하게 보고할 책임을 진지하게 받아들이는 경영진을 매우 존경한다. 그리고 버핏이 제도적 관행이라고 부르는, 즉 산업 동종 업체를 맹목적으로 따라가는 관행을 거부할 용기를 가진 경영진을 높이 평가한다.

◆ 합리적인 경영

경영에서 가장 중요한 행위는 자본 배분이다. 이는 시간이 지남에 따라 주주 가치를 결정하기 때문이다. 기업의 수익을 사업에 재투자할 것인지, 아니면 주주들에게 반환할 것인지를 결정하는 것은 버핏의 관점에서 논리와 합리성의 문제다. 〈포춘〉 지의 캐럴 루미스는 이렇게 썼다. "합리성은 버핏이 버크셔를 운영하며 중요시하는 특징이자, 다른 많은 기업들에서 자주 부족하다고 여기는 특징이다."[17]

수익을 어디에 배분할 것인가는 기업이 처한 생애 주기와 밀접하게 연관되어 있다. 기업은 경제적 생애 주기를 거치면서 성장률, 매출, 수익, 현금흐름, 자본수익률이 크게 변한다. 개발 단계의 기업은 제품을 개발하고 시장을 개척하는 동안 손실을 기록한다. 다음 단계인 고속 성장 단계에 진입하면 기업은 수익을 내지만, 성장 속도가 너무 빨라 모든 수익을 유보해야 한다. 쇠퇴 단계에서는 매출과 수익이 감소하지만 여전히 과잉 현금을 창출한다. 특히 쇠퇴 단계에서는 다음과 같은 문제가 제기된다. 그 수익을 어떻게 배분해야 하는가?

만약 과잉 현금을 내부에 재투자했을 때 평균 이상의 자기자본수익률, 즉 자본 비용보다 높은 수익을 낼 수 있다면 기업은 모든 수익을 유보하고 재투자하는 것이 합리적이다. 하지만 평균 이하의 자본 비용으로 재투자하기 위해 수익을 유보하는 것은 완전히 비합리적이며, 실제로 흔히 일어나는 일이다.

평균 또는 평균 이하의 투자 수익률을 내지만, 필요 이상으로 현금을 창출하는 기업에는 세 가지 선택지가 있다. (1) 이 문제를 무시하고 계속 낮은 수익률로 재투자한다. (2) 성장 중인 사업을 인수한다. (3) 주주들에게 돈을 환원한다. 이러한 갈림길에서 버핏은 경영진의 결정에 주목한다. 바로 이 지점에서 경영진이 합리적으로 행동할지, 비합리적으로 행동할지가 결정되기 때문이다.

일반적으로, 평균 이하의 수익률에도 불구하고 재투자를 계속하는 경영진은 이 상황이 일시적이라고 믿는다. 그들은 경영 역량으로 기업의 수익성을 개선할 수 있다고 확신한다. 주주들은 경영진의 개선 전망에 매료된다. 그러나 기업이 이 문제를 계속 무시한다면, 현금은 점점 더 활용되지 않는 자원으로 전락하고, 주가는 하락할 것이다.

경제적 수익률이 낮고, 과잉 현금이 있으며, 주가가 낮은 기업은 기업 사냥꾼들의 표적이 되기 쉽다. 이는 현재 경영진의 종말을 알리는 신호가 된다. 이를 피하기 위해 경영진은 두 번째 선택지, 즉 다른 기업을 인수해 성장을 도모하는 방식을 택한다.

인수 계획 발표는 주주들을 흥분시키고 기업 사냥꾼을 저지하는 효과가 있다. 하지만 버핏은 성장 중인 사업을 인수해야만 하는 기업들에 회의적이다. 그 이유로 첫째, 성장 중인 사업체의 가격은 종종 과대평가되며, 둘째, 새로 인수한 사업을 통합하고 관리해야 하는 과정에서 많은 비용이 들어 주주들에게 부담이 될 수 있기 때문이다.

버핏의 관점에서 평균 이상의 수익을 낼 수 없는 과잉 현금을 보유한 기업이 취할 수 있는 유일하게 합리적이고 책임 있는 행동은 그 돈을 주주들에게 반환하는 것이다. 이를 위한 두 가지 방법이 있다. (1) 배당금을 신설하거나 인상한다. (2) 자사주를 매입한다.

배당으로 현금을 손에 쥔 주주들은 더 높은 수익을 찾아 다른 곳에 투자할 기회를 갖게 된다. 겉으로는 좋은 거래처럼 보이기 때문에 많은 사람들이 배당금 증대가 기업이 탄탄하게 성장하고 있다는 신호로 여긴다. 하지만 버핏의 견해는 다르다. 그는 배당이 유리한 선택이 되려면, 기업이 이익을 유보하고 회사에 재투자했을 때 창출할 수 있는 수익보다 투자자가 배당금을 새롭게 투자해서 얻는 수익이 더 커야 한다고 본다.

배당의 진정한 가치 real value 조차 이해되지 않는다면, 주주에게 이익을 환원하는 두 번째 방식인 자사주 매입은 더 이해하기 어려울 것이다. 그 이유는 자사주 매입 이점이 주주들에게 더 간접적이고, 눈에 잘 띄지 않으며, 즉각적인 효과를 느끼기 어렵기 때문이다.

경영진이 자사주를 매입할 때, 버핏은 그 보상이 두 배로 돌아온다고 본다. 만약 주식이 내재가치보다 낮은 가격에 거래되고 있다면, 자사주 매입은 사업적으로 타당한 선택이다. 예를 들어, 한 기업의 주가가 50달러이고 내재가치가 100달러라면, 경영진이 자사주를 매입할 때마다 1달러를 지출해 2달러의 내재가치를 확보하는 셈이다. 이러한 거래는 남아 있는 주주들에게 매우 높은 수익을 제공할 수 있다.

게다가 버핏의 말에 따르면, 경영진이 내재가치보다 낮은 가격에 자사주를 적극적으로 매입할 경우, 이는 기업이 구조를 확장하려는 무분별한 욕심이 아니라 주주의 이익을 극대화하려는 의도로 운영된다는 강력한 신호가 된다. 이러한 태도는 시장에 긍정적인 신호를 보내며, 주주 가치를 높이는 잘 관리된 기업을 찾는 다른 투자자들의 관심을 끌어들인다. 따라서 주주들은 두 번의 보상을 받는다. 첫 번째는 자사주를 시장에서 저가에 매입함으로써, 그리고 두 번째는 그로 인해 투자자들의 관심이 증가하면서, 두 번에 걸쳐 주가가 상승하기 때문이다.

◆ 솔직한 경영

버핏은 기업의 재무성과를 완전하고 진실하게 보고하며, 성공뿐만 아니라 실수도 인정하고, 모든 면에서 주주들에게 솔직한 경영인을 매우 높이 평가한다. 특히 그는 "일반적으로 인정된 회계 원칙 이하 GAAP"에 의존하지 않고도 회사의 성과를 명확히 전달할 수 있는 경영진을 존경한다. 버핏은 이렇게 설명한다. "보고되어야 할 데이터는 GAAP, 비非 GAAP, 또는 GAAP 여부에 관계없이, 재무를 이해할 수 있는 투자자들이 다음 세 가지 주요 질문에 답하는 데 도움이 되는 정보다. (1) 회사의 대략적인 가치는 얼마인가? (2) 기업이 미래의 의무를 이행할 가능성은 어느 정도인가? (3) 주어진 상황에서 경영진은 얼마나 잘하고 있는가?"[18]

또한 버핏은 실패를 공개적으로 논의할 용기를 가진 경영진을 높이 평가한다. 시간이 지나면서 모든 기업은 크고 작은 실수를 저지르게 마련이다. 그러나 버핏은 너무 많은 경영진이 과도한 낙관론을 보고하며, 이는 단기적으로 자신의 이익에 부합할지 모르지만, 장기적으로는 아무에게도 도움이 되지 않는다고 본다.

버핏은 많은 연례 보고서를 두고 "대부분은 거짓말에 가깝다"고 단언한다. 그렇기 때문에 그는 버크셔 해서웨이 주주들에게 보내는 자신의 연례 보고서에서 버크셔의 경제 상황과 경영 성과를 좋은 점과 나쁜 점 모두 솔직하게 공개한다. 그는 여러 해에 걸쳐 버크셔가 섬유와 보험 사업에서 겪은 어려움과 자신이 이러한 사업을 경영하며 저지른 실수들을 인정했다. 1989년 버크셔 해서웨이의 연례 보고서에서 그는 "첫 25년간의 실수 요약본 Mistakes of the First Twenty-Five Years: A Condensed Version"이라는 제목으로 자신의 실수를 공식적으로 나열하기 시작했다. 2년 후, 이 제목은 "오늘의 실수"로 변경되었다. 여기서 버핏은 단순히 저지른 실수뿐만 아니라 적절히 행동하지 않아 놓친 기회, 즉 그가 "누락의 실패"라고 부르는 것들도 고백했다.

비평가들은 버핏이 자신의 실수를 공개적으로 인정하는 것이 다소 부조리하다고 지적했다. 왜냐하면 버핏은 보통주를 대량으로 보유하고 있어 경영 성과에 따라 해고될 걱정이 없기 때문이다. 이는 사실이다. 그러나 솔직함을 실천함으로써 버핏은 경영을 보고하는 새로운 접근 방식을 조용히 만들어가고 있었다. 정직이 주주뿐만 아니라 경영인에게도 도움이 된다는 게 버핏의 신념이다. 그는 이렇게 말했다. "공적으로 다른 사람을 속이는 CEO는 결국 사적으로 자기 자신을 속이게 될지도 모른다."[19] 또한 버핏은 자신의 실수를 연구하는 것이 성공에만 집중하는 것보다 더 가치 있다는 점을 깨닫게 해준 공로를 찰리 멍거에게 돌린다.

◆ 제도적 관행

경영진이 실수를 인정함으로써 지혜와 신뢰를 얻을 수 있다면, 왜 그렇게 많은 연례 보고서가 성공만을 강조할까? 자본 배분이 그렇게 단순하고 논리적이라면, 왜 자본은 그렇게 비효율적으로 배분될까? 이에 대한 답은 버핏이 "제도적 관행"이라 부르는 보이지 않는 힘에 있다. 이는 다른 기업들의 행동이 아무리 비합리적이고 어리석더라도 이를 "레밍lemming"처럼* 모방하려는 경영진의 경향을 뜻한다.

이는 버핏의 경영 경력에서 가장 놀라운 발견 중 하나였다. 학교에서

---

* 집단적으로 행동하면서 무비판적으로 따라가는 특성을 묘사할 때 주로 사용된다. 이는 레밍들이 무리를 지어 이동하다가 절벽에서 떨어져 집단 죽음을 맞이한다는 잘못 알려진 행동에서 유래한 것이다.

그는 경험 많은 경영진이 정직하고 지적이며 자동적으로 합리적인 의사결정을 내린다고 배웠다. 하지만 실제 비즈니스 세계에서는 "조직적 관성이 작동하면 합리성이 종종 무너진다"는 사실을 깨달았다.[20]

버핏은 제도적 관행이 몇 가지 심각하고 흔히 발생하는 문제를 초래한다고 본다. (1) 기업은 현재 상황의 어떠한 변화에도 저항한다. (2) 가용 시간이 늘어나면 일이 늘어나듯, 가용 자금이 생기면 이를 소비하기 위해 기업 프로젝트나 인수합병이 나타난다. (3) 리더의 욕망이 아무리 어리석더라도 부하 직원이 준비한 세부적인 수익률 분석과 전략 보고서로 빠르게 뒷받침된다. (4) 동종 업계 기업의 행동(사업 확장, 인수합병, 경영진 보수 설정 등)이 아무런 비판 없이 모방된다.[21]

버핏은 일찍이 이 교훈을 얻었다. 버크셔가 1967년 인수한 내셔널 인뎀니티National Indemnity의 대표 잭 링왈트Jack Ringwalt는 당시 고집스럽게 보이는 결정을 내렸다. 대부분의 보험 기업이 부적절한 수익률, 심지어 손실을 초래할 것이 분명한 조건으로 보험 상품을 판매하던 상황에서, 링왈트는 시장에서 물러나 새로운 보험 계약을 체결하지 않기로 결정했다. 버핏은 링왈트의 결정이 현명하다는 것을 깨닫고 이를 따랐다. 오늘날 버크셔의 모든 보험사는 여전히 이 원칙에 따라 운영된다. "다른 사람들이 모두 한다고 해서 그게 옳은 건 아니다."

그렇다면 이렇게 많은 기업을 조직적 관성으로 몰아가는 원동력은 무엇일까? 바로 인간 본성이다. 대부분의 경영인은 동종 업계의 다른 기업들이 분기별로 수익을 내는 동안 자사의 분기 손실을 보고하는 등 바보처럼 보이기를 꺼린다. 비록 그 기업들이 레밍처럼 바다로 향하고 있음을 알고 있더라도 말이다.

인습에서 벗어난 결정을 내리거나 방향을 바꾸는 건 절대로 쉽지 않다. 그럼에도 불구하고 뛰어난 의사소통 능력을 갖춘 경영진이라면 장기적으로 우수한 결과를 낼 전략이 있을 때 단기적인 손실과 기업 방향의 변화를 주주들이 수용하도록 설득할 수 있어야 한다. 버핏이 배운 바로는, 제도적 관행에 저항하지 못하는 것은 기업의 소유주보다는 경영진이 근본적인 변화를 받아들이는 의지와 더 관련이 있다. 그리고 설령 경영진이 급진적인 변화의 필요성을 받아들인다 해도, 이를 실행하는 것은 대부분의 경영진에게 너무 어려운 과제다. 대신, 많은 경영진은 현재 문제의 재정적 현실에 직면하기보다는 새로운 기업을 인수하는 유혹에 빠지고 만다. 왜 이런 일이 발생할까? 버핏은 경영진의 행동에 가장 큰 영향을 주는 세 가지 요인을 다음과 같이 분석한다.

- 대부분의 경영진은 활동에 대한 욕망을 제어하지 못한다. 이런 과잉 활동은 종종 사업 인수합병으로 이어진다.
- 대부분 경영진은 자사의 매출, 수익, 그리고 경영진 보수를 동종 업계나 다른 업계의 기업과 끊임없이 비교한다. 이러한 비교는 필연적으로 과도한 기업 활동을 초래한다.
- 대부분 경영진은 자신의 능력을 과대평가한다.

또 다른 일반적인 문제는 자본 배분 능력의 부족이다. CEO들은 종종 관리, 엔지니어링, 마케팅, 생산 등 기업의 다른 영역에서 뛰어난 성과를 낸 결과로 승진해 현재의 위치에 오른다. 그러나 자본 배분에 대한 경험이 부족하기 때문에, 이들은 직원이나 컨설턴트 또는 투자은행가들에게 의존하게 되고, 필연적으로 조직적 관성이 의사 결정 과정에 개입하게 된다. 예를 들어, CEO가 인수를 정당화하기 위해 15%의 투자수익률이 필요하다고 판단할 경우, 버핏은 이렇게 지적한다. "놀랍게도, 직원들은 해당 기업이 실제로 15.1%의 수익률을 달성할 수 있다는 보고서를 매끄럽게 제출한다." 조직적 관성의 최종적인 정당화는 맹목적인 모방이다. D사의 CEO는 스스로에게 이렇게 말한다. "A, B, C 기업이 모두 같은 행동을 하고 있다면, 우리도 같은 방식으로 행동해도 괜찮을 것이다." 버핏은 이러한 기업들이 실패하게 되는 이유가 악의나 어리석음 때문이 아니라고 본다. 대신 조직적 관성이 실패할 행동에 저항하기 어렵게 만들기 때문이라고 본다.

노터데임대학교 학생들에게 강의할 때, 버핏은 37개 투자은행의 목록을 보여주었다. 그리고 설명했다. "이들 모두 실패했다. 성공 가능성이 높았음에도 불구하고 말이다." 그는 성공을 뒷받침할 수 있는 요인들을 나열했다. 뉴욕 증권거래소의 거래량은 15배로 증가했고, 이들 회사는 매우 높은 아이큐와 열정을 지닌 사람들에 의해 운영되었으며, 모두가 성공을 간절히 원했다. 그럼에도 불구하고, 이들 모두 실패했다. 버핏은 잠시 멈추며 말을 이어나갔다. "그 점을 곰곰이 생각해 보자." 그는 방을 둘러보며 단호한 목소리로 말했다. "어떻게 이런 결과가 나올 수 있었을까? 답은 다른 사람들의 행동을 맹목적으로 모방했기 때문이다."[22]

◆ 경영 능력 평가

버핏은 경영인을 평가하는 데 있어 합리성, 정직성, 독립적 사고라는 기준을 적용하는 것이 재무 성과를 측정하는 것보다 더 어렵다는 점을 누구보다 잘 알고 있다. 이는 인간이 숫자보다 훨씬 복잡한 존재이기 때문이다.

실제로 많은 분석가들은 인간의 활동을 수치화하는 것이 모호하고 부정확하기 때문에 엑셀 스프레드시트의 정교함으로도 경영진의 가치를 평가하는 것은 불가능하며, 따라서 이러한 작업은 무의미하다고 주장한다. 그들에게는 소수점 이하의 숫자가 없으면 측정할 대상도 없다는 듯이 보인다. 반면, 또 다른 견해를 가진 이들은 경영진의 가치가 회사의 성과 지표인 매출, 이익률, 자기자본수익률 등에 이미 반영되어 있으므로, 경영진의 가치를 따로 평가하는 것은 중복 계산에 불과하다고 본다.

이 두 가지 의견 모두 일리가 있지만, 개인적인 의견으로는 경영진을 평가해야 한다는 원칙을 뒤집을 만큼 강력하지 않다. 경영진을 평가하는 이유는 미래의 재무 성과를 예측할 수 있는 경고 신호를 제공하기 때문이다. 재무 지표는 과거에서 일어난 일을 보여줄 뿐이지만, 경영진을 평가하면 앞으로 어떤 일이 벌어질지를 미리 가늠할 수 있다. 경영진의 말과 행동을 면밀히 살펴보면, 그들의 업무 가치가 기업의 재무 보고서나 신문의 주식란에 나타나기 훨씬 전에 이를 측정할 수 있는 단서를 발견할 수 있을 것이다.

버핏은 필요한 정보를 수집하는 데 몇 가지 조언을 제시한다. 먼저, 몇 년 전의 연례 보고서를 검토하면서 당시 경영진이 미래 전략에 대해 어떻게 말했는지에 주목해야 한다. 그런 다음, 그 전략이 현재의 결과와 얼마나 일치하는지 비교해 보라. 계획이 얼마나 충실히 실행되었는가? 또한 몇 년 전의 전략과 올해의 전략을 비교하며 사고방식이 어떻게 변화했는지 분석할 필요가 있다. 버핏은 관심 있는 기업의 연례 보고서를 같은 산업 내 유사한 기업들의 보고서와 비교하는 것도 매우 가치 있는 작업이라고 말한다. 완전히 동일한 기업을 찾기는 어렵지만, 상대적인 성과를 비교하는 것만으로도 유용한 통찰을 얻을 수 있다.

경영진의 역량이 뛰어나다는 사실만으로는 버핏의 관심을 끌기에 충분하지 않다. 아무리 인상적인 경영진이라 해도, 그는 사람만을 보고 투자하지 않는다. 왜냐하면 아무리 똑똑하고 유능한 경영진이더라도 어려운 사업을 구할 수 없다는 한계점이 있음을 알고 있기 때문이다. 버핏은 캐피탈 시티즈/ABC의 톰 머피와 댄 버크Dan Burke, 코카콜라의 로베르토 고이수에타Roberto Goisueta, 도널드 키오Donald Keough 등 미국 기업계에서 가장 뛰어난 경영진들과 함께 일하는 행운을 누렸다. 그러나 그는 이렇게 덧붙인다. "이처럼 뛰어난 인재들을 마차 채찍 회사에서 일하게 한다면, 커다란 성과로 이어지지 않을 것이다."[23] 또한 그는 이렇게 강조한다. "뛰어난 명성을 가진 경영진이 근본적으로 열악한 경제성을 가진 사업을 맡게 되면, 결국 남는 것은 그 사업의 열악한 현실일 뿐이다."[24] 이러한 점을 고려할 때, 최상의 조합은 위대한 기업을 보유하고, 그 기업을 훌륭한 경영진이 운영하며, 계속 성장하도록 돕는 것이다.

재무 원칙

버핏이 경영진의 역량과 기업의 경제적 성과를 평가할 때 따르는 재무 원칙은 그의 투자 철학과 일맥상통한다. 우선, 그는 연간 실적을 지나치게 중요하게 여기지 않는다. 대신 5년 평균 성과에 초점을 맞춘다. 그는 "수익이 발생하는 시점이 지구가 태양을 도는 시간과 항상 일치하는 것은 아니다"라는 재치 있는 표현으로 단기 성과에 집착하지 않음을 강조한다. 또한 회계적 기교로 만들어낸 화려한 연말 실적을 신뢰하지 않는다. 중요한 것은 숫자가 아닌 실제 기업 가치를 반영하는 본질적인 재무 성과다. 이에 따라 버핏은 다음 네 가지 핵심 재무 원칙을 따른다.

- 주당 순이익이 아닌 자기자본수익률에 집중하라.
- 오너 어닝을 계산해 기업의 진정한 가치를 평가하라.
- 이익 마진이 높은 기업을 찾아라.
- 회사가 1달러의 이익을 유보했다면, 최소한 1달러 이상의 시장 가치를 창출했는지 확인하라.

◆ 자기자본수익률

통상적으로 애널리스트들은 주당 순이익을 기준으로 기업의 연간 실적을 평가한다. 주당 순이익이 전년 대비 증가했는가? 시장 기대치를 초과했는가? 자랑할 만큼 높은 수익을 기록했는가? 하지만 버핏은 주당 순이익을 신뢰하지 않는다. 그는 이를 일종의 "눈속임"이라고 본다.

대부분의 기업이 전년도 이익의 일부를 내부 보유금으로 유지해 자본 기반을 늘리는 만큼, 단순히 주당 순이익이 증가했다고 해서 특별한 의미를 부여할 필요는 없다는 것이다. 버핏은 "기업이 자본을 10% 늘리면서 동시에 주당 순이익도 10% 증가했다면, 이는 그리 놀랄 일이 아니다"라고 설명한다. 그는 또 이렇게 덧붙인다. "연이율이 고정된 미국 저축 국채나 단순한 저축 계좌에서도 동일한 원리가 작용한다. 이자는 계속해서 재투자되며 자본에 추가되기 때문에 주당 순이익은 지속적으로 증가하는 것처럼 보인다. 따라서 배당 성향이 낮다면 성장이 정체된 기업조차도 마치 성장처럼 보일 수 있다."[25]

이 때문에 버핏은 기업의 연간 실적을 평가할 때, 자기자본수익률을 더 중시한다. 자기자본수익률은 영업이익을 주주 자본으로 나눈 비율로, 버핏은 이를 경영진의 경제적 성과를 측정하는 핵심 지표로 본다. "경영진의 경제적 성과를 평가하는 주요 기준은 높은 자기자본수익률을 달성하는 것이다. 단, 과도한 부채 사용이나 회계적 속임수를 동반하지 않아야 한다. 중요한 것은 일관된 주당 순이익 증가가 아니라 진정한 자기자본수익률의 성과다." 또한 그는 이렇게 강조한다. "경영진과 금융 애널리스트들이 주당 순이익 수치와 연간 변동에 대한 집착을 줄인다면, 기업의 본질을 이해하는 데 훨씬 도움이 될 것이다."[26]

자기자본수익률을 올바르게 활용하려면 몇 가지 조정이 필요하다. 첫째, 모든 유가증권은 시장 가치가 아닌 취득 원가로 평가해야 한다. 이는 전체적인 주식시장 변동성이 개별 기업의 주주 자본수익률에 과도한 영향을 줄 수 있기 때문이다. 예를 들어, 주식시장이 폭등하면 기업의 순자산 가치가 증가하게 되는데, 이렇게 되면 실제로 뛰어난 영업 성과를 거뒀더라도 커진 분모(자본 규모)로 인해 자기자본수익률이 상대적으로 낮아 보일 수 있다. 반대로, 주식시장이 하락하면 주주자본이 감소하면서, 평범한 실적도 마치 훌륭한 성과처럼 보이는 착시 효과가 발생할 수 있다.

둘째, 자기자본수익률 계산 시 일회성 요인의 영향을 배제해야 한다. 버핏은 기업의 순이익에 포함된 자본이득(투자 수익)과 일회성 비용을 모두 제외한다. 이는 기업의 순수한 연간 운영 성과만을 평가하기 위해서다. 버핏이 궁극적으로 알고 싶은 것은 경영진이 투입된 자본을 활용해 얼마나 사업 운영을 잘하고 효과적인 수익을 창출하는지다. 그는 이 지표야말로 경영진의 경제적 성과를 판단하는 가장 중요한 기준이라고 강조한다.

또한 버핏은 기업에 부채가 거의 또는 전혀 없는 상태에서도 높은 자기자본수익률을 달성해야 한다고 믿는다. 그는 기업이 부채비율Debt-to-Equity Ratio을 높이면 자기자본수익률을 인위적으로 증가시킬 수 있다는 점을 인식하고 있다. 하지만 버핏은 이러한 증가에는 큰 의미를 두지 않는다. 그는 이렇게 말한다. "좋은 사업이나 투자 결정은 레버리지(부채 활용)의 도움 없이도 충분히 만족스러운 결과를 만들어낸다."[27] 게다가 높은 부채를 지닌 기업은 경기 침체 시기에 매우 취약하다. 따라서 버핏은 재무 건전성을 희생하면서까지 높은 부채를 감수하는 것을 위험하다고 보고, 버크셔 해서웨이 주주들의 안전을 최우선으로 고려한다.

버핏은 특정 산업이나 기업에 적절한 부채 수준이 어느 정도인지에 대한 명확한 기준을 제시하지 않는다. 이는 기업마다 현금흐름 특성이 다르기 때문에 각기 다른 부채 수준을 관리할 수 있기 때문이다. 하지만 그는 "좋은 기업은 레버리지 없이도 충분한 자기자본수익률을 기록할 수 있어야 한다"고 강조하며, 부채 의존도가 높은 기업은 신중하게 검토해야 한다고 조언한다.

◆ 오너 어닝

버핏은 "모든 이익이 동일하게 창출되는 것이 아니다"[28]라는 점을 가장 먼저 이해해야 한다고 강조한다. 그는 자산 대비 이익이 높은 기업의 경우 허상과 같은 이익을 보고할 가능성이 크다고 지적한다. "자산 집약적 사업Asset-Heavy Business"은 인플레이션의 영향을 크게 받기 때문에, 이러한 기업의 이익은 마치 신기루 같은 성격을 띠게 된다. 따라서 회계상의 이익은 기업의 예상 현금흐름과 유사한 수준에서만 유용한 평가 도구로 활용될 수 있다.

그러나 버핏은 현금흐름조차도 기업 가치를 측정하는 완벽한 도구가 아니며, 오히려 투자자들을 잘못된 판단으로 이끌 수 있다고 경고한다. 현금흐름이 가치 측정 도구로 적절한 경우는 초기 투자 비용이 크지만 이후 유지 비용이 적은 사업이다. 예를 들어, 부동산 개발, 가스전, 케이블 회사 등이 이에 해당한다. 반면 지속적인 설비 투자(자본적 지출)가 필요한 사업의 경우 현금흐름만으로는 기업 가치를 정확히 평가하기 어렵다. 대표적인 예로 제조업이 있다.

일반적으로 기업의 현금흐름은 당기순이익에 감가상각비, 감모상각비, 무형자산상각비 및 기타 비현금성 비용을 더한 값으로 정의된다. 하지만 버핏은 이 정의에서 중요한 경제적 요소인 자본적 지출을 간과하고 있다고 지적한다. 올해의 수익 중 얼마나 많은 금액이 새로운 장비, 공장 업그레이드, 기타 경제적 입지와 생산량을 유지하는 데 필요한 개선에 사용되어야 하는가? 버핏에 따르면, 미국 기업의 대다수는 감가상각비와 거의 동일한 수준의 자본적 지출이 필요하다. 그는 자본적 지출을 1, 2년간 미룰 수는 있지만, 장기간에 걸쳐 필수적인 자본적 지출을 하지 않으면 기업은 결국 쇠퇴할 것이라고 경고한다. 이러한 자본적 지출은 인건비나 공과금과 마찬가지로 필수적인 비용이다.

현금흐름 수치의 인기는 레버리지 바이아웃leverage buyout 시기에 더욱 높아졌는데, 이는 기업 인수 시 과도한 가격을 정당화하는 근거로 현금흐름이 활용되었기 때문이다. 버핏은 현금흐름 수치가 "사업이나 증권을 판매하는 사람들이 팔리지 말아야 할 것을 팔기 위해 정당화할 수 없는 것을 정당화하는 수단으로 자주 사용된다"고 지적한다. 정크본드의 부채 상환 능력이 부족하거나 주식 가격이 터무니없을 때, 현금흐름을 강조하는 것은 매우 편리한 전략이 된다.[29] 그러나 버핏은 필수적인 자본적 지출을 차감하지 않는다면 현금흐름에 집중해서는 안 된다고 경고한다.

버핏은 현금흐름 대신 오너 어닝 개념을 선호한다. 오너 어닝은 기업의 순이익에 감가상각비, 감모상각비, 무형자산상각비를 더한 후 자본적 지출과 추가로 필요한 운전 자본Working Capital*을 차감한 값이다. 버핏은 오너 어닝이 애널리스트들이 요구하는 정확한 수치를 제공하지 못할 수도 있음을 인정한다. 왜냐하면 미래의 자본적 지출을 계산하는

---

* 기업이 단기적인 운영을 위해 활용할 수 있는 자금을 의미한다. 쉽게 말해, 기업이 일상적인 경영 활동을 지속하는 데 필요한 유동성의 차이를 나타낸다.

과정에서 추정이 필요하기 때문이다. 그럼에도 불구하고, 그는 일반적으로 인정되는 회계 원칙에 따른 순이익만을 신뢰하는 것보다 비현금성 비용을 조정하고 자본적 지출을 반영한 오너 어닝을 활용하는 것이 기업의 진정한 가치를 평가하는 더 나은 방법이라고 강조한다.

◆ 수익률

필립 피셔와 마찬가지로, 버핏은 훌륭한 기업이라 하더라도 판매를 수익으로 전환하지 못하면 좋은 투자 대상이 될 수 없다는 점을 잘 알고 있다. 이익을 창출하는 데 특별한 비밀이 있는 것은 아니다. 핵심은 비용 통제에 달려 있다. 버핏의 경험에 따르면, 고비용 구조를 가진 기업의 경영진은 지속적으로 간접비를 증가시키는 경향이 있는 반면, 저비용 구조를 가진 기업의 경영진은 항상 비용 절감 방법을 찾는다.

버핏은 비용을 제대로 통제하지 못하는 경영진을 용납하지 않는다. 이러한 경영진은 비용을 매출에 맞추기 위해 결국 "구조 조정"을 단행해야 하는 상황을 맞이하기 때문이다. 따라서 회사가 비용 절감 계획을 발표할 때마다, 버핏은 이를 그 회사의 경영진이 주주들에게 비용이 미치는 영향을 제대로 파악하지 못하고 있음을 알리는 신호라고 해석한다. 버핏은 이렇게 말한다. "훌륭한 경영자는 아침에 일어나서 '오늘은 비용을 절감해야겠다'라고 결심하지 않는다. 이는 마치 사람이 아침에 일어나서 '오늘은 숨을 쉬어야겠다'라고 생각하지 않는 것과 같다."[30]

버핏은 자신이 함께 일했던 최고의 경영진 중 일부를 언급하며, 그중에서도 캐피탈 시티즈/ABC의 톰 머피와 댄 버크가 불필요한 비용을 줄이기 위해 끊임없이 노력한 점을 높이 평가했다. 그는 이 경영진에 대해 "필요 이상으로 직원을 고용하는 것을 혐오한다"고 말하며, "이들은 이익이 기록적인 수준일 때나 압박을 받을 때나 똑같이 강력하게 비용 절감을 추진한다"[31]고 설명한다.

버핏 자신도 비용과 불필요한 지출 관리에 있어 엄격한 태도를 보인다. 그는 모든 사업 운영에 적절한 인력 규모가 존재한다는 점을 이해하고 있으며, 매출 1달러당 적절한 비용 수준이 있다고 믿는다. 또한 버크셔 해서웨이의 이익률에 매우 민감하게 반응한다.

버크셔 해서웨이는 독특한 기업이다. 이 회사에는 법무팀, 홍보팀, 투자자 관리팀이 존재하지 않는다. 또한 MBA 출신 직원들이 인수·합병 전략을 구상하는 전략기획팀도 없다. 버크셔의 세후 법인 운영 비용은 영업이익의 1% 미만 수준이다. 비슷한 규모의 기업들은 대부분 버크셔보다 10배나 높은 운영 비용을 지출한다.

◆ 1달러 전제

궁극적으로 주식시장은 "이 기업의 가치는 얼마인가?"라는 근본적인 질문에 답을 하게 된다. 버핏은 장기적인 경제 전망이 밝고, 경영진이 유능하고 주주중심적인 기업을 선택했다면, 그 증거는 기업의 시장 가치 상승으로 나타날 것이라고 믿는다. 이는 "이익잉여금"*에도 적용된다. 만약 기업이 이익잉여금을 비효율적으로 사용해(자본 비용보다 낮은 수익

---

* 회사가 영업활동의 결과로 생긴 이익의 일부를 배당하지 않고 사업에 재투자하기 위해 보유하고 있는 순이익의 누적액.

을 창출하는 방식으로) 장기간 운용한다면, 주식시장은 정당하게 그 기업의 주가를 낮게 평가할 것이다. 반대로 기업이 추가된 자본에서 평균 이상의 수익을 창출한다면, 시간이 지나면서 그 성공은 주가 상승으로 반영될 것이다.

그러나 주식시장은 장기적으로 기업 가치를 비교적 정확하게 반영하지만, 단기적으로는 내재가치와 무관한 이유로 주가가 크게 요동칠 수도 있다. 이에 버핏은 기업의 경제적 매력뿐 아니라, 경영진이 주주 가치를 얼마나 잘 창출해 왔는지를 판단하기 위한 간단한 기준을 마련했다. 그것이 바로 '1달러 전제'다. 기업의 가치 증가는 최소한 유보이익 증가분과 일대일로 대응해야 하며, 그 이상이라면 더욱 바람직하다. 요컨대 버핏은 이렇게 설명한다. 주식시장에서는 유보이익 1달러가 최소한 시장 가치 1달러로 전환될 수 있는 경제적 특성을 가진 기업을 고르는 것이 우리의 과제라는 것이다.

가치 원칙

지금까지 설명한 원칙들이 궁극적으로 향하는 의사 결정 지점은 하나다. 특정 기업의 주식을 살 것인가 말 것인가? 이 의사 결정을 내리기 위해서는 두 가지 요소를 고려해야 한다. 해당 기업이 가치 측면에서 좋은 투자 대상인지, 그리고 현재가 매수하기에 적절한 시점인지, 즉 주가가 적정한 수준인지를 판단해야 한다.

주가는 주식시장에서 형성되지만 가치는 분석가가 기업의 사업, 경영진, 재무적 특성을 종합적으로 평가해 결정한다. 주가와 기업의 내재가치가 언제나 일치하지는 않는다. 만약 주식시장이 완벽하게 효율적이라면, 모든 가용 정보가 즉각적으로 주가에 반영될 것이다. 그러나 현실에서는 그렇지 않다. 주가는 기업의 내재가치보다 높거나 낮게 움직이며, 그 원인이 항상 합리적이지는 않다.

이론적으로 투자자의 행동은 주가와 내재가치의 차이에 의해 결정된다. 만약 기업의 주가가 내재가치보다 낮다면, 합리적인 투자자가 기업의 주식을 매수할 것이다. 반대로, 주가가 내재가치보다 높으면 투자자는 매수를 보류할 것이다. 기업의 경제적 생애주기를 거쳐 나아가는 동안 애널리스트는 주기적으로 해당 기업의 내재가치를 다시 평가하고, 시장 가격과 비교해 매수, 매도, 혹은 보유 여부를 결정해야 한다.

결론적으로, 합리적인 투자에는 두 가지 요소가 있다.

- 해당 기업의 내재가치는 얼마인가?
- 해당 기업의 주식을 내재가치에 비해 충분히 할인된 가격에 매수할 수 있는가?

◆ 가치 평가

1992년 버크셔 해서웨이 연례 보고서에서, 워런 버핏은 시스캔디를 인수한 지 20년 만에 처음으로 가치 투자에 대한 수정된 견해를 밝혔다. 그는 이렇게 시작했다. "가치 투자라는 용어 자체가 중복된 표현이다. 투자란 본질적으로 지불한 금액을 정당화할 만큼의 가치를 추구하는 행위가 아니고 무엇이겠는가?"[32] 버핏은 이어 설명했다. "주식의 계산된 가치보다 높은 가격을 의도적으로 지불하면서, 더 높은 가격에 되팔 수 있을 것이라는 기대를 갖는 행위는 '투자'가 아니라 '투기'라 불러야 한다(물론 투기는 불법도 아니고, 비도덕적이지도 않으며, 살을 찌게 만드는 것도 아니다)."

그 다음, 그는 가치 투자와 성장 투자 간의 끝없는 논쟁에 대해 의견을 제시했다. 버핏은 다음과 같은 질문을 던졌다. "어떤 종목이 매력적인지 어떻게 판단할 것인가?" 이에 대해 그는 이렇게 답했다. "대부분의 애널리스트들은 '가치'와 '성장'이라는 두 가지 투자 접근법 중 하나를 선택해야 한다고 생각한다." 그리고 스스로 인정했다. "많은 투자 전문가들은 이 두 개념을 혼합하는 것을 '지적 혼란'으로 여긴다. 사실 나 역시 몇 년 전에는 그런 생각을 했다." 그러나 현재 버핏의 견해는 달랐다. "이제 우리는 두 가지 접근법이 떼려야 뗄 수 없는 관계라고 본다. 성장은 언제나 가치를 평가하는 데 포함되는 요소이며, 그 중요성은 미미할 수도 있고, 엄청날 수도 있다. 또한 그 영향은 긍정적일 수도 있고, 부정적일 수도 있다."[33]

그리고 버핏은 논의를 더 구체적으로 파고들었다. "'가치 투자'라는 용어가 적절한지 여부와 상관없이, 이는 널리 사용되는 개념이다. 일반적으로 가치 투자는 다음과 같은 특성을 가진 주식을 매수하는 것을 의미한다. 예를 들면, 주가순자산비율이 낮거나, 주가수익비율이 낮거나, 배당수익률이 높은 종목들이다. 그러나 이러한 특성들이 동시에 존재한다고 해서 반드시 투자자가 적정 가치에 맞게 주식을 매수하고 있는 것이라고 단정할 수는 없다. 즉, 이러한 기준만으로는 투자자가 진정한 의미에서 '가치 원칙'을 기반으로 투자하고 있다고 판단하기 어렵다."[34]

버핏의 주장은 매우 깊은 통찰을 담고 있었지만, 그가 이어서 한 말은 가치 투자 커뮤니티를 완전히 뒤흔들었다. "반대로 높은 주가순자산비율, 높은 주가수익비율, 낮은 배당수익률을 가진 기업도 '가치 투자' 접근법과 전혀 모순되지 않는다."[35]

이 논쟁을 정리하기 위해, 버핏은 버크셔의 주주들에게 존 버 윌리엄스John Burr Williams를 소개했다. 윌리엄스는 1938년, 벤저민 그레이엄과 데이비드 도드가 《증권 분석》을 쓴 지 4년 후에 《투자가치론Theory of Investment Value》을 썼다. 버핏이 받아들인 윌리엄스의 가치 정의는 다음과 같다. "어떤 주식, 채권 혹은 사업의 가치는 오늘 시점에서 그 자산이 남은 생애 동안 창출할 것으로 예상되는 현금 유입과 유출을 적절한 이자율로 할인한 값에 의해 결정된다."[36] 버핏은 "어떤 주식이 낮게 평가되었는지 혹은 높게 평가되었는지는 단순히 주가순자산비율이나 주가수익비율로 결정되는 것이 아니다"라고 설명했다.

윌리엄스가 제시한 미래 잉여현금흐름의 할인된 현재가치는 흔히 배당 할인 모델Dividend Discount Model, DDM 혹은 할인된 현금흐름 모델Discounted Cash Flow Mode, DCF이라고 부른다. 버핏은 이 개념이 채권 가치 평가와 유사한 수학적 과정이라고 설명한다. 채권의 가치는 고정된 쿠폰(이자 지급액)과 만기일이 정해져 있어, 미래 현금흐름을 할인율(채권의 이자율)로 나누면 그 가격을 계산할 수 있다.

기업의 가치를 평가할 때도 이와 같은 원리가 적용된다. 애널리스트는 기업이 앞으로 벌어들일 수 있는 "오너 어닝"을 추정한 후, 이를 현재가치로 할인해 기업의 내재가치를 계산한다. 버핏은 기업의 가치를 평가하는 것이 상대적으로 단순한 작업이라고 봤다. 다만, 올바른 변수를 사용해야 한다는 단서가 붙는다. 즉, 현금흐름의 크기와 "적절한 할인율(이자율)"을 정확하게 산정해야 한다. 버핏의 핵심 철학은 기업의 미래 현금흐름을 채권의 "쿠폰 지급액"과 같은 확실성을 가진 값으로 볼 수 있어야 한다는 것이다. 기업이 단순하고, 이해하기 쉬우며, 일관된 수익성을 유지해 왔다면 미래 현금흐름을 높은 확신을 가지고 예측할 수 있다. 그러나 만약 그렇지 않다면, 버핏은 그 기업의 가치를 평가하려는 시도조차 하지 않는다. 이것이 그의 가장 큰 차별점이다.

이제 다음 질문이 생긴다. 그렇다면 기업 가치를 평가할 때 "적절한 할인율은 얼마인가?" 간단히 답하자면, "자본 비용"[*]이다. 표준적인 현금흐름 모델에서는 기업의 자본 비용을 할인율로 사용해 미래 현금흐름의 할인된 현재가치를 계산한다. 그렇다면 기업의 자본 비용을 어떻게 결정할 것인가? "부채 비용"은 비교적 단순하다. 기업이 보유한 부채의 "가중 평균 이자율"을 사용하면 된다. 자기자본 비용을 결정하는 것은 다소 복잡하며, 추가적인 분석이 필요하다.

학계에서는 할인된 현금흐름 모델에서 사용할 적절한 할인율로 "무위험 이자율(미국 국채 10년물 금리)"에 "주식 위험 프리미엄equity risk premium"을 더해 적용해야 한다고 주장한다. 이는 기업의 미래 현금흐름에 대한 불확실성을 반영하기 위해서다.

---

[*] 기업이 조달 운용하는 자본과 관련해 부담하는 비용.

그러나 이후 설명하겠지만, 버핏은 주식 위험 프리미엄 개념을 완전히 무시한다. 주식 위험 프리미엄은 "자본 자산 가격 결정 모형"의 산물이며, 주가 변동성을 리스크의 척도로 사용하기 때문이다. 간단히 말하면, 주가 변동성이 클수록 주식 위험 프리미엄이 커진다는 것이 학계의 일반적인 견해다. 하지만 버핏은 주가 변동성을 리스크의 척도로 삼는 것이 터무니없는 개념이라고 생각한다. 버핏의 관점에서 일관되고 예측 가능한 이익을 창출하는 기업에 투자하면, 사업 위험은 줄어들거나 아예 사라지기 때문이다. 버핏은 이렇게 말한다. "나는 확실성에 높은 가치를 둔다. 그렇게 하면 리스크를 일으키는 요소 자체가 말이 되지 않는다. 리스크는 자신이 무엇을 하고 있는지 모를 때 발생하는 것이다."[37] 버핏은 기업의 미래 현금흐름이 채권의 쿠폰 지급액처럼 확실한 요소여야 한다고 본다.

《워런 버핏 웨이》가 1994년에 처음 출간되었을 때, 버핏은 주식에 할인율을 적용할 때 "무위험 이자율"을 사용한다고 설명했다. 1990년대 동안 미국 국채 10년물 금리는 평균 8.55%였다. 당시 버핏은 이 무위험 이자율을 할인율로 적용하되, 기업의 리스크 수준에 따라 매수 가격을 조정해 안전마진을 확보하는 방식을 사용했다. 그러나 최근 10년 동안 미국 국채 10년물 금리는 5% 이하로 낮아졌다. 따라서 버핏은 새로운 할인율을 고민해야 했다.

버핏과 멍거는 이에 대한 해법을 찾았다. 버핏은 이렇게 말했다. "우리는 보유한 자본을 가장 지능적으로 활용할 방법을 찾을 뿐이다." 멍거는 더 명확한 답을 제시했다. "우리는 모든 것을 대체 가능한 선택지와 비교해 평가한다."[38] 그는 강조하며 덧붙였다. "중요한 것은 당신이 가진 대안이다."

멍거가 말한 '대안'이라는 개념은 "기회비용"을 의미한다. 주식시장에 투자하는 사람들은 평균적으로 연 10%의 수익을 기대한다. 이는 1900년대 이후 주식시장의 평균 수익률이기 때문이다.[39] 따라서 주식시장에 투자하는 투자자의 "자본 비용"은 "10%"라고 볼 수 있다. 반대로, 주식시장에 투자하지 않는다는 것은 연 10%의 수익을 포기하는 선택을 한다는 뜻이다.[40] 즉, 자본에는 기회비용이 존재한다. 위와 같은 논리를 바탕으로, 현재 미국 국채 10년물 금리가 10%보다 낮다고 하더라도 주식의 내재가치를 계산할 때는 10%의 할인율을 적용하는 것이 적절하다고 판단한다.

버핏의 설명에 따르면, 내재가치란 기업의 미래 현금흐름을 현재가치로 할인해 계산하는 경제적 개념이다. 내재가치를 계산하는 과정에서 필연적으로 높은 주관성이 개입되며, 이는 미래 현금흐름 예상치가 수정되거나 금리가 변동할 때마다 달라질 수 있다. 그러나 이러한 모호함에도 불구하고, 내재가치는 가장 중요한 개념이며 투자 및 기업의 상대적 매력도를 평가하는 유일하게 논리적인 방법이다.[41]

내재가치가 모호한 개념임을 인정한 것은 버핏만이 아니다. 벤저민 그레이엄 역시 할인된 순현재가치 모델을 직접 사용하지는 않았지만, 내재가치가 정확한 수치를 의미하지 않는다는 점을 강조했다. "증권 분석의 핵심은 특정 증권의 내재가치를 정확히 산정하는 것이 아니다. 다만, 그 가치가 채권을 보호할 만큼 충분한지, 혹은 주식 매수를 정당화할 수준인지를 판단하는 것이다. 이를 위해서라면, 대략적인 내재가치를 추정하는 것만으로도 충분할 수 있다."[42] 세스 클라먼 Seth Klarman 역시 같은 견해를 보인다. 그의 책 《안전마진 Margin of Safety》에서는 이렇게 설명한다. "많은 투자자들은 자신이 투자하는 자산의 가치를 정확하게 산정하려고 한다. 그러나 우리는 불확실한 세계에 살고 있으며, 기업의 가치는 결코 정확하게 결정될 수 없다."[43] 버핏 또한 그레이엄과 클라면의 입장을 공유하며 이렇게 말한다. "내재가치는 하나의 '추정치'이지, 정확한 숫자가 아니다."[44]

월스트리트에서는 목표 주가 target price와 단일 수치에 강하게 집착한다. 이런 환경에서 내재가치가 정확한 값이 아니라는 점을 버핏이 인정했다는 것은 다소 이례적으로 보일 수 있다. 그러나 이는 매우 논리적인 접근이다. 버핏은 불확실성을 할인된 가격에 매수하는 것을 선호하지만, 현실적으로 기업의 수익률은 변동할 수밖에 없다. 따라서 애널리스트들은 단일 수치가 아니라, 다양한 가능성을 고려해 분석해야 한다. 버핏은 이렇게 설명한다. "우리는 손실이 발생할 확률과 그 손실의 규모를 계산하고, 이와 반대로 이익이 발생할 확률과 그 이익의 규모를 계산한다. 이 방법이 완벽하지는 않지만, 결국 중요한 것은 이게 전부다."[45] 즉, "예상 내재가치 expected intrinsic value"란 다양한 결과값들의 가중 평균이다. 버핏은 종종 존 메이너드 케인스의 말을 인용한다. "나는 정확하게 틀리는 것보다 대략적으로 맞는 것이 낫다고 생각한다."[46]

◆ 매력적인 가격에 매수하기

버핏은 훌륭한 기업을 찾는 것만으로는 성공을 보장할 수 없다고 말한다. 즉 이해하기 쉬운 사업 모델을 갖고 있으며, 지속 가능하고 매력적인 경제적 구조를 유지하고, 주주 중심의 경영진이 운영하는 기업을 선택하는 것만으로는 충분하지 않다는 말이다. 투자자가 반드시 해야 할 두 가지가 있다. 첫째, 합리적인 가격에 매수하는 것, 둘째, 기업이 투자자의 기대에 부합하는 성과를 내는 것이다. 버핏은 투자에서 실수를 범하는 경우는 주로 다음 세 가지 중 하나 때문이라고 지적한다. (1) 너무 높은 가격에 매수한 경우, (2) 경영진이 기대에 미치지 못하는 경우, (3) 기업의 미래 경제적 전망을 잘못 판단한 경우다. 특히 세 번째(기업의 미래 경제성에 대한 오판)가 가장 많이 하는 실수라고 말한다.

버핏의 목표는 단순히 평균 이상의 경제적 수익을 올리는 기업을 찾는 것만이 아니라, 이를 내재가치보다 낮은 가격에 매수하는 것이다. 그레이엄의 핵심 원칙 중 하나는 주가와 내재가치 간의 차이가 충분히 클 때만 주식을 매수해야 한다는 것이다. 이를 안전마진 원칙이라고 한다.

버핏에게 있어 안전마진 원칙은 두 가지 측면에서 중요하다. 첫째, 주가 하락 위험을 방어한다. 만약 내재가치가 현재 주가보다 조금 높은 수준이라면, 그는 주식을 매수하지 않는다. 기업의 미래 현금흐름을 잘못 평가했을 경우 내재가치가 조금만 하락해도 주가 역시 떨어질 가능성이 높기 때문이다. 결국 투자 원금을 회수하기 어려운 상황이 발생할 수도 있다. 둘째, 내재가치 하락 위험을 줄일 수 있다. 예를 들어, 버핏이 한 기업을 내재가치보다 25% 할인된 가격에 매수했다고 가정하자. 이후 기업의 내재가치가 10% 하락하더라도 여전히 그의 매수 가격은 충분히 낮기 때문에 투자 수익을 얻을 수 있다. 따라서 충분한 안전마진을 확보한 상태에서 매수하면, 기업의 내재가치가 일부 변동하더라도 리스크를 최소화하면서 안정적인 수익을 기대할 수 있다.

안전마진은 예외적으로 높은 주식 수익률을 얻을 수 있는 기회를 제공하기도 한다. 버핏이 평균 이상의 경제적 수익을 내는 기업을 정확히 찾아낸다면, 장기적으로 해당 기업의 내재가치는 꾸준히 상승할 것이며, 주가 역시 기업의 수익률을 반영해 상승할 것이다. 예를 들어, 어떤 기업이 자기자본수익률 15%를 지속적으로 유지한다면, 같은 조건에서 10%의 수익을 내는 기업보다 주가 상승률이 더 높을 가능성이 크다. 또한 버핏이 안전마진 원칙을 활용해 우수한 기업을 내재가치보다 훨씬 저렴한 가격에 매수할 수 있다면, 나중에 시장이 기업의 적정 가치를 반영할 때 보너스 수익을 얻을 수 있다. 버핏은 이에 대해 다음과 같이 말했다. "시장은 신처럼 스스로 돕는 자를 돕는다. 하지만 신과 달리 시장은 자신이 무엇을 하고 있는지 모르는 자를 절대 용서하지 않는다."[47]

현명한 투자자

워런 버핏의 투자 방식과 철학에서 가장 두드러지는 특징은 주식을 보유한다는 것이 그저 종이 한 장을 소유하는 것이 아니라, 실제 기업을 소유하는 것과 같다는 점을 명확히 이해하고 있다는 것이다. 버핏은 기업의 전망, 경영진, 경제적 구조를 제대로 이해하지 않고 주식을 매수하는 것은 있을 수 없는 일이라고 말한다.

투자자는 선택할 수 있다. 기업의 주인처럼 행동하며 투자할 것인가,

단순히 주식시장에서 거래하는 행위를 즐기기 위해, 혹은 기업의 근본적인 가치와 관계없는 이유로 주식을 사고파는 것인가.

자신이 보유한 보통주를 단순히 "종이 한 장"이라고 생각하는 투자자들은 기업의 재무제표에서 멀어질 수밖에 없다. 그들은 주식시장의 끊임없이 변화하는 가격이, 기업의 재무제표보다 주식의 가치를 더 정확하게 반영한다고 믿는다. 이러한 투자자들은 주식을 마치 카드게임 하듯이 사고팔며, 보유한 종목을 쉽게 바꾸고 버린다. 버핏은 이를 가장 어리석은 행동이라고 본다. 그의 관점에서 보면 기업을 소유하는 것과 그 기업의 주식을 보유하는 것 사이에는 본질적인 차이가 없다. 두 경우 모두 같은 사고방식을 가져야 한다.

1956년 버핏이 "버핏 리미티드 파트너십"을 설립했을 때, 그는 먼저 보통주를 매수하는 방식으로 투자를 시작했다. 이후 그는 전체 기업을 인수하는 방식으로 투자 범위를 확장했다. 그 후 1969년 버크셔 해서웨이의 경영권을 완전히 장악한 버핏은 "완전 소유 기업 wholly owned businesses"에 집중했지만 곧 다시 보통주 투자도 병행하기 시작했다. 버핏의 생각 속에서 기업을 통째로 인수하는 것과 주식을 매수하는 것 사이에는 본질적인 차이가 없다. 두 가지는 서로 대체 가능한 개념이며, 같은 기준으로 투자 결정을 내려야 한다. 이러한 통찰은 워런 버핏이 투자자로서 보유한 "강력한 경쟁 우위"가 되었다. 대부분의 사람들은 기업 전체를 소유하는 경험과 보통주 투자를 병행한 것이 버핏의 엄청난 성공을 이끄는 중요한 요소였다는 사실을 제대로 인식하지 못한다.

비록 극소수의 투자자들만이 기업 전체를 직접 소유하면서 동시에 주식시장에 투자할 수 있는 혜택을 누릴 수 있지만, 기업을 완전히 소유하지 않는다고 해서 주식 투자 시 기업의 소유주처럼 사고하고 행동하는 것이 불가능한 것은 아니다.

버핏은 종종 앞으로 어떤 종류의 주식을 매수할 것인지에 대한 질문을 받는다. 이에 대해 그는 먼저 이렇게 말한다. "나는 신뢰할 수 없는 기업이나 경영진은 피할 것이다." 반대로 그가 매수할 주식은 다음과 같은 조건을 충족하는 기업이다. 첫째, 그가 이해할 수 있는 사업을 영위하는 기업, 둘째, 경제적으로 우수한 구조를 가진 기업, 셋째, 신뢰할 수 있는 경영진이 운영하는 기업이다. 버핏은 이에 대해 다음과 같이 설명한다. "훌륭한 기업이 항상 좋은 매수 기회가 되는 것은 아니다. 그러나 좋은 기업을 찾는 것은 좋은 출발점이 될 수 있다."[48]

CHAPTER 4.
보통주 매수
(5가지 사례 연구)

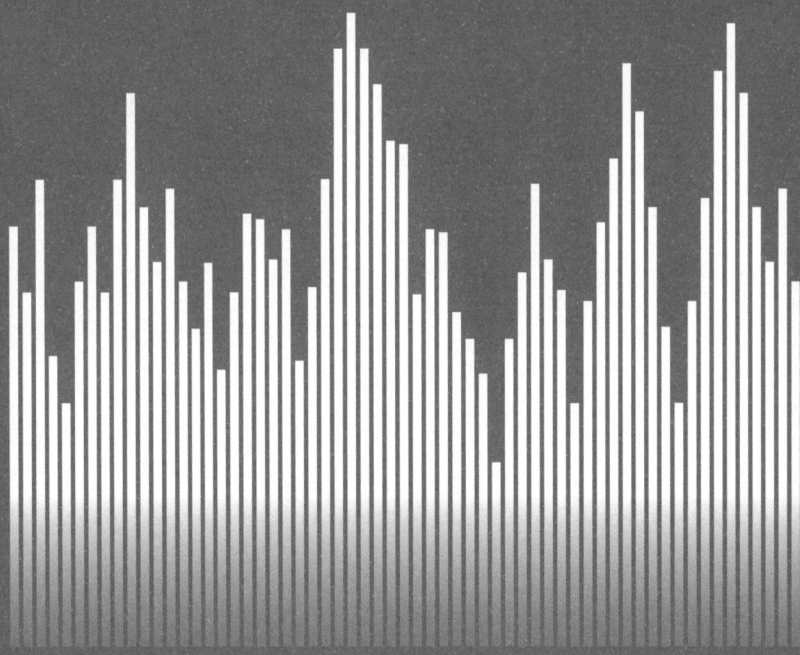

THE WARREN BUFFETT WAY

1965년 버핏 파트너십이 버크셔 해서웨이의 경영권을 획득했을 때, 주주자본은 절반으로 줄어들었고, 운영 손실은 1000만 달러(약 148억 1000만 원)를 초과했다. 버핏과 섬유 사업부를 담당했던 켄 체이스Ken Chace는 섬유 공장들을 재건하기 위해 열심히 노력했다. 하지만 결과는 실망스러웠고, 자기자본수익률은 두 자릿수에 도달하는 수준이었다.

암울한 상황 속에서도 희망적인 전망을 비추는 한 줄기 빛이 있었는데, 이는 바로 버핏이 보여준 뛰어난 주식 포트폴리오 운용으로, 다가올 일들의 신호탄이기도 했다. 버핏이 경영을 맡았을 때 회사는 290만 달러(약 42억 9490만 원) 규모의 시장성 있는 증권을 보유하고 있었다. 첫해 말, 버핏은 증권 계정을 540만 달러(약 79억 9740만 원)로 늘렸다. 1967년, 투자로 얻은 달러 수익은 10배나 더 큰 자기자본을 가진 섬유 사업부 전체 수익의 3배에 달했다.

다음 10년 동안 버핏은 몇 가지 현실을 직시하게 되었다. 첫째, 방직 사업의 본질상 높은 자기자본수익률을 기대하기 어렵다는 점이었다. 방직 제품은 본질적으로 경쟁업체와 차별화하기 어려운 상품이었다. 게다가 저임금 노동력을 활용하는 해외 경쟁업체들이 진출해 수익 마진을 압박하고 있었다. 둘째, 경쟁력을 유지하려면 방직 공장에 상당한 자본 투자가 필요했다. 하지만 이는 인플레이션 환경에서는 부담스러운 일이었으며, 사업 수익이 저조할 경우 더욱 치명적인 위험 요소가 될 수 있었다.

버핏은 이러한 어려움을 숨기려 하지 않았고, 여러 차례 자신의 생각을 설명했다. 방직 공장들은 그 지역에서 가장 큰 고용주였고, 직원들은 다른 기술 습득이 어려운 고령층이었다. 하지만 경영진은 높은 열정을 보여주었고, 노조는 합리적이었으며, 마지막으로 그는 섬유 사업이 어느 정도의 수익을 낼 수 있다고 믿었다.

특히 버핏은 적정 수준의 설비 투자를 통해 섬유 사업부에서 긍정적인 수익을 낼 수 있을 거라 기대한다는 점을 분명히 했다. "나는 기업 수익률을 몇 분의 1포인트 높이기 위해 수익성이 낮은 사업을 폐쇄하지는 않을 것입니다. 또한 매우 수익성이 높은 기업이라 하더라도 끝없는 손실이 예상되는 사업에 자금을 대는 것은 부적절하다고 생각합니다. 애덤 스미스는 내 첫 번째 제안에 동의하지 않을 것이고, 칼 마르크스는 두 번째 제안에 동의하지 않을 것입니다. 저는 가운데(중도에) 있어야 편하게 느껴집니다."[1]

1980년 연례 보고서에는 섬유 사업부의 미래에 대한 불길한 징후들이 드러났다. 그해 섬유 사업부는 회장 서한에서 가장 먼저 언급되는 주요 사업의 위치를 잃었다. 이듬해에는 아예 언급조차 되지 않았다. 그리고 마침내 버핏은 불가피한 결정을 했다. 1985년 7월, 버핏은 방직 부문의 사업을 정리하며, 약 100년간 이어져 온 이 사업의 역사를 끝맺었다.

이 경험이 완전한 실패는 아니었다. 첫째, 버핏은 기업 회생에 대한 귀중한 교훈을 얻었다. 기업 회생은 거의 성공하지 못한다. 둘째, 방직 부문은 초기에 보험회사를 인수할 수 있을 만큼의 자본을 창출했고, 훨씬 긍정적인 이야기로 이어졌다.

1967년 3월, 버크셔 해서웨이는 860만 달러(약 127억 3660만 원)를 들여 오마하에 본사를 둔 두 보험회사의 발행주식을 매입했다. 내셔널 인뎀니티National Indemnity Company와 내셔널 파이어 앤드 마린 보험National Fire & Marine Insurance Company이었다. 이는 놀라운 성공 스토리의 시작이었다. 섬유 회사로서의 버크셔 해서웨이는 오래 살아남지 못했지만, 이를 포괄하는 투자 회사로서의 버크셔 해서웨이가 도약하는 순간이었다.

노련한 주식 투자자인 버핏에게는 완벽한 상황이었다. 그는 2년 만에 새로 인수한 두 보험회사의 주식과 채권 포트폴리오를 3200만 달러(약 473억 9200만 원)에서 약 4200만 달러(약 622억 200만 원)로 늘렸다. 동시에 보험사업 자체도 매우 순조롭게 진행되었다. 단 1년 만에 내셔널 인뎀니티의 순수익은 160만 달러(약 23억 6960만 원)에서 220만 달러(약 32억 5820만 원)로 증가했다.

이 현상을 제대로 이해하기 위해서는 보험회사를 소유하는 것의 진정한 가치를 인식해야 한다. 보험회사는 좋은 투자 대상이 될 수도 있고, 그렇지 않을 수도 있다. 하지만 보험회사 자체는 투자 수단 측면에서 좋은 선택이 될 수 있다. 보험계약자들은 보험료를 납부함으로써 유동성이라 불리는 지속적인 현금흐름을 제공한다. 버핏은 이를 다음과 같이 설명한다.

> 우리가 손해보험 사업에 매력을 느낀 이유 중의 하나는 그 재무적 특성 때문이다. 손해보험사는 보험료를 선불로 받고 나중에 보험금을 지급한다. '지금 받고 나중에 지급하는' 모델은 손해보험사가 큰 금액을 보유하게 한다. 우리는 이 돈을 '유동성'이라고 부르는데, 이는 결국 다른 이들에게 지급될 돈이다. 그 사이에 보험사는 유동성을 자신들의 이익을 위해 투자할 수 있다.
> 만약 우리의 보험료 수입이 총비용과 최종 손실을 초과한다면, 우리는 유동성이 창출하는 투자 수익에 더해지는 보험 인수 이익을 기록하게 된다. 이런 수익이 발생할 때, 우리는 무료 자금을 사용할 수 있을 뿐만 아니라 더 나아가 그것을 보유하는 대가까지 받게 된다.[2]

보험회사는 매년 예상 손해배상금을 지급하기 위해 현금과 단기 국채를 일정 부분 확보해 두고, 나머지 자금을 투자에 활용한다. 손해배상금이 언제 지급될지 정확히 예측하기 어려운 만큼, 대부분의 보험사는 유동성을 확보하기 위해 주식과 채권 같은 시장성 있는 증권에 투자하는 것을 선호한다. 이러한 특성 덕분에, 워런 버핏은 건실한 보험사 두 곳을 인수했을 뿐만 아니라 투자 운용에 최적화된 강력한 금융 플랫폼을 확보하게 되었다. 이후 10년 동안 그는 추가로 보험사 세 곳을 인수하고 다섯 곳을 신규 설립했다. 그의 행보는 멈추지 않았다. 2023년 기준, 버크셔 해서웨이는 앨러게니 코퍼레이션 Alleghany Corporation, 제너럴 리

General Re, 가이코를 포함한 13개의 보험회사를 소유하고 있다.

오랜 세월 동안 버핏의 보통주 투자 사례들은 버크셔 해서웨이의 전설이 되었다. 성공도 있었고 실패도 있었지만, 예상대로 그는 삼진보다 안타를 훨씬 더 많이 쳤으며, 몇 차례 대형 홈런도 기록했다. 그의 모든 투자에는 각각의 특별한 이야기가 있다. 1973년 워싱턴 포스트 인수는 1980년 가이코 인수와 전혀 다른 방식으로 이루어졌으며, 1985년 캐피탈 시티즈에 5억 1700만 달러(약 7656억 7700만 원)를 투자해 톰 머피가 미국 방송 회사 ABC를 인수하도록 도운 사례는, 이후 코카콜라에 10억 달러(약 1조 4810억 원)를 투자한 방식과도 전혀 달랐다.

이 4개 기업의 공통점은 각각 영구 보유 전략이 적용되었다는 점이다. 즉, "죽을 때까지 함께하는 till-death-do-us-part" 투자 대상이었다. 이는 버크셔가 직접 경영권을 행사하는 기업들과 동일한 수준의 장기적 헌신을 의미한다. 이렇게 엄선된 보통주 포트폴리오에 더해, 역사적으로 워런 버핏의 가장 위대한 투자로 기록될 가능성이 높은 한 가지 사례를 추가로 살펴볼 것이다. 그것은 360억 달러(약 53조 3160억 원)를 투입해 세계에서 가장 높은 시가총액을 기록한 기업, 애플의 지분 5.9%를 매입한 것이다. 현재 이 지분 가치는 1620억 달러(약 239조 9220억 원)로 성장했으며, 이는 버크셔 해서웨이 전체 시가총액의 약 20%를 차지하고 있다.

워런 버핏의 사고방식을 더 깊이 이해하고자 하는 사람에게 이 5개의 보통주 투자는 중요한 공통적인 특징을 공유한다. 그것은 바로 버핏의 사업, 경영, 재무, 가치 투자 원칙을 관찰할 수 있는 기회를 제공한다는 점이다. 당시 이들 기업은 버핏의 투자 기준을 충족하는 속성을 지니고 있었으며, 바로 이러한 속성들이 연구할 가치가 있는 요소다.

워싱턴 포스트

1931년 〈워싱턴 포스트〉는 미국의 수도에서 독자를 두고 경쟁하는 5개의 일간지 중 하나였다. 그러나 2년 뒤, 이곳은 신문 용지 비용을 감당하지 못해 법정관리에 들어갔다. 그해 여름, 회사는 채권자들의 채무를 변제하기 위해 경매에 부쳐졌다. 금융업계에서 성공한 백만장자 유진 마이어Eugene Meyer는 워싱턴 포스트를 82만 5000달러(약 12억 2183만 원)에 인수했다. 그 후 20년 동안 마이어는 신문사가 수익을 낼 때까지 운영을 지원했다. 신문사의 경영권은 거의 사위 필립 그레이엄Philip Graham에게 넘어갔다. 하버드대학교 출신의 뛰어난 법률가였던 그레이엄은 마이어의 딸 캐서린 그레이엄Katharine Graham의 남편이었다. 1954년, 필립 그레이엄은 유진 마이어를 설득해 경쟁 신문사인 타임스-헤럴드Times-Herald를 인수하도록 했다. 이후 그레이엄은 뉴스위크Newsweek 잡지사와 TV 방송사 두 곳도 인수했지만, 1963년 비극적인 선택으로 생을 마감했다. 워싱턴 포스트를 단순한 신문사가 아닌 종합 미디어 및 커뮤니케이션 기업으로 변모시킨 공로는 필립 그레이엄에게 있다.

그레이엄이 죽은 뒤, 워싱턴 포스트의 경영권은 캐서린이 맡았다. 그는 대기업을 운영한 경험이 전혀 없었지만, 곧바로 난관을 돌파하며 경영자로서 두각을 드러냈다. 캐서린의 성공 비결 중 하나는 워싱턴 포스트에 대한 그의 애정이었다.[3] 그는 아버지와 남편이 회사를 유지하기 위해 얼마나 고군분투했는지를 지켜보며, 신문사가 성공하려면 단순한 관리자가 아니라 결단력 있는 의사 결정자가 필요하다는 점을 깨달았다. 그는 "나는 곧바로 깨달았다. 세상은 가만히 멈춰 있지 않는다는 것을 말이다. 결정을 내려야만 한다"라고⁴ 말했다. 그리고 그는 두 가지 중대한 결정을 내렸는데, 이는 워싱턴 포스트의 역사에 큰 영향을 미쳤다. 첫째, 벤 브래들리Ben Bradlee를 편집국장으로 영입했고, 둘째, 워런 버핏을 이사회 이사로 초청했다. 벤 브래들리는 캐서린 그레이엄에게 "펜타곤 페이퍼Pentagon Papers"*를 보도하도록 설득했고, 이후 워터게이트Watergate 사건을 끝까지 파헤치게 했다. 이로 인해 〈워싱턴 포스트〉는 퓰리처상을 수상하는 탐사 저널리즘의 아이콘이 되었다. 한편 워런 버핏은 캐서린 그레이엄에게 성공적인 기업 경영법을 가르쳤다.

워런 버핏은 1971년에 캐서린 그레이엄을 처음 만났다. 당시 버핏은 "뉴요커New Yorker"의 주식을 보유하고 있었으며, 잡지가 매물로 나올 수도 있다는 소문을 들었다. 이에 버핏은 워싱턴 포스트가 뉴요커를 인수하는 데 관심이 있는지 캐서린 그레이엄에게 물었다. 인수는 성사되지 않았지만, 버핏은 워싱턴 포스트의 발행인인 캐서린 그레이엄에게 깊은 인상을 받게 되었다.

당시 워싱턴 포스트는 재무 구조상 변화를 앞두고 있었다. 유진과 아그네스 마이어Agnes Meyer가 설정한 신탁 조건에 따라, 캐서린과 필립 그레이엄이 워싱턴 포스트의 의결권 주식을 모두 보유하고 있었다. 필립 그레이엄이 사망한 후, 캐서린 그레이엄이 회사의 경영권을 승계했고 유진 마이어는 직원들의 헌신과 충성심에 대한 보답으로 수천 주의 워싱턴 포스트 비상장 주식private stock을 수백 명의 직원들에게 증여했

---

* 미국 국방부가 베트남 전쟁의 기원과 개입 과정을 분석한 비밀 보고서로, 1971년 〈뉴욕 타임스〉와 〈워싱턴 포스트〉를 통해 폭로된 문건이다.

다. 또한 회사의 "이익분배제도profit-sharing plan"를 비상장 주식으로 지원했다. 회사가 성장함에 따라 워싱턴 포스트의 주가는 1950년대 주당 50달러(약 7만 4050원)에서 1971년에 1154달러(약 171만 원)로 급등했다. 그러나 이익분배제도와 직원의 개인 보유 주식으로 인해, 회사는 지속적으로 주식 거래 시장을 유지해야 하는 부담을 안게 되었다. 이는 회사의 현금을 비효율적으로 활용하는 원인이 되었다. 게다가 그레이엄 및 마이어 가문은 막대한 상속세 부담을 지게 되었다. 결과적으로 기업공개를 통해 워싱턴 포스트를 상장하는 것이 회사의 유동성을 개선하고, 직원들의 이익을 보호하며, 창립 가문의 재정 문제도 해결하는 최적의 선택이 될 수 있었다.

1971년, 캐서린 그레이엄은 워싱턴 포스트를 "상장"하기로 결정했다. 이를 통해 회사는 자체적으로 주식 거래 시장을 유지해야 하는 부담이 사라졌고, 창립 가문의 후계자들이 더 효과적으로 재산을 관리할 수 있는 길이 열렸다. 이 과정에서 워싱턴 포스트의 주식은 두 등급으로 분리되었다. 클래스 A 보통주는 이사회 과반수를 선출할 권리를 가질 수 있었고, 클래스 B 보통주는 이사회 일부를 선출할 수 있는 권리를 가졌다. 캐서린 그레이엄은 클래스 A 주식의 50%를 보유하고 있었으며, 이를 통해 사실상 회사의 지배력을 유지할 수 있었다. 1971년 6월, 워싱턴 포스트는 135만 4000주의 클래스 B 주식을 신규 발행했다. 놀랍게도 단 이틀 후 정부의 강력한 압박에도 불구하고, 캐서린 그레이엄은 벤 브랜들리의 펜타곤 페이퍼 보도를 승인했다. 이후 1972년 클래스 A와 B의 가격은 꾸준히 상승해, 1월 주당 24.75달러(약 3만 6700원)였던 가격이 12월에는 38달러(약 5만 6300원)까지 올랐다.

하지만 월스트리트의 분위기는 점점 어두워졌다. 1973년 초, 다우존스 산업평균지수는 하락세를 보이기 시작했다. 봄이 되자, 다우지수는 100포인트 이상 하락해 921까지 떨어졌다. 워싱턴 포스트의 주가도 동반 하락하며, 5월에는 주당 23달러(약 3만 4100원)까지 떨어졌다. 당시 월스트리트 브로커들은 IBM 주식이 69포인트 이상 급락하며 200일 이동평균선을 하향 돌파한 것을 두고 우려를 나타냈다. 전문가들은 이를 전체 시장에 대한 악재라고 경고했다. 같은 달, 금값은 온스당 100달러(약 14만 8100원)를 넘어섰고, 미국 연방준비제도Federal Reserve는 할인율을 6%로 인상했다. 이에 따라 다우지수는 또다시 18포인트 하락했는데, 3년 만에 가장 큰 손실을 기록했다. 6월에 접어들자, 연준은 할인율을 한 번 더 인상했고, 다우지수는 900선이 무너지면서 급락했다. 그러나 이 와중에도 워런 버핏은 조용히 워싱턴 포스트의 주식을 사들이고 있었다. 1973년 6월까지 버핏은 평균 주당 22.75달러(약 3만 3700원)에 46만 7150주를 매입했으며, 총 액수는 1062만 8000달러(약 157억 4006만 원)에 달했다.

처음에 캐서린 그레이엄은 불안감을 느꼈다. 가족이 아닌 사람이 워싱턴 포스트의 주식을 대량으로 보유하는 것은 비록 지배권이 없는 주식이라 해도 불편한 일이었다. 그러나 버핏은 버크셔 해서웨이의 매수가 순수한 투자 목적이며, 경영권 개입 의사가 없다고 캐서린을 안심시켰다. 더욱 신뢰를 주기 위해, 버핏은 캐서린의 아들 돈 그레이엄Don Graham에게 버크셔 해서웨이가 보유한 주식의 의결권을 위임하는 방안을 제안했다. 돈 그레이엄은 1966년 하버드대학교를 차석으로 졸업했고, 전공은 영국 역사와 문학이었으며, 대학 신문인 〈크림슨Crimson〉의 편집장을 역임했다. 1971년, 워싱턴 포스트에 도시 담당 기자로 입사했으며, 이후 뉴스위크에서 10개월 동안 기자로 일한 후, 1974년 다시 워싱턴 포스트로 복귀해 스포츠 부문 부편집장이 되었다.

버핏이 돈 그레이엄에게 워싱턴 포스트 주식의 의결권을 위임하겠다는 제안은 캐서린 그레이엄에게 결정적인 신뢰를 주었다. 이에 캐서린은 버핏을 워싱턴 포스트 이사회로 초대했으며, 곧바로 그를 재무위원회 의장으로 임명했다. 워런 버핏이 워싱턴 포스트에서 한 역할은 널리 알려져 있다. 그는 1970년대 언론인 파업 기간 당시 캐서린 그레이엄이 버틸 수 있게 도왔다. 또 돈 그레이엄에게 경영 수업을 하며, 경영자의 역할과 주주에 대한 책임을 가르쳤다. 돈 그레이엄은 버핏의 모든 가르침을 귀담아듣는 열정적인 학생이었다. 몇 년 뒤, 워싱턴 포스트의 CEO가 된 돈 그레이엄은 다음과 같이 다짐했다. "우리는 주주, 특히 단기 실적이 아니라 장기적인 관점을 가진 주주들의 이익을 위해 회사를 경영할 것이다. 분기별, 혹은 연간 실적에 연연해 하지 않겠다." 그는 또한 다음과 같이 약속했다. "비용 관리를 철저히 하겠으며, 회사의 현금을 사용할 때도 엄격한 기준을 적용하겠다."[5]

◆ 원칙: 단순하고 이해하기 쉬운 사업

워런 버핏의 할아버지는 한때 네브래스카주 웨스트포인트에서 주간지 〈커밍 카운티 데모크라트Cuming County Democrat〉의 소유주이자 편집장이었다. 그의 할머니는 신문사에서 일을 도왔으며, 가족이 운영하는 인쇄소에서 활자를 조판하기도 했다. 그의 아버지는 네브래스카대학교에 다니는 동안 〈데일리 네브래스칸Daily Nebraskan〉 편집장을 맡기도 했다. 버핏 또한 한때 〈링컨 저널Lincoln Journal〉의 유통 관리자로 일했다. 이 때문에 일부 사람들은 만약 버핏이 투자자로서의 길을 걷지 않았다면, 아마도 언론계에서 경력을 쌓았을 것이라고 추측하기도 한다.

1969년, 버핏은 첫 번째 신문사인 오마하 선Omaha Sun과 몇 개의 지역 주간지를 인수했다. 버핏은 고품질 저널리즘을 존중했지만, 언론사를 무엇보다도 "비즈니스"로 바라보았다. 그는 신문사 소유주가 기대해야 할 보상은 사회적 영향력이 아니라, 수익이라고 생각했다. 오마하 선을 소유하면서 버핏은 신문사의 운영 역학을 직접 경험했다. 그렇게 그는 신문사를 실제로 소유하며 4년 동안 실전 경험을 쌓았고, 처음으로 워싱턴 포스트의 주식을 매입하게 되었다.

◆ 원칙: 일관된 운영 역사

워런 버핏은 버크셔 해서웨이 주주들에게 자신과 워싱턴 포스트가 첫 번째 재정적 관계를 맺은 건 열세 살 때였다고 말했다. 당시 그는 아버지가 의원이었을 시절, 신문 배달 아르바이트를 하면서 〈워싱턴 포스트〉와 〈타임스-해럴드〉를 함께 배달했다. 버핏은 종종 농담 삼아 "나는 필립 그레이엄이 타임스-해럴드를 인수하기 훨씬 전에 이미 두 신문을 통합시킨 셈이다"라고 말하곤 했다. 그만큼 그는 워싱턴 포스트의 오랜 역사를 잘 알고 있었다. 또한 〈뉴스위크〉 지는 예측 가능한 사업이라고 생각했다. 그뿐만 아니라 워싱턴 포스트는 수년간 자사 방송 부문의 뛰어난 실적을 보고해 왔으며, 버핏은 곧바로 이 회사가 보유한 TV 방송국의 가치가 상당하다는 점을 깨달았다. 이처럼 버핏은 기업을 운영한 경험과 신문사 운영에서 쌓은 자신의 성공 경험으로 워싱턴 포스트가 지속적이고 신뢰할 만한 경영 실적을 보이는 기업이라고 판단했다.

◆ 원칙: 장기적으로 유리한 전망

버핏은 1984년에 이런 글을 썼다. "지배적인 신문의 경제적 수익성은 탁월하며, 세계에서 가장 뛰어난 수준이다."[6] 여기서 주목해야 할 점은 버핏의 이 말이 신문을 포함한 미디어 산업에 대한 인터넷의 영향력이 실현되기 10년 전에 이루어졌다는 것이다.

1980년대 초, 미국에는 약 1700개의 신문사가 있었으며, 이 중 1600개는 직접적인 경쟁 상대 없이 운영되었다. 버핏은 신문사의 소유주들이 매년 거둬들이는 높은 수익의 이유로 자신들 신문의 뛰어난 저널리즘을 꼽고 싶어 한다고 말했다. 그러나 실제로는 "심지어 삼류 신문이라도 그 지역의 유일한 신문이라면 상당한 이익을 낼 수 있다." 물론 고품질 신문이 더 넓은 독자층을 확보할 가능성이 높지만, 버핏은 "심지어 평범한 신문이라도 지역사회에는 필수적인 존재"라고 설명했다. 이유는 신문이 일종의 공공 게시판 역할을 하기 때문이다. 즉, 지역의 모든 기업, 주택 매도자, 그리고 지역사회에 메시지를 전달하고 싶은 모든 사람이 신문을 활용한다는 것이다. 이 점에서 캐나다의 미디어 사업가인 로드 톰슨Lord Thomson과 마찬가지로 버핏은 신문사를 소유하는 것이 지역 내 광고를 원하는 모든 기업으로부터 로열티를 받는 것과 같다고 믿었다.

버핏은 신문사가 강력한 독점적 지위를 가질 뿐만 아니라 경제적 무형 자산economic goodwill을 보유하고 있다고 보았다. 즉, 신문사의 가치는 장부 가치나 유형 자산보다 훨씬 크다는 것이다.

또한 신문사는 자본 수요가 적어 매출을 쉽게 이익으로 전환할 수 있다. 비록 고가의 전산화된 인쇄기나 전자 뉴스룸 시스템을 도입하는 데 큰 비용이 들더라도, 이는 고정 임금 절감 효과로 인해 빠르게 상쇄된다. 특히 1970년대와 1980년대 초, 극심한 인플레이션 시기에도 신문사들은 쉽게 가격을 인상할 수 있었으며, 이를 통해 투자 자본 대비 평균 이상의 수익률을 기록할 수 있었다.

◆ 원칙: 가치 평가

1973년 워싱턴 포스트의 총 시가총액은 8000만 달러(약 1185억 원)였다. 그러나 버핏은 다음과 같이 주장했다. "대부분의 애널리스트, 언론 중개인, 언론 중역들은 워싱턴 포스트의 내재가치를 4억~5억 달러(약 5924억~7405억 원)로 평가할 것이다."[7] 그렇다면 버핏은 어떻게 이 가치를 계산했을까? 그의 계산 방식을 따라가 보자.

우선 오너 어닝부터 계산해 보자. 오너 어닝은 다음과 같이 산출된다. 순이익(1330만 달러)에 감가상각비 및 무형자산상각비(370만 달러)를 더하고, 자본적 지출(660만 달러)을 빼면 1973년 오너 어닝은 1040만 달러(약 154억 원)가 된다. 이제 이 수치를 장기 미국 국채 수익률(6.81%)로 나누면, 워싱턴 포스트의 가치는 1억 5000만 달러(약 2221억 5000만 원)가 된다. 이는 시장 가치의 약 2배에 해당하지만 버핏의 평가액에는 여전히 미치지 못하는 수준이었다.

버핏에 따르면, 장기적으로 신문사의 자본적 지출은 감가상각비 및 무형자산상각비와 비슷한 수준이 되므로, 순이익이 오너 어닝과 거의 일치할 것이다. 이를 고려하면, 단순히 순이익을 무위험 수익률(10년 만기 미국 국채 수익률, 6.81%)로 나누는 방식으로 기업 가치를 계산할 수 있다. 이 방법을 적용하면, 워싱턴 포스트의 가치는 1억 9600만 달러(약 2902억 7600만 원)로 산출된다.

여기서 계산을 멈추면, 오너 어닝이 단순히 인플레이션 상승률만큼 증가한다는 가정을 하게 된다. 하지만 신문사는 독점적인 시장 지위를 가진 경우가 많아 물가상승률보다 더 높은 비율로 가격을 올릴 수 있는 힘을 가지고 있다. 만약 워싱턴 포스트가 실질 가격을 연간 3%씩 인상할 수 있다고 가정하면, 기업 가치는 약 3억 5000만 달러(약 5183억 5000만 원)에 가까워진다. 또한 버핏은 회사의 세전 이익률이 10%로, 과거 평균인 15%보다 낮다는 점을 알고 있었다. 그리고 캐서린 그레이엄이 이익률을 다시 15% 수준으로 회복시키겠다는 강한 의지를 가지고 있다는 것도 잘 알고 있었다. 만약 세전 이익률이 15%까지 개선된다면, 회사의 현재가치는 1억 3500만 달러(약 1999억 3500만 원)로 추가 상승하며, 워싱턴 포스트의 총 내재가치는 4억 8500만 달러(약 7182억 8500만 원)에 이를 것으로 추정했다.

◆ 원칙: 매력적인 가격에 매수하기

가장 보수적인 방식으로 계산하더라도 워런 버핏은 워싱턴 포스트를 내재가치의 절반 이하 가격에 매수했다. 그러나 버핏은 자신이 실제로는 내재가치의 4분의 1도 안 되는 가격에 매수했다고 주장했다. 어느 쪽이든, 그는 당시 시장 가치보다 상당히 할인된 가격에 이 기업을 매입한 것이 분명했다. 따라서 그는 벤저민 그레이엄이 강조한 원칙인 "할인된 가격에 매입하면 안전마진이 확보된다"는 투자 원칙을 충실히 따른 셈이었다.

◆ 원칙: 자기자본수익률

버핏이 워싱턴 포스트의 주식을 매입했을 당시, 회사의 자기자본수익률은 15.7%였다. 이 수치는 당시 평균 신문사들과 비슷한 수준이었으며, S&P 500 지수 평균보다 약간 높은 정도였다. 하지만 5년이 지나자 워싱턴 포스트의 자기자본수익률은 2배가 되었다. 그때쯤 자기자본수익률은 S&P 500 지수보다 2배 높고, 평균 신문사보다 50% 더 높은 수준이었다. 그 후 10년 동안 워싱턴 포스트는 업계 최상의 자기자본수익률을 유지했고, 1988년에는 최고 36%에 달했다.

이러한 평균 이상의 수익률은 워싱턴 포스트가 장기적으로 부채를 줄여왔다는 점을 고려하면 더욱 인상적이다. 1973년, 회사의 장기 부채 대비 자기자본 비율은 37%였으며, 이는 신문업계에서도 두 번째로 높은 수준이었다. 그러나 놀랍게도 1978년까지 캐서린 그레이엄은 회사의 부채를 70% 감축하는 데 성공했다. 1983년에는 장기 부채 대비 자기자본 비율이 2.7%까지 낮아졌으며, 이는 당시 신문업계 평균의 10분의 1 수준이었다. 하지만 워싱턴 포스트의 자기자본수익률은 업계 평균보다 10%

더 높았다. 그러나 1986년, 회사는 이동통신 시스템 투자와 캐피탈 시티즈의 53개 케이블 방송 시스템을 인수하면서 부채가 이례적으로 3억 3600만 달러(약 4976억 1600만 원)까지 증가했다. 그러나 불과 1년 만에 부채를 1억 5500만 달러(약 2295억 5500만 원)로 줄였다. 그리고 1992년까지 장기 부채는 5100만 달러(약 755억 3100만 원)로 줄어들었으며, 부채 대비 자기자본비율도 5.5%로 낮아졌다. 같은 기간 업계 평균은 42.7%였던 점을 감안하면, 워싱턴 포스트의 재무 건전성이 훨씬 뛰어났음을 알 수 있다.

◆ 원칙: 수익률

워싱턴 포스트가 상장된 지 6개월 후, 캐서린 그레이엄은 월스트리트의 애널리스트들을 만났다. 그는 회사의 운영 수익을 극대화하는 것이 최우선 과제라고 강조했다. 당시 워싱턴 포스트의 TV 방송국과 뉴스위크의 수익성은 계속 상승하고 있었지만, 신문 부문의 수익은 정체 상태였다. 캐서린 그레이엄은 그 이유가 높은 생산비, 특히 임금 문제 때문이라고 설명했다. 워싱턴 포스트가 타임스-해럴드를 인수한 후 판매량은 급증했지만, 문제는 노조가 파업할 때마다(1949, 1958, 1966, 1968, 1969년), 경영진은 신문 발행 중단 위험을 감수하기보다 노조의 요구를 받아들이는 선택을 했다. 당시 워싱턴 D.C에는 여전히 신문사 세 곳이 경쟁하고 있었고, 1950년대부터 1960년대 동안 계속 증가하는 임금 상승 압박으로 회사의 수익성이 둔화되었다. 이에 대해 캐서린 그레이엄은 애널리스트들에게 "이 문제를 반드시 해결하겠다"고 공언했다.

1970년대 들어 노조 계약이 만료되기 시작하자, 캐서린 그레이엄은 강경한 입장을 고수하는 노동협상가들을 기용했다. 1974년, 회사는 신문 길드Newspaper Guild의 파업을 무력화하는 데 성공했고, 긴 협상 끝에 인쇄공 노조도 새로운 계약에 합의했다. 그러나 1975년 인쇄공 노조의 파업은 더욱 치열한 충돌로 번졌다. 파업은 격렬하고 폭력적인 양상으로 전개되었으며, 인쇄공들은 파업에 돌입하기 전 인쇄실을 고의적으로 훼손해 여론의 지지를 잃었다. 이에 맞서 경영진이 직접 인쇄기를 가동했고, 신문 길드와 인쇄공 노조 일부는 업무에 복귀했다. 그리고 4개월 후, 캐서린 그레이엄은 비노조 인쇄공을 채용하겠다고 선언했다. 결국, 회사가 승리했다.

1970년대 초, 금융 언론은 워싱턴 포스트의 수익성을 두고 "최상으로 평가해야 신사적인 C등급 수준"이라고 혹평했다.[8] 실제로 1973년 워싱턴 포스트의 세전 이익률은 10.8%에 불과했으며, 이는 1960년대 평균이었던 15%보다 훨씬 낮은 수준이었다. 그러나 노조 계약을 성공적으로 재협상한 후 회사의 재무 상황은 크게 개선되었다. 1988년에는 세전 이익률이 31.8%까지 상승했으며, 이는 신문 업계 평균(16.9%)과 S&P 산업 평균(8.6%)을 크게 상회하는 수준이었다.

◆ 원칙: 합리적인 경영

워싱턴 포스트는 주주들에게 상당한 현금흐름을 창출하는 기업이었다. 그러나 핵심 사업에서 높은 수익률로 재투자할 수 있는 기회가 줄어들면서 많은 현금이 발생했다. 경영진은 주주들에게 배당이나 자사주 매입을 통해 이익을 환원하거나 새로운 투자 기회를 모색해야 하는 두 가지 선택에 직면했다. 워런 버핏은 기업이 초과 현금 이익을 주주들에게 돌려주는 것을 선호했다. 이에 따라 캐서린 그레이엄이 CEO로 재직하던 시절, 워싱턴 포스트는 업계 최초로 대규모 자사주 매입을 단행한 신문사가 되었다. 1975년부터 1991년까지, 회사는 전체 발행 주식의 43%를 평균 주당 60달러(약 8만 8860원)에 매입하는 놀라운 규모의 자사주 매입을 진행했다.

기업이 주주들에게 자금을 환원하는 또 다른 방법은 배당금을 증액하는 것이다. 1990년, 회사는 대규모 현금 보유량을 감안해 연간 배당금을 주당 1.84달러에서 4달러로 인상하기로 결정했다. 이는 117% 증가한 수치였다.

◆ 원칙: 1달러 전제

버핏의 목표는 기업이 유보이익을 얼마나 효과적으로 활용하는지 평가하는 것이다. 그는 유보된 1달러가 최소 1달러 이상의 시장 가치 상승으로 이어지는 기업을 선택하려고 한다. 이 기준을 적용하면, 장기적으로 경영진이 자본을 최적의 방식으로 운용해 온 기업을 빠르게 식별할 수 있다. 만약 기업이 유보이익을 사업에 재투자해 평균 이상의 수익률을 창출하고, 그 수익이 자본 비용보다 높다면, 기업의 시장 가치가 이에 비례하여 더 큰 폭으로 상승하는 형태로 나타날 것이다.

1973년부터 1992년까지 워싱턴 포스트는 소유주들을 위해 총 17억 5500만 달러(약 2조 5991억 5500만 원)의 수익을 올렸다. 이 중 2억 9900만 달러(약 4428억 1900만 원)를 배당 및 자사주 매입을 통해 주주들에게 환원했으며, 14억 5600만 달러(약 2조 1563억 3600만 원)를 회사에 재투자했다. 1973년 워싱턴 포스트의 시장 가치는 총 8000만 달러(약 1184억 8000만 원)였다. 1992년에는 26억 3000만 달러(약 3조 8950억 3000만 원)로 성장했다. 그 20년 동안 회사가 유보한 1달러당 1.75달러의 시장 가치를 창출한 셈이다.

워싱턴 포스트의 성공을 평가하는 또 다른 방법이 있다. 윌리엄 손다이크William Thorndike는 그의 저서 《현금의 재발견》에서, 워싱턴 포스트와 CEO인 캐서린 그레이엄의 성과를 분석했다.

"1971년 워싱턴 포스트의 기업공개 이후, 캐서린 그레이엄이 1993년 회장직에서 물러날 때까지 회사의 주주 연평균 복리 수익률은 22.3%로 놀라운 수치를 기록했다. 이는 S&P 500(7.4%)과 업계 평균(12.4%)을 압도적으로 뛰어넘는 성과였다. 기업공개 시점에 1달러를 투자했다면, 그가 은퇴할 무렵 그 가치는 89달러로 증가했다. 같은 기간 S&P 500 지수에 투자했다면 5달러, 동종 업계 평균을 따라갔다면 14달러에 불과했다. 즉, 캐서린 그레이엄은 S&P 500을 18배 초과하는 성과를 냈으며, 업계 평균보다 6배 더 높은 성과를 거두었다. 그는 22년 동안 미국 최고의 신문사 경영자였으며, 그 차이는 압도적이었다."[9]

1990년대 초, 버핏은 신문사를 포함한 미디어 기업들의 가치가 예상보다 더 크게 하락할 운명에 처해 있다는 결론에 이르렀다. 광고주들은 더 저렴한 방식으로 고객들에게 도달할 수 있는 방법을 찾고 있었다. 케이블 TV, 직접 우편 광고, 신문 광고 삽지, 그리고 무엇보다 인터넷이 그 대안이었다.

버핏이 말했다. "사실 신문, TV, 그리고 잡지 산업은 점점 독점 사업이 아니라, 일반적인 사업처럼 움직이기 시작했다." 그가 말한 독점 사업이란 소비자들이 원하는 상품이나 서비스를 보유하고 있으며, 그 수요가 높고, 가장 중요한 점은 대체할 수 없는 독점적 지위를 가지고 있는 기업을 의미한다. 그러나 케이블 TV와 인터넷의 등장으로 이 상황이 완전히 바뀌었다. 버핏은 이렇게 설명했다. "정보와 엔터테인먼트를 원하는 소비자들에게 선택지가 훨씬 다양해졌다. 하지만 문제는 새로운 공급이 늘어났다고 해서 수요가 무한정 증가할 수는 없다는 것이다. 미국에는 5억 개의 눈(독자 및 시청자)과 하루 24시간이라는 한계가 있을 뿐이다. 그 결과 경쟁이 심화되었고, 시장이 분산되었으며, 미디어 기업들은 독점적 지위를 일부 잃어버리게 되었다."[10]

미디어 산업의 구조적 변화로 인해 신문사들의 수익은 줄어들었고, 이는 기업의 내재가치 하락으로 이어졌다. 많은 지역 신문들이 폐간되었고, 일부 신문사들은 수익성 하락을 보완하기 위해 합병을 선택했다. 그러나 워싱턴 포스트는 다른 신문사들보다 비교적 타격을 덜 받았다. 버핏은 그 이유를 이렇게 설명했다. 먼저, 워싱턴 포스트의 장기 부채는 5000만 달러(약 740억 5000만 원) 수준으로 낮았으며, 현금 보유량은 4억 달러(약 5924억 원) 이상이었다. 특히 워싱턴 포스트는 사실상 부채가 없는 상태에서 운영되던 유일한 상장 신문사였다. 즉, 다른 신문사들과 달리 워싱턴 포스트는 부채 부담에 발목 잡히지 않았기 때문에, 기업의 내재가치 하락 폭이 상대적으로 작았다.

그로부터 20년 후, 2013년 아마존의 창업자인 제프 베이조스Jeff Bezos는 워싱턴 포스트를 2억 5000만 달러(약 3702억 5000만 원)에 인수했다. 한때 엄청난 가치를 자랑하던 신문사의 매각 가격으로는 상상조차 할 수 없었던 수준이었다. 한편, 워싱턴 포스트에서 남은 사업 부문은 7개의 TV 방송국, 케이블 네트워크 사업, 고등교육 사업(카플란) 등을 포함하고 있었다. 이후 이 남은 사업 부분들은 그레이엄 홀딩스 컴퍼니 Graham Holdings Company라는 새로운 이름으로 재편되었다.

2014년, 워런 버핏은 그레이엄 홀딩스에 남아 있던 11억 달러(약 1조 6291억 원) 규모의 투자 지분을 교환했다. 그 대가로 그는 플로리다주 마이애미에 위치한 한 TV 방송국(이후 BH 미디어 그룹에 편입)과 현금, 그리고 그레이엄 홀딩스가 보유한 버크셔 해서웨이 주식(클래스 A 주식 2107주, 클래스 B 주식 1278주)을 받았다. 이로써 버핏과 워싱턴 포스트의 41년간 이어진 관계가 완전히 종료되었다.

워싱턴 포스트의 내재가치는 약 20년 동안 꾸준히 하락했다. 그 주된 이유는 신문 사업 부문의 가치 하락 때문이었다. 그럼에도 버크셔 해서웨이의 투자 결과는 '가치 상승'으로 이어졌다.

버크셔 해서웨이가 워싱턴 포스트에 1100만 달러(약 162억 9100만 원)를 투자해 11억 달러로 회수한 총 수익률은 얼마일까? 정답은 9900%이며, 연평균 복리 성장률은 11.89%에 달한다. 같은 기간 동안 S&P 500 지수의 총 수익률(배당금 재투자 포함)은 7228%, 연평균 복리 성장률은 11.03%였다. 즉, 같은 기간 동안 1100만 달러를 S&P 500에 투자했다면 8억 300만 달러(약 1조 1892억 4300만 원)가 되었을 것이다. 결과적으로, 버핏은 워싱턴 포스트 주식을 통해 S&P 500보다 3억 달러(약 4443억 원) 이상의 초과 수익을 거두었다.

가이코 코퍼레이션

공무원 보험회사 가이코는 1936년 보험회계사인 레오 굿윈Leo Goodwin이 설립했다.[11] 그는 저위험군의 운전자에게만 보험을 제공하고, 이를 우편으로 직접 판매하는 회사를 구상했다. 그는 공무원들이 대중보다 사고율이 낮다는 점을 발견했다. 또한 직접 보험을 판매하면 보험 설계사 수수료(통상 보험료의 10~25%)를 절감할 수 있다는 점도 파악했다. 굿윈은 신중한 운전자만을 선별하고, 보험 가입 비용 절감 효과를 고객에게 돌려주면 성공적인 사업 모델이 될 것이라고 확신했다.

굿윈은 텍사스주 포트워스 출신 은행가 클리브스 레아Cleaves Rhea를 자신의 파트너로 초대했다. 굿윈은 2만 5000달러(약 3702만 5000원)를 투자해 회사 지분 25%를 보유했고, 레아는 7만 5000달러(약 1억 1107만 5000원)를 투자해 75%의 지분을 보유했다. 1948년, 이 회사는 텍사스에서 워싱턴 D.C로 이전했다. 그해 레아의 가족은 회사를 매각하기로 결정했고, 볼티모어의 채권 판매원인 로리머 데이비슨Lorimer Davidson에게 도움을 요청한다. 이에 데이비슨은 워싱턴 D.C의 변호사 데이비드 크리거David Kreeger에게 도움을 청했고, 크리거는 그레이엄-뉴먼 코퍼레이션에 회사를 인수할 의향이 있는지 문의했다. 벤저민 그레이엄은 레아의 지분 절반을 72만 달러(약 10억 6632만 원)에 매입하기로 결정했고, 크리거와 데이비드슨의 볼티모어 투자 그룹이 나머지 절반을 인수했다. 그러나 미국 증권거래위원회는 그레이엄-뉴먼이 투자 회사라는 이유로 가이코의 보유 지분을 10%로 제한하도록 했다. 이에 따라 그레이엄은 펀드의 파트너들에게 가이코 주식을 분배했다. 몇 년 후, 가이코가 10억 달러(약 1조 4810억) 규모의 기업으로 성장하면서, 그레이엄이 개인적으로 보유한 주식은 수백만 달러(수십억 원)로 가치가 상승했다.

벤저민 그레이엄이 가이코 주식을 개인적으로 보유한 이유는 여전히 논란의 여지가 있다. 그는 《증권 분석》에서 "손실을 피하라"는 원칙을 강조했으며, 이를 따랐다면 가이코 주식을 사지 않았어야 했다. 이에 대해 명확히 기록된 내용은 많지 않지만, 가장 합리적인 설명은 그레이엄이 가이코의 잠재적 수익성을 충분히 이해하고 있었다는 점이다. 그러나 보험회사는 분석하기 어려운 기업이며, 경영진의 의사결정이 성공의 핵심 요소라는 점을 그레이엄도 알고 있었다. 또한 장부 가치 대비 높은 주가수익비율을 가진 주식은 손실을 초래할 수 있었다. 그레이엄은 주가수익비율이 낮고 장부 가치 이하로 거래되는 주식을 매수하는 단순한 전략을 사용했으며, 이는 경영진을 분석하거나 기업의 장기적인 전망을 예측할 필요 없이 투자할 수 있도록 했다. 아울러 그의 수학적 접근법은 매우 논리적이고 쉬운 방식이었기 때문에, 투자자들 사이에서 큰 인기를 끌었다.

굿윈의 초청으로 로리머 데이비슨이 가이코 경영팀에 합류했다. 그는 1958년 회장직에 올라 1970년까지 회사를 이끌었다. 이 기간에 이사회는 가이코의 자동차 보험 가입 대상자를 전문직, 관리자, 기술직, 행정직으로 확대했다. 그 결과, 가이코의 보험시장 점유율은 기존 15%에서 50%로 증가했다. 이 새로운 전략은 대성공을 거두었으며, 인수 이익이 급등했다.

이 시기는 가이코의 황금기였다. 1960년대, 보험 규제 당국은 가이코의 성공에 경탄했고, 주주들은 주가 상승을 경험했다. 당시 회사의 보험료 대비 잉여자본 비율은 5 대 1을 넘어설 정도였다. 이 비율은 보험사가 인수한 보험료와 보험금 지급을 위해 보유한 자본 간의 관계를 나타내며, 비율이 높을수록 회사가 더 많은 위험을 감수하고 있다는 의미다. 보험업계에서는 일반적으로 이 비율이 일정 수준을 초과하면 규제 기관이 개입해 리스크를 제한하지만, 규제 당국은 가이코의 뛰어난 실적에 감탄한 나머지 업계 평균을 초과하는 높은 비율을 허용했다.

그러나 1960년대 후반이 되면서, 가이코의 성장세에 서서히 그림자가 드리우기 시작했다. 처음에는 아무도 그 심각성을 깨닫지 못했다. 그러다 충격적인 소식이 전해졌다. 1969년, 회사는 그해 손해보험금 지급에 필요한 준비금을 1000만 달러(약 148억 1000만 원) 적게 계산했다는 사실을 보고했다. 그 결과, 당초 250만 달러(약 37억 250만 원)의 이익을 예상했던 회사는 사실상 적자를 기록했다. 이후 다음 해(1970년)에도 같은 문제가 다시 발생했다. 이번에는 2500만 달러(약 370억 2500만 원)의 준비금을 적게 계산했고, 결국 보험 인수 부문에서 치명적인 손실을 기록했다.

1970년, 데이비슨이 물러나고, 워싱턴 출신 변호사 데이비드 크리거가 후임이 되었다. 그러나 실제로 회사를 운영한 인물은 사장 겸 CEO였던 노먼 기든Norman Gidden이었다. 이후 가이코는 1969년과 1970년에 발생한 준비금 문제를 성장 전략을 통해 해결하려 한 것으로 보인다. 1970년부터 1974년까지 새롭게 발행된 자동차 보험계약 수는 연평균 11% 증가했으며, 이는 1965년부터 1970년까지의 평균 증가율(7%)보다 높았다. 또한 회사는 부동산, 컴퓨터 장비, 인력 확충에 상당한 자본을 투자했다.

1973년 치열한 경쟁에 직면한 가이코는 보험 가입 기준을 완화해 시장 점유율을 확대하고자 했다. 그래서 처음으로 가입자 범위에 블루칼라 근로자 및 21세 미만 운전자까지 포함했다. 그러나 이 두 그룹은 사고 이력이 많은 고위험군에 속했으며, 이는 결국 보험 손실 위험을 증가시키는 요인이 되었다. 이 전략적 변화는 동시에 진행된 대규모 기업 확장 계획과 맞물려 있었으며, 마침 정부의 가격 통제가 해제되면서 자동차 수리비와 의료비가 급등하는 시기와도 겹쳤다. 결국, 1974년에는 보험 인수 손실이 폭발적으로 증가했다.

1972년 가이코의 주가는 사상 최고치인 61달러(약 9만 원)를 기록했다. 그러나 1973년, 주가는 절반으로 하락했고, 1974년에는 10달러(약 1만 4810원)까지 떨어졌다. 1975년 회사가 추가적인 손실을 예상한다고 발표하면서, 주당 0.80달러(약 1200원) 배당금을 폐지하자 주가는 7달러(약 1만 원)까지 급락했다.

1976년 3월 가이코의 연례 주주총회에서 기든은 만약 다른 경영진이었다면, 회사의 문제를 더 잘 다뤘을 거라고 털어놨다. 그리고 이사진이 새로운 경영진을 찾기 위해 위원회를 구성했다고 발표한다. 그러나 가이코의 주가는 여전히 하락세였으며, 5달러(약 7400원) 이하로 떨어지고 있었다.[12]

1976년 주주총회 후, 가이코는 43세의 마케팅 전문가였던 잭 번을 트래블러스 코퍼레이션Travelers Corporation에서 영입해 신임 사장으로 임명했다고 발표했다. 번의 취임 직후, 회사는 7600만 달러(약 1125억 5600만 원) 규모의 전환우선주 convertible preferred stock 발행 계획을 공개하며 자본 확충에 나섰다. 하지만 주주들의 신뢰는 이미 바닥을 쳤고, 주가는 2달러(약 3000원)까지 떨어졌다.

이 혼란 속에서도 워런 버핏은 조용히, 그러나 꾸준히 가이코 주식을 매입하고 있었다. 회사가 파산 위기에 몰린 상황에서도, 그는 410만 달러(약 60억 7200만 원)를 투자해 129만 4308주를 주당 평균 3.18달러(약 4700원)에 매수했다.

◆ **원칙: 단순하고 이해하기 쉬운 사업**

1950년, 워런 버핏이 컬럼비아대학교에 재학 중이던 당시, 그의 스승 벤저민 그레이엄은 가이코의 이사였다. 호기심이 동한 버핏은 어느 주말에 기차를 타고 워싱턴 D.C로 가서 회사 방문을 감행했다. 그는 토요일 아침에 가이코 본사 문을 두드렸고, 건물 관리인이 문을 열어주었다. 관리인은 그를 당시 사무실에 있던 유일한 경영진, 로리머 데이비슨에게 안내했다. 버핏은 수많은 질문을 쏟아냈고, 데이비슨은 5시간 동안 가이코의 특별한 사업 모델에 대해 설명해 주었다. 필립 피셔도 감탄했을 만한 순간이었다.

이후 버핏은 오마하로 돌아와 아버지가 운영하던 증권사에서 고객들에게 가이코 주식 매수를 추천했다. 버핏도 본인 순자산의 약 3분의 2에 해당하는 1만 달러(약 1481만 원)를 직접 투자했다. 그러나 많은 투자자들은 그의 추천을 거부했다. 오마하의 보험 대리점들조차 워런 버핏의 아버지인 하워드 버핏에게 아들이 "보험설계사가 없는 회사"를 홍보하고 있다며 항의했다. 결국 버핏은 실망한 나머지, 1년 후 가이코의 주식을 매도했다. 하지만 매도 당시 주가가 50% 상승해 이익을 실현할 수 있었다. 이후 그는 1976년까지 가이코 주식을 다시 사지 않았지만,

결국 버크셔 해서웨이 명의로 가이코 주식을 대거 매입했다. 좌절하지 않은 버핏은 계속해서 고객들에게 보험회사 주식을 추천했다. 그는 캔자스 시티 라이프Kansas City Life를 주가수익비율 3배 수준에서 매입했다. 이후, 매사추세츠 인뎀니티 앤드 라이프Massachusetts Indemnity & Life Insurance Company를 버크셔 해서웨이의 투자 포트폴리오에 추가했다. 1967년, 버크셔 해서웨이가 내셔널 인뎀니티를 인수한 후, 당시 CEO였던 잭 링월트Jack Ringwalt는 버핏에게 보험사를 수익성 있게 운영하는 방법을 가르쳤다. 이 경험은 보험회사가 돈을 버는 방식에 대한 그의 이해를 결정적으로 심화시켰다. 그리고 가이코의 재정 상태가 불안정했음에도 불구하고, 그는 가이코를 인수할 자신감을 갖게 되었다.

1976년 버크셔 해서웨이는 가이코 보통주 410만 달러(약 60억 7210만 원)어치를 매입했다. 그뿐만 아니라 버핏은 가이코가 추가 자본을 조달하고자 발행한 전환우선주에도 1940만 달러(약 287억 3140만 원)를 투자했다. 2년 후, 버크셔 해서웨이는 전환우선주를 보통주로 전환했으며, 1980년에는 추가로 1900만 달러(약 281억 3900만 원)를 가이코에 투자했다. 1976년부터 1980년까지, 버크셔 해서웨이는 총 4700만 달러(약 696억 700만 원)를 투자해, 720만 주를 매입했으며, 주당 평균 매입가는 6.67달러(약 9900원)였다. 1980년이 되자, 이 투자금은 123% 상승해 1억 500만 달러(약 1555억 500만 원) 규모로 성장했으며, 버크셔 해서웨이의 최대 보통주 보유 종목이 되었다.

◆ 원칙: 일관된 운영 역사

처음 보면, 워런 버핏이 자신의 일관성 원칙을 어긴 것처럼 보일 수도 있다. 분명히 1975년과 1976년의 가이코 운영은 전혀 일관적이지 않았다. 잭 번이 가이코 사장으로 취임했을 때, 그의 임무는 회사를 정상화하는 것이었다. 그러나 버핏은 기업 회생이 좀처럼 성공하지 않는다는 사실을 알고 있었다. 그렇다면 버크셔 해서웨이가 가이코를 매입한 이유는 무엇일까?

버핏은 1980년 버크셔 해서웨이의 연례 보고서에서 그 이유를 다음과 같이 설명했다. "우리는 과거 보고서에서 '기업 회생'에 대한 기대가 대부분 실망으로 끝난다는 점을 여러 차례 언급한 바 있다. 그동안 수십 개 산업에서 수백 개의 회생 가능성이 있는 기업들이 우리에게 소개되었으며, 우리는 직접 참여하거나 관찰하면서 기대와 실적을 비교해왔다. 결론적으로 몇 가지 예외를 제외하면, '뛰어난 경영진'이 '근본적으로 열악한 경제성을 가진 사업'을 맡을 경우, 남는 것은 경영진의 명성이 아니라 그 사업의 열악한 현실이라는 사실을 확인했다."[13]

버핏은 이어서 다음과 같이 설명했다. "겉으로 보면 가이코는 예외적인 사례처럼 보일 수 있다. 1976년, 가이코는 파산 직전에서 회생했다. 물론 이를 위해 뛰어난 경영 역량이 필요했으며, 잭 번은 그 핵심 역할을 수행했다. 하지만 동시에 중요한 점은 가이코가 이전에 엄청난 성공을 거둘 수 있었던 근본적인 강점이 여전히 회사 내부에 존재했다는 사실이다. 단지 재무적, 운영상의 문제로 인해 그 강점이 가려져 있었을 뿐이었다."[14]

버핏은 버크셔 해서웨이 주주들에게 다음과 같은 사실을 상기시켰다. "가이코는 자동차 보험이라는 거대한 시장에서 '최저 비용 운영'을 목표로 설계되었다. 그리고 이 시장에서 활동하는 대부분의 기업들은 마케팅 구조상 유연한 전략을 펼치기 어려웠다. 계획된 대로 운영된다면, 가이코는 고객들에게 독보적인 가치를 제공하면서도 높은 수익을 창출할 수 있었다. 수십 년 동안 가이코는 이런 방식으로 운영되었다. 1970년대 중반의 위기는 이러한 본질적인 경제적 강점이 사라졌거나 약화되었기 때문이 아니라, 단지 재정적 문제에서 비롯된 것이었다."[15]

워런 버핏은 가이코의 상황을 흥미로운 비유로 설명했다. "당시 가이코가 처한 상황은 1964년 아메리칸 익스프레스가 '샐러드 오일 스캔들'로 인해 위기에 처했던 것과 유사했다." 1964년, 샐러드 오일 스캔들로 인해 아메리칸 익스프레스는 파산 위기에 몰렸다. 하지만 버핏은 이 사건이 아메리칸 익스프레스 신용카드와 여행자 수표의 브랜드 가치에는 영향을 미치지 않는다고 확신했다. 그는 버핏 리미티드 파트너십 자산의 25%를 아메리칸 익스프레스에 투자하는 대담한 결정을 내렸다. 이후 스캔들의 재정적 여파가 정리되자, 아메리칸 익스프레스는 다시 성장 궤도에 올랐다. 주가는 2년 만에 3배로 상승했고, 투자 수익은 2000만 달러(약 296억 2000만 원)에 달했다. 버핏은 이를 다음과 같이 설명한다. "가이코와 아메리칸 익스프레스는 모두 '독보적인 기업'이었다. 다만, 일시적인 재정적 타격을 입었을 뿐이며, 이 타격은 회사의 근본적인 경제적 강점을 훼손하지 않았다. 가이코와 아메리칸 익스프레스는 단순한 '기업 회생' 사례와는 다르다. 보통의 '기업 회생' 사례에서는 경영진이 기업에 새로운 생명을 불어넣는 기적을 일으키기를 기대하거나, 또는 반드시 그래야만 한다는 차이가 있다. 하지만 가이코와 아메리칸 익스프레스의 경우, 국소적 문제가 있었을 뿐이며, 뛰어난 경영진이라는 '숙련된 외과의

사'가 문제를 해결하면 본래의 강점을 회복할 수 있는 상황이었다."[16]

가이코는 치명적인 상태가 아니라 단지 부상을 입었을 뿐이라는 사실이 중요했다. 그 핵심 경쟁력인 저비용 무無대리점 보험 모델은 여전히 유지되고 있었으며, 시장에는 여전히 수익이 보장되는 요율로 보험을 제공할 수 있는 '우량 고객(사고 위험이 낮은 안전 운전자)들이 존재했다. 가격 측면에서도 가이코는 항상 경쟁사를 능가할 수 있는 위치에 있었다. 수십 년 동안, 가이코는 자사의 경쟁력을 활용해 소유주들에게 막대한 이익을 창출해 왔다.

◆ 원칙: 장기적으로 유리한 전망

자동차, 오토바이, 보트, 주택이 존재하는 한 사람들은 보험 가입이 필요할 것이다. 보험의 본질은 대체 가능성이 높은 상품으로, 다른 보험과 차별화되지 않는다. 그러나 버핏은 대체 가능성이 높더라도 비용 우위를 가질 수 있다면, 지속 가능하고 폭넓은 경쟁력을 바탕으로 수익을 낼 수 있다고 강조한다. 이러한 설명은 가이코에 정확히 들어맞는다. 또 이러한 사업에서는 경영진이 핵심 요소라는 점도 알려져 있다. 버크셔 해서웨이가 가이코를 인수한 이후 가이코의 경영진은 스스로 경쟁력을 갖추고 있음을 입증했다.

◆ 원칙: 솔직한 경영

1976년, 잭 번이 가이코의 경영을 맡았을 때, 그는 보험 규제 당국과 경쟁사들을 설득했다. 만약 가이코가 파산하면, 이는 업계 전체에 악영향을 미칠 것이라는 점이었다. 그의 회사 구조 조정 계획에는 자본 확충, 타 보험사들과의 재보험 조약 체결, 그리고 비용 절감이 포함되었다. 번은 이 구조 조정 계획을 "오퍼레이션 부트스트랩Operation Bootstrap"이라 명명하고, 회사를 다시 수익성 있는 상태로 되돌리기 위한 전쟁을 시작했다.

그는 취임 첫해에 100개 지점을 폐쇄하고, 직원 수를 7000명에서 4000명으로 감축했다. 또한 뉴저지와 매사추세츠에서 보험 판매 라이선스를 반납했다. 번은 뉴저지 규제 당국에 가이코가 연간 3000만 달러(약 444억 3000만 원)의 손실을 초래하는 25만 건의 보험계약을 갱신하지 않을 것이라고 통보했다. 그다음으로 번은 보험계약자가 갱신 시 최신 정보를 제공하지 않아도 자동으로 갱신되도록 설계된 컴퓨터 시스템을 폐기했다. 번은 고객들에게 새로운 정보를 제출하도록 요구했으며, 이를 통해 가이코가 갱신 보험계약 중 9%를 과소 책정하고 있었음을 발견했다. 이후 보험료가 조정되자, 40만 명의 고객이 보험계약을 해지했다. 번의 조치로 인해 가이코의 가입자 수는 270만 명에서 150만 명으로 감소했고, 회사는 1975년 미국 내 18위 보험사에서 1976년에는 31위로 내려앉았다. 그러나 이러한 구조 조정에도 불구하고, 1976년에 1억 2600만 달러(약 1866억 600만 원)의 손실을 기록했던 가이코는, 번의 첫 번째 공식 임기가 끝난 1977년, 4억 6300만 달러(약 6857억 300만 원)의 매출을 올려 5860만 달러(약 867억 8660만 원)의 흑자를 기록했다.

가이코의 극적인 회생은 명확하게 번의 업적이었다. 그의 철저한 비용 절감 원칙은 이후 여러 해 동안 가이코의 경제적 성과를 유지하는 데 기여했다. 번은 주주들에게 회사가 보험업계에서 최저 비용 제공자라는 첫 번째 원칙으로 돌아가야 한다고 강조했다. 그의 보고서에는 회사가 지속적으로 비용을 절감하는 방식이 상세히 설명되었다. 1981년, 가이코가 미국에서 자동차 보험 시장 점유율 7위를 기록했을 때조차도 번은 비서 한 명을 두 명의 다른 임원과 공유했다. 그는 가이코 직원 1인당 보험 계약 건수가 과거 250건에서 378건으로 증가했다는 점을 자랑스럽게 발표했다. 기업 회생 과정에서 그는 탁월한 동기부여가였다. 이에 대해 버핏은 다음과 같이 말했다. "번은 마치 타조 알을 암탉이 있는 닭장에 굴려 넣고는 '여러분, 경쟁사들은 이 정도 크기의 알을 낳고 있습니다.'라고 말하는 양계 농장주 같았다."[17]

수년간 번은 가이코의 성공적인 발전을 기쁜 마음으로 보고했다. 하지만 나쁜 소식이 있을 때도 솔직하게 전달했다. 1985년, 회사는 일시적으로 보험영업손실을 기록하며 어려움을 겪었다. 주주들에게 보낸 1분기 보고서에서 번은 회사를 조종사에 비유하며 이렇게 말했다. "나쁜 소식은 우리가 길을 잃었다는 것이고, 좋은 소식은 매우 빠른 속도로 이동하고 있다는 점이다."[18] 그러나 회사는 곧바로 안정을 되찾았으며, 다음 해에는 보험 인수에서 다시 수익을 냈다. 하지만 그보다 더 중요한 것은 가이코가 주주들에게 솔직한 기업이라는 평판을 얻게 되었다는 점이었다.

◆ **원칙: 합리적인 경영**

잭 번은 수년간 가이코의 자산을 운영하면서 합리적인 경영 태도를 보여주였다. 그는 회사의 성장을 '통제된 방식'으로 조정했다. 번은 회사가 손실과 비용을 면밀히 관리할 수 있도록 천천히 성장하는 것이, 재정적 통제력을 잃을 위험을 감수하면서 빠르게 성장하는 것보다 더 수익성이 높다고 판단했다. 이러한 통제된 성장 전략은 가이코에 꾸준한 초과 수익을 안겨주었고, 합리적인 경영의 핵심은 그 초과 수익을 어떻게 활용하느냐에 달려 있었다.

1983년부터 가이코는 초과 현금을 높은 수익률로 재투자할 기회를 찾지 못했다. 이에 따라 회사는 잉여자금을 주주들에게 환원하기로 결정했다. 1983년부터 1992년까지, 가이코는 3000만 주의 자사주를 매입해 발행된 보통주 수를 30% 감소시켰다. 또한 자사주 매입 외에도 주주들에게 지급하는 배당금을 꾸준히 증가시켰다. 1980년 가이코의 주당 배당금은 0.09달러였다. 1992년 배당금은 0.60달러로 증가했으며, 이는 연평균 21% 상승한 수치였다.

◆ 원칙: 제도적 관행

일반적으로 대부분의 보험사가 보험설계사를 통해 보험을 판매하는 방식을 고수하는 상황에서, 대리점 없이 보험사를 운영하는 것 자체가 제도적 관행에 저항할 수 있는 능력을 보여주는 증거라고 주장할 수 있다. 하지만 이를 평가하는 또 다른 기준이 있다.

보험회사가 수익을 내는 방식에는 두 가지가 있다. 첫째, 발행한 보험 계약에서 보험 인수 이익을 얻는 것, 둘째, 가입자가 납부한 보험료를 효과적으로 투자하는 것이다. 일반적으로 보험 인수에서 발생하는 이익은 투자에서 발생하는 이익보다 적다. 이 때문에 금융 시장의 수익이 높을 때 보험회사들은 더 많은 보험료를 확보하기 위해 수익성을 낮추면서도 더 많은 상품을 판매하고자 하는 경우가 많다. 이는 단기적으로 보험 인수 수익성을 희생하는 전략이다. 보험사의 투자 포트폴리오는 최고투자책임자가 관리하며, 그의 역량에 따라 운용 자금에서 발생하는 투자 수익이 얼마나 효과적으로 추가될지 결정된다.

1980년부터 2004년까지, 가이코의 최고투자책임자는 루 심슨Lou Simpson이었다. 그는 프린스턴대학교에서 경제학 석사 학위를 취득한 후 모교에서 짧은 기간 동안 교수로 재직했다. 이후 스타인 로 앤 파넘Stein Roe & Farnham이라는 투자 회사에 입사했다. 1969년, 그는 웨스턴 에셋 매니지먼트Wester Asset Management에 합류해 사장 겸 CEO가 되었으며, 1979년 가이코에 합류한다. 버핏과 잭 번은 심슨의 면접을 진행하면서 그의 독립적인 사고방식에 깊은 인상을 받았다. 버핏은 그에 대해 이렇게 평가했다. "그는 투자에 완벽한 기질을 갖춘 사람이었다. 그는 다수의 의견에 따르는 것에도, 반대하는 것에도 별다른 즐거움을 느끼지 않는다. 그는 자신의 이성적 판단에 편안함을 느낄 줄 아는 사람이다."[19]

심슨의 독립적인 사고방식은 그가 가이코의 투자 포트폴리오를 위해 개발한 투자 지침에서도 드러난다.[20] 첫 번째 원칙은 "독립적으로 사고하라"다. 심슨은 월스트리트의 전통적인 투자 관행을 회의적으로 바라보았다. 그는 오히려 스스로 투자 아이디어를 찾았다. 버핏처럼 심슨은 일간지, 잡지, 학술지, 그리고 연례 보고서를 끊임없이 탐독하는 독서광이었다. 심슨은 기본적인 금융 교육을 받은 후, 투자관리자가 해야 할 가장 중요한 일은 계속해서 읽고 연구해 투자 아이디어가 떠오를 때까지 기다리는 것이라고 믿었다. 그는 늘 새로운 투자 기회를 찾으며 대부분의 증권사 애널리스트들의 직접적인 추천을 경계했다. 한 전직 가이코 이사는 그에 대해 이렇게 말했다. "루 심슨은 조용한 사람이다. 현대 사회에서는 다들 전화로 이야기하는 것을 좋아하지만, 그는 기본적인 분석 작업을 철저히 수행하는 사람이다."[21]

가이코의 두 번째 원칙은 "주주를 위해 고수익 사업에 투자하라"였다. 심슨은 지속적인 초과 수익률을 창출하는 기업을 찾았다. 그런 다음 해당 기업의 경영진을 직접 인터뷰해 그들이 기업 제국을 확장하는 것보다 주주 가치를 극대화하는 데 집중하는지를 확인했다. 심슨은 자신이 운영하는 회사에 상당한 지분을 보유하고 있으며, 주주들을 파트너로 대하는 솔직한 경영진을 선호했다. 마지막으로 그는 경영진이 수익성이 낮은 부문을 과감히 매각하고, 이를 통해 확보한 여유 자금을 주주를 위해 자사주 매입에 활용할 의지가 있는지 철저히 검토했다.

가이코의 세 번째 원칙은 "훌륭한 기업이라도 적정 가격 이상은 지불하지 않는다"이다. 루 심슨은 매우 인내심이 강한 투자자였다. 그는 기업의 가격이 매력적인 수준이 될 때까지 기꺼이 기다렸다. 심슨은 다음과 같이 고백했다. "세계 최고 기업이라도 가격이 너무 높다면 나쁜 투자다." 네 번째 원칙은 "장기 투자하라"다. 심슨은 주식시장의 단기 변동에 신경 쓰지 않았으며, 단기 시장 움직임을 예측하려는 시도조차 하지 않았다. 그는 다음과 같이 말했다. "여러 면에서 주식시장은 날씨와 같다. 지금 시장 상황이 마음에 들지 않는다면, 잠시 기다리면 된다."[22]

다섯 번째 원칙은 "지나치게 분산 투자하지 마라"다. 심슨은 지나치게 분산된 포트폴리오는 결국 평범한 결과를 초래할 뿐이라고 생각했다. 그는 버핏과의 대화를 통해 이 생각을 더욱 확고히 했다. 심슨은 자신의 주식 보유에 집중하는 경향이 있었다. 실제로 1991년, 8억 달러(약 1조 1848억 원) 규모의 가이코 주식 포트폴리오는 단 8개 종목으로 구성되어 있었다.

심슨이 포트폴리오를 맡은 1980년 이후부터 2004년까지 가이코의 주식 포트폴리오는 "연평균 복리 수익률"이 20.3%를 기록했다. 같은 기간 S&P 500 지수 평균 수익률은 13.5%에 불과했다.

수년에 걸쳐 심슨은 가이코의 투자 포트폴리오를 고위험 채권(수익률이 높지만 위험도 큰 채권)과 위험한 부동산 투자로부터 멀리했다. 반면 다른 보험사들의 최고투자책임자들은 제도적 관행에 굴복해 기업의 순자산을 위험에 빠뜨렸다. 그러나 심슨은 보수적인 투자 전략을 유지하면서도 초과 수익을 창출해 가이코 주주들에게 높은 가치를 제공했다. 결론적으로 가이코의 보험 계약과 무관하게 루 심슨이 창출한 경제적 가치는 막대했다.

버핏은 본능적으로 심슨이 제도적 관행을 극복하고 무의미한 모방을 피할 수 있는 자질을 갖췄다는 것을 알았다. 그 자질은 버핏의 투자 원칙과 정확히 일치했다. 버핏은 "루 심슨은 손해보험업계에서 최고의 투자 매니저다"라며 치켜세웠다.[23] 버핏은 더 나아가 1995년 버크셔 해서웨이 연례 보고서에 다음과 같이 덧붙였다. "루는 버크셔에서 우리가 사용하는 것과 같은 보수적이고 집중적인 투자 접근법을 취한다. 그가 이사회에 있다는 것은 엄청난 장점이다. 그리고 가이코에서의 역할을 넘어, 그가 우리 곁에 있다는 사실만으로도 안심이 된다. 버크셔는 만약 찰리 멍거와 내게 무슨 일이 생기더라도 즉시 투자를 맡길 최고의 전문

가를 확보한 것이나 다름없다.[24]

◆ **원칙: 자기자본수익률**

　1980년, 가이코는 대부분의 재정적 어려움을 극복한 상태였다. 그해 자기자본수익률은 30.8%를 기록했으며, 이는 업계 평균의 거의 2배 수준이었다. 그러나 1980년대 후반, 가이코의 자기자본수익률은 하락세를 보이기 시작했다. 이는 회사가 부진했기 때문이 아니라 자기자본이 이익보다 빠르게 증가했기 때문이었다. 따라서 배당금을 점진적으로 늘리고 자사주를 매입하는 전략은 자기자본을 줄이고, 자기자본수익률을 적절한 수준으로 유지하는 데 중요한 역할을 했다.

◆ **원칙: 수익률**

　투자자들은 여러 가지 방법으로 보험사의 수익성을 비교할 수 있다. 그중에서도 세전 이익률이 가장 좋은 지표 중 하나다. 1983년부터 1992년까지 10년 동안 가이코의 평균 세전 이익률은 동종 업계 기업들 중 가장 안정적이었으며, 표준편차가 가장 작았다.

　가이코는 모든 비용에 세심한 주의를 기울였고, 보험금 지급과 관련된 비용을 면밀히 추적했다. 이 기간 보험료 대비 운영 비용 비율은 평균 15%를 기록했으며, 이는 업계 평균의 절반 수준이었다. 이처럼 낮은 비용 비율은 가이코가 보험설계사에게 지급해야 할 수수료가 없기 때문이기도 했다.

가이코의 기업 운영 비용과 인수 손실을 합한 비율은 업계 평균에 비해 확연히 우수했다. 1977년부터 1992년까지 업계 평균이 가이코의 합산 비율을 넘어선 적은 1977년 단 한 번뿐이었다. 이후 가이코의 합산 비율은 평균 97.1%로 업계 평균보다 10%포인트 이상 낮았다. 가이코가 인수 손실을 기록한 것은 단 두 차례뿐으로, 1985년과 1992년이었다. 특히 1992년의 인수 손실은 그해 미국을 강타한 이례적으로 많은 자연재해로 인해 심화되었다. 허리케인 앤드루와 기타 주요 폭풍이 없었더라면, 가이코의 합산 비율은 93.8%로 더욱 낮았을 것이다.

◆ 원칙: 가치 평가

버핏이 처음 버크셔 해서웨이의 명의로 가이코의 주식을 매입하기 시작했을 때, 가이코는 파산 직전이었다. 하지만 그는 가이코가 자산보다 부채가 더 많은 마이너스 순자산negaitve net worth을 기록하고 있음에도, 보험 사업 기반을 고려할 때 상당한 가치를 지닌다고 평가했다. 그럼에도 불구하고 1976년 당시, 가이코는 수익을 내지 못하고 있었기 때문에 존 버 윌리엄스John Burr Williams가 제시한 할인된 현재가치 방식에 따른 평가 기준을 충족하지 못했다. 그러나 가이코의 미래 현금흐름이 불확실했음에도 불구하고, 버핏은 회사가 반드시 살아남아 미래에 이익을 창출할 것이라고 확신했다. 다만, 그 시점과 금액이 얼마나 될지는 불확실했다.

1980년, 버크셔는 4700만 달러(약 696억 700만 원)를 투자해 가이코의 전체 지분 중 3분의 1을 보유하고 있었다. 당시 가이코의 총 시장 가치는 2억 9600만 달러(약 4383억 7600만 원)였다. 그때도 버핏은 가이코가 상당한 안전마진을 보유하고 있다고 판단했다. 1980년, 가이코는 7억 500만 달러(약 1조 441억 500만 원)의 매출에서 6000만 달러(약 888억 6000만 원)의 수익을 올렸다. 버크셔의 가이코 수익 지분은 2000만 달러(약 296억 2000만 원)였다. 이는 버크셔의 순이익에 포함되지 않았다. 버핏에 따르면, "최상급 경제적 특성과 밝은 전망을 가진 사업에서 유사한 2000만 달러의 수익을 사려면 최소 2억 달러(약 2962억 원)가 필요할 것"이라고 보았다. 만약 기업의 지배권을 확보하기 위한 매입이었다면, 그 비용은 더 높았을 것이다.[25]

그럼에도 불구하고, 버핏의 2억 달러 가정은 윌리엄스의 '가치 평가 이론'으로 계산하면 현실적이다. 가이코가 추가 납입 없이 6000만 달러의 수익을 유지한다고 가정하면, 당시 30년 만기 미국 국채 금리인 12%로 할인된 가이코의 현재가치는 5억 달러(약 7405억 원)였을 것이다. 이는 1980년 가이코 시장 가치의 거의 2배였다. 만약 기업의 수익 능력이 실질적으로 2% 성장할 수 있다면, 현재가치는 6억 달러(약 8886억 원)로 증가하고, 버크셔의 지분은 2억 달러가 될 것이다. 달리 말하면, 1980년 가이코 주가의 시장 가치는 수익 능력의 할인된 현재가치의 절반에도 미치지 못했다.

1995년 말, 버크셔 해서웨이는 당시 미국 7위의 자동차 보험사이자, 약 370만 대의 차량이 보험 가입한 가이코의 인수를 완료했다. 워런 버핏은 버크셔 해서웨이가 보유하지 않은 지분 50%에 대해 23억 달러(약 3조 4063억 원)를 지불하기로 합의했다. 그 가격은 가이코 전체 기업 가치를 46억 달러(약 6조 8126억 원)로 평가한 것이었다. 이는 당시 가이코의 유형 순자산이 19억 달러(약 2조 8139억 원)였던 점을 감안할 때 상당히 높은 평가였다.

버핏은 "2억 7000만 달러(약 3998억 7000만 원)의 평가 가치는 유형 순자산을 초과한 부분"이라고 말했다. "당시 우리는 이를 가이코의 '영업권' 가치로 추정했다. 이 영업권은 당시 가이코와 거래하고 있던 보험 가입자들이 지닌 경제적 가치를 의미했다." 버핏은 솔직히 털어놓았다. "업계 기준으로 보면, 이는 매우 높은 가격이었다. 하지만 가이코는 평범한 보험사가 아니었다. 이 회사는 비용 구조가 매우 낮았기 때문에, 고객들은 지속적으로 수익을 내주는 동시에 이례적으로 높은 충성도를 보였다."[26]

그는 이어 설명을 덧붙였다. 2010년 가이코의 보험료 수입 규모는 143억 달러(약 21조 1783억 원)에 달하며 계속 성장하고 있었다. 버핏은 "그래도 우리는 가이코의 영업권을 겨우 14억 달러(약 2조 734억 원)로만 반영하고 있으며, 이는 가이코의 가치가 아무리 증가하더라도 변하지 않는 금액"이라고 말했다. 버핏에 따르면, 그가 1995년 가이코 고객의 가치를 평가할 때 사용했던 동일한 기준을 적용할 경우, 2010년 기준 가이코의 실제 경제적 영업권 가치는 140억 달러(약 20조 7340억 원)에 달했다. 그는 "이 가치는 앞으로 10년, 20년 후에 훨씬 더 높아질 가능성이 크며,[27] 가이코는 계속해서 가치를 제공하는 선물과 같은 존재"라고 덧붙였다.

캐피탈 시티즈/ABC

캐피탈 시티즈는 뉴스 사업으로 시작했다. 1954년 저명한 언론인 로웰 토마스 Lowell Thomas와 그의 사업 매니저 프랭크 스미스 Frank Smith

는 동료들과 함께 뉴욕주 올버니에 위치한 텔레비전 및 라디오 방송국을 포함하는 허드슨 밸리 브로드캐스팅 컴퍼니Hudson Valley Broadcasting Company를 인수했다. 당시 톰 머피는 레버 브라더스Lever Brothers의 제품 전문가로 일하고 있었다. 머피의 아버지와 골프 친구였던 프랭크 스미스는 톰 머피를 TV 방송국의 관리자로 고용한다. 1957년 허드슨 밸리는 롤리-더럼Raleigh-Durham의 텔레비전 방송국을 인수하며, 회사명을 캐피탈 시티즈 브로드캐스팅Capital Cities Broadcasting으로 변경했다. 이는 올버니와 롤리가 각각 뉴욕주와 노스캐롤라이나주의 주도이기 때문이었다.

1960년, 톰 머피는 올버니 방송국의 운영자로 댄 버크를 영입했다. 버크는 머피의 하버드대학교 동문이자 후에 존슨 앤드 존슨Johnson & Johnson의 회장이 되는 짐 버크Jim Burke의 동생이었다. 올버니 출신인 댄 버크는 머피가 뉴욕으로 돌아가 캐피탈 시티즈의 사장이 되면서 올버니 방송국 운영을 맡게 되었다. 이때부터 미국 기업 역사상 가장 성공적인 파트너십 중 하나가 시작되었다. 이후 30년 동안 머피와 버크는 캐피탈 시티즈를 이끌며 30건 이상의 방송 및 출판 관련 인수합병을 단행했다. 그중 가장 주목할 만한 거래는 1985년에 이뤄진 아메리칸 브로드캐스팅이하 ABC의 인수였다.

버핏이 톰 머피를 처음 만난 것은 1960년대 후반 뉴욕에서 열린 한 오찬 자리에서였다. 이 모임은 머피의 하버드대학교 동창 중 한 명이 주선한 것이었다. 전해지는 바에 따르면, 머피는 버핏에게 깊은 인상을 받아 그를 캐피탈 시티즈의 이사회에 초청했다.[28] 그러나 버핏은 이를 정중히 거절했고, 대신 머피와의 친분을 이어가며 지속적으로 교류했다.

1984년 12월, 머피는 ABC의 회장인 레너드 골든슨Leonard Goldenson 에게 두 회사를 합병하자고 제안한다. 비록 처음에는 거절당했지만, 머피는 1985년 1월 다시 골든슨에게 연락한다. 마침 연방통신위원회 FCC는 그해 4월, 단일 기업이 소유할 수 있는 텔레비전 및 라디오 방송국의 수를 7개에서 12개로 확대했고, 이번에는 골든슨이 합병 제안을 받아들였다. 당시 79세였던 골든슨은 자신의 후계자를 찾고 있었다. ABC 내에 몇몇 잠재적 후보들이 있었지만, 그가 보기에는 리더십이 부족했다. 반면, 머피와 버크는 언론 및 통신 업계에서 최고의 경영자로 평가받고 있었다. 캐피탈 시티즈와 합병하는 것은 ABC가 강력한 경영진의 손에 남아 있을 것이라는 확신을 주는 결정이었다. ABC는 고액의 투자은행 자문단을 대동하고 협상 테이블에 나섰다. 반면, 항상 직접 협상을 진행해 온 머피는 자신의 오랜 친구 워런 버핏과 함께했다. 두 사람은 미국 역사상 최초의 텔레비전 네트워크 매각이자, 당시까지 최대 규모의 미디어 합병 거래를 성사시켰다.

캐피탈 시티즈는 ABC에 주당 121달러(약 17만 9000원)에 해당하는 조건을 제시했다. 이 중 118달러(약 17만 5000원)는 현금으로 지급하고, 나머지 3달러는 캐피탈 시티즈의 주식을 매입할 수 있는 10분의 1 워런트Warrant*로 제공하는 방식이었다. 이 제안은 발표 전날 ABC 주식의 시장 가격보다 2배 높은 수준이었다. 총 35억 달러(약 5조 1835억 원) 규모의

---

* 기업이 투자자에게 특정 가격에 일정 기간 동안 주식을 매입할 수 있는 권리(옵션)을 부여하는 금융 상품으로 보통 신규 발행 주식을 매입할 수 있는 권리를 제공하며, 주식 옵션과 비슷하지만 기업이 직접 발행한다는 점이 다르다. 주로 기업 인수합병(M&A) 과정에서 인수 대상 기업의 주주들에게 추가적인 인센티브로 제공된다.

거래를 성사시키기 위해 캐피탈 시티즈는 은행 컨소시엄에서 21억 달러(약 3조 1101억 원)를 빌리고, 약 9억 달러(약 1조 3329억 원) 상당의 중복되는 TV 및 라디오 방송국을 매각했으며, 워싱턴 포스트에 매각된 케이블 방송 자산을 포함해 방송 네트워크가 소유할 수 없는 제한 자산들도 매각하기로 했다. 나머지 5억 1750만 달러(약 7664억 1750만 원)는 버크셔 해서웨이가 제공했다.

워런 버핏은 버크셔가 주당 172.50달러(약 25만 5500원)에 캐피탈 시티즈의 신규 발행 주식 300만 주를 매입하기로 합의했다. 버핏은 또 톰 머피와 댄 버크에 대한 그의 신뢰를 보여주는 매우 이례적인 계약을 체결했다. 머피나 버크가 새로 합병한 기업의 최고경영자로 재직하는 한 그들이 버크셔의 지분에 대한 의결권을 행사할 수 있도록 한 것이다. 버핏의 논리는 이러한 약정을 통해 머피와 버크가 캐피탈 시티즈/ABC를 마치 사기업처럼 운영할 수 있게 되어, 주식의 단기 매매자들로 인해 방해 요소들을 걱정하지 않고 회사의 장기 소유주처럼 생각하고 행동할 수 있을 것이라는 점이었다. 톰 머피는 다시 한번 버핏에게 이사회에 합류할 것을 요청했고, 이번에는 이를 수락했다.

◆ 원칙: 단순하고 이해하기 쉬운 사업

워싱턴 포스트의 이사회에서 10년 이상 활동하면서, 버핏은 신문과 잡지 산업에 대한 오랜 경험에 더해 텔레비전 방송 사업에 대한 이해도를 깊이 쌓았다. 그는 미디어 산업의 경제 구조를 누구보다도 잘 이해하고 있었다. 또한 버크셔 해서웨이가 1978년 ABC의 보통주를 매입하면서 텔레비전 네트워크 사업에 대한 그의 경영적 통찰력도 더욱 확장되었다.

◆ 원칙: 일관된 운영 역사

캐피탈 시티즈와 ABC는 50년 이상 수익성 있는 사업 역사를 이어 왔으며, 그 실적 기록은 검토하고 분석할 수 있었다. ABC는 1975년부터 1984년까지 평균 자기자본수익률 17%를 기록했으며, 부채 비율은 21%였다. 캐피탈 시티즈는 ABC 인수를 제안하기 전 10년 동안 평균 자기자본수익률 19%, 부채 비율 20%를 유지했다.

◆ 원칙: 장기적으로 유리한 전망

인터넷이 등장하기 전, 방송사는 신문사와 비슷한 이유로 평균 이상의 경제적 구조를 누렸다. 이들은 건물과 토지 같은 물리적 자산 가치뿐만 아니라 상당한 경제적 영업권을 창출하는 등 경제적 무형 자산도 상당했다. 일단 방송 송신탑이 건설되면 추가적인 자본 재투자나 운영 자본이 덜 필요했으며, 재고 투자*도 사실상 존재하지 않았다. 마찬가지로, 케이블 방송 사업도 일단 고객까지 케이블을 연결해 놓으면 추가적인 자본 투자가 크지 않았다. 또한 영화나 프로그램은 외상으로 구매한 뒤 광고 수익이 유입되면 결제하는 방식이 가능했다. 따라서 일반적으로 방송사들은 평균 이상의 자본수익률을 기록했으며, 운영 비용을

---

* 기업의 투자 활동 중 재고품을 증가시키는 투자 활동 또는 증가분.

초과하는 막대한 현금을 창출할 수 있었다.

당시 방송사가 직면한 위험 요소로는 정부 규제, 기술 혁신으로 인한 시장 변화, 그리고 광고비 지출의 변화 등이 있었다. 정부는 기업의 방송 라이선스 갱신을 거부할 수 있지만, 이는 매우 드문 일이었다. 1985년 당시 일부 시청자가 케이블 방송 프로그램을 보기는 했지만, 여전히 대다수의 TV 시청자는 ABC 같은 지상파 방송 프로그램을 선호했다. 또한 1980년대에는 지출이 활발한 소비자를 대상으로 한 광고비가 국내총생산GDP보다 훨씬 빠르게 증가하고 있었다. 대중을 대상으로 광고하려면 기업은 여전히 지상파 방송에 의존해야 했다. 버핏의 관점에서 방송사의 기본 경제 구조는 평균 이상이었으며, 1985년 당시 이들 기업의 장기 전망은 매우 유리했다.

◆ 원칙: 가치 평가

버크셔의 캐피탈 시티즈 투자액 5억 1750만 달러(약 7664억 1750만 원)는 당시 워런 버핏이 단행한 최대 규모의 투자였다. 버핏이 캐피탈 시티즈와 ABC의 가치를 어떻게 평가했는지는 논란의 여지가 있다. 머피는 버핏에게 캐피탈 시티즈/ABC의 주식 300만 주를 주당 172.50달러(약 25만 5500원)에 매각하기로 합의했다. 버핏은 가격과 가치가 항상 동일하지 않다는 것을 알고 있었다. 버핏의 원칙은 기업의 본질적 가치와 매입 가격 사이에 상당한 안전마진이 존재할 때만 인수에 나서는 것이었다. 그러나 캐피탈 시티즈/ABC 인수에서는 이 원칙을 일부 타협했다고 그 스스로 인정했다. 그리고 이 이례적인 결정은 결국 정당화되었다.

버핏의 제안 가격인 주당 172.50달러를 10%(1985년 미국 30년 만기 국채 수익률)로 할인하고, 이를 1600만 주(캐피탈 시티의 발행 주식 1300만 주에 버크셔 해서웨이에 발행된 300만 주를 더한 수량)에 곱하면, 이 사업의 현재가치는 2억 7600만 달러(약 4087억 5600만 원)의 수익 창출력을 가져야 했다. 1984년 기준, 감가상각 및 자본적 지출을 제외한 캐피탈 시티즈의 순이익은 1억 2200만 달러(약 1806억 8200만 원), ABC의 순이익은 3억 2000만 달러(약 4739억 2000만 원)로, 합산된 수익 창출력은 4억 4200만 달러(약 6546억 200만 원)에 달했다. 그러나 합병 후 회사는 상당한 부채를 안게 되었다. 머피가 차입한 21억 달러(약 3조 1101억 원)는 연간 2억 2000만 달러(약 3258억 2000만 원)의 이자 비용이 발생했다. 따라서 합병된 회사의 순이익은 약 2억 달러(약 2962억 원)로 추정됐다.

추가로 고려할 점들도 있었다. 머피는 인수한 기업의 비용 절감을 통해 현금흐름을 개선하는 능력이 탁월한 것으로 유명했다. 캐피탈 시티즈의 영업이익률은 28%였던 반면, ABC는 11%에 불과했다. 만약 머피가 ABC의 영업이익률을 3분의 1 향상시켜 15%로 끌어올린다면, 추가로 연간 1억 2500만 달러(약 1851억 2500만 원)의 이익을 창출할 수 있었다. 이렇게 되면 합병 후 회사의 연간 수익 창출력은 3억 2500만 달러(약 4813억 2500만 원)에 달하게 된다. 3억 2500만 달러의 수익을 창출하는 기업을 주식 1600만 주 기준으로 할인율 10%를 적용해 현재가치로 환산하면 주당 203달러(약 30만 원)가 된다. 이는 버핏의 매입 가격인 172.50달러보다 15% 높은 수준으로, 충분한 안전마진을 확보한 셈이었다. 이에 대해 버핏은 "벤저민이 저세상에서 이 결정을 한 저에게 박수를 쳐 줄지도 모르겠다"[29]라고 농담하며, 자신의 스승인 벤저민 그레이엄을 회상했다.

버핏이 수용한 안전마진은 몇 가지 가정을 적용하면 더 확장된다. 버핏에 따르면, 당시 통념상 신문사, 잡지사, 방송사는 추가 자본 없이도 매년 6%씩 영구적으로 수익을 증가시킬 수 있다고 여겨졌다.[30] 그 이유는 자본적 지출이 감가상각 비율과 일치하고, 운영 자본이 거의 들어가지 않기 때문이다. 따라서 대부분의 소득을 거의 비용 없이 얻은 수익으로 간주할 수 있었고, 이는 추가 자본을 조달하지 않고도 당분간 6%씩 성장하는 영구적인 출자금(연금)을 보유했다는 것과 같은 의미였다.

버핏은 이를 자본이 재투자되어야만 성장할 수 있는 기업과 비교해 보라고 제안했다. 만약 100만 달러의 수익을 올리고, 6% 성장할 것으로 예상되는 미디어 기업을 소유하고 있다면, 적절한 기업 가치는 2500만 달러(약 370억 2500만 원)다. 이는 100만 달러를 무위험 수익률 10%에서 6% 성장률을 뺀 값으로 나눈 것이다. 반면 100만 달러의 수익을 올리지만, 추가 자본 없이는 성장할 수 없는 기업의 가치는 1000만 달러(약 148억 1000만 원)로, 이는 100만 달러를 10%로 나눈 값이다.

이러한 버핏의 재무 원칙을 적용하면, 캐피탈 시티즈의 가치는 주당 203달러(약 30만 원)에서 507달러(약 75만 원)로 증가했으며, 이는 버핏이 매입을 결정한 172.50달러(약 25만 5500원) 대비 66%의 안전마진을 확보한 셈이었다. 그러나 이러한 가정에는 여러 불확실성이 따른다. 머피가 캐피탈 시티즈/ABC의 일부 자산을 9억 달러(약 1조 3329억 원)에 매각할 수 있을까? (실제로는 12억 달러에 매각했다.) 그가 ABC의 영업이익률을 개선할 수 있을까? 그리고 지속적인 광고 수익 증가를 기대할 수 있을까?

버핏이 캐피탈 시티즈에서 상당한 안전마진을 확보하는 것은 여러 요인에 의해 복잡해졌다. 우선, 캐피탈 시티즈의 주가는 수년간 상승해왔다. 머피와 버크는 회사를 훌륭하게 운영하고 있었기 때문에 주가는 이를 반영하고 있었다. 따라서 가이코와 달리, 버핏은 일시적인 사업 부진으로 인해 캐피탈 시티즈를 저렴하게 매수할 기회를 얻지 못했다. 또한 당시 주식시장이 꾸준히 상승하고 있었기 때문에 저가 매수의 기회가 적었으며, 이번 거래는 2차 공모였기 때문에 버핏은 캐피탈 시티즈 주식을 당시 시장 가치에 근접한 가격에 매입할 수밖에 없었다.

가격에 대한 아쉬움이 있었지만 버핏은 주가가 빠르게 상승하는 데서 위안을 얻었다. 1985년 3월 15일 금요일, 캐피탈 시티즈의 주가는 176달러(약 26만 원)였다. 그리고 3월 18일 월요일 오후, 캐피탈 시티즈가 ABC를 인수한다고 발표했다. 그다음 날, 시장이 마감될 때까지 캐피탈 시티즈의 주가는 202.75달러(약 30만 원)까지 상승했다. 단 4일 만에 주가는 26포인트, 즉 15% 상승한 것이다. 이로 인해, 버핏의 수익은 9000만 달러(약 1332억 9000만 원)에 달했으며, 이 거래는 1986년 1월에나 마무리 될 예정이었다.

버핏이 캐피탈 시티즈에 투자하면서 확보한 안전마진은 다른 투자에 비해 현저히 낮았다. 그런데 왜 버핏은 투자를 강행했을까? 답은 톰 머피의 존재였다. 버핏은 그가 없었다면 이곳에 투자하지 않았을 거라고 인정했다. 머피가 바로 버핏의 안전마진이었다. 캐피탈 시티즈/ABC는 탁월한 기업이었으며, 버핏이 선호하는 유형의 회사였다. 하지만 이 거래에는 머피라는 특별한 인물이 있었다. 잭 번은 "워런은 톰 머피를 매우 존경한다. 그와 파트너가 되는 것 자체가 버핏에게는 매력적인 일이었다"[31]라고 말했다.

캐피탈 시티즈의 경영 철학은 분권화이며, 이는 버크셔 해서웨이에서 버핏과 멍거가 적용하는 방식과 정확히 일치한다. 머피와 버크는 최고의 인재를 고용한 후, 그들에게 자율권을 부여했다. 모든 의사 결정은 현장에서 이루어졌다. 버크는 머피와의 관계 초기에 이를 직접 경험했다. 당시 올버니 지역 TV 방송국을 운영하던 버크는 머피에게 정기적으로 업데이트된 보고서를 우편으로 보냈지만, 머피는 단 한 번도 응답하지 않았다. 결국 버크는 그 의미를 깨달았다. 머피는 이렇게 말했다. "당신이 나를 초대하거나 내가 당신을 해고해야 할 때가 아니라면, 올버니에 가는 일은 없을 것이다."[32] 머피와 버크는 매년 예산을 설정하고, 분기별로 운영 실적을 검토했다. 이 두 가지 예외를 제외하면, 각 관리자들은 마치 자신이 회사를 소유한 것처럼 운영해야 했다. 톰 머피는 "우리는 경영진에게 많은 것을 기대한다"[33]라고 적었다.

캐피탈 시티즈의 경영진은 비용 통제를 가장 중요한 원칙으로 삼았다. 관리자가 비용 통제에 실패하면, 머피는 즉시 개입했다. 캐피탈 시티즈가 ABC를 인수했을 때, 머피의 비용 절감 능력이 절실히 필요했다. 당시 TV 네트워크 업계는 수익보다 시청률을 우선으로 고려하는 경향이 있었다. 방송사는 시청률만 높일 수 있다면 비용이 얼마나 들든 개의치 않았다. 그러나 머피는 인수 후 즉시 이 방만한 운영을 중단했다. 그는 ABC 내에서 신중하게 선발한 사람들로 위원회를 구성해 인력, 특권, 그리고 불필요한 지출을 줄였다. 그는 퇴직 보상금을 지급한 후 약 1500명을 정리했고, ABC의 임원 전용 식당과 개인 엘리베이터를 없앴다. 머피가 처음 ABC엔터테인먼트 운영을 점검하기 위해 로스앤젤레스를 방문했을 때, ABC는 그를 위해 리무진을 제공했지만, 두 번째 방문에서는 직접 택시를 타고 이동했다.

이처럼 비용을 철저히 관리하는 문화는 캐피탈 시티즈의 운영 방식 그 자체였다. 필라델피아에 있는 캐피탈 시티즈 소유 TV 방송국 WPVI는 시내에서 시청률 1위를 차지했지만, 뉴스 제작 인력은 100명에 불과했다. 반면 시내 반대편에 위치한 CBS 계열 방송국은 150명을 고용하고 있었다. 머피가 ABC를 인수하기 전, ABC는 5개 TV 방송국을 관리하기 위해 60명을 고용했다. 그러나 캐피탈 시티즈가 ABC를 인수한 후, 그는 단 6명의 직원으로 8개 방송국을 운영하도록 개편했다. 뉴욕에 위치한 WABC-TV는 원래 600명을 고용하며 세전 이익률 30%를 기록하고 있었다. 그러나 머피가 조직을 재편한 후 직원 수를 400명으로 줄이면서 세전 이익률을 50% 이상으로 끌어올렸다. 비용 절감 문제가 해결된 후 머피는 운영 결정을 버크에게 맡기고 자신은 인수 및 주주 자산 관리에 집중했다.

◆ 원칙: 1달러 전제

1985년부터 1992년까지, 캐피탈 시티즈/ABC의 가치는 29억 달러(약 4조 2959억 원)에서 83억 달러(약 12조 2923억 원)로 증가했다. 이 기간 회사는 27억 달러(약 3조 9987억 원)의 이익을 유보했으며, 결과적으로 재투자한 1달러당 2.01달러의 가치를 창출했다. 이러한 성과는 특히 주목할 만했다. 회사는 1990년부터 1991년까지 경기 침체로 인한 수익 감소와 지상파 방송 사업에서의 본질적 가치 하락을 겪었음에도 이를 달성했기 때문이다.

◆ **원칙: 합리적인 경영**

 1988년, 캐피탈 시티즈/ABC는 최대 200만 주의 자사주 매입을 승인했으며, 이는 전체 발행 주식의 11%에 해당했다. 1989년, 회사는 5억 2300만 주를 평균 주당 445달러(약 66만 원)에 매입하는 데 2억 3300만 달러(약 3450억 7300만 원)를 지출했다. 이는 현금흐름의 7.3배 수준이었으며, 당시 다른 미디어 기업들이 10배에서 12배의 현금흐름 배수를 기준으로 거래되던 것과 비교하면 낮은 가격이었다. 이듬해 회사는 평균 주당 477달러(약 71만 원)에 92만 6000주를 추가로 매입했으며, 이는 현금흐름의 7.6배 수준이었다. 1992년에도 회사는 자사주 매입을 계속 진행해 평균 주당 434달러(약 64만 원)에 27만 주를 매입했다. 이는 현금흐름의 8.3배 수준이었다. 머피는 이에 대해 자사주 매입 가격이 여전히 버크와 자신이 매력적이라고 판단했던 다른 광고 기반 미디어 기업들의 주가보다 낮았다고 설명했다. 결과적으로 1988년부터 1992년까지 캐피탈 시티즈/ABC는 총 195만 3000주의 자사주를 매입했으며, 이를 위해 8억 6600만 달러(약 1조 2825억 4600만 원)를 투자하며 발행 주식 수를 줄였다.

 1993년 11월, 캐피탈 시티즈/ABC는 최대 200만 주의 자사주를 주당 590~630달러(약 87만~93만 원) 사이의 가격에 매입하기 위한 입찰 경매를 발표했다. 버크셔 해서웨이는 이 경매에 참여해 보유 중이던 300만 주 중 100만 주를 매각했다. 이 결정은 즉시 시장에서 광범위한 추측을 불러일으켰다. 회사가 적절한 인수 대상을 찾지 못해 결국 매각을 준비하는 것인가? 버핏이 보유 지분의 3분의 1을 매각한 것은 회사를 포기한다는 신호인가? 이에 대해 캐피탈 시티즈/ABC는 매각설을 부인했다. 일각에서는 버핏이 회사를 매각할 계획이 있었다면, 향후 더 높은 가격을 받을 가능성이 분명한 주식을 섣불리 처분하지 않았을 것이라고 주장했다. 결과적으로 캐피탈 시티즈/ABC는 총 110만 주를 매입했으며, 이 중 100만 주를 버크셔 해서웨이로부터 평균 주당 630달러에 사들였다. 버핏은 이 거래를 통해 6억 3000만 달러(약 9330억 3000만 원)를 회수해 이를 다른 투자에 재배치할 수 있었다.

◆ 원칙: 제도적 관행

방송 및 네트워크 사업의 기본적인 경제 구조 덕분에 캐피탈 시티즈는 막대한 현금흐름을 창출했다. 여기에 머피의 철저한 비용 절감 방식이 더해지면서, 회사는 엄청난 수준의 순현금을 보유하게 되었다. 1988년부터 1992년까지 캐피탈 시티즈는 23억 달러(약 3조 4063억 원)의 순현금을 벌어들였다. 이처럼 거대한 자금을 보유한 경영진이라면 사업을 확장하거나 새로운 기업을 인수하는 데 돈을 쓰고 싶은 유혹을 느낄 수도 있었다. 머피 역시 몇몇 기업을 인수했다. 그는 1990년에 단 6100만 달러(약 903억 4100만 원)를 들여 소규모 자산들을 인수했지만, 이는 그가 이전 5년간 축적한 23억 달러에 비하면 미미한 수준이었다. 당시 대부분의 미디어 자산 시장은 가격이 지나치게 높게 형성되어 있었다고 판단했기 때문이었다.

머피는 캐피탈 시티즈의 성장을 위해 인수 전략을 중요하게 여겼다. 그는 항상 매력적인 미디어 회사를 찾고 있었지만, 과도한 가격을 지불하지 않겠다는 원칙을 철저히 지켰다. 캐피탈 시티즈는 강력한 현금흐름을 바탕으로 손쉽게 다른 미디어 회사를 인수할 수도 있었지만, 그는 신중하게 기회를 기다렸다. 〈비즈니스 위크〉는 "머피는 적절한 회사를 찾을 때까지 몇 년을 기다리는 경우도 있었다. 그는 자금이 있다고 해도 무리한 거래를 추진하지 않았다"라고 보도했다.[34] 머피와 버크는 미디어 산업이 경기 변동에 영향을 크게 받는 업종이라는 점을 명확히 인식하고 있었다. 따라서 과도한 레버리지를 활용한 인수는 주주들에게 감당하기 어려운 위험을 초래할 수 있었다. 이에 대해 버크는 "머피는 우리 회사에 치명적인 타격을 줄 수 있는 거래는 절대 하지 않았다"[35]라고 말했다.

톰 머피가 "제도적 관행"을 거스른 또 다른 사례가 있다. 《현금의 재발견》에서 윌리엄 손다이크는 머피와 CBS의 전설적인 경영자 빌 페일리Bill Paley의 경영 스타일을 비교했다.[36] 1966년 머피가 캐피탈 시티즈의 CEO가 되었을 당시, CBS는 미국에서 가장 강력한 미디어 기업이었다. CBS는 대도시 지역에서 TV 및 라디오 방송국을 운영하며, 출판 및 음악 사업까지 보유하고 있었다. 반면 머피가 이끄는 캐피탈 시티즈는 상대적으로 작은 시장에서 TV 및 라디오 방송국 몇 개로 시작했다. 당시 CBS의 시가총액은 캐피탈 시티즈보다 16배나 컸다. 그러나 30년 후, 캐피탈 시티즈/ABC가 월트 디즈니Walt Disney Company에 매각될 당시, 캐피탈 시티즈의 시가총액은 CBS보다 3배 더 컸다. 어떻게 이런 차이가 발생했을까?

손다이크는 빌 페일리와 톰 머피가 기업의 내재가치를 성장시키기 위해 서로 다른 길을 걸었다고 설명했다. 페일리는 미디어 기업이 창출하는 막대한 현금을 활용해 당시 유행하던 사업 다각화 전략을 따랐다. 그는 단일 산업에 의존하는 위험을 줄이기 위해 관련 없는 사업들을 인수했다. 이는 당시 많은 대기업이 따랐던 전형적인 전략으로, 단일 사업을 운영하던 회사들이 대기업 집단으로 변신하는 과정이었다. CBS는 장난감 회사, 뉴욕 양키스 야구단, 그리고 뉴욕 맨해튼 중심부의 초고가 랜드마크 빌딩을 인수했다. 페일리는 CBS를 단순히 더 큰 기업으로 키우는 것이 아니라, 경제적으로 다각화된 기업으로 만드는 데 집중했다.

반면 머피는 정반대의 길을 걸었다. 그는 캐피탈 시티즈의 규모가 얼마나 커질 수 있을지에는 관심이 없었고, 대신 회사를 얼마나 더 가치 있게 만들 수 있을지에 집중했다. 머피는 자신이 잘 아는 미디어 산업에만 집중했다. "우리는 기회를 포착해 자산을 매입하고, 회사를 현명하게 레버리지하며, 운영을 개선한 후 …… 또 다른 회사를 인수했다."[37]

그 과정에서 머피는 부채를 꾸준히 상환한 후 다시 새로운 미디어 기업을 찾았다. 그는 과도한 가격을 지불하는 것을 거부했으며, 관련 없는 사업을 인수하라는 제도적 압박에도 저항했다. 대신 그는 회사의 자금을 주주들에게 환원했다. 머피는 적극적인 자사주 매입 프로그램을 운영하며 기존 주주들에게 큰 이익을 안겨주었다. 동시에 부채를 줄이는 데도 공격적으로 나섰다. 1986년 ABC 인수 직후, 캐피탈 시티즈의 장기 부채는 18억 달러(약 2조 6658억 원)였고, 자본 대비 부채 비율은 48.6%였다. 같은 해 말, 회사가 보유한 현금 및 현금성 자산은 1600만 달러(약 236억 9600만 원)에 불과했다. 하지만 1992년까지 머피는 회사의 부채를 절반 가까이 줄여, 장기 부채를 9억 6400만 달러(약 1조 4276억 8400만 원)로 낮췄다. 또한 자본 대비 부채 비율은 20%까지 떨어졌다. 더 나아가 현금 및 현금성 자산은 12억 달러(약 1조 7772억 원)까지 증가하며, 사실상 부채 없는 기업이 되었다. 머피가 캐피탈 시티즈의 재무 건전성을 강화함으로써 기업의 위험을 대폭 줄이면서도 내재가치를 증가시켰다.

워런 버핏은 수년간 수많은 기업의 운영과 경영을 관찰해 왔다. 그에 따르면 캐피탈 시티즈는 미국에서 가장 잘 운영되는 공개기업이었다. 앞서 언급했듯이 버핏은 캐피탈 시티즈에 투자할 때 모든 의결권을 머피와 버크에게 위임했다. 또한 그는 ABC 인수를 위한 자금 조달을 도왔으며, 1996년 캐피탈 시티즈/ABC를 월트 디즈니에 매각하는 과정에서도 핵심적인 역할을 했다. 버핏과 캐피탈 시티즈 경영진의 오랜 관계는 그가 머피와 버크를 얼마나 신뢰했는지 잘 보여준다. 버핏이 머피와 버크를 얼마나 높이 평가했는지는 그의 말 한마디에서 더욱 분명해진다. "톰 머피와 댄 버크는 훌륭한 경영자일 뿐만 아니라 딸의 배우자로 삼고 싶은 사람들이다."[38]

코카콜라

1998년 코카콜라는 세계에서 가장 큰 탄산음료 농축액 및 시럽 제조업체이자, 마케팅 및 유통 기업이었다. 그리고 현재도 여전히 그 자리를 유지하고 있다. 코카콜라는 1886년 미국에서 처음 판매됐으며, 오늘날 전 세계 200개 이상의 국가에서 판매되고 있다.

워런 버핏과 코카콜라의 관계는 그의 어린 시절로 거슬러 올라간다. 버핏은 다섯 살 때 처음으로 코카콜라를 마셨다. 얼마 지나지 않아, 그는 할아버지가 운영하던 식료품점에서 코카콜라 6병을 25센트(약 370원)에 사서 동네에서 한 병당 5센트(약 740원)에 되팔았다. 그러나 이후 50년 동안, 버핏은 코카콜라의 엄청난 성장을 지켜보기만 했을 뿐 정작 투자하지는 않았다. 그 대신 그는 섬유 공장, 백화점, 농업 장비 제조업체에 투자했다. 1986년, 그는 버크셔 해서웨이 연례 주주총회의 공식 음료로 코카콜라를 지정했지만, 아직 단 한 주의 코카콜라 주식도 매입하지 않았다. 버핏이 코카콜라 주식을 처음으로 사들이기 시작한 것은 그로부터 2년 후인 1988년 여름이었다.

◆ **원칙: 단순하고 이해하기 쉬운 사업**

코카콜라의 사업 구조는 비교적 단순하다. 회사는 원자재를 구입한 후 이를 혼합해 농축액을 생산한다. 이 농축액은 전 세계의 병입업체 bottlers에 판매되며, 그 업체는 농축액에 탄산수와 감미료 등을 추가해 최종 제품을 제조한다. 이후 병입업체는 완성된 음료를 슈퍼마켓, 편의점, 자판기 등 다양한 소매점에 공급한다. 그뿐만 아니라 코카콜라는 식당 및 패스트푸드 업체에 시럽을 공급해, 이들이 매장에서 고객에게 컵이나 유리잔에 담아 판매할 수 있도록 한다. 당시 코카콜라가 보유한 브랜드는 다음과 같았다. 코카콜라, 다이어트 콜라, 스프라이트, 미스터 피브Mr. PiBB, 멜로 옐로Mello Yellow, 램블린 루트비어Ramblin, Root Beer, 환타, 탭TaB, 프레스카Fresca 등이 있었다. 기타 음료에는 하이-CHi-C 브랜드의 과일 음료, 미닛메이드 오렌지주스, 파워에이드, 네스티, 노르딕 미스트Nordic Mist가 있었다. 1980년대, 코카콜라는 병입 사업에도 적극적으로 투자했다. 미국 최대의 병입업체인 코카콜라 엔터프라이즈의 지분 44%를 보유했고, 호주의 병입업체이자 뉴질랜드와 동유럽 시장에도 이해관계를 가진 코카콜라 아마틸Coca-Cola Amatil의 지분 53%를 보유하는 등 여러 병입업체도 소유했다. 코카콜라의 강점은 강력한 브랜드 파워뿐만 아니라, 전 세계적으로 구축된 독보적인 유통 시스템이었다.

◆ **원칙: 장기적으로 유리한 전망**

버크셔 해서웨이가 1989년 코카콜라 주식 6.3%를 보유하고 있다고 공식 발표한 직후, 버핏은 〈애틀랜타 저널 컨스티튜션Atlanta Journal Constitution〉의 경제 전문 기자 멜리사 터너Mellisa Turner와 인터뷰를 했다. 그는 버핏에게 사람들이 자주 묻는 질문을 던졌다. "왜 진작 코카콜라 주식을 사지 않았나요?" 이에 대해 버핏은 자신이 코카콜라에 투자하기로 결심했을 당시의 생각을 설명했다. "만약 당신이 10년 동안 자리를 비운다고 가정해 봅시다. 그리고 단 한 가지 투자만 해야 한다면, 당신이 현재 알고 있는 모든 정보를 바탕으로 어떤 회사를 선택하겠습니까? 그리고 10년 동안 그 결정을 바꿀 수도 없다면, 어떤 기업을 생각하겠습니까?"[39]

그는 확신이 들었던 이유를 덧붙였다. "나는 확실하게 시장이 계속 성장하는 사업을 원했습니다. 그리고 그 시장의 절대적인 선두 기업이 앞으로도 계속해서 1위를 유지할 것이라고 확신할 수 있어야 했습니다. 그리고 전 세계적으로 엄청난 판매량 증가가 가능해야 했습니다. 그런데 그런 기업이 코카콜라 외에 또 있나요? 나는 10년 뒤 돌아와도 코카콜라가 지금보다 훨씬 더 큰 사업을 하고 있을 거라는 점을 확신할 수 있었습니다."[40]

사실, 버핏이 설명한 코카콜라의 강력한 사업 모델은 이미 수십 년 동안 존재해 왔다. 그런데 왜 1980년대 후반이 되어서야 코카콜라 주식을 매수했을까? 버핏은 1980년대 코카콜라의 변화가 자신을 움직였다고 설명했다. 그 변화를 주도한 인물이 바로 로베르토 고이수에타였다.

1970년대, 코카콜라는 심각한 위기를 겪고 있었다. 병입업체들과의 갈등이 심화되며 내부 마찰이 커졌다. 미닛메이드 농장에서 이민 노동자들을 부당하게 대우했다는 비판도 받았다. 환경운동가들은 코카콜라의 일회용 용기가 환경 오염을 가속화한다고 비난했다. 미국 연방거래위원회FTC는 코카콜라의 독점적 프랜차이즈 시스템이 셔먼 반독점법Sherman Anti-Trust Act을 위반했다며 소송을 제기했다. 코라콜라의 해외 사업도 위기에 빠졌다. 아랍 국가들은 코카콜라가 이스라엘에 프랜차이즈를 허가했다는 이유로 불매운동을 벌였다. 이로 인해 코라콜라는 오랜 기간 공들인 중동 시장을 사실상 잃었다. 일본 시장에서 발생한 실수들도 치명적이었다. 코카콜라는 일본 시장에 26온스(약 768㎖) 대용량 가정용 병을 출시했지만, 이 병이 매장에서 폭발하는 사고가 발생했다. 일본 소비자들은 환타 포도에 사용된 인공 타르 색소에 강하게 반발했다. 이에 코카콜라는 천연 포도 껍질을 사용한 새로운 버전을 개발했지만, 병 안에서 발효가 진행되면서 제품이 망가지게 된 것이다. 결국, 환타 포도는 도쿄만에 대량 폐기되었다.

1970년대, 코카콜라는 혁신을 주도하는 기업이 아니라, 시장의 흐름을 따라가는 분산된 조직이었다. 폴 오스틴Paul Austin은 1962년부터 사장직을 맡아오다 1971년에 회장으로 임명되었다. 코카콜라는 여러 문제를 겪고 있었지만 여전히 수백만 달러의 수익을 창출하고 있었다. 하지만 오스틴은 이 수익을 본업인 음료 사업에 재투자하는 대신 다각화 전략을 선택했다. 그는 수익성이 낮은 수산업 및 수자원 개발 사업에 투자하며, 심지어 새우 양식장과 와이너리까지 인수했다. 이 중 와이너리 인수는 주주들의 강한 반발을 불러일으켰다. 그들은 코카콜라가 술과 연관돼서는 안 된다고 주장하며 공개적으로 반대했다. 오스틴은 이러한 비판을 피하기 위해 사상 유례없는 규모의 광고 캠페인에 돈을 쏟아 부었다.

당시 코카콜라는 자기자본수익률이 20%를 기록하며 여전히 높은 수익을 내고 있었지만, 세전 이익률은 점점 감소하고 있었다. 1973년부터 1974년까지 이어진 약세장이 끝날 무렵 코카콜라의 시가총액은 31억 달러(약 4조 5911억 원)였다. 6년 후인 1980년, 시가총액은 41억 달러(약 6조 721억 원)로 증가했다. 하지만 1974년부터 1980년까지 연평균 성장률은 5.6%에 불과해 S&P 500 지수의 수익률을 크게 밑돌았다. 더욱이 코카콜라는 6년 동안 1달러를 재투자할 때마다 단 1.02달러의 시장 가치를 창출하는 데 그쳤다.

오스틴의 독선적인 경영 스타일은 회사의 위기를 더욱 심화시켰다.[41] 그는 직원들에게 위압적이고 접근하기 어려운 인물이었다. 게다가 그의 아내 진 오스틴Jeanne Austin도 회사 내부에서 부정적인 영향을 미쳤다. 그녀는 본사 인테리어를 대대적으로 개조하며, 기존에 걸려 있던 노먼 록웰Norman Rockwell의 고전적인 그림을 모두 철거하고, 현대 미술작품으로 교체했다. 또한 새로운 미술 작품을 찾기 위해 전용기를 구매하라고 지시하기까지 했다. 그리고 그녀가 내린 마지막 명령이 결국 남편 오스틴을 몰락으로 이끄는 결정적 계기가 되었다.

1980년 5월, 진 오스틴은 직원들이 점심 식사를 위해 회사 공원을 이용하는 것을 금지했다. 그는 직원들이 흘린 음식 찌꺼기가 잘 관리된 잔디밭에 비둘기를 끌어들인다며 불만을 제기했다. 이 조치는 직원들의 사기를 급격히 떨어뜨렸고, 결국 코카콜라의 내부 분위기는 최악의 상태로 치달았다. 이 소식을 들은 로버트 우드러프Robert Woodruff는 더 이상 참을 수 없었다. 우드러프는 1923년부터 1955년까지 코카콜라를 이끌었으며, 당시에도 이사회 재무위원회의 회장직을 맡고 있던 91세의 경영계 거물이었다. 그는 즉시 폴 오스틴의 사임을 요구했고, 그 후임으로 로베르토 고이수에타를 임명했다. 이로써 쿠바 출신의 고이수에타는 코카콜라 최초의 외국인 CEO가 되었다.

고이수에타는 내성적이었던 오스틴과 달리, 외향적이고 소통을 중시하던 리더였다. 그는 CEO로 임명된 직후, 코카콜라의 최고경영진 50명을 미국 캘리포니아 팜스프링스로 소집했다. 그리고 그 자리에서 이렇게 말했다. "우리가 무엇을 잘못하고 있는지 솔직하게 말해 달라. 모든 문제를 낱낱이 파악하고 해결하겠다. 하지만 한 가지 분명히 하겠다. 문제가 정리된 후에는 100%의 충성을 원한다. 만약 만족하지 못하는 사람이 있다면, 정당한 보상을 하고 깔끔하게 작별할 것이다."[42] 이 회의를 계기로 코카콜라는 '1980년대 전략'을 수립했다. 이 전략은 기업의 목표를 명확히 정리한 900단어 분량의 문서로 제작되었고, 이후 코카콜라의 성장 방향을 결정짓는 중요한 역할을 했다. 고이수에타는 경영진들에게 "지능적인 리스크"를 감수하라고 독려했다. 그는 코카콜라가 수동적으로 시장의 흐름을 따라가는 것이 아니라, 주도적으로 변화를 이끌어야 한다고 강조했다. 또한 그는 CEO로서 비용 절감 정책을 단행했다. 그리고 코카콜라가 소유한 모든 사업이 자산수익률Return on Assets, ROA을 최적화해야 한다고 요구했다. 이러한 조치는 즉각적으로 효과를 발휘하며 코카콜라의 이익률을 빠르게 증가시켰다.

◆ 원칙: 수익률

1980년 코카콜라의 세전 이익률은 12.9%까지 하락했다. 회사는 5년 연속 이익률이 감소했으며, 이는 1973년 18%였던 수익률보다 저조했다. 그러나 고이수에타가 CEO로 취임한 첫해, 그는 세전 이익률을 13.7%로 끌어올렸다. 그리고 1988년, 버핏이 처음으로 코카콜라 주식을 매입했을 때, 코카콜라의 세전 이익률은 사상 최고치인 19%까지 상승했다.

◆ 원칙: 자기자본수익률

코카콜라는 '1980년대 전략'에서 자기자본수익률이 일정 기준을 충족하지 못하는 사업은 과감히 정리해야 한다는 원칙을 세웠다. 고이수에타는 신규 사업을 추진할 때도 실질적인 성장 잠재력이 충분해야만 투자할 가치가 있다고 판단했다. 그는 정체된 시장에서 점유율 경쟁을 벌이는 것에는 더 이상 관심이 없었다. "주당 순이익을 올리고, 자기자본수익률을 높이는 것이 우리의 목표다."[43] 그는 이렇게 주장하며, 이를 즉각적인 실행으로 옮겼다. 고이수에타는 1983년, 코카콜라의 와인 사업을 씨그램Seagram에 매각했다. 이 와인 사업은 1970년대에 자기자본수익률 20%를 기록하며 괜찮은 수익을 냈다. 하지만 고이수에타는 이 정도로 만족하지 않았다. 그는 더 높은 수익성을 요구했고, 결국 회사는 와인 사업을 정리했다. 그 결과, 1988년 코카콜라의 자기자본수익률은 31.8%까지 상승했다.

고이수에타가 이끄는 코카콜라는 폴 오스틴이 경영하던 때보다 2배, 3배 높은 재무 성과를 기록했다. 이는 코카콜라의 시장 가치에서도 분명하게 드러났다. 1980년에는 코카콜라의 시가총액이 41억 달러(약 6조 721억 원)였으나, 1987년 말에는 10월 증시 폭락 Black Monday이 있었음에도 불구하고 코카콜라의 시가총액이 141억 달러(약 20조 8821억 원)로 증가했다. 7년 동안 코카콜라의 시장 가치는 연평균 19.3%의 성장률을 기록했다. 그뿐만 아니라 코카콜라는 이 기간에 1달러를 유보할 때마다 4.66달러의 시장가치를 창출하는 데 성공했다.

◆ **원칙: 솔직한 경영**

고이수에타의 1980년대 전략에서는 주주들을 핵심 요소로 포함시켰다. 그는 주주들에게 다음과 같이 약속했다. "우리는 앞으로 10년 동안 주주들에게 완전히 헌신할 것이며, 그들의 투자 자산을 보호하고 가치를 높이는 데 집중할 것이다. 주주들에게 평균 이상의 연간 총수익을 제공하려면, 인플레이션을 초과하는 수익을 창출하는 사업을 선택해야 한다."[44]

고이수에타는 사업을 성장시키기 위해 자본을 재투자하는 것뿐만 아니라, 주주 가치를 높이는 것 역시 필수적인 과제라고 생각했다. 이를 실현하기 위해 코카콜라는 이익률과 자기자본수익률을 높였고, 배당금을 증가시키면서도 배당 비율[*]을 낮췄다. 1980년대 동안 코카콜라는 주주들에게 지급하는 배당금을 매년 10%씩 증가시켰다. 하지만 동시에 배당 지급 비율은 65%에서 40%로 감소했다. 이 덕분에 코카콜라는 더 많은 이익을 회사에 재투자하면서도, 주주들에게 안정적인 배당 수익을 제공하는 균형을 유지할 수 있었다.

코카콜라는 매년 연례 보고서에서 재무 성과와 경영진의 논평을 다음과 같은 목표로 시작한다. "경영진의 최우선 목표는 장기적으로 주주 가치를 극대화하는 것이다." 회사의 경영 전략은 장기적인 현금흐름 극대화를 핵심 목표로 삼는다. 이를 달성하기 위해 코카콜라는 다음과 같은 전략을 실행했다. 우선, 수익성이 높은 탄산음료 사업에 지속적으로 투자하고, 기존 사업의 수익률을 극대화하며, 마지막으로 자본 비용을 최적화했다. 이 전략이 성공하면 현금흐름 증가, 자기자본수익률 향상, 그리고 주주들에게 돌아가는 총수익 증가라는 결과로 이어질 것은 자명했다.

---

[*] 당기순이익 중 현금으로 지급된 배당금 총액의 비율.

◆ **원칙: 합리적인 경영**

코카콜라는 순현금흐름이 증가하면서, 주주들에게 배당금을 인상하는 동시에 공개 시장에서 자사주를 매입할 수 있었다. 1984년 코카콜라는 회사 역사상 최초로 자사주 매입을 승인, 600만 주를 매입하겠다고 발표한다. 이후 1992년까지 매년 자사주를 매입했으며, 총 4억 1400만 주를 매입하는 데 53억 달러(약 7조 8493억 원)를 투입했다. 이는 1984년 초 기준, 전체 발행 주식의 25% 이상을 차지하는 규모였다. 결과적으로 이 투자는 매우 성공적이었다. 1993년 12월 31일 종가 기준, 코카콜라가 매입한 자사주의 가치는 185억 달러(약 27조 3985억 원)에 달했다.

1992년 7월, 코카콜라는 자사주 매입을 더욱 확대하며 2000년까지 1억 주를 추가로 매입하겠다고 발표했다. 이는 당시 코카콜라 전체 발행 주식의 7.6%에 해당하는 규모였다. 놀랍게도 코카콜라는 이처럼 대규모 자사주 매입을 진행하면서도 해외 시장에 대한 공격적인 투자를 지속할 수 있었다. 고이수에타는 이러한 자사주 매입이 가능했던 이유가 코카콜라의 강력한 현금 창출 능력 덕분이라고 설명했다.

◆ **원칙: 오너 어닝**

1973년 코카콜라의 오너 어닝은 1억 5200만 달러(약 2251억 1200만 원, 순이익에 감가상각비 및 무형자산상각비를 더하고 자본적 지출을 차감한 값)였다. 1980년까지 오너 어닝은 2억 6200만 달러(약 3880억 2200만 원)로 증가했으며, 이는 연평균 8%씩 복리로 성장한 셈이었다. 1981년부터 1988년까지 코카콜라의 오너 어닝은 2억 6200만~8억 2800만 달러(약 3880억 2200만~1조

2262억 6800만 원)로 증가했다. 이 기간 연평균 복리 성장률은 17.8%에 달했다. 오너 어닝의 성장은 코카콜라의 주가에 반영되었다. 10년 단위로 분석했을 때, 코카콜라의 총수익률은 1973년부터 1982년까지 연평균 6.3% 성장했으며, 1983년부터 1992년까지 연평균 31.1%의 성장률을 기록했다.

◆ 원칙: 가치 평가

버핏이 1988년 처음으로 코카콜라의 주식을 매입했을 때 사람들은 "코카콜라의 가치는 어디에 있나요?"라고 물었다. 당시 코카콜라는 주가수익비율(P/E)이 15배, 현금흐름 대비 주가 비율이 12배에 거래되고 있었다. 이는 시장 평균보다 각각 30%와 50% 높은 프리미엄이었다. 벤저민 그레이엄의 가르침을 신봉하는 가치 투자자들은 강하게 반발하며, "버핏이 스승을 배신했다"라고 비판했다. 하지만 4년 후인 1992년 버크셔 해서웨이 연례 보고서에서, 버핏은 이에 대한 답을 내놓았다. "가치는 단순한 배수로 결정되는 것이 아니라 미래 현금흐름을 할인한 현재가치로 결정된다는 것이다."

버핏은 코카콜라의 주식을 장부 가치(1주당 순자산)의 5배 가격에 매입했다. 그가 이를 감수한 이유는 코카콜라가 창출하는 엄청난 경제적 가치 때문이었다. 당시 코카콜라는 자본 재투자를 거의 하지 않으면서도 자기자본수익률 31%를 기록하고 있었다. 물론 버핏은 코카콜라를 비롯한 모든 기업의 가치가 사업이 지속되는 동안 예상되는 순현금흐름을 적절한 할인율로 조정한 현재가치에 의해 결정된다고 설명한다.

1988년, 코카콜라의 오너 어닝은 8억 2800만 달러(약 1조 2262억 6800만 원)에 달했다. 당시 미국 30년 만기 국채(무위험 이자율) 수익률은 약 9%였다. 만약 코카콜라의 1988년 오너 어닝을 9%로 할인하면(버핏은 할인율에 주식 위험을 할증하지 않는다.) 코카콜라의 가치는 92억 달러(약 13조 6252억 원)가 된다. 그러나 버핏이 코카콜라를 매입할 당시 시장에서 평가한 시가총액은 148억 달러(약 21조 9188억 원)였으며, 이는 버핏이 코카콜라 주식을 다소 비싸게 매입했을 가능성을 시사한다. 그러나 92억 달러는 현재 소유주 이익을 할인해 계산한 값이었다. 시장이 코카콜라에 대해 이보다 60% 높은 가격을 지불할 의향이 있었다는 점은, 투자자들이 코카콜라의 미래 성장 가능성도 가치의 일부로 평가하고 있었음을 의미한다.

기업이 추가적인 자본 없이 오너 어닝을 성장시킬 수 있을 때, 오너 어닝 할인에는 무위험 수익률과 예상 소유주 이익성장률의 차이를 적용하는 것이 적절하다. 코카콜라를 분석한 결과, 1981년부터 1988년까지 오너 어닝이 연평균 17.8%의 속도로 성장했으며, 이는 무위험 수익률보다 빠른 속도였다. 이런 경우 분석가들은 '고든 성장 모델Gordon Growth Model이 불리는 2단계 할인 모델을 사용한다. 이 모델은 기업이 일정 기간 동안 비정상적으로 높은 성장률을 유지한 후, 이후에는 일정하고 완만한 성장률을 보이는 상황에서 미래 이익을 계산하는 방법이다.

우리는 2단계 할인 모델을 활용해 1988년 기준으로 코카콜라의 미래 현금흐름에 대한 할인된 현재가치를 계산했다. 1988년 코카콜라의 오너 어닝은 8억 2800만 달러였다. 향후 10년간 코카콜라가 오너 어닝을 연평균 15%의 비율로 성장시킬 수 있다고 가정했는데, 이 수치는 이전 7년간의 평균 성장률보다 낮기 때문에 합리적인 가정이었다. 이러한 전제를 바탕으로 하면, 10년 후의 오너 어닝은 34억 5000만 달러(약 5조 1094억 5000만 원)에 이른다. 이어서 우리는 11년 차부터는 연 5%의 성장률로 둔화될 것이라고 추가로 가정했다. 당시의 장기 채권 수익률인 9%를 할인율로 사용해 계산한 결과, 1988년 기준으로 코카콜라의 본질 가치는 483억 8000만 달러(약 71조 6507억 8000만 원)였다.

우리는 다른 성장률을 가정해 동일한 계산을 반복할 수 있다. 만약 코카콜라가 향후 10년 동안 연 12% 속도로 오너 어닝을 증가시키고, 이후 5% 성장률을 유지한다고 가정하면, 9% 할인율로 계산한 현재가치는 381억 6000만 달러(약 56조 5149억 6000만 원)가 된다. 10년간 연 10% 성장 후 연 5%로 전환되는 시나리오에서 코카콜라의 가치는 324억 5000만 달러(약 48조 584억 5000만 원)가 된다. 그리고 회사가 지속적으로 연 5%만 성장한다고 가정할 경우에도, 코카콜라의 가치는 최소 207억 달러(약 30조 6567억 원)에 이를 것이다.

◆ **원칙: 매력적인 가격에 매수하기, 1달러 전제**

1988년 가을, 코카콜라의 회장 도널드 키오는 누군가 회사의 주식을 대량으로 매수하는 것을 알아차렸다. 1987년 주식시장 폭락 이후 1년이 지나도록 코카콜라의 주가는 폭락 전 최고가보다 25% 낮은 수준에서 거래되고 있었다. 하지만 주가는 더 이상 하락하지 않고 바닥을 다지기 시작했는데, 그 이유는 "어떤 미스터리한 투자자가 코카콜라 주식을 쓸어 담고 있기 때문"이었다. 키오는 주식을 매수한 브로커가 미국 중서부 출신이라는 사실을 알게 되자마자, 자신의 친구인 워런 버핏이 떠올랐고 곧바로 전화를 걸었다.

"워런, 무슨 일이야?" 키오가 물었다. "혹시 코카콜라 주식을 사고 있는 건 아니겠지?" 버핏은 잠시 숨을 고르더니 대답했다. "사실 그렇네. 하지만 내가 보유 지분을 공개할 때까지 조용히 있으면 좋겠어."[45] 만약 버핏이 코카콜라 주식을 매수하고 있다는 사실이 알려지면, 시장에서 대량 매수 움직임이 일어나 주가가 급등할 가능성이 컸다. 하지만 그는 아직 버크셔 해서웨이의 보유 지분을 늘리는 중이었다.

1989년 봄이 되자, 버크셔 해서웨이 주주들은 버핏이 코카콜라 주식을 매수하는 데 10억 2000만 달러(약 1조 5106억 2000만 원)를 투자했다는 사실을 알게 되었다. 그는 버크셔 포트폴리오의 3분의 1을 배팅하며 코카콜라 지분 7%를 확보했다. 이는 당시까지 버크셔 해서웨이가 단행한 가장 큰 단일 투자였으며, 월스트리트에서는 의문을 품기 시작했다.

1980년 로베르토 고이수에타가 코카콜라 경영을 맡은 이후, 회사 주가는 매년 상승했다. 버핏이 첫 코카콜라의 주식을 매수하기 전 5년 동안 주가는 연평균 18% 올랐다. 코카콜라의 사업 실적이 매우 뛰어났기 때문에, 버핏은 저평가된 가격으로 주식을 매수할 기회를 찾지 못했다. 이 기간 S&P 지수 역시 상승세를 보였으며, 코카콜라 주식도 시장 전체도 버핏이 싸게 매수할 기회를 제공하지 않았다. 그럼에도 불구하고, 버핏은 주저하지 않고 과감히 매수에 나섰다.

버핏이 코카콜라 주식을 매수하던 1988년과 1989년, 주식시장에서 평가한 코카콜라의 평균 기업 가치는 151억 달러(약 22조 3631억 원)였다. 하지만 우리가 추정한 코카콜라의 내재가치는 성장률 가정에 따라 크게 달라졌다. 오너 어닝이 연 5% 성장한다고 가정하면 207억 달러(약

30조 6,567억 원), 10년간 연 10% 성장 후 5% 성장한다고 가정하면 324억 달러(약 47조 9844억 원), 10년간 연 12% 성장 후 5% 성장한다고 가정하면 381억 달러(약 56조 4261억 원), 10년간 연 15% 성장 후 5% 성장한다고 가정하면 483억 달러(약 71조 5323억 원)였다. 따라서 버핏이 확보한 안전마진, 즉 내재가치 대비 할인 폭은 보수적으로 최소 27%에서 최대 70%였을 것으로 추정할 수 있다.

버크셔가 코카콜라 투자를 시작한 지 10년이 지나자, 회사의 시가총액은 258억 달러(약 38조 2098억 원)에서 1430억 달러(약 211조 7830억 원)로 성장했다. 그 기간 동안 코카콜라는 269억 달러(약 39조 8389억 원)의 이익을 창출했고, 주주들에게 105억 달러(약 15조 5505억 원)의 배당금을 지급했으며, 164억 달러(약 24조 2884억 원)를 내부에 유보해 추가 투자에 활용했다. 회사가 1달러를 재투자할 때마다 시장 가치는 7.20달러 증가했다. 1999년 말 기준, 버크셔 해서웨이가 코카콜라에 투자한 10억 2300만 달러(약 1조 5150억 6300만 원)는 116억 달러(약 17조 1796억 원)로 성장했다. 같은 금액을 S&P 500 지수에 투자했다면 30억 달러(약 4조 4430억 원)가 되었을 것이다.

버핏은 "오랜 기간 지속적으로 높은 수익률을 통해 점점 더 많은 자본을 활용할 수 있는 기업이 최고의 투자 대상"이라고 말했다. 그의 눈에 코카콜라는 그 정의에 완벽하게 부합했다. 코카콜라는 세계에서 가장 널리 알려지고 존경받는 브랜드 중 하나였다. 버핏이 코카콜라를 세계에서 가장 가치 있는 프랜차이즈라고 평가한 것은 당연했다. 그러나 36년 후, 그는 애플을 보고 생각이 바뀌게 된다.

애플

1971년, 최초의 마이크로프로세서를 설계한 마르시안 "테드" 호프 Marcian "Ted" Hough 는 인텔의 4004 칩을 공개하며, 5차 기술 혁명을 시작했다.⁴⁶ 이 혁명은 이후 정보 및 기술의 시대라고 불리게 되었다. 마이크로프로세서는 컴퓨터 칩으로, 연산 과정에서 명령을 수행하고 작업을 처리하는 핵심 부품이다. 5차 기술 혁명의 핵심 기술에는 마이크로프로세서, 컴퓨터, 소프트웨어 애플리케이션, 스마트폰, 그리고 제어 시스템이 포함되었다. 이 새로운 인프라는 전 세계 디지털 통신망으로 구축되었으며, 케이블, 광섬유, 무선 주파수, 위성 통신이 포함된다. 이를 통해 인터넷, 이메일 및 기타 전자 서비스를 제공한다.

월스트리트가 5차 기술 혁명의 발명품을 빠르게 수익화하는 동안 워런 버핏은 그 움직임을 지켜보기만 했다. 델 컴퓨터 Dell Computer, 마이크로소프트, 시스코 시스템즈, 아메리칸 온라인 America OnLine 같은 새로운 기술 기업들이 속속 등장하며 주식시장에 진입했다. 투자자들과 금융 미디어는 계속해서 버핏에게 이 뛰어난 기업들에 주목하라고 압박했지만, 그의 대답은 항상 같았다. 그는 기술 기업이 자신의 전문 영역이 아니며, 따라서 이를 분석할 경쟁 우위를 가지지 못했다고 말했다. "내가 앞으로 1년 동안 온종일 기술에 대해 고민한다고 해도, 이 분야를 분석하는 데 있어 미국에서 100번째, 1000번째, 아니 1만 번째로 똑똑한 사람조차 되지 못할 것이다."⁴⁷

그러나 사실 버핏이 기술 기업을 매수하지 않은 이유는 그가 이 기업들을 이해하지 못해서가 아니었다. 오히려 그는 이들 기업을 너무나 잘 이해하고 있었다. 그가 고민했던 것은 미래 현금 흐름을 예측하는 것이었다. 기술 산업은 끊임없는 혁신과 변화가 일어나기 때문에, 장기적인 수익성을 계산하기가 어려웠다. 버핏에게는 코카콜라, 아메리칸 익스프레스, 프록터 앤드 갬블Procter & Gamble, 월마트와 같은 기업들의 미래 경제성을 예측하는 것이 훨씬 더 수월했다.

그러나 2011년 가을, 인텔이 새로운 마이크로프로세서를 공개한 지 40년 만에, 버핏은 IBM 주식을 매수했다고 발표했다. 1911년에 설립된 IBM은 미국 기술 산업의 중추적인 기업으로 평가받았다. 하지만 1990년대 초반 IBM은 파산 위기에 몰렸다. 1992년에는 50억 달러(약 7조 4050억 원)의 손실을 기록하며, 당시 미국 기업 역사상 단일 연도 기준으로 가장 큰 적자를 기록했다. 만약 루 거스트너Lou Gerstner와 이후 샘 팔미사노Sam Palmisano의 경영 역량이 없었다면, 오늘날 IBM은 존재하지 않았을지도 모른다.

버크셔 해서웨이는 2011년 연말까지, IBM 주식 6390만 주를 매수해 회사 지분 5.4%를 확보했다. 버핏은 IBM 주식을 108억 달러(약 15조 9948억 원)에 매수하며, 개인 주식 투자 중 가장 큰 금액을 투자했다. 버크셔 해서웨이의 주주들은 버핏이 IBM의 첨단 정보처리기술의 경쟁력을 설명할 것이라 기대했지만, 대신 그는 IBM 경영진의 역량과 기업 전략을 분석하는 법을 강조했다.

1993년 IBM의 CEO로 취임한 루 거스트너는 회사를 회생시키라는 임무를 받았다. 그는 수익성이 낮은 기술 자산을 매각하고, 소프트웨어 사업으로의 전환을 강력히 추진했다. 2002년 CEO가 된 샘 팔미사노는 개인용 컴퓨터 사업을 매각하고, IBM을 소프트웨어뿐만 아니라 컨설팅 서비스와 인터넷 사업에 집중하도록 이끌었다. IBM이 현금 창출 능력을 회복했다는 사실은 거스트너와 팔미사노 재임 기간 동안 전체 발행 주식의 절반 이상을 자사주 매입으로 회수한 것에서 확인할 수 있었다. 게다가 팔미사노는 10년간 IBM을 경영하며, 보통주 배당금을 0.59달러에서 3.30달러로 460% 인상했다.

버핏이 IBM에 매력을 느낀 이유는 거스트너와 팔미사노의 합리적인 자본 배분 능력뿐만 아니라, IT 서비스 산업이 방어적인 특성을 지니고 있어 안정적이고 예측 가능한 성장 가능성을 제공한다고 판단했기 때문이었다. IT 산업은 지속적인 매출 흐름을 창출하며, 대기업과 정부의 필수 예산과 연결되어 있어 경기 변동에 강했다. 버핏은 IBM의 IT 서비스 사업이 경쟁 우위를 갖춘다고 판단했다. 기업과 정부기관은 IT 서비스 제공업체를 쉽게 변경하지 않기 때문이다.

그러나 IBM은 새로운 전략을 추진했음에도 불구하고 매출 성장에 어려움을 겪었다. 매출 감소의 주요 원인은 데이터 저장 및 소프트웨어 서비스를 더 저렴한 비용으로 제공하는 경쟁업체들의 증가였다. 아마존 웹 서비스AWS, 마이크로소프트 애저Azure, 구글 클라우드 플랫폼GCP 같은 클라우드 컴퓨팅 서비스에 IBM의 주요 고객을 빼앗기고 있었다. 6년 연속 매출 감소를 겪은 후, IBM 주가는 140달러(약 20만 7000원)로 하락하며 버크셔의 매수 평균가인 170달러(약 25만 2000원) 아래로 떨어졌다.

2016년 연례 보고서에서 버크셔 해서웨이는 새로운 보유 주식을 포트폴리오에 추가했다. 버크셔는 애플 주식 6100만 주를 매수했다. 그때까지 버핏은 IBM 주식을 보유하고 있었으며, 매입 원가는 138억 달러

(약 20조 4378억 원), 시장 가치는 135억 달러(약 19조 9935억 원)였다. 애플 주식 매수에 대한 별다른 설명은 없었다. 포트폴리오 보유 목록 아래에서 버핏은 단순히 다음과 같이 적었다. "이 표에 나열된 일부 주식은 버크셔의 투자 관리를 담당하는 토드 콤스Todd Combs나 테드 웨슐러Ted Weschler의 책임하에 있다. 이들은 나와 함께 버크셔의 투자 관리를 맡고 있다." 토드 콤스는 2010년에 버크셔에 합류했고, 2년 후 테드 웨슐러가 팀에 추가되었다. 두 사람은 각각 약 100억 달러(약 14조 8100억 원)규모의 버크셔 포트폴리오를 관리했으며, 이는 전체의 약 20%를 차지했다. 그때까지만 해도 사람들은 애플 주식 매수가 토드 콤스나 테드 웨슐러 중 한 사람의 결정이었다고 추측했다.

그러던 2017년, 결정적인 변화가 일어났다. 버크셔는 애플 주식을 1억 6600만 주로 늘리며, 총 200억 달러(약 29조 6200억 원)를 투자했다. 반면, IBM은 더 이상 포트폴리오 목록에 없었다. 이듬해, 버크셔는 애플 주식 8900만 주를 추가 매수하며, 보유 주식을 총 2억 5500만 주로 늘렸다. 매입 원가는 360억 달러(약 53조 3160억 원), 시장 가치는 400억 달러(약 59조 2400억 원)로 증가했다. 애플은 이제 워런 버핏의 대표적인 투자 종목이 되었다. IBM에서 애플로 전환한 것은 기술 산업의 세대교체를 의미했다. 과거에는 경쟁 관계에 있었던 두 거대 기업이 이제는 각기 다른 길을 걷기 시작했다. IBM은 대형 고객을 위한 위한 엔터프라이즈 소프트웨어 솔루션에 집중한 반면, 애플은 소비자 전자제품 시장의 지배적인 강자로 자리 잡으며 빠르게 성장했다.

◆ **원칙: 단순하고 이해하기 쉬운 사업**

1976년 4월 1일, 스티브 워즈니악Steve Wozniak, 스티브 잡스, 로널드 웨인Ronald Wayne은 워즈니악이 개발한 새로운 애플 I 개인용 컴퓨터를 판매하기 위해 애플을 설립했다. 회사는 1977년에 법인화되었으며, 1980년 12월 12일에 나스닥NASDAQ에 'AAPL'이라는 종목 코드로 상장되었다. 당시 애플의 시가총액은 17억 7800만 달러(약 2조 6332억 1800만 원)였다.

애플의 역사에서 중요한 전환점이 된 사건은 1984년 1월 22일, 슈퍼볼 XVIII의 3쿼터 중 방송된 한 광고였다. 리들리 스콧Ridley Scott 감독이 연출한 이 광고는 '1984'라는 제목으로 제작되었으며, 맥킨토시 컴퓨터의 출시를 알렸다. 이 광고는 TV 광고 역사상 최고의 작품 중 하나로 평가받았고, 애플의 성공을 결정짓는 중대한 계기가 되었다. 이후 맥킨토시 개인용 컴퓨터는 "데스크톱 출판desktop publishing"[*]을 쉽고 대중적인 사무 기능으로 자리 잡게 하는 데 핵심적인 역할을 했다.

2001년, 애플은 자사 제품을 직접 선보이기 위해 버지니아와 캘리포니아에 첫 번째 애플 스토어를 개점했다. 오늘날 애플은 전 세계에 500개 이상의 매장을 운영하고 있다. 같은 해, 애플은 "아이팟iPod"을 출시하며, 소니의 워크맨을 대체하는 휴대용 디지털 음악 플레이어 시장을 개척했다. 아이팟은 출시 후 6년 만에 1억 대 이상 판매되었다. 2년 후인 2003년, 애플은 아이튠즈 스토어iTunes store를 열며, 0.99달러(약 1400 원)에 개별 곡을 다운로드할 수 있는 서비스를 제공했다. 아이튠즈는

---

* 컴퓨터를 사용해 인쇄물을 만드는 작업.

5년 만에 50억 회 이상의 다운로드를 기록하며 세계 최대의 음악 유통 채널로 자리 잡았다.

 2007년 맥월드 엑스포Macworld Expo에서, 스티브 잡스는 '애플의 게임 체인저'라고 불릴 만한 신제품을 공개했다.[48] 제품명은 다소 평범한 아이폰iPhone이었다. 아이폰은 출시 후 첫 30시간 동안 27만 대가 판매되었고, 이를 통해 애플은 컴퓨터 중심 기업에서 소비자 전자제품의 거대 기업으로 전환하게 되었다. 2010년, 애플은 대형 화면을 갖춘 미디어 기기인 아이패드iPad를 선보였다. 이 태블릿은 아이폰과 동일한 터치 기반 운영체제iOS를 사용했으며, 아이폰에서 사용하던 모든 앱이 아이패드에서도 호환되었다. 아이패드는 출시 첫날 30만 대가 판매되었고, 첫주 내에 50만 대 이상 팔려나갔다. 2014년, 애플은 "애플워치Apple Watch"라는 이름의 스마트워치를 출시했다. 처음에는 패션 아이템으로 인식되었지만, 통화 기능 및 건강·운동 데이터 추적 기능을 제공하며 큰 인기를 끌었다. 2016년 말, 애플은 무선 이어폰인 "에어팟AirPods을 출시하며 아이폰, 아이패드 그리고 애플워치와 연동되는 생태계를 구축했다. 연말 쇼핑 시즌에 맞춰 출시된 에어팟은 엄청난 인기를 끌었다.

 이 기간 애플과 마이크로소프트는 기술 산업의 대표적인 경쟁자로 인식되었다. 초기 애플의 주요 성장 동력은 자사 컴퓨터와 독자적인 운영체제였다. 마이크로소프트 역시 단일 제품에 집중하며, 자사 소프트웨어인 마이크로소프트 윈도우를 통해 시장 점유율을 확대했다. 그러나 애플은 컴퓨터와 소프트웨어에 머무르지 않고, 정교한 기술과 프리미엄 가격 전략을 적용한 소비자 전자제품 시장으로 확장했다. 그리고 이 전략은 성공했다. 2010년 아이패드 출시 후 애플의 시가총액은

1989년 이후 처음으로 마이크로소프트를 넘어섰다.

애플의 시가총액이 3조 달러(약 4443조 원)에 이르는 거대 기업이라는 사실을 고려하면, 이 회사의 모든 소비자 전자제품을 한데 모아도 작은 식탁 위에 쉽게 올려놓을 수 있다는 점은 놀라울 따름이다. 하지만 이것이 애플의 가치를 설명하는 전부는 아니다. 애플의 나머지 가치는 애플 서비스에 있으며, 일부 분석에 따르면 이는 회사 전체 가치의 절반을 차지한다. 애플 서비스는 구독 기반 사업 모델로 운영되며, 애플 원, 애플 TV+, 애플 뮤직, 애플 아케이드, 애플 피트니스+, 애플 뉴스+, 애플 팟캐스트, 애플 북스, 애플 케어, 아이클라우드 그리고 앱스토어다. 앱스토어는 디지털 소프트웨어와 애플리케이션을 아이폰과 아이패드에서 구매하고 다운로드할 수 있는 플랫폼이다. 애플은 자사 고객에게 접근할 수 있는 권한을 제공하는 대가로, 외부 개발자가 만든 앱에 대해 30%의 수수료를 부과한다. 구독형 앱의 경우, 첫해에는 30%를 적용하고, 이후부터는 15%로 인하한다. 한마디로, 앱스토어는 엄청난 수익을 창출하는 사업이다.

2023년 앱스토어를 포함한 애플 서비스는 800억 달러(약 118조 4800억 원) 이상의 매출을 기록했다. 이는 애플의 전체 연 매출 4000억 달러(약 592조 4000억 원)의 20%에 해당하며, 순이익 기여도는 훨씬 더 높다. 애플은 전 세계적으로 10억 명 이상의 유료 구독자를 보유하고 있으며, 이는 전년도 8억 6000만 명에서 증가한 수치다. 또한 아이폰, 맥Mac, 아이패드 등을 포함한 애플의 활성 사용 기기 수는 2022년 말 기준 20억 대를 돌파하며, 전년 대비 11% 성장했다. 현재 세계 인구 80억 명 중 약 26%가 애플 제품을 보유하고 있다.

◆ **원칙: 자기자본수익률**

워런 버핏이 처음 애플을 매수했을 때, 많은 사람이 의아해하며 버크셔가 왜 노키아Nokia나 모토로라Motorola 같은 휴대폰 제조업체에 투자하는지 의문을 가졌다. 두 회사 모두 한때 전성기를 누렸지만 이후 쇠퇴한 기업들이었기 때문이다. 그러나 이는 "제대로 설명하지 못하는 이유는 제대로 묘사하지 못했기 때문이다"에 해당하는 사례였다. 애플은 모토로라나 노키아가 아니었다. 애플은 루이비통Louis Vuitton이었다.

뉴욕 5번가 애플스토어와 파리 샹젤리제 거리에 있는 애플 스토어가 루이비통 매장 바로 옆에 있는 이유가 있다. 애플은 휴대폰 업계의 명품 브랜드이며, 소비자들은 애플 제품에 강한 애착을 가지고 있다. 즉, 아이폰은 단순한 스마트폰이 아니라 하나의 상징적인 제품이 되었다. 버핏은 점점 애플이 매우 가치 있는 제품을 보유하고 있으며, 사람들이 아이폰을 중심으로 생활을 구축하고 있다는 사실을 깨닫기 시작했다. "8세 아이부터 80세 노인까지 모두 애플 제품을 원한다. 그리고 그들은 가장 저렴한 제품을 원하지 않는다."[49] 실제로 애플은 세계 스마트폰 시장에서 약 15%의 점유율을 차지하지만, 업계 전체 이익의 85%를 가져간다.

애플의 가치는 단순히 하드웨어(아이폰, 맥북, 아이패드, 애플워치, 에어팟)에서 끝나지 않았다. 애플의 서비스 사업, 특히 앱스토어가 급속도로 성장하며 애플의 핵심 경쟁력이 되었다. 애플의 서비스 사업은 애플 주식의 높은 성과를 견인한 가장 중요한 요소였다. 한동안 투자자들은 애플의 하드웨어 사업에만 집중하며, 서비스 부문의 가치를 제대로 평가하지 않았다. 실제로 버크셔 해서웨이가 2016년 애플을 처음 매수했을 때, 시장은 애플의 미래 성장 가능성을 전혀 반영하지 않았다. 하지만 시간이 지나면서 애플의 서비스 사업이 빠르게 성장할 뿐만 아니라, 애플 전체 매출에서 차지하는 비중도 꾸준히 증가하자, 시장의 인식이 변화했다. 특히 서비스 사업의 성장 속도가 하드웨어 사업보다 빨랐기 때문에, 애플의 미래 성장률에 대한 기대감이 컸다. 2020년까지 애플의 기업 가치에서 미래 성장 기대감이 차지하는 비중은 3분의 1을 넘어섰다.[50] 초고수익 소비자 전자제품 사업과 빠르게 성장하는 고수익 서비스 사업이 결합하며, 애플은 타의 추종을 불허하는 수익성을 기록했다.

애플이 버크셔의 포트폴리오에 포함된 2016년, 애플의 자기자본수익률은 37%였다. 2020년에는 90%로 급등했고, 2021년에는 무려 147%를 기록했다. 이와 동시에, 순유형 자산 대비 수익률도 유사한 상승 곡선을 그렸다. 2016년 34%였던 수익률이 2021년에는 150%를 돌파했다.

어떻게 애플은 세 자릿수 자기자본수익률을 달성했을까? 애플이 이처럼 자기자본수익률과 순유형 자산 대비 수익률에서 세 자릿수 수치를 기록할 수 있었던 이유는 두 가지였다. 첫 번째는 애플 서비스 사업의 폭발적인 성장이다. 서비스 부문은 실질적으로 자기자본수익률이 높은 사업이며, 애플은 이를 적극적으로 활용했다. 두 번째는 애플이 "유형 자산"을 거의 필요로 하지 않는 사업 모델을 구축했다는 것이다. 애플의 미수금, 재고, 고정 자산이 매입 채무 및 부채성 항목을 초과하면서 애플은 사실상 자기자본 없이도 사업을 운영할 수 있는 구조를 갖추었다.[51] 결과적으로 애플은 세계에서 가장 높은 자기자본수익률을 기록한 기업 중 하나로 자리 잡았다.

◆ 원칙: 가치 평가

곤자가대학교의 토드 핀클Todd Finkle 교수는 학생들과 오마하에 있는 워런 버핏을 방문했다. 그는 버핏에게 "기업 가치를 어떻게 평가하나요?"라고 물었고, 버핏은 다음과 같이 대답했다. "할인된 현금흐름 방식으로 평가합니다."[52] 이 방법은 1992년, 버핏이 버크셔 해서웨이 주주들에게 소개한 존 버 윌리엄스의 이론과 동일한 접근 방식이었다. 토드 핀클은 애플의 가치를 평가하기 위해 2단계 고든 성장 모델을 적용했다. 그는 첫 10년간 연 8% 성장, 이후 영구적으로 2% 성장한다고 가정하고, 이를 10% 할인율로 할인해 평가한 결과 애플의 주가는 공정 가치에 근접해 있었다.[53] 실제로, 애플을 평가하는 데 사용되는 여러 배당 할인 모델은 공정 가치 대비 의미 있는 할인율(안전마진)을 발견하는 데 어려움을 겪었다. 그럼에도 불구하고, 애플의 총 수익률은 2016년 말부터 2023년 6월 30일까지 618% 상승했으며, 연평균 35%의 수익률을 기록했다. 같은 기간 동안 S&P 500 지수는 123%, 연평균 13% 수익률을 기록했다. 분명 시장은 애플의 보통주를 과소평가하고 있었다.

찰리 멍거는 워런 버핏이 공식적인 배당 할인 모델을 사용한 적이 없다고 말했다. 버핏은 대부분의 계산을 머릿속에서 진행한 후, 경영진의 자본 배분과 기타 재무 요소를 고려해 평가를 조정했다. 다음 장에서 팀 쿡Tim Cook의 자본 배분 전략을 분석할 예정이지만, 우선 기업의 내재가치를 결정하는 데 중요한 두 가지 경제적 요인을 살펴보자.

첫째, 기업의 가치를 평가하는 데 있어 무형 자산 투자는 중요한 요소로 작용한다. 투자 전략가이자 학자인 마이클 모부신Michael Mauboussin은 무형 자산 투자 개념을 연구하며 광범위한 글을 남겼다.[54]

모부신은 기업이 성장하는 방식은 투자로부터 양질의 수익을 창출하는 것이라고 설명한다. 그는 기업의 투자가 유형 자산과 무형 자산으로 나뉜다고 강조했다. 유형 자산이란 물리적으로 존재하는 것을 의미하며, 공장이나 장비, 트럭, 건물 등이 이에 해당한다. 반면 무형 자산은 물리적 실체가 없는 자산을 포함하며, 연구개발 비용, 소프트웨어, 그리고 제약 화학 조성물 같은 항목이 이에 속한다. 애플은 초기에 하드웨어 제조업체로 출발했지만, 시간이 지나면서 무형 자산 투자에 집중하며 기업 가치를 극대화했다. 특히, 소프트웨어 및 서비스 사업(앱스토어, 아이클라우드, 애플 뮤직 등)이 애플의 핵심 성장 동력이 되었으며, 이는 회사의 수익성을 크게 강화하는 요소로 작용했다.

마이클 모부신은 유형 자산과 무형 자산의 차이를 설명하며, "유형 자산은 한 번에 하나의 회사만 사용할 수 있지만, 무형 자산은 동시에 여러 사용자에게 활용될 수 있다"고 강조했다. 무형 자산을 보유한 기업은 강력한 규모의 경제를 누릴 수 있다. 예를 들어, 소프트웨어 개발에는 막대한 비용이 들지만, 한 번 만들어진 후에는 추가 비용이 거의 없이 수백만 명이 동시에 사용할 수 있다.

모부신은 무형 자산에 의존하는 기업이 유형 자산에 의존하는 기업보다 더 빠르게 성장할 수 있음을 발견했다. 그는 "기업의 투자 비중이 유형 자산에서 무형 자산으로 이동하면서, 과거보다 승자 기업의 성장률이 더욱 가속화될 것"[55]이라고 설명했다. 애플을 보면, 무형 자산 투자에서 얻는 수익률이 유형 자산 투자에서 얻는 수익률보다 빠르게 증가하면서 회사 전체의 성장 속도가 빨라졌다. 이는 애플의 무형 자산 투자가 계속해서 높은 수익을 창출하고, 기술적 노후화를 피하는 한 계속 유지될 것이다. 특히, 애플의 서비스 부문이 애플의 전체 사업에서 점점 더 중요한 부분을 차지하면서 무형 자산 투자 비중이 더욱 커지고 있다.

무형 자산에 관한 또 다른 중요한 고려 사항으로는 회계 처리가 유형 자산과 다르게 적용된다는 점이 있다. GAAP에 따르면, 산업 혁명 초기부터 적용된 회계 규칙에서는 유형 자산에 대한 투자 비용이 손익계산서에서 바로 비용으로 처리되지 않는다. 대신 대차대조표에서 자산으로 자본화되며, 투자 유형에 따라 5년, 10년, 20년 등의 기간 동안 감가상각이 이루어진다. 반면, 무형 자산에 대한 투자는 GAAP 규정상 손익계산서를 통해 즉시 비용 처리되어야 하며, 대차대조표에는 반영되지 않는다. 이로 인해 무형 자산 투자가 많은 기업은 유형 자산 투자 중심의 기업보다 이익 대비 주가 배수(P/E)나 장부 가치 대비 시장 가치(P/B)가 높은 수준에서 거래되는 경향이 있다.

애플은 매년 약 300억 달러(약 44조 4300억 원)를 무형 자산에 투자하고 있다. 하지만 이 비용은 손익계산서에서 즉시 비용으로 처리되기 때문에, 대차대조표에는 반영되지 않는다. 그러나 이런 무형 자산 투자는 애플의 내재가치 증가에 기여한다. 예를 들어, 2024년 애플의 예상 순이익은 950억 달러(약 140조 6950억 원), 주당 순이익은 6.00달러로 추정된다. 2023년 말 기준, 애플 주가는 미래 수익의 31배(주가수익비율)에 거래되었으며, 이는 같은 기간 S&P 500 지수의 예상 주가수익비율의 20배보다 높은 수준이었다. 그러나 만약 무형 자산 투자를 자본화하고 비용 처리하지 않는다면, 애플의 순이익은 1250억 달러(약 185조 1250억 원), 주당 순이익은 8.00달러가 되어, 주가는 예상 이익 기준 23배 수준에서 거래되었을 것이다. 또한 애플의 무형 자산 투자 비용을 5년간 감가상각한다고 가정하면, 2024년 예상 순이익은 1190억 달러(176조 2390억, 기존 950억 달러에서 증가), 주당 순이익은 7.62달러(기존 6.00달러에서 증가), 애플의 주가는 예상 이익 기준 24배(기존 31배에서 하락) 수준에서 거래되었을 것이다. 즉, 회계처리 방식의 차이로 인해 애플의 실질적인 수익성과 가치가 시장에서 과대평가된 것처럼 보일 수 있다.

물론 무형 자산 투자는 특히 애플의 경우 매우 높은 수익성을 창출하며, 기업의 내재가치를 증가시키는 역할을 한다. 그러나 애플이 창출하는 무형 자산의 가치는 일반적인 GAAP 분석에서는 거의 드러나지 않는다. 워런 버핏은 항상 이렇게 조언했다. "기업을 평가할 때 GAAP는 출발점이지, 종착점이 아니다." 또한 마이클 모부신은 러셀 3000 지수 Russell 3000 Index에 속하는 기업들의 무형 자산 투자가 2020년 기준 1조 8000억 달러(약 2665조 8000억 원)에 달했으며, 이는 같은 기간 유형 자산 투자(8000억 달러)의 두 배 이상이었다고 지적한다. 투자자들에게 중요한 점은 현재의 주식시장이 단순한 회계 수치만으로 비교할 수 없는 환경으로 변화했다는 것이다. 이제 회계 기준만으로 기업을 비교하는 것은 더 이상 "사과를 사과와 비교하는 것"이 아니게 되었다.

두 번째로 중요한 고려 사항은 무형 자산 투자가 자본수익률에 미치는 경제적 영향을 이해하는 것이다. 마이클 모부신은 이에 대해 다음과 같이 설명한다. "무형 자산 투자를 조정하면 산업별로 그 영향이 다르게 나타난다." 그는 이어서 "이는 유형 자산 투자와 무형 자산 투자의 비율에 따라 결정되며, 이 비율이 결국 그 영향을 얼마나 크게 미치는지를 좌우한다"라고 말했다.

마이클 모부신은 무형 자산 투자를 반영해 조정한 투자자본수익률이 특정 산업에서 더 높게 나타난다고 지적한다. 예를 들어, 제약 및 바이오테크, 인터넷 소프트웨어 및 서비스 소매업과 같은 산업이 이에 해당한다. 모부신은 확신하며 다음과 같이 말한다. "무형 자산 투자를 자본화하면 기업의 투자 대비 수익률이 상승한다."[56]

자본수익률이 높은 기업과 낮은 기업 간의 가치 평가 차이를 더 잘 이해하려면, 모부신이 제시한 개념으로 돌아가야 한다. 1961년, 금융학자 머턴 밀러Merton Miller와 프랑코 모딜리아니Franco Modigliani는 〈배당 정책, 성장, 그리고 주식의 가치 평가Dividend Policy, Growth, and the Valuation of Shares〉라는 논문을 발표했다. 모부신은 이 논문이 "현대 기업 가치 평가 시대를 열었다"[57]고 평가했다. 밀러와 모딜리아니는 한 가지 간단한 질문을 던졌다. "시장은 실제로 무엇을 자본화하는가?" 그들은 기업의 이익, 현금 흐름, 미래 가치 창출 기회, 배당금을 측정했다. 그리고 놀랍게도 이 모든 지표가 결국 하나의 동일한 모델로 수렴된다는 사실을 발견했다. 즉, 주식의 가치는 미래 잉여현금흐름의 현재가치와 동일하다는 결론을 내렸다. 이는 존 버 윌리엄스가 제시하고, 워런 버핏이 "기업의 내재가치 평가의 절대적 기준으로" 인정한 것과 같은 개념이었다. 하지만 그다음에 논의된 내용이 더 중요한 의미를 가진다.

미래 현금흐름이 기업 가치에 미치는 영향을 투자자들이 이해할 수 있도록 밀러와 모딜리아니는 기업 가치를 두 가지 요소로 나누는 공식을 제시했다. 기업의 가치는 "정상 상태 가치steady-state value와 미래 가치 창출future value creation의 합"으로 구성된다. 그들은 정상 상태 가치를 세후 순영업이익을 자본 비용으로 나눈 값에 추가 현금을 더한 것으로 정의했다. 모부신은 이에 대해 다음과 같이 설명한다. "기업의 정상

상태 가치는 영구적 현금흐름 방식으로 계산되며, 현재 세후 영업이익이 지속 가능하다고 가정하고, 추가적인 투자가 기업 가치에 영향을 미치지 않는다고 본다."[58] 즉, 현재의 이익이 변하지 않는다고 가정할 경우, 기업 가치는 해당 이익을 자본 비용으로 나눈 값과 보유 현금의 합으로 평가될 수 있다.

미래 가치 창출에 대해 살펴보면, 밀러와 모딜리아니는 기업의 미래 가치를 기업이 수행하는 투자에 자본수익률에서 자본 비용을 뺀 값을 곱한 후, 이를 경쟁 우위 기간을 자본 비용으로 나눈 값과 곱하는 방식으로 계산했다. 즉, 기업의 미래 가치 창출은 기업이 일정 기간 동안 창출하는 현금흐름을 의미하지만, 자본수익률이 자본 비용을 초과하는 경우에만 긍정적인 의미가 있다. 이 개념은 복잡하게 들릴 수 있지만 밀러와 모딜리아니가 설명한 내용은 사실상 워런 버핏이 여러 차례 강조한 개념과 동일하다. 버핏은 가장 좋은 기업이란 지속적으로 높은 자본수익률(자본 비용을 초과하는 수익률)을 창출하고, 발생한 이익을 다시 기업에 재투자해 장기적으로 높은 자본 수익률을 유지하는 기업이라고 강조했다. 즉, 장기간 높은 자본 수익률을 창출하는 기업들의 복리 효과야말로 부를 축적하는 데 가장 큰 역할을 한다.

모부신은 밀러와 모딜리아니가 제시한 미래 가치 창출 개념이 주가수익비율과 어떻게 연결되는지를 설명한다. 그 핵심 원리는 다음과 같다. 기업이 자본 비용보다 높은 수익을 창출하면 기업 가치는 증가한다. 반면, 기업이 자본 비용보다 낮은 수익을 창출하면 주주 가치를 파괴하게 된다. 그리고 기업이 창출하는 수익이 자본 비용과 정확히 동일할 경우 성장 속도와 관계없이 기업 가치는 변하지 않는다.[59]

투자자들은 빠르게 성장하는 기업이 오히려 투자를 망칠 수도 있다는 사실을 거의 인식하지 못한다. 하지만 다음과 같은 계산을 고려해 보자. 자본 비용이 8%이고, 15년 동안 전액 자본으로 조달된다고 가정할 때, 모부신은 자본수익률이 8%인 기업의 주가수익비율이 12.5배라고 설명한다. 그리고 연간 성장률이 4%, 8%, 10% 중 어느 경우든 이 비율은 변하지 않으며, 이는 주주 가치에 영향을 주지 않는다. 반면, 투자된 자본에 대한 수익률이 4%에 불과한 기업이 자본 비용 8%를 감당해야 한다면, 성장률 4%에서는 주가수익비율 배수가 7.1배로 하락하고, 성장률이 6%일 경우 3.3배로 감소하며, 성장 속도가 빨라질수록 주주 가치를 더욱 빠르게 훼손하게 된다. 반대로, 투자된 자본에 대한 수익률이 16%이고, 자본 비용이 8%인 기업은 성장률 4%일 때 주가수익비율 배수가 15.2배, 성장률 6%에서는 17.1배, 성장률 8%에서는 19.4배, 성장률 10%에서는 22.4배로 증가한다.

이해해야 할 두 가지 중요한 점이 있다. 첫째, 투자자본수익률이 100%인 기업은 15%인 기업보다 더 높은 가치를 지닌다. 15%는 S&P 500 지수에 속한 기업들의 평균 투자자본수익률이다. 왜 그럴까? 투자자본수익률이 100%인 기업은 사업에 재투자할 수 있는 자금이 더 많기 때문이다. 높은 자본수익률은 기업의 내재가치 성장에 촉진제 역할을 하며, 추가적인 투자로 인한 수익률이 자본 비용을 훨씬 초과하는 한 지속적인 가치 창출이 가능하다.

여기서 자연스럽게 떠오르는 질문은 다음과 같다. 애플이 8% 성장하면서 투자된 자본 대비 100% 이상의 수익을 올린다면, 그 가치는 얼마나 될까? 첫 번째 교훈은 겉보기에 주가수익비율이 높아 보이는 기업이라도 현금 수익률이 자본 비용을 초과하면 뛰어난 투자 기회가 될 수 있다는 점이다. 두 번째로, 기업이 자본 비용을 초과하는 수익을 올릴 경우, 성장 속도가 빠를수록 기업의 가치는 더욱 높아진다. 결론적으로 기업이 자본 비용을 초과하는 수익을 올릴 때, 매출 성장률이 내재가치 성장의 결정적 요인이 된다.

이제 한 걸음 물러서서 애플의 가치 평가에 대해 다시 생각해 보자. 일반적인 배당 할인 모델을 적용해 애플의 오너 어닝이 연 8% 성장한다고 가정하면, 애플이 크게 저평가된 종목으로 보이지 않을 수도 있다. 하지만 무형 자산에 대한 투자를 조정하고, 투자자본수익률을 계산하면 애플이 저평가되었음을 알 수 있다. 특히 이미 가장 높은 자본수익률을 기록하며 가장 빠르게 성장하고 있는 서비스 부문이 애플의 사업에서 차지하는 비중이 더욱 커진다면, 향후 애플의 내재가치 성장 속도가 더욱 가속화될 가능성도 충분히 존재한다.

◆ **원칙: 합리적인 경영**

팀 쿡은 1998년 애플에 합류해 전 세계 운영 담당 수석 부사장을 맡았다. 2011년, 애플의 공동 창립자이자 여러 차례 CEO와 회장을 역임한 스티브 잡스가 세상을 떠난 후 쿡이 애플의 최고경영자로 임명되었다.

스티브 잡스는 세세한 부분까지 직접 관리하는 강한 리더십과 완벽주의적인 스타일로 잘 알려져 있었다. 반면, 팀 쿡은 더 자유로운 경영 방식을 추구하며, 협업 문화를 장려하고 정착시켰다. 그는 자신의 리더십 원칙을 "사람, 전략, 실행" 세 가지로 요약하며, "이 세 가지를 올바르게 하면 세상은 훌륭한 곳이 된다"⁶⁰고 설명했다.

2011년 팀 쿡이 CEO가 되었을 때, 애플의 시가총액은 3500억 달러(약 518조 3500억 원)였다. 그리고 12년 후 애플은 세계 최초로 시가총액 3조 달러(약 4443조 원)를 돌파한 기업이 되었다. 팀 쿡이 애플을 세계에서 가장 가치 있는 기업으로 성장시킨 핵심 요인은 전 세계 공급망을 운영하는 뛰어난 역량과 실행력이었다. 글로벌 기술 기업을 운영하는 것은 결코 쉬운 일이 아니지만, 쿡은 이를 성공적으로 수행했다. 그러나 애플의 기업 가치 상승을 이끈 또 하나의 중요한 요소가 있다. 많은 사람들이 간과하지만 쿡은 자본 배분에 있어 매우 합리적인 전략을 펼쳤다. 그의 자본 배분 전략은 자사주 매입, 배당금 지급, 재무 건전성 이 세 가지 핵심 요소로 구성된다.

2011년 말, 애플의 발행 주식 수는 263억 주였다. 하지만 2023년 9월 30일 기준, 발행 주식 수는 157억 주로 감소했다. 스티브 잡스가 CEO로 있을 때, 애플은 체계적인 자사주 매입 프로그램을 운영한 적이 없었다. 그러나 팀 쿡이 CEO로 취임한 이후 애플은 역사상 가장 성공적인 기업 금융 전략 중 하나로 평가받는 자사주 매입을 시작했다.

팀 쿡의 리더십 아래 11년 반 동안 애플은 106억 주를 매입하며 발행 주식 수를 40% 감소시켰다. 금액으로 환산하면, 쿡의 자사주 매입은 총 5920억 달러(약 876조 7520억 원) 규모였다. 애플이 매입한 주식 규모는 S&P 500 지수에서 아홉 번째로 큰 기업인 유나이티드헬스 그룹UnitedHealth Group의 전체 시가총액(4680억 달러)보다도 크다.⁶¹

같은 기간, 애플은 주주들에게 배당금으로 1400억 달러(약 207조 3400억 원)를 지급했으며, 이를 애플의 자사주 매입 금액과 합산하면, 총

7320억 달러(약 1084조 920억 원)를 주주들에게 환원한 셈이다. 이는 버크셔 해서웨이의 시가총액 7840억 달러(약 1161조 1040억 원)에 거의 근접한 규모다.

애플이 7840억 달러를 주주들에게 환원한 시기는 애플이 사상 최초로 시가총액 1조 달러, 2조 달러, 3조 달러를 돌파하는 시기와 맞물려 있었다. 게다가 애플은 2023년 2분기 말 기준으로 1100억 달러(약 162조 9100억 원)의 부채와 1660억 달러(약 245조 8460억 원)의 현금을 보유하고 있었으며, 이를 상쇄하면 560억 달러(약 82조 9360억 원)의 순현금을 가진 사실상 부채 없는 기업이었다. 역사상 어떤 기업도 애플만큼 뛰어난 금융 성과와 목표를 달성한 적이 없다.

◆ 원칙: 장기적으로 유리한 전망

투자자가 기업의 장기적인 성장 가능성을 평가할 때는 다음 세 가지 요소를 고려하는 것이 가장 중요하다. (1) 기존 고객 유지율, 기존 고객이 얼마나 충성도를 유지하며 지속적으로 제품을 사용할 가능성이 있는가? (2) 신규 고객 유치 기회, 새로운 시장에서 신제품을 통해 신규 고객을 얼마나 효과적으로 유치할 수 있는가? (3) 주주 환원 정책, 경영진이 지속적으로 기업의 수익을 주주들에게 환원할 의지가 있는가?

워런 버핏이 "왜 애플에 투자했는가?"라는 질문을 받았을 때, 그는 이렇게 답했다. "사실 우리는 아이폰이 주도하는 애플의 제품 생태계에 베팅하고 있다. 그리고 그 생태계의 특징을 보면, 엄청난 경쟁력을 갖춘 비즈니스라는 확신이 든다."[62] 버핏은 "생태계"라는 단어를 사용해 애플이 오랜 기간 높은 투자수익률을 유지하며 주주 가치를 복리로 증가시킬 수 있는 경쟁 우위를 확보한 기업이라는 점을 강조했다. 한마디로 애플의 생태계는 버핏이 말하는 경제적 해자 Economic Moat다.

기술 산업에서 생태계란, 디지털 경험을 극대화하기 위해 서로 유기적으로 연결된 기기와 서비스의 조합을 의미한다. 애플의 생태계는 "폐쇄형closed ecosystem"이라고 불린다. 이는 애플이 소프트웨어(iOS 운영체제)와 하드웨어(맥, 아이폰, 아이패드)를 모두 자체적으로 통제하기 때문이다. 애플의 가장 큰 강점은 단일 제품을 중심으로 설계하는 것이 아니라 생태계를 중심으로 제품을 설계한다는 점이다. 애플이 생태계를 지속적으로 확장하고, 그 안에서 가치를 창출할 수 있는 능력이 바로 애플을 세계에서 가장 가치 있는 기업으로 만든 원동력이다.

디지털 생태계의 가장 큰 특징은 '증가하는 수익률 법칙'이 적용된다는 점이며, 이는 기존 경제 이론에서 오랫동안 지배적이었던 '수확 체감의 법칙'과 정반대되는 개념이다. 전통적인 경제 이론에서는 생산 요소를 계속 추가하면, 일정 시점 이후부터 단위당 생산량이 점점 감소하는 현상이 발생한다고 본다. 즉, 수확 체감의 법칙에 따르면 투자를 계속 늘리더라도 어느 순간부터는 추가적인 이익이 점점 줄어들고, 결국 투자 비용보다 낮은 수익을 얻게 된다. 이때부터는 투자 수익률이 더 이상 복리로 증가하지 않는다.

그러나 일부 기업들은 '증가하는 수익률 법칙'을 따르며, 이는 '선두 기업은 더욱 앞서 나가고, 경쟁에서 뒤처진 기업은 점점 더 불리해지는 구조'를 의미한다. 수확 체감의 법칙은 전통적인 오프라인 산업Brick-

and-Mortar*에서 일반적으로 나타나는 현상이다. 반면, '증가하는 수익률 법칙'은 지식 기반 산업과 디지털 경제에서 더욱 두드러진다.⁶³

수익 증가의 원칙은 기술 및 디지털 산업에서 특히 중요한 개념이다. 수익이 증가하는 기업들은 특정한 속성을 지니며, 이러한 속성은 업계 내 지배력을 더욱 강화하는 역할을 한다. 이러한 특성들이 결합되어 "네트워크 효과Network Effect"를 형성한다. 사람들은 더 작은 네트워크보다 더 큰 네트워크에 연결되기를 선호한다. 예를 들어, 사용자가 2500만 명인 네트워크와 500만 명인 네트워크가 경쟁할 경우 신규 가입자는 더 많은 연결과 다양한 혜택을 기대할 수 있는 더 큰 네트워크를 선택할 가능성이 높다.

네트워크 효과의 가장 큰 특징은 사용자가 증가할수록 제품이나 서비스의 가치가 더욱 높아진다는 점이다. 이를 '수요측 규모의 경제'라고 표현한다. 즉, 네트워크 효과를 극대화하려면 빠르게 시장 점유율을 확보하는 것이 중요하다. 이렇게 하면 경쟁사가 시장에서 자리 잡는 것을 효과적으로 저지할 수 있다.

네트워크 효과를 연구하면서 가장 흥미로운 점은 사용자가 네트워크에 가입한 후 작동하는 강력한 심리적 요인을 이해하는 것이다. 이 과정은 '긍정적 피드백'에서 시작된다. 사람들은 긍정적인 경험을 하면 만족감을 느끼고, 그 경험을 반복하고 싶어한다. 예를 들어, 아이폰, 아이패드, 애플워치를 사용하면서 좋은 경험을 한 사람은 해당 제품을 계속 사용할 가능성이 높아진다. 기술 투자에서 또 하나의 심리적 요소

---

*   물리적인(오프라인) 매장이나 시설을 기반으로 운영되는 전통적인 산업을 의미한다.

는 '자물쇠 효과Lock-In Effect'다. 사람들은 한 가지 방식을 익히면, 새로운 방식을 배우는 것에 대한 관심이 줄어든다. 특히 소프트웨어 운영체제 같은 기술 제품은 처음 익히는 과정이 어렵기 때문에, 한 번 익숙해지면 다른 제품으로 바꾸는 것을 극도로 꺼리게 된다. 자물쇠 효과와 밀접한 개념이 '경로 의존성Path Dependency'이다. 사용자는 특정 기술을 반복적으로 사용할수록 동일한 방식으로 계속 사용하는 게 더 편리하고 익숙하다고 느낀다. 경쟁사의 제품이 더 저렴하고 성능이 뛰어나더라도 이미 익숙해진 제품을 사용하려는 경향이 강하다. 결과적으로 소비자들은 기존 기술 사용 방식에 만족하게 되며, 새로운 제품이 더 나은 가치를 제공하더라도 쉽게 전환하지 않는다.

네트워크 효과, 긍정적 피드백, 자물쇠 효과, 경로 의존성은 모두 '높은 전환 비용'을 일으킨다. 경우에 따라 전환 비용은 '실제 비용(금전적 부담)'으로 나타나기도 한다. 예를 들어, 새로운 기술이나 소프트웨어로 바꾸는 데 비용이 너무 많이 든다면, 고객들은 쉽게 다른 제품으로 이동할 수 없게 된다. 하지만 대부분의 경우 이러한 요소들이 '심리적인 저항'을 만들어내면서 금전적 비용이 아니라 심리적 전환 비용이 발생한다.

이제, 한 발 물러서서 생각해 보자. 현재 애플 제품을 사용하는 소비자는 20억 명에 달하며, 그중 10억 명은 애플의 서비스에도 가입돼 있다. 그렇다면 이들이 현재 사용 중인 애플 제품을 버리고, 새로운 운영체제를 익혀야 하는 다른 제품으로 기꺼이 전환하려 할까?

워런 버핏은 장기적으로 가장 뛰어난 성장 가능성을 가진 최고의 비즈니스는 프랜차이즈라고 가르쳤다. 그는 프랜차이즈란 사람들이 필요로 하거나 원하는 제품 혹은 서비스를 제공하면서, 대체할 만한 경쟁

제품이 없는 기업이라고 정의했다. 또한 버핏은 "다음 세대의 위대한 부는 새로운 프랜차이즈를 발견하는 투자자들에 의해 창출될 것"이라고 말했다. 애플의 제품과 서비스가 제공하는 가치, 그리고 기존 제품에서 다른 제품으로 전환할 때 발생하는 심리적 저항을 고려하면 애플은 현대판 '버핏의 프랜차이즈'에 해당한다고 볼 수 있다.

하지만 기업의 내재가치를 키우는 것은 단순히 기존 고객을 만족시키는 것만으로 부족하다. 새롭고 더 나은 제품과 서비스를 지속적으로 출시하고, 새로운 시장을 공략하는 데 반드시 주의를 기울여야 한다. 애플은 새로운 전자기기를 혁신하고 선도할 뿐만 아니라, 현재 제품을 새롭고 더 좋은 버전으로 만드는 데에도 집요하게 노력해 왔다. 2007년부터 애플은 2023년 9월 출시한 아이폰 15와 아이폰 15 프로iPhone 15 Pro를 포함해, 총 38종의 아이폰 모델을 출시했다. 또한 38종의 아이패드 모델, 3세대 에어팟, 애플 워치를 설계하고 개선했으며, 6종의 맥북 모델도 선보이며 지속적으로 제품 라인업을 확장했다. 그리고 2024년, '애플 비전 프로Apple Vision Pro'라는 혼합현실 헤드셋을 판매하기 시작했다. 이는 2015년 애플워치 이후 처음으로 새로운 카테고리에 도전하는 애플의 혁신적인 제품으로 기대받고 있다.

애플의 서비스 사업은 앱스토어와 함께 두 자릿수 성장률을 지속적으로 기록하고 있다. 서비스 부문은 71%의 높은 영업이익률을 창출하며, 이는 애플의 하드웨어 사업부 수익률의 약 2배 수준이다. 애플의 최고재무책임자CFO인 루카 마에스트리Luca Maestri는 이렇게 말했다. "서비스 사업은 여러 면에서 우리에게 매우 중요하다. 이 사업은 애플의 생태계를 더욱 강화시키며, 제품 판매 실적에 대한 의존도를 줄이는 역할을 한다."⁶⁴ 아이폰이나 아이패드의 판매가 경기 침체, 신제품 출시 전 소비자의 구매 대기 효과 등의 이유로 둔화될 때, 애플을 지속적으로 성장시키는 핵심 동력은 바로 서비스 사업이다. 한편, 애플은 오픈 AI 및 기타 인공지능AI 기업과 경쟁할 수 있는 AI 기술 개발에도 조용히 집중하고 있다. 애플은 자사 생태계 내에서 AI 기술을 최적화하기 위해 대규모 언어 모델LLM을 구축할 자체 프레임워크를 개발했다. 이는 애플이 AI 시장에서도 독자적인 경쟁력을 확보하려는 전략의 일환이었다.

인공지능은 애플의 가장 크고 흥미로운 단기적 기회일 수 있지만, 더 장기적인 관점에서 가장 중요한 기회는 신흥 시장이다. 2023년 말 기준, 애플의 매출 비중은 미주 지역이 42%, 유럽이 25%, 중국이 20%, 아시아 태평양 지역이 13%를 차지했다. 이 중 아시아 태평양 시장에서 상대적으로 미미한 비중을 차지하는 인도는 애플 매출의 불과 2%를 차지하며 연간 약 60억 달러(약 8조 8860억 원)의 매출을 기록했다. 하지만 이러한 상황이 오래 지속되지는 않을 전망이다. 인도는 세계에서 가장 인구가 많은 나라이자, 세계 최대의 민주주의 국가이며 2027년까지 미국과 중국에 이어 세계 3위 경제 대국이 될 것으로 예상된다. 애플은 2023년 4월 18일 뭄바이에 첫 번째 애플 스토어를 개점했으며, 이틀 후 뉴델리에 두 번째 매장을 열었다. 인도는 향후 15년간 애플의 가장 중요한 성장 시장으로, 15년 전 중국이 보였던 경제적 잠재력과 비교될 만하다.

한편, 애플 주주들은 장기적인 성장 전망의 수혜를 기대할 수 있을 뿐만 아니라 팀 쿡이 지속적으로 주주들에게 이익을 환원하는 정책을 펼치고 있다는 점에서도 안도할 수 있다. 애플은 2022년 900억 달러(약 133조 2900억 원) 규모의 자사주 매입 프로그램을 도입한 지 1년 만에, 2023년 2분기 실적 발표와 함께 추가적인 자사주 매입 계획을 발표했다. 루카 마에스트리 CFO는 "애플의 미래에 대한 확신과 자사 주식의 가치를 고려해, 이사회가 추가로 900억 달러 규모의 자사주 매입을 승인했다"라고 밝혔다.[65]

◆ 누락의 오류와 두 번째 기회

버핏은 아마존이 상장한 직후 제프 베이조스를 만났다. 2003년 당시, 버크셔 해서웨이는 4억 5900만 달러(약 6797억 7900만 원) 규모의 아마존 채권을 보유하고 있었다. 그 무렵 버핏이 인터넷을 통해 구매한 것은 단 세 가지였다. 〈월스트리트 저널〉 구독, 온라인 브리지 게임, 그리고 아마존에서 책을 사는 것이었다. 버핏은 당시 이렇게 말했다. "나는 아마존이 150파운드가 될지, 300파운드가 될지는 모르겠지만 한 가지 확실한 것은 이들이 절대 '거식증' 상태는 아니라는 것이다." 그는 이어서 "베이조스는 우리가 눈앞에서 쉽게 볼 수 있는 단순한 사업, 즉 책 판매를 새로운 기술과 결합해 단 몇 년 만에 세계에서 가장 큰 브랜드 중 하나를 만들어냈다"라고 평가했다.[66]

15년이 지난 후에도 버핏은 여전히 베이조스를 극찬했다. "세계 최대 기업을 무無에서 창조해 낸다는 것은 올림픽급 업적이다." 버핏은 베이조스가 이를 두 번이나 해냈다고 평가했다. 처음에는 온라인 소매업으로, 그 이후에는 아마존 웹 서비스를 통해서였다. 아마존 웹 서비스는 개인, 기업, 정부가 사용량 기반으로 비용을 지불하는 세계 최대의 클라우드 컴퓨팅 플랫폼이다. 버핏은 이렇게 말했다. "나는 항상 제프를 존경해 왔다. 하지만 아마존 주식을 사지 않은 것은 내가 바보였기 때문이다. 그가 특별한 인물이라는 것은 알고 있었지만, 책 판매에서 시작해 이렇게까지 성장할 줄은 몰랐다. 그는 비전을 가지고 있었고, 그것을 놀라운 방식으로 실행에 옮겼다."[67]

찰리 멍거는 더 신중한 태도를 보였다. 그는 "우리는 대부분의 사람들보다 조금 더 나이가 많고, 그들만큼 유연하지 않다"라고 말했다. 버핏은 이 말에 자신과 멍거가 존 록펠러John Rockefeller와 앤드루 카네기 Andrew Carnegie 같은 20세기 최고의 산업가이자 역사상 가장 부유한 인물들을 연구하며 성장했다고 덧붙였다. 아마 버핏과 멍거는 자본을 거의 투입하지 않고도 수십억 달러의 수익을 창출하며, 1조 달러(약 1481조 원) 규모의 기업을 세울 수 있을 것이라고는 상상하지 못했을 것이다.

같은 자리에서, 멍거는 아마존 주식을 사지 않은 것에 대해선 스스로를 이해할 수 있다고 말했다. 하지만 구글을 사지 않은 건 정말 바보 같은 짓이었다고 솔직히 인정했다. 구글은 2004년 주당 85달러(약 12만 원)에 상장되었으며, 현재 시가총액 1조 달러가 넘는 세계 최대 기업 중 하나로 성장했다. 버핏과 멍거는 수년 동안 자신들이 소유한 '가이코'가 구글에 광고비를 지불하며, 소비자들이 구글 검색을 통해 가이코 보험을 알아보는 과정을 지켜봤다. 하지만 그들은 아무런 행동도 하지 않았다. "우리는 그저 손을 놓고 있었다." 멍거는 이렇게 말하며, 이를 버핏이 자주 언급하는 "누락의 오류error of omission"의 한 사례로 표현했다. 그리고 나서 그는 덧붙였다. "어쩌면 애플에 투자한 것은 우리의 속죄일지도 모른다."[68]

이익잉여금의 가치

1980년 버크셔 해서웨이의 연례 보고서에서 버핏은 이렇게 언급했다. "버크셔 해서웨이에 있어 이익잉여금의 가치는 우리가 해당 기업의 지분을 100% 보유하든, 50% 보유하든, 20% 보유하든, 혹은 1%만 보유하든 그 자체로 결정되지 않는다. 오히려 그 이익잉여금의 가치는 그것이 어떻게 사용되는지와 그 사용에 따라 이후 창출되는 이익 수준에 의해 결정된다."[69]

일반적으로 기울임꼴은 특정 부분을 강조하거나 독자의 주의를 끌기 위해 사용된다. 그러나 버핏은 평소 주주 서한에서 기울임꼴을 거의 사용하지 않기 때문에, 이를 사용했다는 것은 중요한 의미를 가진다. 따라서 그의 강조 표현을 주의 깊게 읽고, 이를 우리의 투자 사고방식에 적용할 필요가 있다.

이 보고서에서 버핏은 GAAP 기준이 다양한 소유 구조 하에서 사업의 매출, 비용, 이익을 어떻게 통합하는지에 대해 간단히 설명했다. 버핏은 이를 단순화해 다음과 같이 설명했다. 버크셔가 50% 이상 지분을 보유한 기업의 경우, 해당 기업의 이익이 버크셔의 영업이익에 직접 반영된다. 반면 버크셔가 20% 미만의 비지배 지분을 보유한 기업의 경우, 배당이 지급될 때만 버크셔의 재무재표에 반영된다.

버핏이 1980년을 버크셔에게 "특이한 한 해"라고 표현한 이유는 단순했다. 버크셔가 처음으로 "예외적인 결과"를 기록한 해였기 때문이다. 버크셔의 비지배 지분, 즉 보유한 상장기업 주식이 크게 증가했고 부분적으로 소유한 기업들의 수익이 성장하면서, 그들이 배당금으로

지급하지 않고 보유한 이익이 버크셔 해서웨이의 전체 연간 영업 이익을 초과한 첫해였다.[70]

달리 말하면, 버크셔 해서웨이의 보통주 포트폴리오에 속한 기업들의 비례적 유보이익이 버크셔가 완전히 소유한 사업의 수익보다 높았다. 이는 또한 버크셔의 보험 사업이 크게 번창하면서, 증가한 보험료(유동성)를 기반으로 보통주 포트폴리오를 크게 확대했다는 것을 의미했다. 다만 버핏은 GAAP 때문에 "우리 수익 '빙산'의 절반도 안 되는 부분만 수면 위로 드러나게 되었다"고 지적했다. 버핏은 이를 두고 "기업 내에서 이러한 결과는 매우 드물다. 우리의 경우에는 이것이 반복적으로 일어날 가능성이 있다"고 경고했다.

버핏은 이어서 버크셔의 주주들을 안심시키기 위해 이렇게 설명했다. "버크셔의 자원이 보험 사업에 집중되어 있기 때문에, 자연스럽게 자산도 상장 주식에 집중될 수밖에 없다. 그런데 이들 기업의 상당수는 수익의 일부만 배당으로 지급한다.[71]

하지만 걱정할 필요가 없다고 이렇게 강조했다. "우리의 보고된 영업 이익은 이러한 기업(상장 주식)으로부터 받은 배당금만을 반영하지만, 우리의 경제적 성과는 배당이 아니라 이들 기업의 전체 수익에 의해 결정된다."

버핏은 자신의 주장을 설명하기 위해 주주들에게 이렇게 말했다. "우리가 부분적으로 소유한 숲에서 나무가 자라고, 그 성장이 우리의 재무제표에 반영되지 않더라도, 우리는 여전히 그 나무의 일부를 소유하고 있다."[72] 그리고 40년이 지난 후에도 버핏은 같은 원칙을 강조하며, 신규 주주들과 기존 주주들에게 '이익잉여금의 가치'를 설파했다.

2019년 버크셔 해서웨이의 연례 보고서에서 버핏은 애드거 로런스 스미스Edgar Lawrence Smith를 소개했다. 하버드 출신의 경제학자였던 스미스는 당시 투자 회사 로우, 딕슨 앤드 컴퍼니Low, Dixon & Company에서 투자매니저로 일했다. 당시에 그는 지배적인 투자 관점이었던 "장기적으로 채권이 주식보다 더 나은 투자 수단"이라는 견해를 전적으로 받아들이고 있었다.

그러나 그는 한 가지 중요한 연구를 시작하면서 자신의 견해를 완전히 바꾸게 된다. 바로 우리가 오늘날 그를 기억하는 이유인《보통주의 장기 투자Common Stocks as Long Term Investments》 집필이었다. 이 책은 1924년에 출간되었다. 스미스는 이 책에서 "20년 동안 분산된 보통주 포트폴리오가 유사한 채권 포트폴리오보다 낮은 수익률을 기록한 사례를 단 한 건도 발견할 수 없었다"고 밝혔다. 당시만 해도 이는 급진적인 주장으로 받아들여졌다. 당시 시장에서는 "장기적으로 채권이 주식보다 우월하다"는 것이 보편적인 견해였다. 스미스의 연구는 이 기존 투자 이론을 뒤집는 것이었으며, 그의 주장은 큰 주목을 받았다.

저명한 영국의 경제학자이자 철학자인 존 메이너드 케인스는 스미스의 책을 검토한 많은 이들 중 한 사람이었다. 그는 이 책에 깊은 인상을 받아 곧바로 스미스를 권위 있는 왕립 경제학회Royal Economic Society에 초청했다. 케인스는 서평에서 다음과 같이 썼다.

> 나는 스미스의 연구에서 무엇이 가장 중요하고 독창적인지 끝까지 검토했다. 잘 운영되는 산업 기업들은 보통 벌어들인 이익을 모두 주주들에게 배당하지 않는 게 원칙이다. 특히 수익이 좋은 해에는 일부 이

익을 남겨 사업에 다시 투자한다. 이렇게 하면 기업은 복리 효과를 누릴 수 있다. 시간이 지나면서 주주들에게 지급되는 배당금과는 별개로 기업의 실제 자산 가치가 복리로 점점 증가하게 된다.[73]

버핏은 이렇게 말했다. "그렇게 성수 holy water 가 한 방울 뿌려지자, 스미스는 유명인이 되었다."[74]

버핏은 이익잉여금을 복리로 운용하면 주주 가치를 극대화할 수 있음에도 불구하고, 투자자들이 이 개념을 제대로 이해하지 못하는 것에 당혹스러움을 느꼈다. 그는 이렇게 썼다. "결국 카네기, 록펠러, 포드 같은 자본 시장의 거인들이 엄청난 부를 축적한 비결은 결코 숨겨진 비밀이 아니었다. 그들은 사업에서 발생한 이익의 상당 부분을 배당으로 지급하는 대신 이익잉여금으로 재투자해 기업 성장을 이끌고, 이익을 극대화했다. 미국 전역에서도 수많은 개인 투자자들이 이와 같은 전략을 따라 부를 일궈왔다."[75]

워런 버핏은 65년이 넘는 세월 동안 보통주 투자와 기업의 100% 지분을 소유하는 것 사이에 본질적인 차이가 없다고 일관되게 강조해 왔다. 그는 이렇게 말했다. "찰리와 나는 버크셔의 보통주 포트폴리오를 주식시장에서의 일시적인 베팅으로 보지 않는다. 이는 단순한 유행에 따라 매각할 대상이 아니다. 신용등급 강등, 실적 부진, 연준의 정책 변화, 정치적 이슈, 경제학자들의 전망 등 시장에서 하루가 멀다 하고 쏟아지는 이런저런 예측들 때문에 쉽게 손을 떼는 그런 대상이 아니라는 뜻이다."[76]

버크셔 해서웨이에서 시스캔디와 애플을 소유하는 것은 투자 관점에서 본질적으로 차이가 없다. 다만 차이가 있다면, 시스캔디는 주식시장에서 거래되지 않으며 버크셔가 해당 기업의 수익 100%를 직접 재무제표에 반영할 수 있는 반면, 애플은 주식시장에서 거래되며 그 수익이 버크셔의 GAAP 기준 주당 순이익에 직접 반영되지 않는다는 점이다. 버핏은 이를 다음과 같이 설명했다. "앞서 여러 번 강조했듯이, 찰리와 나는 버크셔가 보유한 상장 주식 포트폴리오를 개별적인 사업들의 집합체로 본다. 우리가 보유한 기업들의 운영을 직접 통제할 수 없고, 배당금을 제외하면 회계적으로도 별다른 이점을 얻지 못하지만, 우리는 장기적으로 그 기업들이 창출하는 부의 일정 비율을 공유하고 있는 것이다."[77]

버핏은 이렇게 말했다. "눈에 보이지 않는다고 해서 마음에서도 사라져서는 안 된다. 회계에 기록되지 않은 이익잉여금은 버크셔의 가치를 쌓아 올리는 데 중요한 역할을 하고 있으며, 그 규모는 상당히 크다." 이는 많은 개인 투자자들이 간과하는 교훈이다. 특히, 장기간 보유하지 않고 조급하게 매매하는 투자자들은 이익잉여금의 복리 효과에서 오는 혜택을 누리지 못한다. 버핏은 덧붙였다. "우리가 여러 차례 강조했듯이, 이익잉여금은 미국 경제를 이끌어온 원동력이었다. 카네기와 록펠러에게 효과적이었던 원리가 수십 년 동안 수많은 주주들에게도 마법처럼 적용되어 왔다."[78]

CHAPTER 5.
기업 포트폴리오 관리

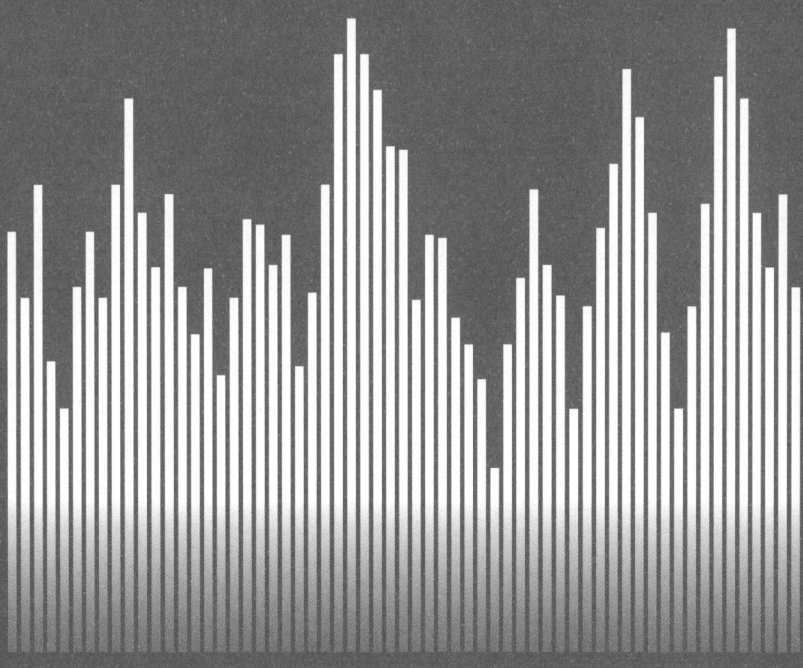

THE WARREN BUFFETT WAY

워런 버핏은 적어도 전통적인 의미의 포트폴리오를 관리하지 않는다. 현대의 포트폴리오 관리자들은 자신이 보유한 주식의 수, 각 주식의 비중, 산업 및 분야의 변화, 그리고 성과 기준 대비 자기 포트폴리오의 실시간 성적을 정확하게 알고 있다. 대부분의 포트폴리오 관리자는 개별 주식의 금액에 동일한 가중치를 둔다. 또 경기 소비재, 필수 소비재, 헬스케어, 금융, 기술, 산업재, 에너지, 소재, 공공을 포함한 다양한 산업에 돈을 각각 얼마나 투자했는지에 신경 쓴다. 버핏 역시 이러한 통계를 알고 있지만, 거기에 시간을 낭비하지 않는다.

할리우드를 통해 현대의 포트폴리오 관리자가 일하는 모습의 전형을 볼 수 있다. 귀에 전화기를 붙이고, 컴퓨터 화면에 시선을 고정한 채 빨간색과 녹색으로 반짝이는 주가 변동을 초조하게 지켜보는 모습 말이다. 그리고 주가가 미세하게 하락하는 신호라도 감지되거나 화면에 주가가 조금이라도 떨어졌다는 표시가 나타나면 고통스러운 표정을 짓는다. 그러나 워런 버핏은 이런 광적인 모습과 거리가 멀다. 그는 부드러운 목소리로 말하며, 자신감에서 나오는 평온함을 유지한다. 수많은 모니터를 보며 실시간으로 시장 변화를 좇지도 않는다. 분, 시간, 일, 주, 월 단위로 바라보지 않으며, 오직 연years 단위로 생각한다. 그가 끊임없이 수백 개의 기업을 모니터링할 필요가 없는 이유는 보통주 포트폴리오에 소수의 엄선된 종목만 포함되어 있기 때문이다. 그는 이렇게 말했다. "우리는 단지 몇 개의 뛰어난 기업에 집중할 뿐이다."[1] 이러한 접근법은 '집중 투자'라고 불리며, 포트폴리오 관리의 복잡성을 크게 줄이는 동시에 시장 평균을 초과하는 수익률을 올릴 확률을 높인다.

집중 투자는 놀라울 정도로 단순한 개념이다. 대부분의 단순한 개념이 그렇듯이 여러 개의 복잡한 개념들이 서로 맞물려 형성된 것이다. 이번 장에서 집중 투자가 가져오는 효과에 대해 자세히 살펴볼 것이다. 목표는 워런 버핏이 설명하는 포트폴리오 관리에 대한 새로운 사고방식을 제공하는 데 있다. 미리 경고하자면, 그의 독특한 접근법은 여러분이 그동안 주식시장 투자에 대해 배운 모든 것과 정반대일 가능성이 크다.

오늘날의 포트폴리오 관리: 두 가지 선택

포트폴리오 관리 방식은 현재 두 가지 상반된 전략 간의 줄다리기 속에 갇혀 있다. 바로 (1) 액티브 포트폴리오 관리active portfolio management와 (2) 인덱스 투자index investing다.

액티브 포트폴리오 관리자는 주식을 끊임없이 사고판다. 일반적인 뮤추얼 펀드는 100개가 넘는 종목을 보유하며, 포트폴리오 회전율이 100%를 넘는 경우가 많다. 이는 대부분의 뮤추얼 펀드가 매년 전체 포트폴리오를 매매한다는 의미다. 빈번한 매매는 고객을 만족시키기 위한 노력의 일환으로 볼 수 있다. 고객들은 언제든지 "내 포트폴리오 성과가 어떤가요? 시장을 이기고 있나요?"라고 물을 수 있기 때문이다. 만약 대답이 "그렇다"라면, 고객들은 자금을 계속 맡긴다. 그러나 성과가 시장을 밑돌면, 포트폴리오 고객과 운용 자산을 잃을 위험을 감수해야 한다.

반면, 인덱스 투자는 매수 및 보유 전략을 따른다. S&P 500 지수와 같은 특정 벤치마크(기준 지수)의 움직임을 그대로 추종하는 광범위한 분산 포트폴리오를 구축한 후 장기적으로 보유하는 방식이다. 예를 들어, S&P 500 인덱스 펀드에 투자하면 투자자는 500개의 기업을 보유하게 된다.

액티브 포트폴리오 관리자들은 우수한 종목 선정 능력을 바탕으로 인덱스 펀드보다 높은 수익을 거둘 수 있다고 주장한다. 반면, 인덱스 투자 전략가들은 '역사적 데이터'를 근거로 반박한다. 최신 통계에 따르면, 3년 기준 성과를 봤을 때, 액티브 포트폴리오 투자의 79%가 벤치마크 표준치보다 낮았고, 5년 기준으로는 88%, 10년 기준으로는 93%가 시장을 이기지 못했다.[2] 액티브 포트폴리오 관리자들은 지속적인 매매로 인해 높은 운용 보수와 거래 비용을 부담해야 하므로, 주식 선정에서 우수한 성과를 내더라도 시장 수익률을 초과하는 것이 쉽지 않다. 반면, 인덱스 투자자는 거래 비용과 관리 수수료가 낮아 비용 부담이 상대적으로 적다. 하지만 주의해야 할 점이 있다. 인덱스 펀드는 비용도 적게 들고 지수 추종으로 크게 손실을 입을 가능성도 적지만, 동시에 시장 수익률을 초과할 수도 없다는 점이다.

투자자의 관점에서 보면, 액티브 포트폴리오 관리와 인덱스 투자 전략의 근본적인 매력은 동일하다. 바로 분산 투자를 통해 리스크를 최소화하는 것이다. 다양한 산업과 시장 부문을 대표하는 다수의 주식을 보유함으로써, 투자자들은 특정 시장 부문에 자금을 몰아 넣었다가 큰 타격을 입었을 때 발생할 수 있는 막대한 손실로부터 자신을 보호하려 한다. 일반적인 시기에는 (그들의 생각에 따르면) 분산된 포트폴리오에서 일부 주식은 하락하고, 일부 주식은 상승할 것이다. 즉, 투자자들은 상승 종목이 하락 종목을 상쇄해 주기를 바란다.

우리는 너무 오랫 동안 분산 투자라는 투자 격언을 계속해서 들어온 나머지, 이제는 그 필연적인 결과인 평범한 투자 수익률에 무감각해져 버렸다. 액티브 포트폴리오 관리든 인덱스 투자든 분산 효과를 제공하지만, 일반적으로 두 전략 모두 탁월한 성과를 창출하지 못한다는 점은 변함없다. 따라서 투자자들은 스스로에게 이런 질문을 던져야 한다. '나는 평균적인 수익률에 만족할 것인가?' '나는 더 나은 성과를 낼 수 있을까?'

현재 논의 중인 액티브 포트폴리오 관리와 인덱스 투자를 둘러싼 논쟁에 대해 워런 버핏은 어떻게 생각할까? 버핏은 이 두 가지 선택지 중에서 망설임 없이 '인덱스 투자'를 추천한다. 특히, 대부분의 주식이 가진 단기 가격 변동성에 대한 우려가 있는 투자자, 자신이 투자한 기업의 경제적 구조를 잘 알지 못하는 투자자, 혹은 위 두 가지 모두에 해당하는 투자자에게는 인덱스 투자가 가장 적합하다고 말한다. 버핏은 이렇게 말했다. "인덱스 펀드에 정기적으로 투자하는 것만으로도 '아무것도 모르는 투자자'가 대부분의 투자 전문가를 능가할 수 있다."[3] 그러나 버핏은 곧바로 세 번째 대안이 있다고 지적한다. 이는 매우 다른 종류의 액티브 포트폴리오 관리이며, 시장 대비 초과 수익을 낼 확률을 크게 높이는 방법이다.

세 번째 선택: 집중 투자

버크셔 해서웨이의 1991년 연례 보고서에서, 워런 버핏은 자신의 포트폴리오 관리 방식에 대해 다음과 같이 설명했다. "내 사업 가능성의 세계가 오마하 지역의 비상장 기업으로 제한되어 있다고 가정해 보자. 그렇다면 나는 첫째, 각 기업의 장기적인 경제적 특성을 평가할 것이고, 둘째, 해당 기업을 운영하는 경영진의 자질을 분석할 것이며, 셋째, 최고의 기업 몇 곳을 합리적인 가격에 매수하려고 할 것이다. 나는 결코 오마하에 있는 모든 기업의 지분을 동일하게 소유하고 싶지 않을 것이다. 그런데 왜 버크셔 해서웨이가 더 큰 세계의 상장 기업을 다룰 때 다른 접근 방식을 취해야 하는가?"[4]

버크셔 해서웨이의 포트폴리오 관리 방식은 집중 투자라고 불리며, 그 핵심은 매우 간단하다. 장기적으로 평균 이상의 경제적 수익률을 낼 가능성이 높은 뛰어난 기업을 선택한다. 그리고 이들 기업의 보통주에 포트폴리오의 대부분을 집중 투자한다. 그리고는 단기적인 시장 변동성에 흔들리지 않은 채 인내심을 가지고 보유한다.

《워런 버핏 웨이》의 원칙을 충실히 따른다면, 결국 투자자는 집중 포트폴리오에 적합한 우량 기업을 찾게 될 것이다. 버핏은 이렇게 말했다. "찰리와 나는 주식 선정을 하는 것이 아니다. 우리는 비즈니스 선정을 한다. 우리는 기업을 단순히 사고팔기 좋은 종목으로 보기 때문에 보유하는 것이 아니다. 그 기업의 장기적인 비즈니스 성과를 기대하기 때문에 주식을 보유하는 것이다."[5] 이 짧은 설명은 "비즈니스 선정"과 "주식 선정"의 결정적인 차이점을 명확히 드러내며, 왜 어떤 투자자는 광범위한 분산 포트폴리오 대신 집중 투자 포트폴리오를 선택하는지 이해하는 데 매우 중요하다.

30년 전 워런 버핏은 이런 글을 썼다. "우리는 이해하기 쉽고, 지속 가능하며, 매력적인 경제적 구조를 가진 대형 기업을 끊임없이 찾아다닌다. 또한 유능하고, 주주 친화적인 경영진이 이끄는 기업을 선호한다. 이 접근법이 반드시 좋은 성과를 보장하는 것은 아니다. 우리는 합리적인 가격에 기업을 매수해야 하며, 우리가 내린 평가가 옳았음을 증명할 수 있도록 기업의 실제 비즈니스 성과가 따라와야 한다. 하지만 이러한 '슈퍼스타 기업'을 찾는 투자 방식만이 우리에게 진정한 성공을 가져다 줄 수 있는 유일한 길이다."[6]

그리고 버핏이 고백했다. "우리가 다루는 금액을 고려할 때, 찰리와 나는 대단하지 않은 기업의 일부를 기민하게 사고팔며 현실적인 실적을 낼 만큼 똑똑하지 않다. 또 우리는 꽃에서 꽃으로 빠르게 옮겨 다니며 장기적으로 투자에 성공할 수 있는 사람이 많지 않다고 생각한다.

실제로 우리는 거래를 적극적으로 하는 기관을 '투자자'라고 부르는 것이 매일 연인을 바꾸는 사람을 로맨틱하다고 부르는 것과 같다고 생각한다."[7]

워런 버핏은 "아무것도 모르는 투자자"에게 인덱스 투자를 권장했다. 그러나 그보다 더 흥미로운 것은 그가 다음에 한 말이다. "만약 당신이 '뭘 좀 아는 투자자'라면, 즉 기업의 경제적 구조를 이해하고 장기적으로 중요한 경쟁 우위를 가진 합리적인 가격의 기업 5~10개를 찾을 수 있다면, 기존의 분산 투자는 당신에게 의미가 없다. 오히려 성과를 낮출 뿐만 아니라 위험을 증가시킬 가능성이 크다. 나는 왜 그런 투자자가 자신의 20번째 선호 기업에 투자하는지 이해할 수 없다. 그보다 자신이 가장 잘 이해하고, 가장 적은 위험을 지닌 동시에, 최고의 수익을 낼 수 있는 기업들에 더 많은 자금을 집중하는 것이 낫지 않은가?"[8]

버핏은 투자자가 수많은 평범한 투자 기회를 전전하는 것보다 소수의 뛰어난 투자에 집중하는 것이 훨씬 더 유리하다고 믿는다. 그는 자신의 성공 역시 단 몇 개의 탁월한 투자 덕분이었다고 말한다. 만약 그의 투자 경력에서 최고의 투자 결정 12개를 뺀다면, 그의 투자 성과는 그저 평균적인 수준에 불과했을 것이다. 즉, 평균적인 투자 성과를 피하고, 시장을 초과하는 수익을 올리려면, 신중하게 최고의 기회를 기다려야 한다. 이를 위해 버핏은 다음과 같이 조언했다. "투자자는 마치 평생 단 20장의 투자 카드만 가지고 있다고 가정해야 한다. 한 번 투자할 때마다 카드에 구멍이 뚫리고, 남은 기회는 줄어든다고 생각하라."[9] 만약 투자자들이 이런 제한 속에서 투자해야 한다고 가정한다면, 버핏은 그들이 성급하게 여러 기회를 좇기보다 정말 훌륭한 투자 기회가 나타날 때까지 인내하며 기다릴 것이라고 확신했다.

전통적인 '분산 투자'에는 또 다른 단점이 있다. 바로 투자자가 잘 알지 못하는 기업을 매수할 가능성이 커진다는 점이다. 이와 관련해, 버핏은 경제학자이자 최초의 집중 투자자 중 한 명이었던 존 메이너드 케인스를 언급한다. 버핏은 다음과 같이 말했다. "존 메이너드 케인스는 경제학자로서의 뛰어난 지성과 더불어 실제 투자자로서도 탁월한 재능이 있었다. 그는 1934년 8월 15일, 사업 파트너인 F. C. 스콧에게 보낸 편지에서 모든 것을 요약했다." 이 편지에서 케인스는 이렇게 말했다.

> 시간이 흐를수록 나는 점점 더 확신하게 된다. 올바른 투자 방법은 잘 알고 있는 기업에 상당한 금액을 투자하고, 그 기업의 경영진을 철저히 신뢰하는 것이다. 많은 기업에 분산 투자하는 것이 리스크를 줄이는 방법이라고 생각하는 것은 실수다. 특히, 잘 알지도 못하고 특별히 신뢰할 이유도 없는 기업들에 투자할 때 더욱 그렇다. …… 우리는 우리의 지식과 경험이 확실히 제한적이라는 사실을 인정해야 한다. 따라서 어느 한 시점에 내가 전적으로 신뢰할 수 있는 기업은 두세 개를 넘기기 어렵다.[10]

워런 버핏에게 큰 영향을 준 투자자 필립 피셔는 집중 투자 포트폴리오로 유명하다. 그는 많은 기업을 피상적으로 보유하기보다, 소수의 뛰어난 기업을 깊이 이해하고 투자하는 방식을 선호했다. 피셔는 1929년 대공황 직후 투자 컨설팅 사업을 시작했으며, 당시 우수한 투자 성과를 내는 것이 얼마나 중요한지 절실히 깨달았다. 그는 이렇게 회상했다.

"당시에는 실수할 여지가 전혀 없었다. 내가 기업에 대해 더 많이 알수록, 투자 성과도 그만큼 좋아진다는 것을 확신하게 되었다."[11] 피셔는 일반적으로 10개 이하의 기업에만 투자했으며, 그중 3~4개 종목이 전체 포트폴리오의 75%를 차지할 정도로 집중 투자했다.

필립 피셔는 자신의 책인 《위대한 기업에 투자하라》에서 이렇게 썼다. "투자자들은 물론이고, 그들의 투자 자문가들조차도 한 가지 중요한 사실을 깨닫지 못하는 것 같다. 바로 충분한 지식 없이 기업을 매수하는 것은 분산 투자가 부족한 것보다 훨씬 더 위험할 수 있다는 점이다."[12] 91세가 된 피셔는 자신의 투자 철학을 이렇게 요약했다. "훌륭한 투자 기회를 찾는 것은 언제나 쉽지 않다. 만약 누구나 쉽게 찾을 수 있었다면, 모두가 그런 기업을 보유했을 것이다. 그래서 나는 '최고의 기업'을 보유하거나, 그렇지 않다면 아예 투자하지 않는 편이 낫다고 생각했다."[13] 피셔의 포트폴리오 관리 방식은 한마디로 "적은 것이 많은 것보다 낫다는, 특이하지만 통찰력 있는 개념에 기초했다"[14]라고 요약할 수 있다.

피셔가 버핏에게 끼친 영향은 "우수하고, 수익성 높은 투자 기회를 발견했을 때, 반드시 대규모 포지션을 구축해야 한다"는 신념에서 명확히 드러난다. 버핏은 1978년에 이렇게 썼다. "우리의 원칙은 보유 종목을 집중하는 것이다. 특정 기업의 사업 구조나 가치 평가에 대해 확신이 서지 않을 때, '이 종목을 조금, 저 종목을 조금 매수하는 전략'은 지양한다. 우리가 어떤 기업의 투자 매력에 대해 확신이 들면, 반드시 의미 있는 규모로 매수해야 한다."[15] 이후 그는 투자자들에게 다음과 같이 조언했다. "각각의 투자에서 최소한 자기 순자산의 10%를 주식에 넣을 만큼 용기와 확신이 있어야 한다."[16]

수십 년 동안 워런 버핏은 단일 종목에 포트폴리오의 10% 이상을 투자했을 뿐만 아니라, 경우에 따라 그보다 훨씬 더 큰 비중을 투자하기도 했다. 1963년 그는 버핏 리미티드 파트너십의 자산 중 25%를 아메리칸 익스프레스에 투자했고, 2000만 달러(약 296억 2000만 원)의 수익을 올렸다. 1974년에는 버크셔 해서웨이의 주식 포트폴리오의 20% 이상을 '워싱턴 포스트'에 투자했다. 1976년에는 포트폴리오의 25%를 가이코의 보통주 및 우선주에 투자했고, 1989년에는 당시 버크셔 해서웨이 포트폴리오의 30% 이상을 차지했던 코카콜라에 10억 달러(약 1조 4810억 원)를 투자한다. 그리고 워런 버핏은 2018년에 가장 공격적인 매입을 단행한다. 버크셔의 전체 포트폴리오 1720억 달러(약 254조 7320억 원) 중 20% 이상인 350억 달러(약 51조 8350억 원)를 애플에 투자한 것이다. 이처럼 엄청난 자산을 운용하는 대부분의 포트폴리오 관리자들이 단일 종목에 이렇게 큰 규모로 투자하는 일은 상상하기 어렵다. 더욱이 2018년 말 기준, 버크셔 해서웨이의 보통주 포트폴리오는 단 15개 주요 종목으로 구성되어 있었다는 점에서, 버핏의 선택과 집중 전략이 얼마나 강력한 신념을 바탕으로 하는지 알 수 있다.

이에 대해 버핏은 다음과 같이 답한다. "우리가 채택한 전략은 기존의 분산 투자 원칙을 따르지 않는다. 많은 전문가들은 이 전략이 전통적인 투자자들이 사용하는 방식보다 더 위험할 것이라고 주장할 것이다. 하지만 우리는 그렇게 생각하지 않는다. 오히려 집중 투자 전략이 리스크를 줄일 수도 있다고 본다. 왜냐하면 투자자가 한 기업에 대해 더 깊이 고민하도록 만들고, 매수 전에 그 기업의 경제적 특성에 대한 확신을 가지도록 하기 때문이다."[17]

워런 버핏의 성공 비결 중 또 하나는 극단적으로 낮은 매매 활동이다. 그는 한 해 동안 버크셔 해서웨이의 주요 보유 종목을 단 한 주도 사고팔지 않는 것에 만족스러워한다. 그는 한때 이렇게 농담했다. "나무늘보의 무기력함이 우리의 투자 스타일의 초석이다."[18] 즉, 과도한 매매는 투자자의 수익을 갉아먹는 '소매치기'와 같다는 점을 강조한 것이다. 실제로 포트폴리오의 회전율이 높아지면 거래 비용과 세금 부담 증가로 인해, 장기 보유의 복리 효과가 훼손될 수 있다. 결국, 잘 선별된 집중 포트폴리오와 낮은 회전율을 유지하는 것이 장기적인 부를 구축하는 데 가장 효과적인 전략임을 보여준다.

버핏 마을의 슈퍼 투자자들

워런 버핏은 1956년 버핏 파트너십을 설립한 이후로 줄곧 집중 투자 전략을 고수해 왔다. 이쯤에서 다른 '유사한 투자 철학을 가진 집중 투자자들의 성과와 포트폴리오 특징'을 살펴보는 것도 유용할 것이다. 대표적인 인물로는 찰리 멍거, 세쿼이아 펀드를 관리한 빌 루안, 가이코에서 투자 포트폴리오를 관리한 루 심슨이 있다. 이들의 투자 성과와 포트폴리오의 영향을 살펴보는 일은 우리에게 유익할 것이다.[19] 이들은 모두 집중된 포트폴리오와 낮은 회전율 전략을 유지하며 투자했다. 이들의 투자 성과를 살펴보면, 집중 투자 전략에 대해 배울 점이 많다. 하지만 본격적인 분석에 들어가기 전에, 우리는 '최초의 집중 투자자'부터 살펴보아야 한다.

◆ 투자자로서의 존 메이너드 케인스

대부분 사람은 존 메이너드 케인스를 거시경제 이론에 대해 공헌한 사람으로만 기억한다. 그러나 그는 위대한 경제학자일 뿐만 아니라 전설적인 투자자이기도 했다. 그의 뛰어난 투자 실력은 케임브리지 킹스 칼리지King's College in Cambridge의 체스트 펀드Chest Fund 성과 기록에서 확인할 수 있다.

1920년 이전까지, 킹스 칼리지의 투자 포트폴리오는 채권 위주로 구성되어 있어 안정적이지만 성장 가능성이 제한적이었다. 그러나 1919년 말, 케인스가 재무 담당으로 임명되면서 대학 신탁위원회를 설득해 별도의 투자 펀드를 조성했다. 이 새로운 펀드는 기존의 채권 중심 포트폴리오에서 탈피해, 보통주(성장성을 갖춘 기업에 투자), 외환(글로벌 거시경제 흐름을 반영한 투자), 상품 선물(원자재 가격 변동성을 활용한 투자)에만 투자하도록 설계되었으며, 이 펀드가 바로 체스트 펀드였다. 이후 1927년 케인스가 재무 최고책임자로 승진하면서 1946년 사망할 때까지, 케인스는 체스트 펀드의 자산 운용을 단독으로 책임지며 직접 투자 결정을 내렸다.

1938년 케인스는 체스트 펀드의 '전반적인 투자 정책 보고서'를 작성하면서 자신의 '투자 원칙'을 정리했다.

1. 소수의 신중한 종목 선정: 미래의 잠재적 내재가치를 고려해 투자 대상을

선정한다. 투자 기간은 수년에 걸쳐 장기적인 관점에서 평가해야 하며, 같은 시점에서의 다른 투자 대안과 비교해 우위를 가진 종목을 선택해야 한다.
2. **장기 보유**: 변동성에도 불구하고 선택한 종목을 몇 년 동안 꾸준히 보유한다. 투자 종목이 기대했던 성과를 실현할 때까지 또는 투자 판단이 잘못되었음이 명확해질 때까지 보유한다.
3. **균형 잡힌 포트폴리오**: 개별 종목의 투자 규모는 크지만 다양한 리스크를 고려한 포트폴리오를 구축해야 한다. 가능하다면 상반된 리스크를 포함해 변동성을 상쇄할 수 있도록 구성한다.[20]

내가 분석한 '케인스의 투자 정책'을 보면, 그는 집중 투자를 실천한 투자자였다. 그는 의도적으로 보유 종목 수를 제한하고, 기본적 분석 fundamental analysis을 활용해 기업의 내재가치 대비 주가를 평가했다. 그의 투자 스타일은 낮은 회전율과 대규모 베팅을 기반으로 한 전략이었다. 하지만 그는 리스크를 적절히 분산하는 것도 중요하게 여겼다. 즉, 그는 경제적 전망이 다양한 우량 기업들에 투자하는 전략을 사용했다.

그렇다면 케인스의 실적은 어땠을까? 표 5.1을 보면, 그의 종목 선정과 포트폴리오 관리 능력이 탁월했다는 것을 알 수 있다. 18년 동안 체스트 펀드의 평균 연간 수익률은 13.2%였지만, 같은 기간 영국 시장은 제자리걸음이었다. 이 투자 기간에 대공황과 제2차 세계대전이 포함되어 있었음을 감안하면, 케인스의 성과는 매우 뛰어났다고 평가할 수 있다.

그럼에도 불구하고, 체스트 펀드는 몇 차례 어려운 시기를 겪었다. 특히 1930년, 1938년, 1940년에는 포트폴리오가 영국 시장보다 훨씬 큰 폭으로 하락했다. 펀드의 성과가 이렇게 크게 출렁인 것을 보면, 체스트

표 5.1 존 메이너드 케인스: 연간 투자 성과 기록(연간 수익률 변화)

연도(Year)	체스트 펀드(%)	영국 시장(%)
1928	0.0	0.1
1929	0.8	6.6
1930	−32.4	−20.3
1931	−24.6	−25.0
1932	44.8	−5.8
1933	35.1	21.5
1934	33.1	−0.7
1935	44.3	5.3
1936	56.0	10.2
1937	8.5	−0.5
1938	−40.1	−16.1
1939	12.9	−7.2
1940	−15.6	−12.9
1941	33.5	12.5
1942	−0.9	0.8
1943	53.9	15.6
1944	14.5	5.4
1945	14.6	0.8
평균 수익	13.2	−0.5
표준편차	29.2	12.4
최저	−40.1	−25.0
최고	56.0	21.5

펀드의 변동성이 시장보다 훨씬 컸음을 알 수 있다.[21] 실제로 표준편차를 보면, 체스트 펀드의 변동성은 전체 시장 대비 약 2.5배에 달했다. 분명히 체스트 펀드 투자자들은 '어려운 시기'를 경험했지만, 결과적으로 시장 대비 압도적인 초과 수익을 거두었다.

혹시 케인스가 거시경제학적 배경을 바탕으로 시장 타이밍을 예측할 수 있는 능력이 있다고 생각한다면, 그의 투자 정책을 다시 한번 살펴볼 필요가 있다.

> 우리는 경기 순환의 각 단계에서 주식시장 전체를 대상으로 매도와 매수를 반복하는 전략을 효과적으로 활용하지 못했다. 이러한 경험을 통해 나는 대규모 포트폴리오 조정이 여러 가지 이유로 비현실적이며, 바람직하지도 않다고 확신하게 되었다. 대부분 투자자는 주식을 너무 늦게 팔고, 너무 늦게 다시 매수하며, 이를 지나치게 반복한다. 그 결과 과도한 거래 비용을 부담하게 되고, 불안정하고 투기적인 심리가 형성된다. 더욱이 이러한 행동이 만연하면, 시장 변동성은 더욱 심화되어 심각한 사회적 문제를 초래할 수 있다.[22]

◆ 버핏 파트너십

버핏 파트너십은 1957년부터 1969년까지 운영되었으며, 그 성과는 매우 놀랍고도 이례적이었다. 놀랍게도 이 기간 버핏은 다우존스 산업평균지수의 연평균 수익률을 22%포인트나 상회했다. 이례적인 점은 13년 연속 다우를 능가하는 성과를 기록하면서도 단 한 번도 연간 손실을 내지 않았다는 것이다. 게다가 이러한 높은 수익을 더 낮은 변동성으로 달성했다는 점도 주목할 만하다. 표 5.2에서 볼 수 있듯이, 버핏 파트너십의 표준편차는 다우지수보다 낮았다. 이에 대해 버핏은 특유의 겸손한 태도로 "어떤 방식으로 계산하더라도, 만족스러운 성과였다고 생각한다."[23]라고 말했다.

표 5.2 버핏 파트너십: 연간 투자 성과 기록(연간 수익률 변화)

연도(Year)	전체 파트너십(%)	다우존스 산업평균지수(%)
1957	10.4	-8.4
1958	40.9	38.5
1959	25.9	20.0
1960	22.8	-6.2
1961	45.9	22.4
1962	13.9	-7.6
1963	38.7	20.6
1964	27.8	18.7
1965	47.2	14.2
1966	20.4	-15.6
1967	35.9	19.0
1968	58.8	7.7
1969	6.8	-11.6
평균 수익	30.4	8.6
표준편차	15.7	16.7
최저	6.8	-15.6
최고	58.8	38.5

그렇다면 그는 어떻게 이런 성과를 거둘 수 있었을까? 그리고 집중투자에서 흔히 나타나는 높은 변동성을 어떻게 피할 수 있었을까? 한 가지 가능성은 상관관계가 낮은 주식들을 보유했기 때문일 것이다. 물론 변동성을 낮추는 것이 그의 직접적인 목표는 아니었겠지만, 자연스럽게 경제적으로 다각화된 포트폴리오가 형성되면서 변동성이 완화되었을 수 있다. 하지만 더 설득력 있는 설명은 버핏의 신중하고 철저한 투자 접근 방식이다. 그는 본질 가치 대비 '충분한 안전마진'을 확보한 주식만 매수하는 전략을 유지했다. 덕분에 주가 하락 시 손실을 최소화하면서도 상승할 때는 최대한의 수익을 얻을 수 있었던 것이다.

◆ 찰리 멍거 파트너십

워런 버핏은 '세계 최고의 투자자'로 자주 언급된다. 마땅히 받아야 할 칭호다. 하지만 버크셔 해서웨이가 수년간 쌓아온 뛰어난 투자 실적은 단순히 버핏 혼자만의 공로가 아니다. 그의 사업 파트너이자 부회장인 찰리 멍거의 현명한 조언 또한 중요한 역할을 했다. 버크셔의 투자 성과는 일반적으로 회장인 버핏에게 귀속되지만, 우리는 찰리 멍거 역시 훌륭한 투자자였다는 사실을 잊어서는 안 된다. 버크셔의 연례 주주총회에 참석했거나 다양한 인터뷰를 통해 찰리의 생각을 접한 주주들은 그의 폭넓고 깊이 있는 지적 통찰력을 잘 알고 있다.

변호사였던 찰리 멍거는 버핏과 처음 만났을 때 로스앤젤레스에서 법률사무소를 성공적으로 운영하고 있었다. 하지만 버핏이 찰리를 투자 업계로 이끌었고, 그의 뛰어난 투자 실적은 표 5.3에서 확인할 수

표 5.3 찰리 멍거 파트너십: 연간 투자 성과 기록(연간 수익률 변화)

연도(Year)	전체 파트너십(%)	다우존스 산업평균지수(%)
1962	30.1	-7.6
1963	71.7	20.6
1964	49.7	18.7
1965	8.4	14.2
1966	12.4	-15.8
1967	56.2	19.0
1968	40.4	7.7
1969	28.3	-11.6
1970	-0.1	8.7
1971	25.4	9.8
1972	8.3	18.2
1973	-31.9	-13.1
1974	-31.5	-23.1
1975	73.2	44.4
평균 수익	24.3	6.4
표준편차	33.0	18.5
최저	-31.9	-23.1
최고	73.2	44.4

있다. 이에 대해 버핏은 다음과 같이 설명했다. "멍거의 포트폴리오는 극소수의 종목에 집중되었기 때문에 성과의 변동성이 훨씬 컸다. 하지만 기본적으로 동일한 '내재가치 대비 할인' 접근법을 기반으로 하고 있었다."

찰리 멍거는 가치 투자자였으며, 단순히 저평가된 주식보다는 더 나은 기업을 선호했다. 하지만 그는 항상 내재가치보다 낮은 가격에 거래되는 기업만을 검토했다. 버핏은 이에 대해 이렇게 말했다. "찰리는 성과의 큰 등락을 감수하려 했다. 그리고 마침 집중 투자를 선호하는 성향을 가진 사람이었다."[24]

주목할 점은 버핏이 찰리의 성과를 설명하면서 위험이라는 단어를 사용하지 않았다는 것이다. 일반적인 투자 관리 관점에서 정의하는 위험(주가 변동성)에 따르면, 찰리의 파트너십은 시장보다 표준편차가 거의 2배에 이를 만큼 극도로 높은 변동성을 보이는 위험한 포트폴리오라고 할 수 있다. 그러나 연평균 시장수익률을 18%포인트 초과하는 성과를 기록한 것은 단순히 위험을 감수한 결과가 아니라, 뛰어난 통찰력을 가진 투자자가 내재가치보다 낮은 가격에 거래되는 소수의 우량주에 집중한 결과였다.

◆ 세쿼이아 펀드

워런 버핏은 1951년 컬럼비아대학교에서 벤저민 그레이엄의 '증권분석' 수업을 듣다가 빌 루안을 처음 만났다. 두 사람은 이후로도 인연을 이어갔으며, 버핏은 오랜 기간 동안 루안의 투자 성과를 존경하며 지켜봤다. 버핏은 1969년 파트너십을 정리할 당시, 루안에게 연락해 이렇게 요청했다. "빌에게 연락해서 우리의 파트너들을 받아줄 펀드를 설립하겠냐고 물었고, 그가 세쿼이아 펀드를 창설했다."

두 사람 모두 이 시점이 '뮤추얼 펀드'를 시작하기에 어려운 시기라는 것을 알고 있었다. 하지만 루안은 과감히 밀어붙였다. 당시 주식시장은 두 계층으로 나뉘고 있었다. 대부분의 투기성 자금은 IBM, 폴라로이드Polaroid, 제록스Xerox 같은 인기 종목들, 이른바 '50대 우량주nifty-fifty'에 몰려 있었고, 고전적 '가치주'는 철저히 외면 당했다. 이러한 환경 속에서 가치 투자자들이 상대적으로 부진해 보이는 것은 불가피했지만, 버핏은 이렇게 말했다. "초기에는 가치 투자자들에게 어려운 시기였지만, 다행히 내 파트너들은 놀라울 정도로 루안을 믿고 자금을 회수하지 않았을 뿐만 아니라 추가 투자까지 했다. 그리고 그 결과는 매우 만족스러웠다."[25]

세쿼이아 펀드는 집중 투자 원칙을 기반으로 운영된 최초의 '뮤추얼 펀드'로, 진정한 개척자였다. 초기 세쿼이아 펀드의 공개 보유 기록을 보면 빌 루안과 그의 파트너, 릭 커니프가 극도로 집중된 포트폴리오를 운용했음을 분명히 알 수 있다. 평균적으로 세쿼이아 펀드는 6~10개 기업에 투자했으며, 이 종목들이 포트폴리오의 90% 이상을 차지했다. 그럼에도 불구하고, 이 포트폴리오는 '경제적으로 폭넓은 다각화'를 이루고 있었으며, 이러한 전략은 지속적으로 유지되었다. 루안은 종종 이렇게 강조했다. "세쿼이아는 집중된 포트폴리오이지만 상업은행, 제약, 자동차, 손해보험 등 다양한 산업에 걸쳐 기업을 보유하고 있다."

빌 루안의 투자 철학은 많은 면에서 기존의 '뮤추얼 펀드' 관리자들과 차별화되었다. 일반적으로 투자자는 포트폴리오 관리에 대한 특정한 개념을 먼저 설정한 후, 여러 산업과 분야에서 다양한 주식을 추가하는 방식으로 포트폴리오를 구성한다. 그러나 루안, 커니프 앤드 컴퍼니에서는 우선 '최고의 기업'을 선별한 후 자연스럽게 포트폴리오가 형성되도록 하는 방식을 택했다.

이러한 사고방식은 월스트리트에서 드문 일이라고 루안은 설명했다. "사람들은 애널리스트로 시작해 포트폴리오 매니저로 승진하길 바란다. 일반적으로 포트폴리오 매니저는 별개의, 상위의 역할로 여겨진다. 하지만 우리는 장기 투자자라면 애널리스트의 역할이 가장 중요하며, 포트폴리오 관리는 그다음에 자연스럽게 따라오는 일이라고 항상 믿어왔다."[26]

그렇다면 이러한 독특한 접근 방식이 세쿼이아 펀드의 주주들에게 어떤 결과를 가져왔을까? 표 5.4에서는 1971년부터 1997년까지 세쿼이아 펀드의 투자 성과를 정리하고 있다.

이 기간 세쿼이아 펀드는 연평균 19.6%의 수익률을 기록했으며, 이는 S&P 500의 14.5%를 크게 초과하는 성과였다. 다른 집중 투자 포트폴리오와 마찬가지로 세쿼이아 펀드는 평균 이상의 수익률을 다소 변동성이 큰 흐름 속에서 달성했다. 이 기간 주식시장 전체의 표준편차는 16.4%였던 반면, 세쿼이아 펀드는 20.6%를 기록했다. 이를 더 높은 위험으로 볼 수도 있지만, 루안, 커니프 앤드 컴퍼니가 기업을 선별하는 과정에서 보여준 세심한 분석과 철저한 실사를 고려하면, 위험을 변동성으로 정의하는 전통적인 개념은 여기에서 그대로 적용되지 않는다.

◆ 루 심슨: 가이코

버크셔 해서웨이가 자동차 보험사 가이코를 인수한 것뿐만 아니라, 가이코의 투자 포트폴리오를 운용할 루 심슨의 역량까지 확보할 수 있었던 것은 버핏에게 큰 행운이었다. 심슨의 자질에 대해서는 4장에서

표 5.4 세쿼이아 펀드: 연간 투자 성과 기록(연간 수익률 변화)

연도(Year)	세쿼이아 펀드(%)	S&P 500(%)
1971	13.5	14.3
1972	3.7	18.9
1973	-24.0	-14.8
1974	-15.7	-26.4
1975	60.5	37.2
1976	72.3	23.6
1977	19.9	-7.4
1978	23.9	6.4
1979	12.1	18.2
1980	12.6	32.3
1981	21.5	-5.0
1982	31.2	21.4
1983	27.3	22.4
1984	18.5	6.1
1985	28.0	31.6
1986	13.3	18.6
1987	7.4	5.2
1988	11.1	16.5
1989	27.9	31.6
1990	-3.8	-3.1
1991	40.0	30.3
1992	9.4	7.6
1993	10.8	10.0
1994	3.3	1.4
1995	41.4	37.5
1996	21.7	22.9
1997	42.3	33.4
평균 수익	19.6	14.5
표준편차	20.6	16.4
최저	-24.0	-26.4
최고	72.3	37.5

이미 언급한 바 있다. 버핏과 마찬가지로 심슨은 '왕성한 독서가'였으며, 월가의 리서치를 무시하고 '연례 보고서'를 읽는 데 시간을 할애하는 것을 선호했다. 그의 '보통주' 선정 과정은 버핏과 매우 유사했다. 그는 높은 수익률을 창출하는 우량 기업 중 '유능한 경영진'이 운영하며, 합리적인 가격에 거래되는 주식만을 매수했다. 심슨은 또 다른 관점에서도 버핏과 공통점을 보였다. 소수의 종목에 집중 투자하는 전략을 유지했다는 것이다. 수십억 달러 규모의 가이코 주식 포트폴리오는 통상적으로 10개 이하의 종목을 보유하고 있었다.

1980년부터 1996년까지 가이코 포트폴리오의 '연평균 주식 수익률'은 24.7%를 기록했으며, 이는 시장 평균 수익률 17.8%를 크게 초과하는 성과였다(표 5.5 참고). 이에 대해 버핏은 다음과 같이 말했다. "이 수익률 수치는 놀라운 성과일 뿐만 아니라 '올바른 상식'으로 달성되었다는 점이 중요하다. 루는 항상 저평가된 보통주에 투자했으며, 개별적으로는 영구적인 손실 위험이 낮고, 포트폴리오 전체적으로는 거의 무위험에 가까운 방식으로 운용했다."[27] 다시 말하지만, 버핏의 관점에서 '위험'은 '주가 변동성'과 무관했다. 그는 개별 기업이 장기적으로 확실한 수익을 창출할 수 있는가를 기준으로 위험을 평가했다. 심슨의 투자 성과와 스타일은 버핏의 투자 철학과 완벽하게 일치했다. 이에 대해 버핏은 다음과 같이 말했다. "루는 버크셔에서 우리가 하는 것과 동일한 보수적이고 집중적인 투자 접근법을 취하고 있으며, 그가 우리와 함께한다는 것은 엄청난 이점이다."[28]

버핏 마을Buffettville의 슈퍼 투자자들은 공통된 투자 철학을 가지고 있다. 이들은 위험을 줄이는 가장 효과적인 방법이 기업의 실제 가치보다 주가가 충분히 낮을 때만 투자하는 것이라고 믿는다. 또한 이들은 포트폴리오를 소수의 고확률 투자 기회에 집중하는 것이 위험을 낮출 뿐만 아니라 시장 평균을 훨씬 초과하는 수익을 창출하는 핵심 전략이라고 확신한다.

표 5.5 가이코: 연간 투자 성과 기록(연간 수익률 변화)

연도(Year)	가이코 보통주(%)	S&P 500(%)
1980	23.7	32.3
1981	5.4	-5.0
1982	45.8	21.4
1983	36.0	22.4
1984	21.8	6.1
1985	45.8	31.6
1986	38.7	18.6
1987	-10.0	5.1
1988	30.0	16.6
1989	36.1	31.7
1990	-9.1	-3.1
1991	57.1	30.5
1992	10.7	7.6
1993	5.1	10.1
1994	13.3	1.3
1995	39.7	37.6
1996	29.2	37.6
평균 수익	24.7	17.8
표준편차	19.5	14.3
최저	-10.0	-5.0
최고	57.1	37.6

그럼에도 불구하고, 우리가 성공적인 집중 투자자를 언급할 때 많은 사람들은 여전히 회의적인 반응을 보인다. 일부는 이들의 성공이 서로가 긴밀하면서도 전문적인 관계를 형성한 덕분이라고 생각할 수도 있다. 하지만 이들이 같은 종목에 투자한 것은 아니었다. 버핏은 1956년에 포트폴리오를 관리하기 시작했고, 멍거는 1962년에 뒤를 이었다. 물론 두 사람 모두 블루칩 스탬프를 보유했지만, 각자의 포트폴리오 대부분은 서로 다른 종목들로 구성되어 있었다. 멍거는 루안이 보유한 종목을 갖고 있지 않았고, 루안은 심슨이 보유한 종목을 갖고 있지 않았다. 그리고 누구도 케인스가 보유한 종목을 갖고 있지 않았다.

이에 대해 회의론자들은 이렇게 반박할 수도 있다. "그렇다고 해도, 집중 투자자 다섯 명을 예로 든 것뿐 아닌가? 다섯 가지 사례만 가지고 통계적으로 의미 있는 결론을 내리기에는 부족하다. 포트폴리오 관리자가 수천 명에 달하는 업계에서 단 다섯 명의 성공 사례는 단순한 우연일 수도 있다."

그럴 수도 있다. 우리가 버핏 마을의 슈퍼 투자자 다섯 명이 단순한 통계적 예외가 아니라는 것을 증명하고자 한다면, 더 광범위한 데이터를 분석해야 했다. 문제는 연구할 만한 집중 투자자가 많지 않았다는 점이다. 그렇다면 우리는 어떻게 접근했을까? 우리는 통계적 실험을 통해 1만 2000개의 포트폴리오를 설계해 분석하는 방법을 선택했다.

3000명의 집중 투자자들

우리는 컴퓨스태트Compustat*를 활용해 '보통주 수익률'을 분석하고, 1979년부터 1986년까지 매출, 수익, 자기자본수익률 등 측정 가능한 데이터를 보유한 1200개 기업을 선별했다.[29] 그런 뒤 컴퓨터를 이용해 이 1200개의 기업 중에서 무작위로 다양한 크기의 1만 2000개 포트폴리오를 구성하도록 설정했다.

- 250개 종목으로 구성된 포트폴리오 3000개
- 100개 종목으로 구성된 포트폴리오 3000개
- 50개 종목으로 구성된 포트폴리오 3000개
- 15개 종목으로 구성된 포트폴리오 3000개

이 시점에서 우리는 3000개의 관측치를 확보했으며, 이는 통계적으로 유의미한 데이터 집합으로 간주된다. 다음으로, 각 포트폴리오 그룹의 연평균 수익률을 10년과 18년 동안 계산한 후 수익률의 분포를 그림 5.1과 그림 5.2로 나타냈다. 그 후 이 4개의 포트폴리오 그룹의 수익률을 동일한 기간 동안 전체 주식시장(시장 기준은 S&P 500 지수)과 비교했다. 이 분석을 통해 한 가지 중요한 결론이 도출되었다. 포트폴리오에 포함된 종목 수가 줄어들수록 시장 수익률을 초과할 가능성이 점점 높아진다는 것이다.

---

* 글로벌 기업에 대한 재무, 통계 및 시장 정보를 제공하는 데이터베이스.

이제 10년 기간(그림 5.1)부터 깊이 들여다보자. 4개의 포트폴리오 그룹은 모두 연평균 13.8%의 수익률을 기록했다. 같은 기간 동안 S&P 500 지수의 평균 수익률은 이보다 다소 높은 15.2%였다. 여기서 두 가지 중요한 점을 기억해야 한다. 첫째, S&P 500 지수는 시가총액 기준 가중지수로, 대형 기업들이 수익률에 가장 큰 영향을 미친다. 둘째, 이 연구에서 다룬 기간 동안 대형주의 성과가 특히 좋았다. 반면, 우리의 연구에서 구성한 포트폴리오는 모든 종목을 동일 비중으로 편입했으며, 대형주뿐만 아니라 중소형주도 포함되어 있었다. 결과적으로 이 네 가지 '실험실 포트폴리오' 그룹은 전체 시장과 대략 비슷한 성과를 거두었다고 볼 수 있다.

이 연구는 각 그룹의 최고 성과 포트폴리오와 최저 성과 포트폴리오를 살펴보면 더욱 흥미롭다. 우리가 발견한 내용은 다음과 같다.

- 250개 종목으로 구성된 포트폴리오의 최고 수익률은 16.0%, 최저 수익률은 11.4%였다.
- 100개 종목으로 구성된 포트폴리오의 최고 수익률은 18.3%, 최저 수익률은 10.0%였다.
- 50개 종목으로 구성된 포트폴리오의 최고 수익률은 19.1%, 최저 수익률은 8.6%였다.
- 15개 종목으로 구성된 포트폴리오의 최고 수익률은 26.5%, 최저 수익률은 4.4%였다.

특히 주목할 점은 네 번째 그룹, 즉 15개 종목으로 구성된 집중 포트

그림 5.1 10년 기간(1987~1996) 연평균 수익률

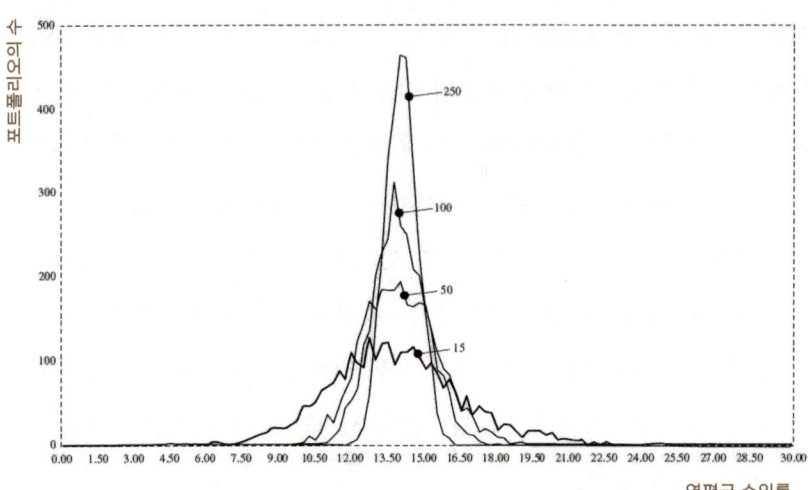

	15개 종목(%)	50개 종목(%)	100개 종목(%)	250개 종목(%)	S&P 500(%)
평균	13.75	13.87	13.86	13.91	15.23
표준편차	2.78	1.54	1.11	0.65	
최소	4.41	8.62	10.02	11.47	
최대	26.59	19.17	18.32	16.00	

그림 5.2 18년 기간(1979~1996) 연평균 수익률

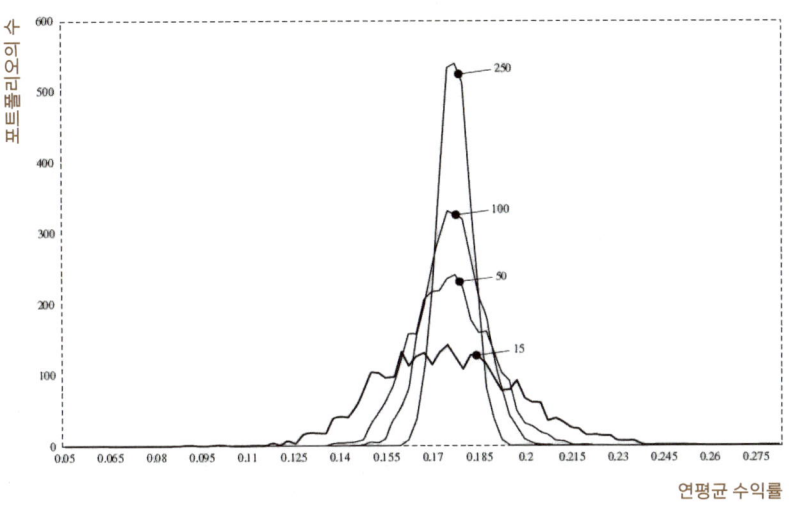

	15개 종목(%)	50개 종목(%)	100개 종목(%)	250개 종목(%)	S&P 500(%)
평균	17.34	17.47	17.57	17.61	16.32
표준편차	2.21	1.26	0.88	0.52	
최소	8.77	13.56	14.71	16.04	
최대	25.04	21.80	20.65	19.20	

폴리오에서만 수익률이 S&P 500을 현저하게 초과했다는 것이다.

이와 같은 상대적 경향은 더 긴 18년 기간(그림 5.2)에서도 동일하게 나타났다. 즉, 소수의 종목으로 구성된 집중 포트폴리오일수록 수익률의 최고점은 더 높고, 최저점은 더 낮았다. 포트폴리오가 분산될수록 변동성이 줄어드는 경향이 보였다. 이러한 결과는 우리를 다음과 같이 두 가지 피할 수 없는 결론으로 이끈다.

- 집중 투자 포트폴리오를 운용할 경우 시장 수익률을 초과할 가능성이 훨씬 높아진다.
- 그러나 동시에 집중 투자 포트폴리오에서는 시장 수익률을 하회할 가능성도 훨씬 커진다.

회의적인 시각을 가진 이들을 위해 첫 번째 결론을 더욱 강화할 만한 흥미로운 통계를 발견했다. 10년 데이터를 정렬해 분석한 결과는 다음과 같다.

- 250개 종목으로 구성된 3000개의 포트폴리오 중 시장 수익률을 초과한 것은 63개였다.
- 100개 종목으로 구성된 3000개의 포트폴리오 중 시장 수익률을 초과한 것은 337개였다.
- 50개 종목으로 구성된 3000개의 포트폴리오 중 시장 수익률을 초과한 것은 549개였다.
- 15개 종목으로 구성된 3000개의 포트폴리오 중 시장 수익률을 초과한

것은 808개였다.

이는 포트폴리오의 종목 수가 줄어들수록 시장을 이길 확률이 증가한다는 강력한 증거다. 250개 종목으로 구성된 포트폴리오의 경우 시장을 이길 확률은 50분의 1이었지만, 15개 종목으로 구성된 포트폴리오에서는 4분의 1로 증가했다.

또 다른 주요 고려 사항은 이 연구에서 포트폴리오 운용 비용을 반영하지 않았다는 점이다. 즉 운용 보수 및 거래 비용의 영향을 제외한 채 분석이 진행되었다. 일반적으로 포트폴리오 회전율이 높을수록 거래 비용도 증가하게 된다. 만약 이러한 비용이 데이터에 포함되었다면, 포트폴리오의 연평균 수익률이 그래프의 왼쪽(수익률 감소 방향)으로 이동했을 것이며, 결과적으로 시장 수익률을 초과하기 더욱 어려워졌을 것이다.

두 번째 결론은 우수한 종목 선정이 얼마나 중요한지를 다시 한번 강조해야 한다는 것이다. 버핏 마을의 슈퍼 투자자들이 뛰어난 기업을 선별하는 능력을 갖추고 있었다는 사실은 결코 우연이 아니다. 만약 적절한 기업을 선택하지 못했다면, 투자 성과는 시장을 크게 밑돌았을 것이다. 이러한 점을 고려했을 때 슈퍼 투자자들이 시장을 초과하는 수익을 올릴 수 있었던 이유는 그들이 최고의 기업에 집중 투자하는 방식을 택했기 때문이라고 결론지을 수 있다.

더 효과적인 성과 측정법

〈포춘〉지의 기자인 조셉 노세라Joseph Nocera는 전문 투자관리자들이 고객들에게 추천하는 투자 전략과 실제로 자신들이 실행하는 전략이 전혀 다르다는 점을 지적했다. 예를 들어, 그들은 고객들에게 "매수 후 장기 보유" 전략을 권장하면서, 정작 본인들의 포트폴리오에서는 사고팔기를 반복하고 있었다. 이러한 이중적인 행태에 대해 노세라는 모닝스타Morningstar의 돈 필립스Don Phillips의 말을 인용하며 이를 더 강조했다. "자산운용 업계가 실제로 하는 일과 투자자들에게 조언하는 내용 사이에는 엄청난 괴리가 있다."[30]

자연스럽게 떠오르는 질문은 다음과 같다. 투자자들에게는 "매수 후 장기 보유" 전략을 실행하는 것이 현명하다고 조언하면서, 정작 포트폴리오 관리자들은 왜 매년 그렇게도 잦은 매매를 반복하는가? 이에 대해 조셉 노세라는 "업계 내부의 역학 구조상 포트폴리오 관리자들이 단기적인 시야에서 벗어나는 것이 불가능하기 때문"이라고 말한다.[31] 그렇다면 왜 포트폴리오 관리자들은 장기적인 관점이 아닌 단기 실적에 집중하는 것일까? 그 이유는 전문적인 포트폴리오 관리 업계가 본질적으로 '그날그날 누가 가장 높은 수익률을 기록했는가'를 겨루는 무의미한 단기 성과 게임으로 변질되었기 때문이다.

포트폴리오 관리자들은 눈에 띄는 단기 성과를 만들어내야 한다는 강한 압박에 시달린다. 그리고 이러한 성과는 자연스럽게 이목을 끈다. 대표적인 예로, 주요 금융 매체들은 3개월마다 뮤추얼 펀드의 분기별 성과를 공개하며, 지난 3개월 동안 가장 높은 수익률을 기록한 펀드를 상위에 랭크시킨다. 상위권에 오른 펀드는 금융 전문가들로부터 찬사를 받으며 주목받는다. 이에 따라 투자자들도 순위표를 확인하며, '요즘 가장 성과가 좋은 포트폴리오 관리자'를 찾는 데 집중한다. 다시 말해, '미다스 왕의 손'을 가진 포트폴리오 관리자를 찾아 나선다. 그러나 문제는 학계 연구에 따르면 특정 포트폴리오 관리자가 단기적인 성과를 거두는 것은 단순한 우연과 다를 바가 없다는 점이다.[32]

간단히 말해, 단기 성과에 대한 집착이 자산 관리 업계를 지배하고 있다. 현재 포트폴리오 관리자들은 장기적인 성과가 아닌 단기적인 실적으로 평가받는 환경에 놓여 있다. 어떻게 보면 우리는 장기적인 수익보다 단기적인 성과를 강조하는 마케팅 시스템에 종속되어 있다고 할 수 있다. 그리고 이러한 구조는 결국 시장 평균 이하의 성과를 낼 수밖에 없다. 이는 탈출구가 없는 악순환처럼 보일 수 있다. 그러나 우리가 배운 바에 따르면, 투자 성과를 개선할 수 있는 방법은 분명히 존재한다. 아이러니한 점은 장기적으로 시장 평균을 뛰어넘을 가능성이 가장 높은 포트폴리오 관리 전략이, 우리가 익숙하게 사용해 온 단기 성과 중심의 평가 방식과는 양립할 수 없어보인다는 것이다.

◆ 토끼와 거북이

컬럼비아대학교 경영대학원 출신인 V. 유진 샤한 V. Eugene Shahan은 〈단기 성과와 가치 투자는 상호 배타적인가?〉라는 논문을 발표했다. 샤한은 지금 우리와 같은 질문을 던졌다. 단기적인 성과를 기반으로 자산 운용 관리자의 역량을 평가하는 게 과연 적절한가?

샤한은 버핏 본인을 제외하고도 '그레이엄과 도드 마을Graham and Doddsville의 슈퍼 투자자'로 불리는 많은 포트폴리오 매니저들이 부인할 수 없는 실력을 갖추고, 성공을 거두었다고 언급했다. 그러나 이들 모두 단기적으로 시장 대비 저조한 성과를 경험한 시기가 있었다. 샤한은 이를 자산 운용 업계 버전의 '토끼와 거북이' 이야기라고 비유하며 이렇게 말했다. "단기 성과를 중요하게 여기는 투자자들이 실제로 높은 수익을 단기적으로 거둘 수도 있다. 하지만 이는 결국 장기적인 성과를 희생시키는 결과로 이어진다는 점에서 인생의 또 다른 아이러니일지도 모른다."[33]

이는 버핏 마을의 슈퍼 투자자들에게도 동일하게 적용된다. 표 5.6을 보면, 이들 역시 여러 차례 어려운 시기를 겪었다는 것을 알 수 있다. 다만, 버핏만큼은 예외였다. 그는 버핏 파트너십을 운용하면서 단 한 번의 심각한 부진 없이 꾸준히 성과를 유지했다.

존 메이너드 케인스는 18년 동안 체스트 펀드를 운용하면서, 시장 대비 저조한 성과를 기록한 기간이 전체의 3분의 1에 달했다. 특히 펀드를 운용한 초기 3년 동안 시장 수익률을 18%포인트나 밑도는 부진한 성과를 기록하기도 했다.

세쿼이아 펀드도 비슷한 상황을 겪었다. 분석 기간 동안 세쿼이아 펀드는 전체 기간 중 37%에서 시장 수익률을 밑돌았다(표 5.7 참조). 케인스와 마찬가지로 빌 루안도 투자자로 자리 잡기까지 어려운 시기를 겪었다. 빌 루안은 이렇게 말했다. "세월이 흐르면서 우리는 주기적으로 '저조한 성과의 왕'이라는 타이틀을 거머쥐었다. 1970년대 초반에 세쿼이아 펀드를 시작하는 안목 없는 선택을 했고, 이후 4년 연속으로 S&P

표 5.6 버핏 마을의 슈퍼 투자자들: 성과 연수 vs 저성과 연수

	전체 연수	시장 대비 저성과 연수	저성과 연수 비율(%)
케인스	18	6	33
버핏	13	0	0
멍거	14	5	36
루안	27	10	37
심슨	17	4	24

표 5.7 버핏 마을의 슈퍼 투자자들: 연속 저성과 기간 연수

	S&P 500 대비 연속 저성과 기간 연수
케인스	3
버핏	0
멍거	3
루안	4
심슨	1

표 5.8 버핏 마을의 슈퍼 투자자들: 최악의 상대 수익률

	저성과 기간 중 최악의 상대 수익률(%p)
케인스	−18
버핏	해당 없음(N/A)
멍거	−37
루안	−36
심슨	−15

500을 밑돌며 마치 물고문을 당하는 듯한 시간을 보냈다." 1974년 말, 세쿼이아 펀드는 시장 대비 무려 36%포인트나 뒤처지는 참패를 당했다(표 5.8 참고).

"우리는 책상 밑에 숨어서 전화도 받지 않고, 이 폭풍이 과연 지나갈 것인지 고민했다."³⁴ 하지만 결국 폭풍은 지나갔다. 1976년 말까지, 세쿼이아 펀드는 5년 반 동안 시장 대비 50% 앞서는 성과를 기록했고, 1978년에는 S&P 500이 60% 상승하는 동안 세쿼이아는 무려 220% 수익을 달성했다.

찰리 멍거조차도 집중 투자에서 피할 수 없는 성과 변동을 겪었다. 그는 14년 동안 연간 기준으로 36%의 기간에서 시장 대비 저조한 성과를 기록했다. 다른 집중 투자자들과 마찬가지로 멍거 역시 운이 좋지 않은 시기를 겪었다. 특히 1972년부터 1974년까지, 시장 대비 37%포인트 뒤처지는 성과를 기록했다. 한편, 루 심슨은 17년 중 4년(전체의 24%) 동안 시장 대비 저조한 성과를 보였다. 그의 최악의 상대 성과는 1년 동안 시장 대비 15%포인트 뒤쳐졌을 때였다.

흥미롭게도, 실험실에서 만든 집중 포트폴리오 성과 결과를 분석했을 때도 같은 경향이 관찰되었다(표 5.9 참조). 15개 종목을 보유한 3000개의 집중 투자 포트폴리오 중 808개가 10년 기간(1987~1996년) 동안 시장 수익률을 상회했다. 하지만 이 808개의 우수한 포트폴리오 중 무려 97%가 최소 한 번 이상의 저조한 성과를 경험했다. 그중 일부는 10년 중 4년, 5년, 6년, 심지어 7년 동안 시장을 밑도는 성과를 기록하기도 했다.

만약 케인스, 멍거, 루안, 심슨이 오늘날과 같은 환경에서 신입 포트폴리오 관리자로 커리어를 시작했다면 어떻게 됐을까? 지금은 1년의 성과만으로도 지나치게 평가받는 시대다. 만약 그들이 이런 환경에서 시작했다면 아마 해고당했을 것이고, 결국 고객들에게도 심각한 손실을 입혔을 것이다. 집중 투자 전략이 몇 년간의 저조한 성과를 감내해야 하는 경우가 있다는 점을 고려한다면, 우리는 매우 현실적인 문제와 맞닥뜨리게 된다. 즉, 단순히 주가 성과만을 기준으로 포트폴리오 매니저를 평가한다면, 단기적으로는(1년 혹은 3년) 부진하지만 장기적으로는 뛰어난 성과를 낼 유능한 포트폴리오 관리자를 어떻게 구별해 낼 수 있을까? 반대로 운 좋게 단기적으로 좋은 성적을 기록했지만, 결국 장기

표 5.9 집중형(15개 종목) 포트폴리오-10년 데이터(1987~1996년)

S&P 500 대비 고성과 연수 - 저성과 연수	포트폴리오 수	전체 비율(%)
10-0	0	0.00
9-1	1	0.12
8-2	20	2.48
7-3	128	15.84
6-4	272	33.66
5-5	261	32.30
4-6	105	13.00
3-7	21	2.60
2-8	0	0.00
1-9	0	0.00
0-10	0	0.00

적인 저성과의 늪으로 빠지게 될 무능한 포트폴리오 관리자를 어떻게 파악할 수 있을까? 만약 주가 성과만을 기준으로 평가한다면, 이 둘을 구별할 방법이 전혀 없다.

학자와 연구자들은 어떤 자산 운용 관리자와 어떤 투자 전략이 장기적으로 시장을 이길 확률이 가장 높은지 밝히기 위해 많은 노력을 기울여왔다. 〈금융 저널The Journal of Finance〉에는 여러 저명한 대학 교수들의 연구를 바탕으로 한 논문이 실렸으며, 이들은 모두 "뮤추얼 펀드의 성과에 일정한 패턴이 존재하는가?"라는 근본적인 질문을 던졌다. 이 학자들은 강력한 분석력과 방대한 데이터 연구를 통해 문제를 탐구했지만, 완벽한 정답을 찾아내는 데는 실패했다.

이들 연구 중 네 편은 지속성이라는 개념을 다뤘다. 즉, 투자자들이 최근 성과가 가장 뛰어난 펀드를 선택하는 경향이 있으며, 펀드매니저의 과거 실적이 미래 성과를 예측하는 지표가 될 것이라고 믿는 현상을 연구한 것이다. 이러한 투자 행태는 일종의 '자기 충족적 모멘텀'을 만들어낸다. 즉, 올해 투자자들은 지난 1년 동안 가장 높은 성과를 기록한 '뮤추얼 펀드'에 자금을 몰아넣는다. 이러한 모멘텀이 1년 단위로 측정되며, 작년의 1등 펀드를 매수해 내년에도 좋은 성과를 기대하는 투자 방식을 우리는 '핫 핸드hot hands 현상'이라고 부른다. 즉, '과거의 단기 성과를 바탕으로 미래에 어떤 뮤추얼 펀드가 좋은 성과를 낼지 예측할 수 있을까?'라는 질문에 대한 답을 찾는 것이 이 연구의 핵심이었다.

그러나 서던캘리포니아대학교 경영대학원의 마크 카하트Mark Cahart와 프린스턴대학교의 버턴 말킬Burton Malkiel이 진행한 두 가지 연구에서는, 지속성과 미래 성과 간에 의미 있는 상관관계를 찾지 못했다.[35]

또한 하버드대학교 존 F. 케네디 행정대학원의 교수진인 대릴 헨드릭스Darryll Hendricks, 자옌다우 파텔Jayendau Patel, 리처드 잭하우저Richard Zeckhauser가 15년간의 데이터를 분석한 세 번째 연구에서도, "올해 최고의 성과를 낸 '핫 핸드' 매니저를 따라 투자한다고 해서, 내년에도 '핫 핸드' 펀드를 보유하게 될 것이라는 보장은 없다"[36]라는 결론을 내렸다.

각 연구자들은 독립적으로 연구를 진행했지만, 모두 동일한 결론에 도달했다. 과거 성과를 바탕으로 다음 해의 최고 성과 펀드를 예측할 수 있다는 확실한 증거는 존재하지 않는다. 즉, 단순히 최근 성과가 좋은 펀드에서 다른 '핫 펀드hot fund'로 옮겨 다니는 것은 투자자의 자산을 증대시키는 데 아무런 도움이 되지 않는다. 특히, '핫 펀드'가 단순히 주가 성과만으로 정의될 때는 더욱 그렇다. 그럼에도 불구하고, 그리고 압도적인 학술적 증거에도 불구하고 여전히 많은 투자자들은 주가 성과만을 기준으로 투자 결정을 내리고 있다.

〈금융 저널〉의 네 번째 연구는 에모리대학교의 재무학 교수인 아밋 고얄Amit Goyal과 애리조나주립대학교의 재무학 교수인 선힐 와할Sunhil Wahal이 공동 집필했다. 이 연구는 성과 지속성에 관한 이론적 분석을 넘어서, 실제 포트폴리오 매니저를 평가하고 추천하는 과정에서 발생하는 중대한 오류를 다룬다. 고얄과 와할은 2001년부터 2004년까지 1475개 투자운용사가 관리한 6260개의 기관 포트폴리오를 분석했다. 그 결과, 포트폴리오 매니저를 고용하고 해고하는 역할을 맡은 컨설턴트들이 매우 단순한 방식을 따르고 있음을 발견했다. 최근 성과가 기준(벤치마크)보다 낮은 매니저는 해고하고, 최근 성과가 기준보다 좋은 매니저를 새로 고용하는 방식이었다. 문제는 이 단순한 기준이 현명한 의사 결정이 아니었다는 점이다. 실제로 이후 몇 년 동안 해고된 매니저들 상당수가 새롭게 고용된 매니저들보다 더 높은 성과를 기록했다.[37]

매년 투자자들은 한 걸음 물러서서 포트폴리오 매니저들의 성과를 평가한다. 성과가 좋은 매니저는 상위권에 오르고, 성과가 저조한 매니저는 하위권으로 밀려난다. 이러한 평가를 통해 매니저를 교체하는 결정이, 결과(수익률)를 평가하고 투자 과정과 수익을 이끈 전략까지 고려하는 신중한 과정일 것이라 생각할 수도 있다. 하지만 안타깝게도 그렇지 않다.

물론 성과 자체가 중요하지 않다는 것은 아니다. 성과는 당연히 중요한 요소다. 하지만 매년 수익률이 높은 매니저만을 찾는 것은 결국 투자자들의 포트폴리오에 위험을 초래할 수 있다. 이러한 태도는 투자자들을 '성과 추종자'로 만들고, 특정 전략이 효과를 보인 후에야 뒤늦게 따라 사게 하며, 최근 성과가 저조했던 전략은 외면하게 만든다. 문제는 어떤 전략이 좋은 성과를 냈는지 이해하지 못한 채 투자하면, 단순히 운이 좋아서 성과가 좋았던 나쁜 전략을 선택할 수도 있다는 점이다. 이런 현상을 가리키는 용어가 바로 '뜻밖의 행운'이다. 반대로 좋은 투자 전략이라 해도 때때로 나쁜 결과를 내는데, 이는 단순히 운이 나빴던 것일 수도 있다.[38] 이는 버핏 마을의 슈퍼 투자자들을 분석하며 확인했던 사실이기도 하다.

전 은행 임원이자 미국 재무장관을 지낸 로버트 루빈Robert Rubin이 이를 가장 잘 표현했다. "개인의 결정은 나쁜 생각이라도 성공으로 이어질 수 있고, 좋은 생각이라도 실패로 이어질 수 있다. 하지만 시간이 지나면, 신중한 결정이 나은 결과로 이어질 가능성이 크다. 그리고 더 나은 의사결정을 장려하려면 단순히 결과가 아니라 '어떻게 의사결정을 내렸는지' 자체를 평가해야 한다."[39]

워런 버핏이 이 학문적인 연구를 어떻게 받아들일지는 쉽게 짐작할 수 있다. 그에게 이 연구가 주는 교훈은 분명하다. 우리는 '주가'만을 유일한 평가 기준으로 삼는 집착을 버려야 하며, 단기적인 성과만으로 판단하는 비효율적인 습관에서 벗어나야 한다.

그러나 만약 주가가 최선의 평가 기준이 아니라면 대신 무엇을 사용해야 할까? 단순히 "아무것도 하지 않는다"는 답이 될 수 없다. 심지어 '매수 후 장기 보유' 전략을 따르는 포트폴리오 매니저들조차도 시장을 완전히 외면하라고 조언하지 않는다. 결국 성과를 측정할 또 다른 기준을 찾아야 한다. 다행히도 적절한 기준은 존재하며, 이는 버핏이 버크셔 해서웨이의 보통주 투자 성과와 사업 부문의 운영 성과를 평가하는 핵심 지표이기도 하다.

◆ 대안적인 성과 평가 기준

워런 버핏은 한때 이렇게 말했다. "나는 주식시장이 1년이나 2년 동안 문을 닫아도 전혀 개의치 않을 것이다. 어차피 주식시장은 매주 토요일과 일요일에 문을 닫지만, 그것 때문에 내가 불편했던 적은 한 번도 없었다."[40] 물론 버핏도 "활발한 주식시장은 유용하다. 때때로 우리에게 엄청난 투자 기회를 제공하기 때문"이라고 인정했다. 하지만 그는 "그러나 그것이 반드시 필수적인 것은 아니다"[41]라는 말을 덧붙였다.

이 발언을 온전히 이해하려면, 버핏이 이어서 한 말을 깊이 생각해볼 필요가 있다. "우리가 보유한 주식들의 거래가 오랫동안 정지된다고 해도, 나는 전혀 신경 쓰지 않을 것이다. 이는 우리가 완전히 소유한 기업인 '월드 북World Book'이나 '페크하이머Fechheimer'에 대해 매일 주가를 확인할 필요가 없는 것과 같은 이유다. 결국 우리의 경제적 운명은 우리가 보유한 기업들의 경제적 운명에 의해 결정된다. 이는 우리가 기업의 일부를 소유하고 있든(보통주 형태의 부분적 소유), 전체를 소유하고 있든 마찬가지다."[42]

만약 당신이 직접 운용하는 사업을 갖고 있고, 그 성과를 측정할 일일 주가가 제공되지 않는다면, 어떻게 사업의 성장 여부를 판단할 수 있을까? 아마도 매출과 이익의 성장률, 영업이익률 개선 여부, 또는 자기자본수익률의 변화 등을 기준으로 평가할 것이다. 즉 '사업의 내재가치'가 증가하는지 또는 감소하는지를 경제적 성과에 따라 판단하게 될 것이다. 버핏의 관점에서 비상장 기업의 성과를 평가하는 기준과 주식시장에 상장된 기업의 성과를 평가하는 기준 사이에는 본질적인 차이가 없다. 버핏은 이렇게 설명한다. "찰리와 나는 보유한 주식의 성과를 판단할 때, 그 기업 주가의 일일 변동이나 연간 변동이 아닌 운영 실적으로 평가한다. 시장은 한동안 우리의 사업 성공을 무시할 수도 있지만, 결국에는 그 가치를 인정하게 되기 때문이다. 벤저민 그레이엄이 말했듯이, '단기적으로 시장은 인기투표처럼 움직이지만, 장기적으로는 기업의 실질 가치를 반영하는 저울'과 같다. 또한 시장이 기업의 가치를 얼마나 빠르게 인식하는지는 중요하지 않다. 중요한 것은 그 기업의 내재가치가 만족할 만한 속도로 증가하고 있느냐 하는 것이다."[43]

◆ **룩스루** Look-Through* **이익**

버핏은 버크셔 해서웨이의 보통주 포트폴리오 가치를 주주들이 더 명확하게 이해할 수 있도록, 1990년 버크셔 연례 보고서에서 '룩스루 이익'이라는 개념을 소개했다. 버크셔의 '룩스루 이익'은 다음 세 가지 요소, 버크셔가 완전 소유한 기업들의 영업이익, 버크셔가 보유한 보통주 기업들의 이익잉여금, 이익잉여금이 버크셔의 실적에 반영될 경우 발생할 세금 비용을 차감한 금액을 합산해 계산된다. 여기서 기억해야 할 점은 '버크셔가 보유한 보통주 기업들의 이익잉여금'이란, 해당 기업이 매년 벌어들이는 순이익 중 주주들에게 배당으로 지급되지 않고 회사 내부에 재투자되는 부분을 의미한다는 것이다. 즉, 버크셔가 직접 통제하지 않는 기업들이 벌어들이는 이익도 간접적으로 버크셔의 내재가치를 증가시키는 중요한 요소라고 버핏은 설명하고 있다.

룩스루 이익 개념은 버크셔 해서웨이 주주들에게 기업 가치 창출의 본질을 더 잘 이해시키기 위해 버핏이 처음 고안한 개념이다. 그는 기업이 벌어들인 이익의 일부를 배당으로 지급하지 않고 사업에 재투자할 때 발생하는 가치 창출을 강조했다. 버핏은 주주들에게 다음과 같이 상기시켰다. 버크셔가 보유한 보통주 기업들의 이익잉여금이 GAAP 상 보고되지 않기 때문에 이를 쉽게 간과할 수 있지만, 이 이익들은 버크셔의 내재가치를 높이는 중요한 요소이므로 반드시 고려해야 한다.

룩스루 이익 개념은 집중 투자를 실천하는 투자자들에게도 유용한

---

* 투자나 재무 분석에서 사용되는 접근법으로 표면적인 수치나 구조를 넘어서 기초가 되는 자산, 수익, 비용 등의 실질적 내용을 들여다보는 방식.

지침이 된다. 때때로 주가가 기업의 실제 경제적 성과와 괴리를 보이는 경우가 발생할 수 있는데, 이때 포트폴리오의 경제 성장률을 평가하는 데 있어 룩스루 이익이 중요한 기준점이 될 수 있다. 이에 대해 버핏은 이렇게 말한다. "우리는 투자자들이 자신의 포트폴리오에 대한 룩스루 이익을 분석하는 것이 매우 유익하다고 믿는다. 이를 계산하려면, 자신이 보유한 주식의 기업들이 벌어들이는 이익을 산출하고 이를 합산하면 된다."

버핏은 이어서 다음과 같이 설명한다. "각 투자자의 목표는 궁극적으로 자신만의 포트폴리오(일종의 '기업')를 구축해 10년 후 최대한 높은 룩스루 이익을 실현하는 것이어야 한다."

특히 버핏은 이렇게 강조했다. "내재가치가 연간 15%씩 성장하려면, 장기적으로 룩스루 이익도 같은 속도로 증가해야 한다고 여러 번 말해 왔다."[44] 즉, 버핏은 투자자들에게 자신이 보유한 보통주 포트폴리오를 하나의 기업으로 간주하고, 마치 자신만의 '미니 버크셔 해서웨이'를 운영하는 것처럼 생각하라고 조언하고 있다.

버핏에 따르면, 버핏이 버크셔 해서웨이를 완전히 인수한 1965년 이후 버크셔의 룩스루 이익 성장률은 기업의 시장 가치 성장률과 거의 동일한 속도로 증가해 왔다. 그러나 두 수치가 항상 같은 방향으로 움직인 것은 아니었다. 벤저민 그레이엄이 말한 '미스터 마켓'이 지나치게 비관적일 때는 이익이 주가보다 빠르게 증가하는 경우가 많았고, 반대로 미스터 마켓이 과도하게 낙관적일 때는 주가가 이익보다 훨씬 빠르게 상승하기도 했다. 여기서 중요한 점은 장기적으로 보면 이익과 주가 간의 관계는 결국 수렴한다는 것이다. 무엇보다 버핏은 다음과 같이 조언했다. "이러한 접근 방식은 투자자가 단기적인 시장 전망이 아닌 장기적인 기업의 성장 가능성에 집중하도록 만든다. 이러한 관점을 유지하는 것이 결국 더 나은 투자 성과로 이어질 가능성이 크다."[45]

◆ 버크셔의 투자 기준

버핏이 새로운 투자를 고려할 때, 그는 먼저 현재 보유하고 있는 자산을 살펴보고 새로운 투자 대상이 기존 보유 자산보다 더 나은지 평가한다. 즉, 버크셔가 현재 보유한 기업과 주식이 새로운 투자 기회를 평가하는 '경제적 기준' 역할을 한다. 찰리 멍거는 이에 대해 이렇게 설명한다. "버핏의 조언은 모든 투자자에게 매우 유용하다. 일반적인 투자자라면 자신이 이미 보유한 최고의 자산을 투자 기준으로 삼아야 한다." 이후 벌어지는 과정은 포트폴리오의 가치를 극대화하는 데 있어 가장 중요한 원칙 중 하나이지만, 많은 투자자들이 간과하는 핵심 요소이다. 멍거는 다음과 같이 덧붙였다. "새롭게 투자하려는 대상이 이미 보유한 것보다 더 나은 선택이 아니라면, 투자 기준에 부합하지 않는 것이다. 이 원칙을 적용하면 우리가 접하는 투자 기회의 99%는 자동으로 제외된다."[46]

우리는 이미 가지고 있는 무언가를 경제적 기준이나 척도로 활용하면 된다. 자신만의 경제적 기준은 다양한 방법으로 정의할 수 있다. 예를 들면, 매출 성장률, 룩스루 이익, 자기자본수익률, 안전마진 등이다. 따라서 포트폴리오에 있는 기업을 사고판다는 것은 자신의 경제적 기준을 높이거나 낮추는 것과 같다. 즉, 훌륭한 포트폴리오 매니저의 역할은 장기적인 관점에서 투자하고, 궁극적으로 주가가 기업의 경제적 가치에 수렴할 것이라 믿으며, 자신의 경제적 기준을 계속 높여가는 것이다. 이에 대해 찰리 멍거는 이렇게 강조했다. "이것은 엄청나게 중요한 개념이지만, 대부분의 경영대학원에서는 가르치지 않는다."[47]

한발 물러서서 잠시 생각해 보면, S&P 500 지수도 하나의 기준이다. 이 지수는 각각 고유한 경제적 수익률을 가진 500개 기업으로 구성되어 있다. 장기적으로 S&P 500을 초과하는 성과를 내고 자신의 기준을 높이려면, 지수에 포함된 기업들의 평균 가중 경제성보다 우수한 경제성을 가진 기업들로 포트폴리오를 구성하고 관리해야 한다.

장기적 관점으로 접근하는 집중 투자 전략이 단순한 주가 변동성을 신경 쓰지 않는다고 해서, 성과를 면밀히 검토할 책임이 면제되는 것은 아니다. 경제적 벤치마크를 활용하더라도, 시장의 변동성과 상관없이 개별 투자 종목의 경제적 성과는 지속적으로 점검해야 한다. 물론 집중 투자 포트폴리오 매니저는 시장의 변덕에 휘둘려서는 안 된다. 하지만 포트폴리오에 포함된 기업의 경제적 변화에 대해 항상 자세하게 알고 있어야 한다. 결국, 집중 투자자가 투자 종목의 경제적 가치를 제대로 판단하지 못했다면, 시장이 그 선택을 후하게 보상할 기회를 찾을 가능성은 매우 낮다.

◆ 나무늘보처럼 행동하면 좋은 두 가지 이유

집중 투자는 필연적으로 장기적인 투자 접근 방식이다. 만약 우리가 버핏에게 이상적인 보유 기간이 얼마인지 묻는다면, 그는 "영원히"라고 답할 것이다. 즉 그 기업이 계속해서 평균 이상의 경제적 성과를 창출하고, 경영진이 합리적으로 수익을 배분하는 한, 주식을 계속 보유해야 한다는 의미다. 버핏은 이렇게 설명했다. "비활동은 우리에게 지적인 행동으로 보인다. 우리나 대부분의 기업 경영자들은 연방준비제도의 할인율이 소폭 변동할 것으로 예상되거나, 월스트리트 전문가의 시장 전망이 바뀌었다는 이유만으로 수익성이 높은 사업체를 급하게 사고팔 생각을 하지 않을 것이다. 그런데 왜 우리가 훌륭한 기업의 지분을 보유할 때는 다르게 행동해야 할까? 공개 기업에 성공적으로 투자하는 기술은 사업체를 성공적으로 인수하는 기술과 크게 다르지 않다. 두 경우 모두 우리가 해야 할 일은 합리적인 가격에, 경제적으로 우수하고, 유능하며 정직한 경영진이 이끄는 회사를 인수하는 것이다."

그런 다음 보유한 기업의 경제적 성과를 모니터링하는 것으로 돌아가서, 버핏은 우리에게 이렇게 말한다. "그 이후로는 이러한 특성이 유지되고 있는지만 모니터링하면 된다."[48]

만약 평범한 기업을 보유하고 있다면, 당신에게는 높은 회전율이 필요하다. 그렇지 않으면 결국 장기적으로 평균 이하의 경제적 성과를 내는 기업을 보유하게 될 것이다. 하지만 우수한 기업을 보유하고 있다면, 당신이 하고 싶은 마지막 일은 그것을 매도하는 일이 될 것이다. 하지만 버핏은 이렇게 말했다.

> 집중 투자와 낮은 회전율 전략이 능숙하게 실행될 경우 투자자는 종종 소수의 종목을 보유하게 되며, 이는 결국 그의 포트폴리오에서 매우

큰 비중을 차지하게 될 것이다.

　이 투자자는 마치 여러 뛰어난 대학 농구 스타들의 향후 수익 중 20%를 사들이는 정책을 따르는 것과 비슷한 결과를 얻게 될 것이다. 그중 일부는 NBA 스타로 성장할 것이며, 투자자가 이들로부터 얻는 수익이 곧 그의 로열티 수입에서 가장 큰 부분을 차지하게 될 것이다. 이런 투자자가 단지 일부 종목이 포트폴리오에서 큰 비중을 차지하게 되었다는 이유만으로 가장 성공적인 투자 자산을 매도해야 한다고 주장하는 것은 시카고 불스가 마이클 조던이 팀에서 너무 중요한 존재가 되었기 때문에 그를 트레이드해야 한다고 주장하는 것과 같다.[49]

　이 나무늘보 같은 자산 관리 방식은 주식을 정기적으로 활발하게 사고파는 데 익숙한 사람들에게는 다소 특이하게 보일 수 있다. 하지만 평균 이상의 속도로 자본을 성장시키는 것 외에도 두 가지 경제적 이점을 제공한다.

- 거래 비용을 줄이는 데 도움이 된다.
- 세후 수익을 증가시킨다.

　각각의 이점만으로도 매우 가치 있지만, 이 두 가지가 결합되었을 때 그 효과는 막대하다.

◆ 거래 비용의 절감

뮤추얼 펀드는 평균적으로 매년 100%를 초과하는 포트폴리오 회전율을 기록한다. 회전율은 포트폴리오에서 발생하는 매매 활동의 정도를 나타낸다. 예를 들어, 포트폴리오 매니저가 보유 주식을 한 번 전부 매도하고 다시 매수한다면, 회전율은 100%가 된다. 만약 1년에 두 번 모든 주식을 사고판다면, 회전율은 200%가 된다. 반면 매니저가 1년 동안 포트폴리오의 10%만 매도 및 재매수한다면(즉, 평균 10년의 보유 기간을 의미), 회전율은 10%에 불과하다.

시카고에 본사를 둔 뮤추얼 펀드 연구기관인 모닝스타는 3560개의 미국 내 주식 펀드를 분석한 결과, 회전율이 낮은 펀드가 높은 펀드보다 더 높은 수익률을 기록했다는 사실을 발견했다. 모닝스타 연구에 따르면 10년 동안 회전율이 20% 미만인 뮤추얼 펀드는 회전율이 100%를 초과하는 펀드보다 같은 기간 동안 수익률이 14% 더 높았다.[50]

이는 너무나도 분명해서 쉽게 간과되는 "상식적인" 역학 관계의 결과다. 즉, 과도한 거래는 중개 수수료 비용만 증가시키며, 이는 결국 순수익을 감소시키는 요인으로 작용한다.

◆ 세후 수익

회전율이 낮은 펀드는 양도소득세 납부를 늦출 수 있다는 장점이 있다. 아이러니하게도 수익을 높이기 위해 사고파는 것(회전율 증가)은 세금 부담도 함께 증가시킨다. 포트폴리오 매니저가 주식을 팔고 다른 주식으로 바꾸는 이유는 더 높은 수익을 내기 위해서다. 하지만 주식을 팔면 이익이 실현되면서 세금이 발생한다. 결국, 새로 매수한 주식은 세금 부담을 넘어서야 할 뿐만 아니라, 시장 평균보다 더 높은 수익을 내야 하는 부담까지 안게 된다.

만약 세금이 부과되지 않는 계좌(예를 들어, 개인 은퇴 계좌IRA 또는 401k 플랜)를 보유하고 있다면, 주식을 매도해 얻은 이익에 대해 세금을 내지 않는다. 그러나 개인 과세 계좌에서 주식을 보유하고 있다면, 매도 시 발생한 이익은 '양도소득세'를 유발한다. 즉, 매도하는 주식이 많을수록(그리고 그 매도가 수익성이 있을 경우) 납부해야 할 세금도 증가하게 된다.

연말 기준으로는 뮤추얼 펀드나 개인 포트폴리오의 성과가 좋아 보일 수 있다. 하지만 실현된 이익에 대한 세금을 내고 나면, 세후 순이익이 줄어들어 최종 수익률이 벤치마크보다 낮아질 수 있다. 따라서 투자자는 적극적으로 운용되는 포트폴리오나 뮤추얼 펀드가 세금을 내고도 벤치마크보다 높은 수익을 낼 만큼 충분히 좋은 성과를 내고 있는지 신중히 검토해야 한다.

비과세 계좌를 제외하면, 세금은 투자자가 부담해야 하는 가장 큰 비용이다. 이는 증권사 수수료나 포트폴리오 운영을 위한 관리 수수료보다도 더 크다. 실제로 세금은 포트폴리오의 수익률을 떨어뜨리는 주요 원인 중 하나다. 이에 대해 〈포트폴리오 관리 저널The Journal of Portfolio Management〉에 '당신의 초과 수익은 세금을 감당할 만큼 충분한가?'라는 논문을 발표한 로버트 제프리Robert Jeffrey와 로버트 아노트Robert Arnott는 이렇게 말했다. "이것이 나쁜 소식이다." 하지만 그들은 이어서 "좋은 소식은, 보통 간과되지만, 세금 부담을 줄일 수 있는 전략들이 있다는 것"[51]이라고 덧붙였다.

간단히 말해, 핵심 전략은 자주 간과하는 상식적인 개념, 즉 실현되지 않은 이익의 엄청난 가치를 활용하는 것이다. 주가가 상승했지만 매도하지 않을 때, 그 가치의 상승분이 바로 미실현 이익이다. 주식은 매도하기 전까지 양도소득세가 부과되지 않는다. 이익을 그대로 두면, 당신의 돈은 더 큰 미실현 이익을 복리로 계산하기 때문에, 더 강력하게 복리의 효과를 얻을 수 있다.

투자자들은 종종 실현되지 않은 이익이 지닌 엄청난 가치를 과소평가하곤 한다. 버핏은 이를 "국세청으로부터 받은 무이자 대출"이라고 표현한다. 이를 설명하기 위해, 버핏은 1달러짜리 투자가 매년 2배로 성장하는 상황을 가정해 보자고 제안한다. 첫해 말에 투자 자산을 매각하면 34%의 세율을 적용할 경우 순이익은 0.66달러가 된다. 그다음 해에는 1.66달러를 재투자하고, 다시 2배로 성장한다고 가정하자. 이렇게 매년 투자 자산을 매각하고 세금을 납부한 후 남은 금액을 재투자하는 과정을 20년간 반복하면, 최종적으로 2만 5200달러(약 3732만 원)의 순이익을 얻고, 1만 3000달러(약 1925만 원)의 세금을 납부하게 된다. 반면, 동일한 1달러 투자를 매년 2배로 성장시키되, 20년 동안 매각하지 않고 그대로 유지한 경우를 생각해 보자. 이 경우, 20년 후에는 약 69만 2000달러(약 10억 2485만 원)의 순이익을 얻고, 약 35만 6000달러(약 5억 2723만 원)의 세금만 납부하면 된다.

수치를 냉철하게 살펴보면 몇 가지가 분명하게 드러난다. 매년 수익을 실현하지 않고 자금을 복리로 더하면, 결과적으로 훨씬 더 큰 수익을 얻는다. 동시에 20년 후 한꺼번에 내야 하는 세금이 어마어마해서 놀랄 수도 있다. 이 때문에 많은 사람들이 본능적으로, 그러나 잘못된 판단으로 매년 이익을 실현하고 세금을 조금씩 내는 것이 더 낫다고 생각한다. 하지만 대부분의 투자자들이 제대로 이해하지 못하는 사실은 실현되지 않은 이익을 장기간 복리로 불리는 것과 매년 적은 금액의 양도소득세를 내는 것 사이에는 엄청난 차이가 있다는 점이다.

회전율이 언제부터 포트폴리오에 부정적인 영향을 미치기 시작할까? 놀랍게도 그 답은 일반적으로 생각하는 것과 정반대였다. 포트폴리오에 가장 큰 세금 부담이 발생하는 시점은 회전율이 막 시작될 때이며, 회전율이 증가할수록 그 영향은 점차 줄어든다. 제프리와 아노트는 이렇게 썼다. "통상적으로 회전율이 1~25% 범위이면, 낮은 범주이고 영향이 미미하다고 생각한다. 50% 이상이면 높은 범주이고 큰 영향을 미친다고 여겨진다. 그러나 실제로는 정반대다."[52]

제프리와 아노트의 연구를 보면, 포트폴리오 회전율이 25%일 때 발생하는 세금 부담은 회전율이 100%일 때 발생하는 세금의 80%에 달한다. 즉, 회전율이 낮을 때 세금 부담이 급격히 증가하며, 오히려 회전율이 높은 경우에는 그 영향이 상대적으로 덜해진다는 것이다. 그들은 결론적으로 회전율이 높은 경우보다 낮은 경우일 때 이를 더 신중하게 관리해야 한다고 강조했다. 세후 수익을 극대화하려면 연평균 포트폴리오 회전율을 0~20% 사이로 유지하는 것이 가장 효과적이다.

낮은 회전율을 유지하는 가장 효과적인 전략에는 두 가지가 있다. 하나는 '패시브 투자 전략'으로 회전율이 낮은 인덱스 펀드에 투자하는 방법이다. 다른 하나는 적극적 운용이지만 '장기 집중 투자 전략'으로 소수의 우량 종목을 선별해 장기 보유하는 방식을 말한다. 이에 대해 제프리와 아노트는 이렇게 말했다. "마치 결혼 생활에 대한 조언처럼 들릴 수도 있겠지만, 핵심은 오랜 기간 흔들림 없이 가져갈 수 있는 포트폴리오를 구축하는 것이다."

집중 액티브 투자

1978년 워런 버핏은 자신의 포트폴리오 전략이 소수의 보통주(일반 주식)에 집중 투자하는 방식임을 공개했다. 그는 이 종목, 저 종목을 조금씩 사는 것보다 가치 있는 종목을 충분한 규모로 매수하는 것이 더 수익성이 높다고 믿었다. 1999년, 우리는 이러한 집중 투자의 장점에 대해 글을 남겼다.[54] 오늘날 학계에서도 이에 대해 활발하게 연구가 이루어지고 있으며, 특히 집중 투자 포트폴리오 분야에서 가장 주목받는 사상가는 K. J. 마르테인 크레머스K. J. Martijn Cremers와 안티 페타이스토Antii Petajisto다. 하지만 이제는 더 이상 '집중 투자'라는 용어를 사용하지 않고 '집중 액티브 투자High Active-Share Investing'라는 표현을 사용한다.

2009년 당시 예일대학교 경영대학원 국제금융센터 소속이었던 크레머스와 페타이스토는 포트폴리오 관리 분야의 기념비적인 논문인 〈당신의 펀드매니저는 얼마나 적극적인가? How Active Is Your Fund Manager?〉를 공동 집필해 '집중 액티브 투자'의 개념을 정의했다. 액티브 셰어Active Share란 포트폴리오가 벤치마크 지수와 얼마나 다른지를 백분율(%)로 나타낸 값이다. 이는 포트폴리오의 종목 구성과 비중을 벤치마크와 비교해 계산한다. 100% 액티브 셰어의 경우 벤치마크와 겹치는 종목이 전혀 없다. 0% 액티브 셰어의 경우 벤치마크와 완전히 동일한 종목과 비중을 보유한다. 75%로 액티브 셰어할 경우 포트폴리오의 25%는 벤치마크와 동일하고, 75%는 다른 종목으로 구성된다. 즉, 액티브 셰어가 높을수록 벤치마크 대비 적극적으로 차별화된 투자 전략을 사용하고 있다는 의미다.

크레머스와 페타이스토는 1980년부터 2003년까지 2650개의 뮤추얼 펀드를 분석했다. 그 결과 어떤 사실을 발견했을까? 액티브 셰어가 높은(80% 이상) 포트폴리오는 벤치마크 지수를 초과하는 수익률을 기록했다. 수수료 공제 전에는 벤치마크 대비 2.0%~2.7% 높은 수익률을 기록했고, 수수료 공제 후에는 벤치마크 대비 1.5%~1.6% 높은 수익률을 올렸다.[55] 또한 액티브 셰어가 낮은 펀드는 벤치마크 대비 초과 수익을 내지 못했다. 이러한 펀드들은 일반적으로 '숨겨진 인덱서 Closet Indexer'라고 불린다. 숨겨진 인덱서는 액티브 포트폴리오처럼 운용되는 것으로 보이지만, 실제로는 벤치마크와 매우 유사한 구성을 가지고 있는 펀드를 의미한다. 이러한 펀드들은 운용 비용을 고려했을 때 벤치마크를 초과하는 성과를 거두지 못했다.

이제 액티브 셰어가 높은 포트폴리오일수록 벤치마크를 초과하는 성과를 내고, 액티브 셰어가 낮은 포트폴리오는 벤치마크를 하회하는 경향이 있다는 사실이 명확하게 받아들여지고 있다.

한편 크레머스와 페타이스토는 포트폴리오 매니저의 수익과 지수 수익의 차이에서 표준편차를 측정하는 오차 변동성 추적으로 미래의 수익을 예측할 수는 없다고 지적했다. 매니저가 추적 오차가 낮은 포트폴리오를 운용하든, 추적 오차가 높은 포트폴리오를 운용하든, 이는 단순히 포트폴리오 내에서 어떤 가격 변동이 발생하고 있는지를 나타낼 뿐, 포트폴리오가 벤치마크와 얼마나 차별화되어 있는지를 보여주지는 않는다.

후속 논문에서, 크레머스와 럿거스 경영대학원의 안쿠르 파리크Ankur Pareek는 〈금융경제학 저널〉에 〈인내하는 자본의 초과 성과: 거래 빈도가 낮은 집중 액티브 투자 매니저들의 실력Patient Capital Outperformance: The Investment Skill of High Active Share Managers Who Trade Infrequently〉이라는 논문을 발표했다. 이 연구에서 저자들은 액티브 셰어가 높고 회전율이 낮은 포트폴리오, 즉 '집중 투자' 전략을 활용하는 장기 투자자들의 포트폴리오 성과를 분석했다. 이들은 다음과 같은 사실을 발견할 수 있었다. 벤치마크와 구성 종목이 크게 다른(액티브 셰어가 높은) 포트폴리오 중에서도, 보유 기간이 2년 이상(회전율 50% 미만)인 장기 투자 전략을 사용하는 포트폴리오만이 평균적으로 시장을 초과하는 성과를 거두었다. 반면 액티브 셰어가 높은 포트폴리오라도 회전율이 높은 경우(즉, 종목을 자주 매매하는 경우) 오히려 시장 대비 성과가 저조했다.[56]

크레머스, 페타이스토, 파리크의 연구를 종합해 보면, 가장 좋지 않은 포트폴리오 운용 전략은 종목을 광범위하게 분산하면서도 거래가 잦은 투자라는 것이 분명해진다. 반면, 시장 수익률을 초과할 가능성이 가장 높은 전략은 액티브 셰어가 높은 포트폴리오를 보유하고, 주식을 매수 후 장기간 보유하는 운용 방식이다. 이는 워런 버핏이 버크셔 해서웨이에서 운용하는 포트폴리오와 동일한 방식이다.

찰리 멍거는 "오늘날의 투자 운용 분야에서 사람들은 패배를 용납하지 않는다. 동시에 자신의 연간 투자 성과가 시장의 표준적인 성과와 크게 다르지 않기를 바란다. 즉, 내 포트폴리오가 하락했다면, 시장의 포트폴리오도 하락해야 한다고 생각하는 것이다. 하지만 자신의 성과가 더 좋을 때는 예외다"라고 말했다. 그는 이어 "합리적인 소비자의 관점에서 보면, 이 시스템 전체는 미친 짓이며, 많은 유능한 인재들을 사회적으로 무의미한 활동으로 끌어들이고 있다"고 비판했다. 시장 수익률과 지나치게 차이 나는 성과, 즉 이른바 '추적 오차'에 대한 두려움이 이 업계를 "제약하고 있다"고 멍거는 지적했다."[57]

우리가 배운 것은 단기 성과가 뛰어나다고 해서 반드시 훌륭한 포트폴리오 매니저인 것은 아니며, 반대로 단기 성과가 저조하다고 해서 실력이 부족하다고 단정할 수도 없다는 점이다. 대개 투자자의 능력을 평가할 때 참고하는 기간이 너무 짧아, 이를 기준으로 의미 있는 결론을 내리기는 어렵다. 하지만 룩스루 이익과 같은 대체 경제 지표를 활용하면 더 신중하게 투자 성과를 평가할 수 있다. 특히 주가가 예상 수익률과 다르게 움직일 때 이러한 접근 방식이 더욱 유용하다.

또한 낮은 회전율이 더 높은 수익률로 연결되는 두 가지 간단하고 명확한 이유를 배웠다. 첫째, 거래 횟수가 적을수록 거래 비용이 줄어든다. 둘째, 실현되지 않은 자본 이득의 가치를 간과해서는 안 된다. 집중 투자는 시장을 초과하는 수익을 낼 기회를 제공할 뿐만 아니라 실현되지 않은 이익을 장기간 복리로 불려 큰 수익으로 전환할 최적의 기회를 제공한다.

찰리 멍거는 이렇게 설명했다. "버크셔 시스템은 비정상적인 것이 아니다. 버크셔 해서웨이는 투자 문제의 본질에 부합하는 방식으로 적응하고 있다고 말하고 싶다."[58]

CHAPTER 6.
지금도 유효한 액티브 운용

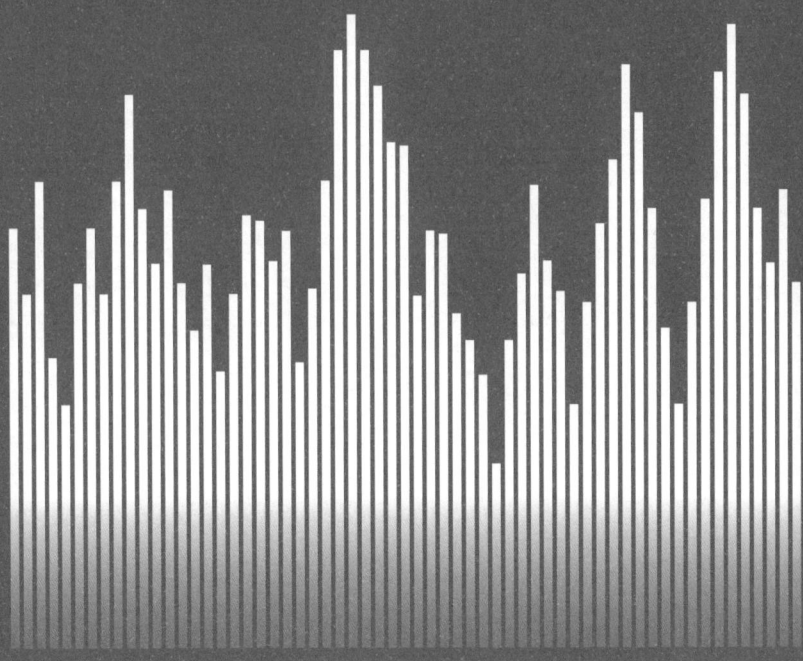

THE WARREN BUFFETT WAY

찰리 멍거는 1997년 버크셔 해서웨이의 연례 주주총회에서 주주들에게 중요한 질문을 던졌다. 그는 "버크셔의 투자 방식은 매우 단순하다"라고 말하며, "하지만 왜 널리 복제되지 않는 걸까?"라고 의문을 제기했다. 철학자적 성향을 지닌 멍거는 이어서 이렇게 덧붙였다. "왜 우리의 접근법을 유명 대학에서 가르치지도 않고, 다른 기관 투자사에서도 널리 활용하지 않는지 모르겠다. 참 흥미로운 질문이다." 그는 곰곰이 생각하며 말했다. "만약 우리가 옳다면, 다른 권위 있는 기관들은 틀린 걸까?"[1]

투자자들이 수익률이 높은 투자 전략을 선호하는 세상에서, 왜 버크셔의 투자 방식을 따르는 회사는 이렇게 적을까? 물론 일부 투자자들은 버크셔의 전략을 참고하지만, 전 세계 자산 운용 업계에서 버크셔의 투자 방식을 따르는 회사의 비율은 극히 미미한 수준이다.

불만족스러운 투자자들은 '액티브 포트폴리오 관리'가 비용이 너무 많이 들고, 거래가 과도하며, 성과가 저조하다고 점점 더 불평한다. 많은 이들이 '패시브 인덱스 펀드'로 전환했고, 일부는 퀀트 알고리즘 헤지펀드quantitative algorithmic hedge funds, 사모펀드private equity, 벤처 캐피탈 투자와 같은 대안을 선택했는데, 이는 막대한 수익을 제시하지만 실제 성과는 불확실하다. 결국 더 나은 투자 수익을 추구하는 과정에서 수천억 달러가 "액티브 주식형 펀드"에서 빠져나갔다.

곧 살펴보겠지만 액티브 운용 자체가 효과 없는 것은 아니다. 문제는 대부분의 액티브 운용자들이 사용하는 전략이 효과적이지 않다는 점이다. 투자자들이 어떻게 이런 갈림길에 서게 되었고, 왜 실망하고 좌절하게 되었는지 충분히 살펴볼 가치가 있다.

만약 사람들에게 투자 역사에 대해 아는 것을 말해 보라고 한다면, 대다수는 1929년의 악명 높은 주식시장 붕괴에 대해 이야기하기 시작할 것이다. 제1차 세계대전 이후 이어진 '광란의 1920년대'는 '막대한 부의 축적'과 '투기 광풍'이라는 두 가지 경제적 흐름이 동시에 작용한 시기였다. 이 중에서 투기 광풍은 미국 역사상 가장 큰 주식시장 붕괴로 이어지며 절정과 종말을 동시에 맞이했다.

일부는 미국의 투자 역사가 1792년 5월 17일에 시작되었다고 말할 수도 있다. 이날 24명의 주식중개인이 월스트리트 68번지 외각의 플라타너스 나무buttonwood tree 아래에 모여 '버튼우드 협약'으로 알려진 협약을 체결했고, 이후 '뉴욕 증권거래소'의 설립으로 이어졌다. 그러나 역사에 조예가 깊은 사람들은 투자의 역사가 1602년 암스테르담 증권거래소에서 시작되었다고 말할 것이다. 네덜란드 동인도회사가 만든 이 거래소는 주식회사가 투자자로부터 자본을 유치할 수 있도록 했을 뿐 아니라, 투자자들이 주식을 사고팔 수 있도록 허용한 최초의 제도적 시장이었다. 종합해 보면 현대적 의미의 투자 역사는 약 425년에 이른다.

오늘날 표준적인 투자 관리 방식으로 통하는 '현대 포트폴리오 이론'은 고작 40년이 채 되지 않았다. 이론의 뿌리는 1952년, 약 70년 전으로 거슬러 올라간다. 하지만 기억할 만한 점은 처음 30년 동안 학계 밖에서는 거의 주목받지 못했다는 사실이다.

현대 금융의 대가들

현대 포트폴리오 이론은 투자자가 위험을 회피하는 성향을 가진다고 가정한다. 즉, 동일한 기대 수익을 가진 2개의 포트폴리오 중에서 투자자는 항상 더 낮은 위험을 가진 포트폴리오를 선택할 것이라고 본다. 이러한 개념을 바탕으로, 투자자는 '자신의 위험 감내 수준'에 맞는 최적의 주식 및 채권 포트폴리오를 구축할 수 있다. 여기서 위험 감내 수준이란, 가격 변동성을 견딜 수 있는 심리적 능력을 의미한다. 결국 '현대 포트폴리오 이론'은 주가 변동성과 투자자가 나쁜 소식을 얼마나 감내할 수 있는가에 관한 이론이다. 좀 더 직설적으로 표현하자면, 오늘날 표준적인 투자 관리 방식의 핵심 동력은 심리적 불편함을 해소하는 것이며, 이는 더 높은 투자 수익을 달성하는 것보다 중요한 목표로 여겨지고 있다.

현대 포트폴리오 이론의 핵심은 포트폴리오 전체의 위험과 수익이 개별 투자 상품의 위험과 수익보다 중요하다는 믿음에 기반하고 있다. 다시 말해, 현대 포트폴리오 이론에서는 전체가 부분보다 더 중요해진다. 수년에 걸쳐 투자자들이 최소한의 불안감으로 목표를 달성할 수 있도록 수많은 전략들이 개발되어 왔다. 하지만 이 모든 전략들은 결국 해답을 찾지 못했다. 그 이유는 잘못된 질문에 중점을 두었기 때문이다.

현대 포트폴리오 이론은 투자 수익보다 투자자의 심리적 안정을 우선시하며, 투자 수익은 우선순위에서 두 번째로 밀려난다. 이처럼 '위험 감내'라는 개념을 기반으로 하는 표준적인 '액티브 포트폴리오 운용'은 일반적으로 '패시브 인덱스 펀드'를 초과하는 성과를 내기 어렵다. 즉, 부가가치를 창출하지 못하며, 결국 투자자들이 액티브 운용에 실망하는 것도 이상한 일이 아니다.

성과를 내기 위해 중요한 것을 잘못된 우선순위에 둠으로써, 현대 포트폴리오 이론은 몰락의 씨앗을 뿌렸다. 이 이론은 부실한 토대 위에 세워졌으며, 오늘날 투자자들이 자금을 빼내면서 점점 흔들리고 있다.

어쩌다 우리가 이런 패배적인 사고방식에 빠지게 되었는지를 이해하려면, 1927년 8월 24일 시카고에서 태어난 해리 M. 마코위츠Harry M. Markowitz로부터 시작해야 한다. 모든 기록에 따르면, 그는 훌륭한 청년이었다. 바이올린을 연주했고, 학업에 열정을 가졌으며, 물리학, 수학, 철학에 관심이 많았다. 그의 영웅은 스코틀랜드의 철학자 데이비드 흄이었다고 전해지며, 특히 그가 가장 좋아한 에세이는 《인간 이해에 관한 탐구》였다. 이 글에서 흄은 '관념의 관계'와 '사실의 문제'를 구분하고, 인간의 이해 방식에 대한 회의적인 시각을 제시했다.[2]

마코위츠는 시카고대학교에 진학했다. 흥미롭게도 그는 이 학교에만 지원했으며, 여기서 인문학 학사 학위를 취득한 후 경제학 대학원 과정을 이어갔다. 대학원 시절, 그는 시카고대학교 내에 자리 잡고 있던 '카울스 경제연구소 Cowles Commission for Research and Economics'로 자연스럽게 이끌렸다. 이 연구소는 1932년, 알프레드 카울스 Alfred Cowles가 설립한 것으로 그는 여러 투자 리서치 서비스를 구독했으나, 그 어떤 곳도 1929년 주식시장 붕괴를 예측하지 못했다. 카울스는 그 경험을 바탕으로 시장 예측가들이 실제로 미래 시장의 방향을 예측할 수 있는지 규명하고자 했다. 연구소는 역사상 가장 정밀한 연구 중 하나로 평가받는 조사를 수행하며, 1929년부터 1944년 사이 발표된 6904개의 시장 예측을 분석했다. 카울스는 그 연구 결과에 대해 절제된 표현으로 이렇게 말했다. "주식시장의 향후 흐름을 예측할 수 있다는 증거를 밝혀내지 못했다."[3]

박사학위 논문의 주제를 정할 때가 되자, 마코위츠는 자신의 논문 지도 교수로 카울스 연구소의 전前 소장이었던 야코프 마르샤크 Jacob Marschak 교수를 선택했다. 어느 날 오후, 마코위츠는 마르샤크 교수의 연구실 밖에 앉아 있다가 그때 근처에 있던 나이가 지긋하고 품격 있는 외모의 신사와 인사를 나누었다. 가벼운 대화가 이어지는 동안, 그 신사는 자신을 주식 중개인이라고 소개하며 마코위츠에게 박사 논문 주제로 주식시장을 고려해 보는 것이 어떻겠냐고 제안했다. 마코위츠는 이 아이디어를 지도교수에게 이야기했고, 마르샤크는 그 제안을 열렬히 환영했다. 그리고 그는 학생에게 알프레드 카울스 또한 시장 연구에 깊은 관심을 가지고 있었다는 점을 상기시켰다.[4]

야코프 마르샤크의 전문 분야는 주식시장이 아니라 경제학이었기 때문에, 그는 마코위츠를 경영대학원 학장이자 〈금융 저널〉의 공동 편집장이었던 마샬 케첨 Marshall Ketchum에게 보냈다. 케첨은 마코위츠에게 대학 도서관으로 가서 존 버 윌리엄스의 《투자 가치 이론 The Theory of Investment Value》을 읽어보라고 권했다. 이 책은 워런 버핏도 기업의 내재가치를 평가하는 데 도움을 얻기 위해 공부한 책이다.[5]

마코위츠는 즉시 흥미를 느꼈다. 윌리엄스의 순현재가치 모델을 활용한 주식 평가 방식에 깊이 매료되었지만, 동시에 혼란에 빠졌다. 마코위츠는 윌리엄스가 제안한 순현재가치 모델을 따를 경우, 투자자는 논리적으로 소수의 주식만 보유하게 될 것이며, 심지어 단 하나의 종목만 보유할 수도 있다고 생각했다. 그러나 그는 의문을 가졌다. "과연 이성적인 투자자가 단 한두 개의 종목만 보유할 수 있을까?" 세상에서 어떤 일이 벌어질지 예측할 수 없는 불확실성을 고려한다면, 이러한 위험을 감수하는 것은 타당하지 않다고 보았다.

마코위츠는 더 깊이 탐구해 보았지만, 윌리엄스가 투자에서 어떻게 리스크를 통제하는지 이해할 수 없었다. 윌리엄스는 자신의 리스크 개념을 벤저민 그레이엄의 '안전마진' 개념과 정렬시키긴 했지만, 마코위츠에게는 여전히 의문이 남았다. 윌리엄스는 자신의 책 서문에서 독자들에게 순현재가치보다 낮은 가격에 거래되는 주식을 선택하고, 그보다 높은 가격에 거래되는 주식은 피하라고 조언했다. 윌리엄스는 이렇게 썼다. "투자 가치는 미래 배당금, 미래 이자와 원금의 현재가치로 정의된다. 이는 모든 투자자에게 실질적인 중요성을 가지는데, 그 이유는 이것이 바로 투자자가 매수 및 보유할 때 넘어가서는 안 되는 한계점이기 때문이다. 이를 초과해 매수하면 추가적인 위험이 발생한다."[6]

윌리엄스는 이 외에 리스크 관리에 관해 별다른 설명을 하지 않았다. 그럼에도 불구하고, 마코위츠가 윌리엄스의 "가치보다 낮은 가격에 주식을 매수해 리스크를 관리하라"라는 조언을 언급하지 않은 것은 다소 의아한 부분이다. 어쨌든, 마코위츠는 투자자들이 수익뿐만 아니라 리스크에도 관심을 가져야 한다는 생각에 몰두했다. 그가 궁극적으로 발전시킨 이론(이후 여러 학자들에 의해 보완됨)의 핵심은 다음과 같다. "투자자가 직면하는 리스크는 전적으로 주가 변동성의 함수다." 이러한 "투자 리스크"에 대한 개념은 현대 포트폴리오 이론의 핵심 기반이 되었다.

1952년 3월, 박사 학위를 준비 중이던 해리 마코위츠는 〈포트폴리오 선별Portfolio Selection〉이라는 논문을 〈금융 저널〉에 발표한다. 마코위츠는 2년 뒤 경제학 박사 학위를 받는다. 이 글은 14쪽 분량으로, 학술지 기준으로 보았을 때 특별할 것 없는 논문이었다. 텍스트는 불과 4쪽에 불과했으며, 나머지는 그래프와 수학 공식으로 채워져 있었다. 참고문헌도 겨우 3개뿐이었다. 존 버 윌리엄스의 〈투자 가치 이론〉(1938), 존 리처드 힉스John Richard Hicks의 〈가치와 자본Value and Capital〉(1939), 제임스 빅터 우스펜스키James Victor Uspensky의 〈수학적 확률의 도입Introduction to Mathematical Probability〉(1937)이다. 마코위츠의 관점 보면, 그가 제시한 개념은 매우 단순한 것이었기에 긴 논문이 필요하지 않았다. 그가 강조한 핵심은 바로 위험과 수익이 불가분의 관계에 있다는 것이다. 경제학자로서 그는 이 둘 사이의 관계를 정량화할 수 있으며, 이를 통해 다양한 수익 수준에 요구되는 위험의 정도를 산출할 수 있다고 믿었다.

마코위츠는 자신의 논지를 설명하기 위해 세로축에는 기대 수익이, 가로축에는 리스크가 표시된 단순한 트레이드오프trade-off 그래프를 그렸다. 그는 왼쪽 아래에서 오른쪽 위로 올라가는 선을 그렸는데, 이는 "효율적 경계선"이라 불리며 현대 포트폴리오 이론의 핵심 개념이 되었다. 이 그래프에서 각 점은 "잠재적 보상"과 이에 따른 "위험 수준"의 교차점을 나타낸다. 가장 효율적인 포트폴리오란 같은 위험 수준에서 가장 높은 수익을 제공하는 포트폴리오다. 비효율적인 포트폴리오는 투자자가 불필요한 위험을 감수하면서도 기대할 수 있는 보상이 충분하지 않은 포트폴리오를 의미한다. 마코위츠는 투자자들에게 자신의 위험 감내 수준에 맞는 포트폴리오를 선택하면서, 비효율적인 포트폴리오는 피하거나 최소화하는 것을 목표로 해야 한다고 강조했다.

◆ 분산: 위험과 수익의 정량화

마코위츠가 도입한 개념 중 논란이 될 수 있는 부분은 "위험"을 가장 잘 측정하는 방법이 "분산", 즉 가격 변동성이라는 생각이었다. 그는 논문의 첫 문장에서 이렇게 썼다. "우리는 투자자가 기대수익을 바람직한 것으로 여기고, 수익의 분산을 바람직하지 않은 것으로 여긴다고 가정한다."[7] 마코위츠는 이어서 이렇게 말했다. "이 규칙은 투자 행동을 설명하는 가설로서도, 투자 원칙으로서도 타당성이 높다. 우리는 '기대 수익-분산 수익' 규칙에 따라 투자자의 신념과 포트폴리오 선택 간의 관계를 기하학적으로 설명할 것이다."[8] 마코위츠는 또 이렇게 지적했다. "'수익'과 '위험'이라는 용어는 금융 관련 글에서 자주 등장하지만, 항상 정확하게 사용되는 것은 아니다." 그러면서 그는 "수익이라는 용어를 기대수익 또는 기대수익률로 대체하고, 리스크를 수익의 분산으로 바꾸더라도 그

의미에는 거의 변화가 없을 것"⁹이라고 제안했다.

마코위츠의 추론에 대해 생각해 보자. 25세의 대학원생이 "가격 변동성이 불쾌하다"는 이유만으로 이를 "리스크"라고 단정 지은 것은 너무 성급한 결론이며, 어쩌면 다소 과장된 주장이라고도 볼 수 있다. 이는 변동성이 큰 자산이 실제로 영구적인 자본 손실로 이어진다는 그 어떤 경제적 설명이나 증거도 없이 이루어졌다. 또한 마코위츠가 주식 가격과 관련된 기업 가치의 문제를 무시했다는 점도 주목할 만하다. 우리가 알다시피 이는 벤저민 그레이엄의 투자 접근법에서 핵심적인 요소였다. 마코위츠는 어디에서도 "리스크"를 자본 손실과 동일시하지 않았다. 그는 오직 "리스크"를 가격 변동성과만 연결 지었다.

마코위츠가 당시 대표적인 투자서인 《증권 분석》을 왜 참고하지 않았는지, 그 이유는 분명하지 않다. 또한 그의 지도교수나 논문 심사위원회가 이 책을 추천하지 않은 것도 의문스럽다. 마코위츠의 논문이 발표되기 1년 전인 1951년, 그레이엄과 도드의 명저 《증권 분석》 제3판이 출간되었다. 하지만 마코위츠는 이 책을 전혀 언급하지 않았다. 또한 그는 벤저민 그레이엄의 《현명한 투자자》도 참고하지 않았다. 이 책은 출간된 지 3년 만에 폭넓은 평가를 받으며 널리 읽힌 인기 투자서였다. 그레이엄은 단기적인 시장 가격 하락과 영구적인 자본 손실은 다르다는 중요한 논점을 제시했다. 그러나 마코위츠는 리스크 관리와 관련된 존 버 윌리엄스와 벤저민 그레이엄의 견해를 모두 무시했다.

마코위츠의 '리스크 이론'은 자산 가격 움직임에 대한 해석에 근본적인 토대가 있다. 그에 따르면, 포트폴리오의 리스크는 보유 자산의 가격 변동성에 의해 결정되며, 개별 기업의 재무적 리스크나 본질적인 가치에 대한 고려는 없다. 마코위츠의 사고방식이 발전할수록 그는 주식의 가치를 이해하는 방향에서 점점 멀어졌으며, 오로지 개별 주식의 가격 변동성을 기반으로 포트폴리오를 구성하는 방향으로 나아갔다. 결국 마코위츠의 접근법은 기업 자체가 아닌 가격 변동을 관리하는 포트폴리오 전략으로 변모했다.

처음에 마코위츠는 포트폴리오의 리스크를 측정하는 방법으로 개별 주식을 분산한 값의 가중 평균을 제시했다. 개별 주식의 분산은 그 주식의 위험성을 가늠하는 척도가 될 수 있지만, 2개 주식(혹은 100개의 주식)의 분산을 단순히 평균낸다고 해서, 그 포트폴리오 전체의 리스크를 제대로 측정할 수 있는 것은 아니다. 이에 따라, 마코위츠는 포트폴리오의 전체적인 리스크를 측정하기 위해 '공분산'* 개념을 포트폴리오 관리에 도입했다.

공분산은 여러 주식이 움직이는 방향을 측정하는 지표다. 두 주식의 가격이 같은 방향으로 움직일 경우, 이들은 높은 공분산을 가진다고 한다. 반대로 두 주식이 서로 반대 방향으로 움직이면, 낮은 공분산을 가진다고 말한다. 마코위츠의 관점에서 보면, 포트폴리오의 위험은 개별 주식의 분산이 아니라, 보유 종목 간의 공분산이다. 포트폴리오 내 주식들의 가격이 같은 방향으로 움직일수록 포트폴리오는 더 위험해진다. 반대로 공분산이 낮은 주식들로 구성된 포트폴리오는 덜 위험하다. 따라서 마코위츠에 따르면, 투자자의 가장 중요한 목표는 공분산이 낮은

---

* 둘 이상의 주어진 조건에 따라 변화하는 양이 서로 관계를 가지며 분포하는 모양을 전체적으로 나타내는 분산.

포트폴리오를 구축하는 것이어야 한다. 그러나 우리가 알다시피, 워런 버핏의 사업 중심 투자 접근법은 낮은 변동성과 공분산을 기반으로 포트폴리오를 구축하는 것이 아니다. 그는 개별 기업(주식) 자체가 높은 경제적 수익을 창출할 수 있는지에 초점을 맞춘다.

◆ 샤프: 변동성(분산) 정의

마코위츠는 1959년 자신의 박사 논문에 기반한 첫 번째 책인 《포트폴리오 선별》을 출간했다. 2년 뒤, UCLA의 박사과정 중인 젊은 학생 윌리엄 샤프William Sharpe는 논문 주제를 찾고 있었다. 당시 마코위츠는 랜드연구소RAND Institute에서 선형 계획 연구를 진행 중이었으며, 샤프는 그의 논문 주제로 도움을 얻기 위해 마코위츠를 찾아갔다. 이듬해인 1963년, 샤프의 박사 논문인 〈포트폴리오 분석의 단순화 모형A Simplified Model of Portfolio Analysis〉이 출판되었다. 샤프는 마코위츠의 이론을 전적으로 인정하면서도, 수많은 공분산 계산을 피할 수 있는 더 단순한 방법을 제안했다.

샤프는 모든 증권이 어떤 기본적인 요인과 공통적인 관계를 맺고 있다고 주장했다. 특정 증권에 대해 이 기본 요인은 주식시장, 국내총생산, 혹은 다른 가격 지수가 될 수 있으며, 중요한 것은 그 증권의 움직임에 가장 큰 영향을 미치는 단일 요소라는 점이다. 샤프의 이론을 적용하면, 애널리스트는 개별 증권이 해당 주요 요인과 어떻게 연관되는지만 측정하면 된다. 이 접근 방식은 마코위츠의 포트폴리오 이론을 크게 단순화했다.

샤프에 따르면, 주가 가격에 가장 큰 영향을 미치는 단일 요인은 바로 주식시장 자체다. 그 외에 산업 그룹이나 개별 주식의 고유한 특성도 중요한 요소지만, 그 영향력은 상대적으로 작다. 샤프의 주장은 다음과 같다. 어떤 주식이 시장 전체보다 더 높은 변동성을 보인다면, 해당 주식은 포트폴리오의 변동성을 증가시키고, 따라서 더 위험한 투자가 된다. 반대로 어떤 주식의 변동성이 시장보다 낮다면, 이 주식을 포트폴리오에 포함함으로써 변동성이 줄어들고, 위험도 낮아진다. 샤프의 방법론에 따르면, 포트폴리오 전체의 변동성은 개별 종목의 변동성을 가중평균해 간단하게 계산할 수 있다.

샤프의 변동성 측정 방식은 '베타 계수Beta Factor'라는 이름을 얻었다. 베타는 개별 주식과 시장 전체의 가격 변동 간 상관관계를 나타낸다. 주가가 시장과 똑같이 오르고 내리면 베타 값은 1.0이 된다. 주가가 시장보다 2배 더 크게 움직이면 베타 값은 2.0이다. 주가가 시장 변동의 80%만큼 움직이면 베타 값은 0.8이다. 샤프는 이 정보만 사용해 포트폴리오의 가중 평균 베타를 확정했다. 그의 결론은 마코위츠의 가격 변동성 관점과 완벽하게 일치했다. 베타 값이 1.0보다 높은 포트폴리오는 시장보다 더 위험할 것이고, 베타 값이 1.0보다 낮은 포트폴리오는 시장보다 덜 위험하다는 것이었다.

젊은 워런 버핏은 이 현대 포트폴리오 이론을 어떻게 받아들였을까? 잠시 과거를 회상해 보자. 1951년, 해리 마코위츠가 〈포트폴리오 선별〉 논문을 연구하고 집필하고 있을 당시, 워런 버핏은 컬럼비아대학교에 재학 중이었으며, 벤저민 그레이엄의 봄 학기 투자 세미나에 참석하고 있었다. 그로부터 12년 후, 1963년에 윌리엄 샤프가 박사 논문을 발표했을 때, 버핏은 버핏 파트너십 운영 7년 차였으며, 뛰어난 투자 성과를 내고 있었다. 그때까지 마코위츠와 샤프는 주가 변동성을 투자자가 경계해야 할 위험 요소라고 경고하고 있었다. 반면 벤저민 그레이엄에게서 투자 철학을 배운 버핏은 오히려 주가 변동성에 끌렸다. 그는 주가가 크게 하락할 때야말로 투자수익률을 높일 기회가 될 수 있음을 알고 있었다. 구체적인 예를 들자면, 버핏이 '샐러드 오일 스캔들' 당시 아메리칸 익스프레스 주식을 매수한 사례를 떠올려보라. 마코위츠와 샤프가 변동성을 위험으로 정의하고 이를 통제하는 이론을 연구하던 시기에, 버핏은 정반대의 방향으로 나아가고 있었다.

워런 버핏은 현대 포트폴리오 이론을 어떻게 생각했을까? 버핏은 1975년 버크셔 해서웨이의 연례 보고서에서, 리스크와 주가 변동성에 대한 자신의 생각을 요약했다. 그 전 해, 버핏은 워싱턴 포스트의 주식을 매수했으며, 당시 이것은 버크셔의 최대 지분 투자였다. 1974년 말, 극심한 약세장 속에서 주식시장이 50% 폭락했다. 워싱턴 포스트의 주가 역시 다른 주식들과 함께 하락했지만, 버핏은 흔들리지 않고 침착하게 대응했다. 그는 연례 보고서에서 이렇게 말했다. "주식시장의 변동은 우리에게 거의 중요하지 않다. 다만, 매수 기회를 제공하는 경우에 한해서만 관심을 가진다. 반면, 기업의 실적은 매우 중요한 요소다. 이 점에서 보면, 우리는 우리가 주요 지분을 보유한 거의 모든 기업들의 성과에 매우 만족하고 있다."[10] 여기에는 워싱턴 포스트도 포함되었다.

버핏은 몇 년 후인 1990년, 스탠퍼드대학교 로스쿨 강연에서 가격 변동성을 리스크의 척도로 사용하는 것에 대한 자신의 생각을 더욱 명확하게 설명했다. 그는 이렇게 말문을 열었다. "우리는 1974년에 워싱턴 포스트를 8000만 달러(약 1184억 8000만 원)의 기업 가치로 평가하고 매수했다. 만약 그 당시 100명의 애널리스트들에게 이 기업의 실제 가치를 물어봤다면, 누구도 4억 달러(약 5924억 원)라는 사실에 이의를 제기하지 않을 것이다." 버핏은 이어서 말했다. "이제 베타 이론과 현대 포트폴리오 이론에 따르면, 우리가 4억 달러의 가치가 있는 회사를 8,000만 달러에 사는 것보다 4,000만 달러에 사는 것이 오히려 더 위험한 일이 된다. 왜냐하면 가격 변동성이 더 컸기 때문이다. 이 대목에서 나는 그 이론을 받아들일 수 없었다."[11]

워런 버핏은 언제나 주가 하락을 피해야 할 리스크가 아니라, 추가로 수익을 창출할 수 있는 기회로 인식해 왔다. 버핏의 투자 개념에 따르면, 기업의 내재가치를 먼저 평가한 후 주가가 하락하면 안전마진이 커지므로 오히려 투자 위험이 줄어든다. 그는 이렇게 말했다. "사업의 소유주 입장에서(그리고 우리는 주주를 그렇게 생각한다) 학계에서 정의하는 리스크 개념은 완전히 틀렸다. 너무나도 비합리적인 결론을 낳을 정도였다."[12]

◆ 버핏: 기업 중심 투자

워런 버핏은 위험을 다르게 정의한다. 그에게 위험은 손해나 피해가 발생할 가능성을 의미한다. 그리고 그는 이러한 위험이 기업의 내재가치와 관련된 요소이지, 시장에서의 단기적인 주가 변동성과는 무관하다고 본다. 버핏의 관점에서 손해나 피해는 기업의 미래 이익을 결정하는 주요 요소를 잘못 판단할 때 발생한다. 그는 다음 네 가지 요소를 꼽는다. (1) 해당 기업의 장기적인 경제적 특성을 얼마나 확실하게 평가할 수 있는가? (2) 기업의 잠재력을 최대한 실현하고, 현금을 현명하게 활용할 수 있는 경영진의 능력을 얼마나 확실하게 평가할 수 있는가? (3) 경영진이 기업의 이익을 자신이 아니라 주주에게 돌릴 것이라고 얼마나 신뢰할 수 있는가? (4) 기업의 매수 가격이 적정한가?[13]

현대 포트폴리오 이론과 버핏의 사업 중심 투자 방식을 구분하는 가장 큰 차이는 공개 시장의 투자자가 위험을 바라보는 방식과 비상장 기업의 소유주가 위험을 바라보는 방식의 차이와 같다. 그렇다면 한 가지 의문이 생긴다. 공개 시장에서 거래되는 보통주를 보유한 투자자는 왜 기업 전체를 소유한 개인 사업가와 다르게 행동하는가? 이에 대해 버핏은 단지 주식 가격이 매일 변한다고 해서, 장기적인 경제적 이해관계에 있는 소유주가 패닉 상태에 빠지는 비합리적인 행동이 정당화되지는 않는다고 말할 것이다.

워런 버핏은 위험이 투자자의 투자 기간과 불가분하게 연결되어 있다고 말한다. 그는 만약 주식을 오늘 매수하고 내일 매도할 계획이라면, 이는 매우 위험한 거래라고 설명한다. 단기간 내 주가가 오를지 내릴지를 예측하는 확률은 동전을 던지는 것과 같으며, 절반의 확률로 실패할 것이다. 그러나 버핏은 이렇게 덧붙인다. "만약 투자 기간을 몇 년 이상으로 연장한다면, 주식이 위험한 거래가 될 가능성은 의미 있게 줄어든다. 단, 처음부터 합리적인 가격에 매수했을 경우에 한해서다." 그는 또 이렇게 말했다. "오늘 아침 코카콜라 주식을 매수하고 내일 아침에 매도하는 것이 위험한지 묻는다면, 나는 '매우 위험한 거래'라고 대답할 것이다."[14] 하지만 버핏이 1998년 코카콜라 주식을 매수할 당시, 그는

10년 이상 보유할 계획이었고, 이후 주식시장이 어떻게 변하든 이 투자가 위험하다고 생각하지 않았다.

현대 포트폴리오 이론의 '리스크' 개념에 대해 우리가 최선으로 말할 수 있는 것은, 단기 투자자에게는 적용 가능하지만 장기 투자자에게는 의미가 없다는 점이다. 현대 포트폴리오 이론이 정의하는 위험이란, 주가가 전체 시장 변동성 속에서 얼마나 출렁이는가(가격 변동성)를 측정하는 것이다. 이 개념은 자신의 투자 포트폴리오를 단기적인 '머니 마켓 계좌'처럼 취급하며, 포트폴리오의 순자산 가치가 1달러 아래로 떨어질 때마다 불안해하는 투자자들에게만 해당될 것이다.

그러나 여기서 의문이 생긴다. 투자 목표와 목적이 장기적인데, 왜 투자자는 단기적인 시장 변동에 즉각적으로 반응하는가? 우리는 다음과 같은 강력한 주장을 펼칠 수 있다. 포트폴리오를 단기적인 가격 변동성을 최소화하는 방향으로 운용하면, 장기적인 투자 수익이 최적화되지 않는 부작용이 발생한다. 더 심각한 문제는 단기적인 가격 하락에 집착하는 투자자는 투기적 습관에 빠질 가능성이 높아진다는 점이다. 그들은 포트폴리오의 가격 하락을 막기 위해 주식을 정신없이 사고파는 행동을 반복하게 된다. 이에 대해 워런 버핏은 이 상황을 평소처럼 명료하게 정리했다. "투자자가 가격 변동성을 두려워하고 이를 잘못된 위험의 척도로 인식한다면, 아이러니하게도 그는 오히려 매우 위험한 행동을 하게 될 수도 있다."[15]

버핏은 이렇게 말했다. "성공적인 투자를 위해 베타나 현대 포트폴리오 이론을 이해할 필요는 없다. 사실, 오히려 이런 것들은 전혀 모르는 것이 더 나을 수도 있다." 그는 이어서 다음과 같이 덧붙였다. "물론 이는 대부분의 경영대학원에서 일반적으로 받아들여지는 견해와 다르다. 오늘날의 금융 교육 과정은 이러한 이론들에 의해 지배되고 있기 때문이다. 하지만 우리의 관점에서 보면, 투자자가 제대로 배워야 할 핵심 과목은 '기업 가치를 평가하는 법'과 '시장 가격을 어떻게 바라볼 것인가'라는 단 두 가지뿐이다."[16]

기업 중심 투자자들은 주식시장에서 발생하는 가격 변동성을 단순히 주기적으로 찾아오는 기회일 뿐, 그 이상으로 보지 않는다. 그들은 주가 변동성을 거의 신경 쓰지 않으며, 아예 고려하지 않는 경우도 많다. 즉, 기업 중심 투자자들은 끊임없이 변하는 주가에 집착하지 않는다. 대신 자신이 보유한 기업의 경제적 성장에 집중한다. 버핏은 이렇게 말했다. "경영대학원에서는 변동성이 거의 보편적으로 '리스크'의 대리 지표로 사용된다. 이러한 교육 방식이 가르치기에는 편리할지 모르지만, 완전히 틀린 접근법이다. 변동성은 결코 위험과 동의어가 아니다. 이 두 개념을 동일시하는 일반적인 공식들은 학생들, 투자자들, 그리고 CEO들까지도 잘못된 길로 이끌게 한다."[17]

기업 중심 투자자가 주식시장에서 투자한다고 해서 반드시 현대 포트폴리오 이론을 신봉해야 하는 것은 아니다.

현대 포트폴리오 이론의 두 번째 핵심 요소는 포트폴리오 분산이다. 마코위츠는 자신의 논문인 〈포트폴리오 선별〉에서 그가 존 버 윌리엄스의 순현재가치 규칙, 즉 기대수익 규칙을 거부한 이유를 다음과 같이 설명했다. "그 규칙은 분산 투자의 우월성을 전혀 시사하지 않는다." 마코위츠는 더욱 분명한 어조로 다음과 같이 덧붙였다. "투자자는 집중 투자의 개념을 반드시 배제해야 한다." 그의 관점에서 보면, 오차는 불가피하게 발생하므로 분산된 포트폴리오가 언제나 비분산 포트폴리오보다 더 바람직하다. 그러나 그는 단순한 분산이 아니라 특정한 기준에 따른 분산이 필요하다고 강조했다. "공분산이 높은 종목들에 투자하는 것은 반드시 피해야 한다."[18] 마코위츠는 투자자들이 반드시 산업 전반에 걸쳐 분산 투자해야 한다고 믿었다. 특히, 경제적 특성이 다른 산업에 속한 기업들은 같은 산업 내 기업들보다 낮은 공분산을 가지기 때문이다.

마코위츠가 '위험'을 주가 변동성으로 정의했으며, 이는 그의 포트폴리오 관리 방식의 핵심 원칙이 되었다. 현대 포트폴리오 이론을 따르는 투자자들에게 가장 중요한 고려 사항은 '주가 변동성을 줄이는 최적의 방법'을 계산하는 것이다. 시장 평균을 초과하는 투자 수익을 달성하는 것은 2순위 목표에 불과하다. 우리는 이미 제5장에서 워런 버핏의 포트폴리오 관리 철학을 살펴보았으며, 이는 현대 포트폴리오 이론과 정반대의 접근 방식이다. 현대 포트폴리오 이론의 포트폴리오 관리 목표는 '주식시장의 변동성을 완화하는 것'이지, '뛰어난 투자 수익을 달성하는 것'이 아니다. 버핏은 종종 이렇게 말한다. "나는 변동성이 있는 15% 수익률이, 변동성이 없는 10% 수익률보다 더 좋다고 생각한다."[19] 이러니 많은 사람들이 따르는 표준적인 투자 방식이 시장을 초과하는 수익을 내지 못하는 것도 당연한 일이다.

워런 버핏이 현대 포트폴리오 이론의 관리 원칙에 대해 할 수 있는 최고의 평가라면 다음과 같다. "분산 투자는 무지를 보호하는 수단이다." 그는 이어서 이렇게 말했다. "만약 당신이 시장 대비 나쁜 결과를 피하고 싶다면, 시장에 있는 모든 것을 보유하면 된다." 앞서 언급했듯이, 버핏은 '아무것도 모르는 투자자'에게 인덱스 펀드를 매수하라고 조언한다. 그는 이렇게 덧붙였다. "그것은 전혀 나쁜 전략이 아니다. 기업을 분석할 줄 모르는 사람에게는 완전히 합리적인 접근법이다." 그러나 그 보호에는 대가가 따른다. 버핏은 이렇게 말한다. "현대 포트폴리오 이론은 여러분에게 '평균적인 성과를 내는 방법'을 알려준다. 하지만 평균적인 성과를 내는 방법 정도는 초등학교 5학년만 돼도 누구나 알 수 있다."[20]

◆ 현대 포트폴리오 이론의 재고

1950년대와 1960년대 동안 마코위츠와 샤프가 구축한 현대 포트폴리오 이론은 이론가들과 학술지에 관심을 받았다. 그러나 월스트리트는 이에 전혀 주목하지 않았다. 하지만 1974년 10월, 대공황 이후 최악의 하락장이 되자 상황이 완전히 바뀌었다.

의심의 여지없이, 1973년부터 1974년까지 이어졌던 약세장은 주식시장의 기득권층과 전통적인 투자자들의 신뢰를 흔들어놓았다. 그 피해는 너무나도 광범위하고 심각해 지나칠 수 있는 수준이 아니었다. 1960년대 후반 "50대 우량주"를 홍보하며 명성을 얻었던 유명 포트폴리오 매니저들은 사라졌고, 그들이 남긴 것은 붕괴된 포트폴리오의 잔해뿐이었다. 수년간 무분별한 투기로 인해 스스로 초래한 손실은 도저히 외면할 수 없을 만큼 심각한 수준에 이르렀다.

"그 누구도 무사하지 못했다." 이렇게 말한 사람은 당시 번스타인-맥컬리Bernstein-Macaulay 자산운용사의 대표였던 피터 L. 번스타인Peter L.

Bernstein으로 수십억 달러 규모의 개인 및 기관 포트폴리오를 포함해 수많은 연기금을 관리하고 있었다. 번스타인에 따르면, 직원들조차 자신의 연금 자산이 급감하는 것을 보고 충격을 받았으며, 많은 사람들이 과연 은퇴할 수 있을지 걱정하기 시작했다. 금융업계 전반으로 퍼진 불안감은 전문가들이 고객의 자산을 관리하는 방식에 변화를 요구하는 계기가 되었다.[21]

"1974년 시장 붕괴를 겪으며, 나는 투자 포트폴리오를 관리하는 더 나은 방법이 반드시 필요하다는 확신을 가지게 되었다." 피터 번스타인은 이렇게 말했다. "설령 내가 학자들이 구축하는 이론적 구조를 외면하려 했더라도, 당시 대학들에서 쏟아져 나오는 연구들을 고려할 때 그것을 '허튼소리'라고 치부하는 동료들의 견해를 받아들이기 어려웠다." 이후 번스타인은 〈포트폴리오 관리 저널〉의 창립 편집장이 되었다. 그리고 그는 이렇게 밝혔다. "내 목표는 학자와 실무자 사이에 다리를 놓는 것이었다. 즉, 학자들과 실무자들이 서로 이해할 수 있는 언어로 대화하도록 유도함으로써 양측의 기여를 더욱 풍부하게 하는 것이었다."[22]

이로써 금융의 주도권이 처음으로 월스트리트나 기업 소유주의 손을 벗어나게 되었다. 1970년대 후반에서 1980년대 초반으로 접어들면서, 투자 환경은 월스트리트가 아닌 대학 교수들에 의해 정의되기 시작했다. 그들은 상아탑에서 내려와 현대 금융의 "대사제"라 불리게 되었다.

번스타인이 "학자와 실무자들 사이의 대화를 촉진하고자" 했던 의도는 선의에서 비롯된 것이었지만, 문제는 두 집단이 서로 다른 언어를 사용하고 있었다는 점이다. 현대 포트폴리오 이론은 학자들에 의해 만

들어졌다. 이들은 주식시장 외부에서 이를 관찰하는 이론가들로, 주가 변동성을 반드시 극복해야 할 '악惡'으로 간주했다. 현대 포트폴리오 이론에서는 포트폴리오 관리와 투자 수익이 오직 변동성을 통제하는 목표 아래 종속된 개념이었다. 반면, 기업 중심 투자자들은 시장의 내부자였다. 즉, 실제로 기업을 소유하거나 주식을 기업 소유의 개념으로 바라보는 실무자들이었다. 이들의 목표는 주가 변동성을 극복하는 것이 아니라, 이를 이용해 더 높은 투자 수익을 얻는 것이었다. 따라서 기업 중심 투자 방식은 현대 포트폴리오 이론과 철학적으로 정반대되는 개념임이 확실하다고 말할 수 있다.

하지만 기업 중심 투자가 절대적인 반대 개념은 아니었다. 1973~1974년의 약세장을 야기한 것은 기업 중심 투자자가 아니었다. 그 비극의 원인은 투자자로 위장한 "투기꾼"들에게 있었다. 이들은 "50대 우량주"의 높은 수익률에만 집착했을 뿐, 자신들이 지불하는 가격이 실제로 어떤 가치를 의미하는지조차 이해하지 못했다. "가치라는 단어를 사용할 때, 그것이 가격 이외에 다른 의미를 가진다면, 그 뜻을 명확히 설명해야 할 것이다"[23]라는 말이 있다. 하지만 1974년 주식시장을 붕괴시킨 투기꾼들은 가치 투자의 개념을 받아들일 의사가 없었으며, 이를 이해하려는 노력조차 하지 않았다.

일부 관찰자들은 가치 투자 진영이 무모한 투기꾼들로부터 시장의 주도권을 되찾아와 주식시장을 다시 정상 궤도로 돌려놓을 것이라 기대했다. 하지만 가치 투자자들은 소수에 불과했고, 관심은 분산되어 있었다. 의도치 않게 그 공백을 채운 것은 현대 금융의 대사제들이었다. 피터 번스타인이 "무시할 수 없을 정도로 연구가 많아졌다"고 말했을 때, 그는 현대 포트폴리오 이론의 영향력이 학계 깊숙이 그리고 광범위하게 퍼져 나갔다는 사실을 완전히 인지하지 못했던 것 같다. 주요 대학들의 박사 논문 심사위원회는 끊임없이 새로운 신도를 배출하고 있었으며, 이들은 곧 "추기경"이 될 교수들로 성장했다. 그리고 그들 역시 자신의 이익과 연결되는 새로운 신도들을 양성했다. 현대 포트폴리오 이론을 중심으로 한 박사 논문들은 끊임없이 생산되었고, 이들은 학술지의 연구 자료로 활용되며, 같은 메시지를 반복적으로 퍼뜨리는 도구가 되었다.

돌이켜보면, 월스트리트를 덮친 학계 연구의 거대한 물결은 매우 절묘한 시점에 발생했다. 1973~1974년의 약세장이 끝나고 시장이 안정되자, 새로운 강세장이 싹트기 시작했다. 그리고 늘 그렇듯이, 충분한 시간이 흐른 후, 투자자들은 다시 대거 주식시장으로 돌아왔다.

투자 회사들은 빠르게 설립되었고, 모든 것이 새롭게 정의되기 시작했다. 투자 목표가 다시 작성되었고, 위험 감내 수준을 평가하는 설문지가 도입되었다. 설문 항목의 절반 이상이 투자자가 "주가 변동성"에 대해 어떻게 느끼는지를 묻는 질문이었다. 응답자가 위험을 회피할수록, 더 보수적인 포트폴리오가 추천되었다. 거래 전략이 수립되었고, 투자 성과의 기준이 설정되어, 투자 자문사와 고객 간에 합의되고 승인되었다.

현대 포트폴리오 이론은 쉽게 확장 가능했으며, 그 결과 자산 운용 업계를 빠르게 장악하는 효과를 가져왔다. 처음에는 조용히 모습을 드러냈던 이 거대한 존재는 이제 온전히 풀려나 투자자들에게 새로운 원칙을 설파하기 시작했다. 저변동성, 광범위한 분산 투자, 보수적인 수익률 그리고 대부분의 사람들이 이 변화가 무엇을 의미하는지 완전히 인식하기도 전에, 현대 포트폴리오 이론은 자산 운용의 표준 접근 방식으로 자리 잡았고, 그 영향력은 오늘날까지 이어지고 있다.

효율적 시장 가설

효율적 시장 가설은 효율적 시장 이론 Efficient Market Theory이라고도 불리며, 현대 포트폴리오 이론과 밀접하게 관련이 있다. 이 개념은 현대 금융을 지탱하는 세 번째 기둥이라고 할 수 있다. 효율적 시장에 대한 연구는 여러 경제학자들에 의해 이루어졌으며, 폴 새뮤얼슨 Paul Samuelson을 비롯한 여러 학자들이 이에 대해 저술했다. 그러나 주식시장의 움직임을 설명하는 다양한 이론이 존재하지만, 그중에서도 유진 파마 Eugene Fama가 이를 가장 체계적으로 정리해 '효율적 시장 가설'을 확립한 대표적인 인물로 평가받고 있다.

1939년 보스턴에서 태어난 파마는, 몰든 가톨릭 고등학교에 다니며 미식축구, 농구, 야구에서 활약해 학교의 "운동 명예의 전당"에 이름을 올렸다. 그는 1960년 터프츠대학교를 우등으로 졸업하며 로망스어 학위를 받은 후, 시카고대학교에 진학해 경제학 및 금융 분야에서 MBA와 박사 학위를 취득했다.

파마는 시카고에 도착하자마자 주가 변동에 대한 연구를 시작했다. 그는 열렬한 독서가로서 당시에 구할 수 있는 주식시장 행동에 관한 모든 저작물을 섭렵했으며, 특히 프랑스 수학자인 브누아 망델브로Benoit Mandelbrot의 영향을 많이 받았다. 망델브로는 비주류 학자였다. 그는 IBM의 토마스 J. 왓슨연구소Thomas J. Watson Research Center에서 35년간 근무한 후 예일대학교로 자리를 옮겼으며, 75세에 대학 역사상 가장 많은 나이로 종신 교수직을 받았다. 또한 그는 15개 이상의 명예 학위를 수여 받았다.

망델브로는 프랙털 기하학fractal geometry*이라는 분야를 개척했으며 ('프랙털'이라는 용어도 그가 만듦), 이를 물리학, 생물학, 금융학에 적용했다. 프랙털은 하나의 형상을 부분으로 나눴을 때, 각 조각이 원래의 모습과 매우 유사하게 반복되는 복잡하고 불규칙한 형태로 정의할 수 있다. 프랙털의 대표적인 예로는 눈송이, 산맥, 강과 하천, 혈관, 나무, 양치식물, 그리고 브로콜리도 포함된다. 금융 연구에서 망델브로는 주가가 불규칙적으로 변동하기 때문에 어떠한 기본적 분석이나 통계적 연구에도 완전히 부합할 수 없다고 주장했다. 더 나아가, 이러한 불규칙한 가격 움직임은 시간이 지남에 따라 더욱 심화되어 극심한 변동성을 초래할 것이라고 보았다.

해리 마코위츠나 윌리엄 샤프처럼 유진 파마도 금융 분야에 처음 발을 들인 학자로, 시장에 투자한 경험도 없고 기업을 운영한 적도 없는 대학원생이었다. 그는 마코위츠와 샤프처럼 뼛속까지 학자였지만, 그의 박사 논문인 〈주가의 행동The Behavior of Stock Prices〉은 금융계의 주

---

* 자연 속에 존재하는 프랙털을 연구하며, 이를 수학적으로 모델링하고 설명하는 기하학 분야.

목을 받았다. 이 논문은 1963년에 발표되었으며, 이후 〈금융 분석가 저널〉과 〈기관 투자자 The Institutional Investor〉에 발췌 게재되었다.

파마의 메시지는 명확했다. 주가는 예측할 수 없으며, 그 이유는 시장이 지나치게 효율적이기 때문이다. 본질적으로 효율적인 시장이란 주어진 시점에서 모든 가용 정보를 반영해 정확한 공정 가치로 거래되는 시장을 의미한다. 효율적인 시장에서는 시장 정보가 공개되자마자 수많은 똑똑한 투자자들(파마는 이들을 '합리적인 이윤의 극대화자'라고 불렀다.)이 이를 신속하게 활용해 가격이 즉각적으로 조정되므로, 다른 사람이 그 정보를 이용해 수익을 낼 기회가 사라진다. 따라서 효율적인 시장에서는 가격이 너무 빨리 조정되어, 미래를 예측하는 의미가 없어진다.

◆ 시장 효율성: 이론적 관점에서

파마는 1970년 5월 〈금융 저널〉에 〈효율적인 자본 시장: 이론과 경험상의 작업 검토 Efficient Capital Markets: A Review of Theory and Empirical Work〉라는 제목의 논문을 발표했다. 이 글에서 그는 시장 효율성을 강형 strong form, 준강형 semi-strong form, 약형 weak form의 세 가지 유형으로 구분했다. 강형 시장 효율성은 공개적이든, 비공개적이든 모든 정보가 현재 주가에 반영된다고 주장한다. 준강형은 공개적으로 사용되는 정보가 즉시 주가에 반영되지만, 비공개 정보, 즉 공개적으로 이용할 수 없는 정보가 투자자들의 수익률을 시장 수익률 이상으로 높이는 데 도움이 될 가능성이 있다고 본다. 약형 시장 효율성은 현재 주가가 단순히 과거의 주가 정보를 반영하는 것에 불과하며, 과거 주가 데이터는 누구나 이용할 수 있기 때문에 추가적인 분석이 필요 없다고 본다.

1984년 컬럼비아대학교 경영대학원에서는 《증권 분석》이 출판된 지 50주년을 기념해 컨퍼런스가 열렸다. 이 자리에서 워런 버핏은 벤저민 그레이엄의 가치 투자 방식에 관한 발표를 요청받았다. 같은 행사에서 로체스터대학교의 금융학 교수인 마이클 젠슨Michael Jensen은 효율적 시장 가설을 옹호했다. 젠슨을 비롯한 유진 파마의 제자들은 시장이 주식 가격을 빠르고 정확하게 책정하므로, 액티브 투자는 시간 낭비에 불과하며, 그 누구도 시장을 초과하는 성과를 낼 수 없다고 주장했다. 그러나 버핏은 이에 반대했으며, '그레이엄-도드 마을의 슈퍼 투자자들The Superinvestors of Graham-and-Doddsville'이라는 연설을 통해 그 근거를 제시했다.[24]

버핏은 효율적 시장 가설의 핵심 주장을 요약하며 시작했다. 즉, 주식시장은 효율적이고, 모든 주식의 가격이 정확하게 책정되어 있으므로, 장기적으로 시장을 초과하는 수익을 내는 사람은 단순히 운이 좋은 것이라는 논리다. 이에 대해 버핏은 "그럴 수도 있겠지만, 나는 실제로 시장을 초과해 온 사람들을 알고 있다. 그리고 그들의 성공을 그저 우연으로만 설명할 수는 없다"라고 말했다.

그럼에도 불구하고 "성공은 운"이라는 주장을 객관적으로 검토하기 위해, 청중에게 동전 던지기 대회를 상상해 보라고 제안했다. 미국의 2억 2500만 명이 각자 1달러를 걸고, 동전의 앞뒤를 맞추는 내기를 한다. 매 라운드마다 패자는 탈락하고, 승자는 잔돈을 차지한 채 다음 라운드로 진출한다. 10회의 동전 던지기가 끝나면 약 22만 명의 승자가 남고, 이들은 계속 판돈을 불려 총 1064달러를 얻게 된다. 다시 10회를 더 진행하면 최종적으로 215명의 승자가 남게 되며, 이들은 각각 100만 달러를 손에 쥐게 된다.

버핏은 계속해서 설명을 이어갔다. 학자들이 이 전국적인 동전 던지기 대회를 분석한다면, 참가자들이 특별한 능력을 보인 것이 아니라, 그저 운이 좋았을 뿐이라 주장할 것이라고 말했다. 그들은 "이 실험을 2억 2500만 마리의 오랑우탄에게 시켜도 똑같이 재현될 수 있다"고 주장할 것이다.

버핏은 천천히 자신의 논리를 펼치며, 순전히 우연으로 오랑우탄들도 동일한 결과를 얻을 가능성이 있다고 인정했다. 하지만 그는 청중에게 이렇게 물었다. "만약 215마리의 우승한 오랑우탄 중 40마리가 같은 동물원 출신이라면 어떨까? 그렇다면 우리는 아마도 그 동물원의 사육사에게, 이 엄청나게 부자가 된 오랑우탄들에게 무엇을 먹였는지 물어보고 싶지 않겠는가?"

버핏의 요점은 특정 장소에서 많은 성공 사례가 집중적으로 나타난다면, 그곳에서는 무언가 특별한 일이 일어나고 있을 수 있으니, 더 자세히 살펴볼 필요가 있다는 것이다. 그리고 여기서 결정적인 한 방이 이어졌다. 그런데 만약 이 특별한 그룹의 공통점이 그들이 사는 장소가 아니라, 누구에게 배웠는지에 있다면 어떨까?

따라서 버핏은 '그레이엄-도드 마을'이라는 개념을 제시했다. 이날 발표에서 그는 시장을 장기간 꾸준히 이길 수 있었던 투자자들의 예시에 초점을 맞추었다. 이들은 모두 운이 아니라 같은 원칙을 따랐으며, 그 원칙은 바로 벤저민 그레이엄과 데이비드 도드에게서 배운 것이었다.[25]

◆ 시장 효율성: 실제 적용

효율적 시장 이론이 옳다면, 그 어떤 사람이나 단체도 무작위 확률을 제외하고는 시장을 앞서는 일이 없을 것이다. 그리고 한 사람 혹은 단체가 장기간 꾸준히 이길 가능성도 전혀 없다. 하지만 그레이엄-뉴먼의 1926년부터 1956년까지 수익이나 '그레이엄 도드 마을의 슈퍼 투자자들', '버핏 마을의 슈퍼 투자자들'은 꾸준히 시장을 이겨왔다. 이들의 존재야말로 시장을 이길 수 있다는 명백한 증거다. 효율적 시장 이론으로 이를 어떻게 설명할 수 있을까?

이에 대해 버핏은 이렇게 말했다. "이 이론의 지지자들은 모순된 증거에는 별다른 관심이 없어 보인다. 사제 집단의 신비성을 깨뜨리지 않기 위해 신념을 철회하지 않는 태도는 신학자들에게 국한되지 않은 것 같다."[26]

효율적 시장 가설을 왜 옹호할 수 없는지 하루 종일 논할 수도 있다. 그 이유들은 세 가지 주요 문제로 요약할 수 있다.

- 첫째, 투자자들이 항상 합리적인 판단을 내리지는 않는다. 행동재무학의 다양한 연구, 특히 전망 이론 Prospect Theory과 근시안적 손실 회피를 보면, 투자자가 항상 합리적인 기대를 갖는 것은 아니라는 점이 분명해진다.
- 둘째, 투자자들은 금융 정보를 올바르게 다루지 않는다. 이 문제는 특히 내재가치를 결정하는 중요한 과정에서 두드러지게 나타난다. 너무 많은 투자자가 이를 간소화하려는 경향이 있는데, 그중 가장 흔한 방법이 주가수익비율에 의존하는 것이다. 물론 사용하기는 쉽지만, 이는 잘못된 방법이다. 단순한 주가수익비율만으로는 정확한 내재가치를 추정할 수

없기 때문이다. 정확한 가치 평가에는 약간의 노력이 필요하다. 먼저 오너 어닝을 할인된 현금흐름 모델에 적용한 다음, 투자자본수익률과 매출성장률을 고려해 내재가치 계산을 조정해야 한다.
- 셋째, 단기 수익을 장기 수익보다 강조하는 성과 기준은 포트폴리오 관리자와 투자자 모두에게 잘못된 행동을 유도한다.

효율적 시장 가설의 지지자들이 계속 주식시장을 효율적이라고 주장할 수 있는 이유는, 시장을 이길 수 있는 투자자가 거의 없다는 관찰 결과를 자신들의 이론을 지지하는 증거로 사용하기 때문이다. 그리고 시장을 이긴 소수 투자자들조차도 우연의 결과로 치부했다. 하지만 그들은 한 가지 중요한 사실을 간과했다. 대부분의 투자자가 시장을 이기지 못하는 이유는 시장이 효율적이라서가 아니라, 대부분의 투자자가 잘못된 전략을 사용했기 때문이다.

워런 버핏이 효율적인 시장 이론에 반대하는 핵심 이유는 단 하나다. 이 이론은 모든 정보를 분석하고, 이를 통해 경쟁 우위를 확보한 뒤, 합리적으로 투자 결정을 실행하는 투자자를 고려하지 않는다는 점이다. 버핏은 이를 이렇게 설명했다. "효율적 시장 이론을 가르치는 교수들은 주식 차트에 다트를 던져 무작위로 종목을 고르는 것과 가장 똑똑하고 성실한 분석가가 선택한 포트폴리오의 전망이 별반 다르지 않을 것이라고 말한다."

버핏은 이에 대해 더 깊이 설명한다. "놀랍게도, 효율적 시장 이론은 학계뿐만 아니라 투자 전문가와 기업 경영진에게도 받아들여졌다."

그리고 효율적 시장 가설에 대한 가장 통찰력 있는 의견 중 하나로 그는 이렇게 적었다. "시장에 효율적인 순간이 자주 존재한다는 점을 정확히 관찰한 후, 그들은 시장이 항상 효율적이라는 잘못된 결론을 내렸다. 이 두 가지 명제의 차이는 낮과 밤만큼이나 크다."[27]

한편 효율적 시장 가설의 초기 지지자였던 미국의 경제학자 폴 새뮤얼슨은 버크셔 해서웨이의 초창기 투자자이기도 했다. 〈월스트리트 저널〉에 실린 '회의론자로부터: 시장을 이기는 교훈From a Skeptic: A Lesson on Beating the Market'이라는 기사에서 제이슨 츠바이크Jason Zweig는 새뮤얼슨이 1970년, 노벨 경제학상을 받은 해에 버크셔 해서웨이 주식을 평균 주당 44달러(약 6만 5000원)에 투자했다고 밝혔다. 새뮤얼슨이 워런 버핏과 버크셔 해서웨이에 대해 알게 된 계기는 벤저민 그레이엄의 제자로 컬럼비아대학교 경영대학원을 졸업한 개인 투자자 콘래드 타프Conrad Taff 덕분이었다. 타프는 버핏의 투자 실적을 높이 평가했지만, 새뮤얼슨이 가장 매력을 느낀 부분은 배당금을 지급하지 않는 버크셔 해서웨이를 통해 세금 없이 복리 효과를 극대화할 수 있다는 점이었다.

츠바이크는 다음과 같이 전했다. "오랫동안 대부분의 펀드매니저가 평균적인 성과를 내는 데 불과하다고 비판해 온 새뮤얼슨 교수는 이 기회를 놓치지 않았다. 그는 곧바로 버크셔 주식을 사들이기 시작했고, 이후 꾸준히 추가 매입했다."[28] 새뮤얼슨의 아들에 따르면, 그는 버크셔의 주식을 자녀와 손자 그리고 여러 자선단체에 유산으로 남겼다. 만약 그가 버크셔의 주식을 계속 보유하고 있었다면, 그 가치는 1억 달러(약 1481억 원)가 넘었을 것이다. 버핏은 이렇게 말했다. "새뮤얼슨 교수도 나와 의견이 같았다. 시장은 효율적이지만, 완벽하게 효율적이지는 않다."[29]

그럼에도 현대 포트폴리오 이론과 효율적인 시장 가설은 여전히 경영대학원에서 종교처럼 가르치고 있다. 이 점은 버핏에게 큰 만족감을 주었다. "당연히 효율적인 시장 가설을 무비판적으로 받아들인 학생들과 순진한 투자 전문가들에게는 엄청난 해악이겠지만, 우리와 그레이엄의 추종자들에게는 어마어마한 이익이 되었다."

버핏이 비꼬아 말했다. "어떤 경쟁이든(재정적, 정신적, 혹은 육체적인 경쟁에서) 애초에 시도조차 무의미하다고 배운 상대가 있다는 것은 엄청난 이점이 된다. 이기적인 관점에서 보면, 우리는 효율적 시장 가설의 교육을 영구적으로 보장할 수 있도록 교수직을 후원해야 할지도 모른다."[30]

이제, 두 개의 주요 투자 패러다임 간의 핵심적인 차이를 요약해 보자.

표준 투자 접근법은 현대 포트폴리오 이론을 기본 원칙으로 삼는다. 이 접근법에서는 변동성, 즉 가격 변동이 절대적인 기준으로 여겨진다. 따라서 투자자의 목표 설정에서 포트폴리오 관리에 이르기까지 모든 투자 결정은 주가 변동에 대한 감정적 대응 방식에 의해 좌우된다. 포트폴리오는 수익률 변동성을 최소화하기 위해 폭넓게 분산되며, 변동성을 통제하기 위해 매매 회전율이 높게 유지된다. 그리고 높은 매매 회전율은 단기 수익률을 달성해야 한다는 한결같은 목표를 동반한다. 표준적인 투자 방식에서는 단기 차익거래가 핵심 전략이다.

기업 중심 투자에서 가장 중요한 원칙은 주식의 경제적 수익률, 즉 자신이 소유한 기업의 성과다. 내재가치의 장기적인 복리 성장이 절대적이며, 주가 변동성과 수익률의 분산은 부차적인 요소에 불과하다. 기업 중심 포트폴리오는 집중 투자를 지향하고, 액티브 셰어 비율이 높으며, 거래 회전율이 낮다. 이는 경제적 복리 효과를 극대화하기 위한 전략이다. 단기적인 주가 성과는 투자 진행 상황을 평가하는 유의미한 척도로 간주되지 않는다. 대신, 장기적인 경제적 성장과 룩스루 이익을 핵심 지표로 여긴다. 기업 중심 투자자들은 종종 벤저민 그레이엄의 유명한 격언을 인용한다. "단기적으로 시장은 인기 투표이지만, 장기적으로는 저울이다."[31]

표준적인 접근법에서 투자자들은 끊임없이 '표votes'를 쫓으며, 단기적인 시장 변동에 휩쓸리기 쉽다. 반면 기업 중심 접근법에서 투자자들은 차분한 태도를 유지한다. 대신 그들은 자신이 소유한 것의 "경제적 무게"를 주의 깊게 살피며, 결국 저울이 균형을 이룰 것임을 확신한다. 기업 중심 투자에서는 장기적 관점의 차익거래가 핵심 전략이다.

기업 중심 투자자들이 다른 모든 투자자와 비교했을 때 가장 중요한 강점은 투자와 투기 사이의 차이를 명확하게 이해하고 있다는 점이다. 그들은 최고의 스승에게서 이를 배웠다.

투자와 투기: 차이 이해하기

위대한 금융 사상가들, 즉 존 버 윌리엄스, 존 메이너드 케인스, 벤저민 그레이엄, 워런 버핏 등은 모두 투자와 투기의 차이를 설명해 왔다. 이 두 접근법 사이에서 줄다리기가 벌어지는 것은 새로운 일이 아니다. 그러나 이 둘의 차이를 명확히 구분하지 못하는 것은 흔히 치명적인 결과를 초래하는 심리적 오류가 된다. 그레이엄은 투자자가 직면하는 가장 큰 위험이 투기 자체가 아니라, 자신도 모르게 투기적인 습관을 들이는 것이라고 경고했다. 이런 방식으로 투자자는 투자한다고 생각하면서도 결국 투기꾼의 수익률을 얻게 된다.

존 버 윌리엄스가 쓴 《투자 가치 이론》의 3장 7편 '투자자와 투기꾼'에 이런 글이 있다. "투기로 이득을 보려면, 투기꾼이 가격 변화를 예측할 수 있어야 한다. 가격은 미세한 의견의 변화와 일치하기 때문에 분석의 끝에는 의견의 변화를 예측해야 한다."

존 메이너드 케인스도 비슷한 견해를 가지고 있었다. 그의 마지막이자 가장 중요한 저서인 《고용, 이자 및 화폐에 관한 일반이론》에서 그는 다음과 같이 설명했다. "투기란 시장의 심리를 예측하는 활동이며, 기업가 정신이란 자산이 생애 동안 창출할 예상 수익을 예측하는 활동이다."

'시장 심리'를 예측하는 것, 즉 '의견 변화 예측'이 필요한데, 케인스는 투자자들의 행동을 설명하기 위해 흥미로운 비유를 도입했다. 그는 자신의 책에서 가상의 미인대회를 만들었다. 이 대회에서 참가자들은 신문에 실린 100장의 사진 중 가장 아름다운 얼굴 6장을 골라야 한다. 그런데 미인대회에서 우승하는 것은 내가 가장 아름답다고 생각하는 후보가 아니다. 가장 많은 사람이 선택한 미인이 승리하게 된다. 따라서 참가자들은 자신이 가장 아름답다고 생각하는 얼굴을 선택하는 것이 아니라, "같은 관점에서 문제를 바라보는 다른 참가자들이 가장 아름답다고 생각할 가능성이 높은 얼굴"을 골라야 한다.[32]

케인스는 주식시장에서도 이와 같은 방식이 적용된다고 보았다. "여기서 중요한 것은, 개인이 생각하는 가장 아름다운 얼굴을 고르는 것도 아니고, 평균적인 의견이 가장 아름답다고 여기는 얼굴을 고르는 것도 아니다. 터무니없어 보이지만 우리는 이제 세 번째 단계에 도달했으며, 우리의 지적 능력을 이용해 '평균적인 의견이 예상하는 평균적인 의견'을 예측하는 데 집중한다. 충격적이지만 어떤 사람들은 네 번째, 다섯 번째, 그 이상의 단계까지 나아가 생각하고 있다."[33]

어쩌면 케인스의 미인대회 비유가 순진한 개인 투자자들 사이에서 벌어지는 단순한 게임이라고 생각할 수도 있다. 또는 합리적인 기관 투자자들이 이러한 잘못을 빠르게 바로잡을 것이라 기대할 수도 있다. 그러나 안타깝게도 케인스의 생각은 달랐다.

> 전문 투자자의 기술과 에너지는 주로 다른 곳에 집중되어 있다. 대부분의 투자자들은 자산이 생애 동안 창출할 예상 수익을 장기적으로 예측하는 것에 집중하지 않는다. 오히려 일반 대중보다 조금 앞서 기존 가치 평가 기준이 어떻게 변할지를 예측하는 것에 더 신경을 쓴다. 그들은 어떤 어떤 자산의 장기적인 실제 가치가 얼마나 될 것인지가 아니라, 대중 심리에 의해 3개월 또는 1년 후 시장에서 어떻게 평가될 것인지를 예측하는 데 몰두한다.[34]

예상대로 워런 버핏의 투자와 투기에 대한 견해는 그레이엄, 윌리엄스, 케인스와 동일하다. 버핏은 다음과 같이 말했다. "투자자는 자산(우리의 경우 기업)이 무엇을 할 것인지에 집중한다. 반면, 투기꾼은 기업과 무관하게 가격이 어떻게 움직일지를 예측하는 데 집중한다."[35]

그는 자산이 생산하는 가치를 고려하지 않는다면, 그것은 투기에 가까운 행위라고 경고했다. 그리고 단호하게 다음과 같이 썼다. "미래의 가격 변동, 즉 다음 사람이 얼마에 살 것인지를 중심으로 생각한다면, 그것은 투기다."[36]

케인스와 마찬가지로 버핏은 기관 투자자, 즉 시장에서 "스마트 머니"*로 간주되는 이들의 동기에 대해 상당한 의심을 품고 있었다. 그는 이렇게 썼다. "당신은 아마도 대규모의 전문 투자 인력을 보유하고 높은 급여를 받는 기관들이 금융 시장에서 안정성과 합리성을 제공하는 역할을 한다고 생각할 것이다. 하지만 그렇지 않다. 기관들이 대거 보유하고 지속적으로 감시하는 주식들이 오히려 가장 부적절하게 평가되는 경우가 많다."[37]

결국 금융 시장은 기관 투자자와 개인 투자자를 포함한 모든 투자자들에 의해 움직이는 만큼, 학자들은 오래전부터 군중 심리와 관련된 심리학 이론에 관심을 가져왔다. 벤저민 그레이엄은 많은 투자자들의 비합리적인 행동을 설명하기 위해 한 가지 이야기를 들려주었고, 버핏은 이를 1995년 버크셔 해서웨이 연례 보고서에서 주주들에게 소개했다.

어느 날, 한 시추공이 천국의 문 앞에 도착했다. 성 베드로는 그에게 나쁜 소식을 전했다. "자네는 입장 자격이 있네. 하지만 보다시피 석유 업자의 자리가 꽉 찼네. 들여 줄 방법이 없군." 시추공은 잠시 생각을 한 다음, 안에 있는 사람들에게 한마디만 해도 되겠냐고 물었다. 베드로는 승낙했고, 시추공은 손을 흔들며 소리쳤다. "지옥에서 석유가 발견되었소." 그러자 즉시 문이 열리면서 모든 유전업자들이 그곳을 빠져나

---

* 전문적인 지식을 갖고 투자·투기한 돈.

가 지옥으로 향했다. 이에 감탄한 성 베드로는 시추공에게 자리를 내주며 천국에서 편히 지내라고 말했다. 하지만 시추공은 잠시 생각하더니 대답했다. "아닙니다. 저들과 함께 가봐야겠습니다. 소문 중에 진실이 있을지도 모르니까요."[38]

버핏에게는 월스트리트에서 좋은 교육을 받고 많은 경험을 한 전문가들이 활동하고 있음에도 불구하고, 주식시장이 더 논리적이고 합리적인 힘에 의해 움직이지 않는다는 사실이 당혹스러웠다. 결국 기업 경영자들은 자사 주가를 직접 결정할 수 없다. 그들은 단지 기업 정보를 공개함으로써 투자자들이 합리적으로 행동하도록 유도할 수 있기를 바랄 뿐이다. 하지만 버핏은 주가의 극심한 변동이 기업의 총체적인 경제적 수익보다는 기관 투자자들의 "레밍" 같은 행동과 더 관련이 있다고 지적한다.

간단한 과학 수업을 해 보자. 레밍은 툰드라 지역에 서식하는 작은 설치류로, 주기적으로 바다에 뛰어드는 습성으로 유명하다. 대략 3~4년마다 이상한 일이 발생했는데, 여러 가지 이유로 개체 수가 급증하면 일종의 공황 상태가 발생한다. 그러고 나서 이들은 집단으로 바다에 뛰어들어 스스로 목숨을 잃는다. 레밍의 이러한 행동이 정확히 왜 발생하는지는 완전히 밝혀지지 않았다. 동물학자들은 여러 가설을 제시하고 있지만, 일반적으로 인정되는 것은 레밍들 사이의 과밀 상태와 경쟁이 이들의 행동을 변화시킨다는 점이다.

분명, 고객과 자산을 다루는 기관 투자 시장은 매우 혼잡하다. 또한 기관 투자자들 간의 경쟁은 극도로 치열하다. 이는 결국 최단 시간 내에 최대의 투자수익률을 창출하려는 전략으로 이어진다. 그리고 이는 결국 더 많은 고객과 더 많은 자금을 확보하는 접근법이 된다.

존 메이너드 케인스는 이렇게 말한다. "몇 년 동안의 장기적인 투자 수익보다 몇 개월 후의 일반적인 평가 기준을 예측하는 것이 중심이 되는 지적 게임에서는 대중 속에서 속아 넘어갈 사람들을 찾아낼 필요조차 없다. 이 게임은 전문가들끼리도 충분히 벌일 수 있다."

그는 이렇게 지적한다. "전문 투자자는 시장 심리가 가장 큰 영향을 받는 뉴스나 분위기 변화의 전조를 예측하는 데 신경을 쓸 수밖에 없다. 시장의 대중 심리가 가장 중요하다는 걸 경험으로 알고 있다."[39]

한 세기 이상 전에 쓴 글에서 케인스는 다음과 같이 한탄했다. "진정한 장기적 전망에 기반한 투자는 오늘날 너무 어려워 거의 실행할 수 없는 수준이다. 장기적 투자를 시도하는 사람은 '군중이 예상하는 군중의 의견을 예측하려는 사람'보다 더 힘든 나날을 보내야 할 것이다."

그리고 그는 장기 투자자가 시장의 가치를 가장 잘 높이는 역할을 함에도 가장 많은 비판을 받는 것이 안타깝다고 지적한다. "장기 투자자의 행동은 일반적인 시각에서 볼 때 엉뚱하고, 비전통적이며, 무모해 보일 수밖에 없다. 만약 그가 성공한다면, 사람들은 그의 무모함이 입증되었다고 믿을 것이다. 반대로 단기적으로 실패한다면, 그것은 더욱 가능성이 높은 일이며, 그에게 자비를 베푸는 사람은 거의 없을 것이다."

마지막으로 케인스는 자신의 가장 유명한 명언을 덧붙였다. "세속적인 지혜는 비전통적으로 성공하는 것보다 차라리 전통적으로 실패하는 것이 평판에 더 유리하다고 가르친다."[40]

벤저민 그레이엄은 《현명한 투자자》에서 주식시장에서의 타이밍과 가격 책정의 차이를 구분하고자 했다. "타이밍이란 주식시장의 움직임을 예측하려는 시도다. 가격 책정이란 주가가 적정 가치보다 낮을 때 매수하고, 이를 초과할 때 매도하려는 시도를 의미한다."

그레이엄은 이에 대해 단호하게 말한다. "만약 투자자가 타이밍, 즉 시장을 예측하는 데 중점을 둔다면, 결국 그는 투기꾼이 될 것이며, 투기꾼과 같은 재정적 결과를 맞이하게 될 것이다."

케인스의 견해와 일맥상통하게, 그레이엄은 다음과 같이 덧붙인다. "타이밍은 투기꾼에게 심리적으로 매우 중요한 요소다. 왜냐하면 그는 빠르게 이익을 얻고 싶어 하기 때문이다. 1년을 기다려야 주가가 상승하는 상황은 그에게 불쾌한 일이다. 하지만 투자자에게는 기다리는 기간 자체가 전혀 문제가 되지 않는다."[41]

투자자들에게 용기를 주는 그레이엄은 격려의 말도 덧붙였다. "진지한 투자자는 주식시장의 일간 변동이나 월간 변동이 자신의 부를 증가시키거나 감소시킨다고 믿지 않는다."

그리고 한 가지 중요한 사실을 강조했다. "진정한 투자자는 거의 강제로 주식을 매도해야 하는 상황에 처하지 않는다. 그리고 그 외의 모든 경우에는 현재의 주가를 무시할 자유가 있다."

그러면서 그는 투자자들에게 경고한다. "자신이 보유한 주식의 부당한 시장 하락에 휩쓸리거나 지나치게 걱정하는 투자자는 스스로 가장 큰 장점을 가장 큰 약점으로 변질시키고 있는 것이다. 그런 사람은 차라리 주식시장에서 주가를 확인할 수 없는 것이 더 나을 것이다. 그러면 타인의 잘못된 판단으로 인해 정신적 고통을 겪지 않을 테니 말이다."[42]

기업 중심 투자 전략을 옹호하는 이들에게 직면한 가장 큰 도전 과제는 자신들의 성공을 가로막는 적대적인 환경 속에서 살아남는 것이다. 현대 포트폴리오 이론, 효율적 시장 가설, 그리고 투자보다 투기가 지속되는 현상이 모두 결점을 가지고 있다는 점을 감안하면, 이러한 접근법들이 자산 관리 산업에서 차지하는 지배력이 약화될 것이라 기대할 수도 있다. 하지만 아직 더 많은 시간이 필요하다. 그때까지 비즈니스 중심 투자자들은 마치 평행 세계에서 살아가는 듯한 현실에 익숙해져야 할 것이다.

평행 세계에서의 투자[*]

벤저민 그레이엄은 투자 경력 초기에 기질이 성공적인 투자에서 핵심 요소라고 굳게 믿었다. 그는 투기꾼들의 변덕스러운 의견과 달리, 사업가의 기질은 수익성 있는 투자의 초석이 된다는 사실을 깨달았다. 그러나 그는 한 가지 문제에 대해 지속적으로 실망감을 느꼈다. 성공적인 사업가로서 재정적 혜택을 직접 경험한 사람이 정작 보통주를 매수할 때는 왜 투기적인 행동을 받아들이는가 하는 점이었다. 보통주는 결국 기업의 일부 소유권을 의미하는데도 말이다. 그레이엄에게는 주식시장이라는 거래소가 존재한다는 이유만으로, 기업 소유를 통해 얻는 재정

---

[*] 기존 세계와는 완전히 다른 법칙이 적용되는 또 다른 세계를 의미하는 비유적인 표현으로, 기존의 전통적인 투자 방식과 완전히 다른 투자 철학을 따르는 세계.

적 혜택을 경험한 투자자가 갑자기 투기적 행태를 보이는 것이 이해하기 어려웠다. 주식시장이란 결국 개인들이 기업의 지분을 사고팔 수 있는 장소일 뿐인데, 단순한 시장 가격 변동에 휩쓸려 투자 원칙을 저버리는 것이었다.

이런 두 가지 관점 사이의 줄다리기는 그레이엄에게 큰 걱정거리였다. 그는 평생 이러한 싸움이 점점 패배로 기울고 있다고 기록했으며, 1973년에는 이렇게 썼다. "최근 수십 년간 주식시장의 발전은 일반적인 투자자가 주가 변동에 더 의존하게 만들었으며, 과거처럼 자신을 단순히 사업주로 여길 자유를 줄여버렸다."[43] 그에게는 매일 쏟아지는 뉴스가 장기적인 전망을 결정할 더 중요한 재무 데이터를 가려버리는 장애물처럼 보였다.

그레이엄의 가장 유명한 제자인 워런 버핏이 같은 사고방식을 채택한 것은 어쩌면 당연한 일이다. 주식을 기업 그 자체로 바라보는 것은 지난 70년 동안 버핏 투자 전략의 초석이 되어왔다. 그러나 여기서 딜레마가 발생한다. 금융 분석의 아버지와 세계 최고의 투자자가 동일한 조언을 한다. 즉, 투자가 성공하기 위해서는 주식시장의 일일 시세를 볼 필요가 없으며, 오히려 대부분의 투자자에게는 해가 될 가능성이 크다는 것이다. 그럼에도 전 세계의 투자자들은 주식시장의 움직임에 사로잡혀 있다. 그들은 매일 금융 뉴스 프로그램을 시청하고, 실시간 시세를 확인할 수 있는 앱을 스마트폰에 설치해 놓으며, 특히 자신이 보유한 종목의 상승과 하락에 집중한다.

벤저민 그레이엄과 워런 버핏은 주식시장에 대해 거의 신경 쓰지 않았다. 그러나 대다수 투자자들은 오직 시장만을 생각한다.

이제 잠시 머릿속으로 이런 상황을 상상해 보자. 만약 주식시장에서 매일 주가가 제공되지 않는다면, 당신의 투자 방식은 어떻게 바뀔까? 만약 주식시장이 1년에 단 하루만 열리고, 그날만 주식을 사고팔 수 있다면? 그리고 나머지 364일 동안 투자자가 접할 수 있는 정보는 분기별 재무보고서와 기업 경영자들에게 중요한 공시 사항뿐이라면 어떨까?

이 가상의 세계에서 우리는 새로운 금융 차원에 살게 될 것이다. 우리는 그곳을 "투자 영역"이라 부를 것이다. 주식을 사고파는 데 필요한 모든 정보는 이 투자 영역에서 찾을 수 있다. 배울 수 있는 교훈이 있으며, 제대로 된 투자 교육을 받을 수도 있다. 성공적인 투자자가 되기 위해 필요한 모든 요소는 "시장 영역"에서 벗어나 "투자 영역"으로 넘어가려는 사람들에게 열려 있다. 그리고 만약 당신이 그곳으로 가기로 결정한다면, 혼자가 아닐 것이다. 그곳은 워런 버핏이 1956년부터 살아온 세계이기 때문이다.

버핏이 버크셔 해서웨이를 위해 보통주를 매입할 때는 주가를 기준으로 생각하지 않는다. 그에게 주식은 추상적인 개념이다. 버핏은 말했다. "우리는 비상장 기업을 매입할 때처럼 거래에 접근한다." 즉, 그는 회사를 전체적으로 바라본다. 더 나아가 특정 시점이나 더 높은 가격에서 주식을 매도할 계획을 세우지도 않는다. 그는 말했다. "우리는 기업의 내재가치가 만족스러운 수준으로 올라갈 거라 예상되면 주식을 무기한 보유하려고 한다."[44]

워런 버핏은 보통주에 투자할 때, 하나의 사업을 본다. 반면 많은 투자자들은 오직 주가만 본다. 그들은 주가 변동을 감시하고, 예측하며, 예상하는 데 지나치게 많은 시간과 노력을 들이는 반면, 자신이 소유한 기업을 제대로 이해하는 데는 소홀하다. 버핏은 투자자와 사업가가 기업을 바라보는 방식이 같아야 한다고 믿는다. 이는 본질적으로 두 집단이 같은 목표를 가지고 있기 때문이다. 사업가는 기업을 통째로 사길 원하고, 투자자는 기업의 일부를 사길 원한다. 둘 다 자신이 소유한 기업의 내재가치가 성장함으로써 이익을 얻을 수 있다.

물론 워런 버핏에게는 다른 투자자들이 흉내 낼 수 없는 특별한 이점이 있다. 바로, 보통주와 비상장 기업을 보유하고 있어, 경영을 직접 경험할 수 있는 기회를 가졌기 때문이다. "물고기에게 육지에서 걷는 게 어떤 느낌인지 설명할 수 있겠는가?" 그가 물었다. "육지에 관한 이야기를 천 년 동안 듣는 것보다 직접 하루를 보내는 게 더 가치 있다. 기업을 운영하는 하루도 마찬가지다."[45] 버핏은 수년 동안 기업을 운영하면서 성공과 실패를 경험했고, 그 과정에서 얻은 교훈을 주식시장에 적용했다. 많은 투자자들은 이러한 특별한 교육을 받을 기회가 없었다. 그들이 주식시장을 예측하는 데 몰두하는 동안, 버핏은 손익계산서와 대차대조표를 분석하고, 자본 재투자 요구 사항을 연구하며, 기업의 현금 창출 능력을 평가했다. 또한 그는 버크셔가 소유한 기업들의 뛰어난 경영진으로부터 많은 것을 배울 기회를 가졌다.

이 점을 아무리 강조해도 지나치지 않다. 성공적인 투자자가 되기 위한 핵심은 주식시장으로부터 의도적으로 거리를 두는 것이다. 투자자는 주식시장에 과도하게 몰입하지 않도록 정신적으로 눈가리개를 해야 한다. 시장의 변동에 하루 종일 신경 쓰는 것이 아니라, 그것을 부차적인 요소로 여기고, 오직 시장 가격이 극단적으로 요동칠 때만 주목해야 한다. 이때가 바로 사업주가 주식시장에 관심을 기울여야 하는 유일한 순간이며, 이 또한 어디에서 매수 또는 매도 기회가 있는지를 판단하기 위한 목적일 뿐이다. 그 외의 경우, 주식시장에 대한 일간, 주간, 월간, 뉴스는 거의 의미가 없다.

이렇게 생각해 보자. 주식시장은 마치 다양한 사람들이 저마다 다른 방식으로 게임하는 축제와 같다. 어떤 사람은 투자자이고, 어떤 사람은 중개인이며, 대부분은 투기꾼이다. 그리고 거의 모든 사람이 끊임없이 쏟아지는 금융 뉴스에 휘둘리며, 그것이 제시하는 "최선의 방법"을 따르려 한다. 하지만 기업 중심 투자자들은 이 소음에 정신적으로 거리를 둔다. 그들의 게임 방식은 변하지 않는다. 주식시장이 가속화되고, 모두가 맹목적으로 단기 성과를 좇아 열광적으로 달려갈 때가 온다. 그러나 사업가는 이럴 때 속도를 늦추며 상황을 면밀하게 관찰한다. 그렇게 함으로써 시장의 전반적인 움직임을 더욱 명확히 볼 수 있다. 필요한 것은 단 하나, 워런 버핏이 투자 영역에서 가르쳐준 교훈을 잊지 않는 것이다.

시장 영역에 있을 때마다, 기업 중심 투자자들은 단기적 소음의 소용돌이에 휩쓸리지 않게 주의해야 한다. 가장 중요한 사실을 잊어서는 안 된다. 기업 중심 투자자는 가치를 창출하는 기업들의 포트폴리오를 관리하고 있으며, 이 모든 기업들은 시간이 지남에 따라 본질적 가치를 복리로 증가시키고 있다.

워런 버핏과 찰리 멍거는 "다른 사람이 발견한 최고의 지식을 익히는 것"의 중요성을 강조한다. 멍거는 이렇게 말했다. "나는 단순히 앉아서 모든 것을 스스로 생각해 내야 한다고 믿지 않는다. 아무도 그렇게 똑똑할 수는 없다."[46]

버핏도 이에 동의했다. "나는 주로 책을 읽으면서 배웠다. 그래서 내게 독창적인 아이디어가 있다고 생각하지 않는다. 당연히 벤저민 그레이엄의 책을 읽었고, 필립 피셔의 책도 읽었다. 그러면서 많은 아이디어를 얻었다." 그는 이어서 말했다. "사람들은 다른 사람으로부터 많은 것을 배울 수 있다. 사실 기본적으로 다른 사람들에게서 배운다면, 스스로 많은 아이디어를 떠올릴 필요가 없다. 그저 가장 좋은 것들을 찾아 적용하면 된다."[47]

지식을 쌓는 것은 하나의 여정이다. 워런 버핏과 찰리 멍거는 자신들보다 앞선 사람들에게서 많은 지혜를 얻었고, 이를 자신만의 통찰로 재구성했다. 그리고 이제 그들은 배울 준비가 되어 있는 이들에게 그것을 아낌없이 나눠준다. 즉, 새롭고, 활기차고, 열린 마음으로 자신의 과제를 풀고, 가능한 모든 걸 배우려는 의지가 있는 사람들에게 말이다.

멍거는 이렇게 말했다. "사람들이 새로운 지식을 배우는 것에 얼마나 저항하는지 보면 놀랍다." 그러자 버핏이 덧붙였다. "더 놀라운 것은 그것이 자신에게 이득이 되는 일임에도 불구하고 배우기를 거부한다는 점이다." 그리고 잠시 생각에 잠긴 뒤 이렇게 말했다. "사람들은 사고하거나 변화하는 것을 극도로 거부한다. 한 번은 버트런드 러셀Bertrand Russell의 말을 인용한 적이 있는데, '대부분의 남자는(사람) 생각하기보다는 차라리 죽기를 원한다.' 실제로 많은 사람이 그렇게 했고, 금융 세계에서도 마찬가지다."[48]

CHAPTER 7.
머니 마인드

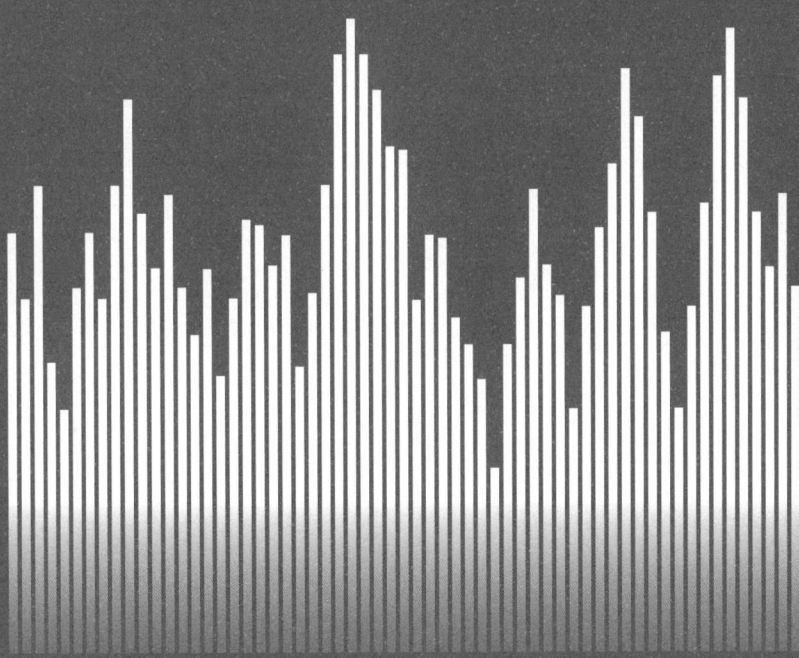

THE WARREN BUFFETT WAY

2017년 5월 첫 번째 토요일, 워런 버핏을 따르는 사람에게 이날은 단 하나의 의미가 있는 날이다. 바로 버크셔의 연례 주주총회다. 투자 세계에서 이런 행사는 찾아보기 어렵다.

이날 버크셔 해서웨이의 회장인 워런 버핏과 부회장인 찰리 멍거는 점심시간 한 시간을 제외하고, 거의 다섯 시간 동안 연단에 서서 주주들과 금융 기자들의 (독자와 시청자를 대신한) 질문에 답한다. 사전에 질문을 검토하거나 거르는 과정 없이 모든 질문에 솔직하고 따뜻한 태도로, 그리고 두 사람 특유의 유머를 곁들여 답변한다. 연단에는 물잔, 코카콜라 캔, 시스캔디, 땅콩 부스러기, 그리고 두 개의 마이크만 놓여 있을 뿐이다. 노트도, 브리핑 자료도 없다. 오직 두 사람이 편안한 분위기에서 질문에 답하고, 생각을 나누는 자리다.

오전 세션은 평소대로 시작된다.[1] 먼저 무인 트럭이 버링턴 노던 산타페 철도나 가이코에 위협이 될 수 있는지에 대한 질문이 나온다. 이어 버크셔의 아메리칸 인터내셔널 그룹AIG과의 재보험 계약과 기술주에 대한 논의가 이어진다. 버핏은 항공업계의 경쟁 구도에 대해 질문을 받고, 이후 코카콜라와 크래프트 하인즈The Kraft Heinz Company에 대한 질문에도 답한다.

오전 세션이 끝나갈 무렵, 한 주주가 버핏과 멍거 모두에게 28번째 질문을 던졌다. "두 사람은 서로 아이디어를 주고받으며 자본 배분의 실수를 대부분 피할 수 있었다. 이런 방식이 버크셔의 미래에서도 계속될까?" 표면적으로는 자본 배분에 관한 질문이었지만, 실질적으로는 승계 문제와 앞으로 누가 자본 배분을 결정할 것인지에 대한 초점이 맞춰져 있었다.

버핏이 먼저 대답했다. "버크셔의 후계자가 누가 되든, 자본 배분 능력과 그 능력이 입증되었는지 여부가 가장 중요한 고려 요소가 될 것이다." 버핏은 많은 기업의 CEO가 영업, 법률, 엔지니어링, 제조 등 다양한 배경에서 정상에 오른다고 지적한다. 하지만 일단 리더십을 발휘하는 자리에 오르면, CEO는 자본 배분을 결정할 수 있어야 한다. 버핏이 덧붙였다. "다른 여러 분야에서 뛰어난 역량을 갖춘 사람이더라도, 자본을 배분할 능력이 없는 사람이 CEO로 임명된다면, 버크셔는 제대로 운영되지 않을 것이다."

그리고 이어진 그의 다음 말이 내 등을 곧추세우게 만들었다.

나는 '머니 마인드'라고 부르는 용어에 관해 이야기한 적이 있다. 아이큐가 120이든, 140이든 다양한 수준의 지능을 가질 수 있다. 어떤 사람은 특정 분야에서 뛰어나고, 또 어떤 사람은 다른 분야에서 뛰어나다.

이들은 보통 사람들이 할 수 없는 다양한 일들을 해낼 수도 있다. 하지만 나는 현명한 사람들 중에도 머니 마인드를 갖추지 못한 사람들을 많이 봤다. 그들은 때때로 매우 비이성적인 결정을 내리기도 한다. 자본 배분 능력은 그들의 사고방식과 맞지 않는 것이다. 따라서 우리는 뛰어난 재능을 가진 사람을 원하지만, 머니 마인드가 없는 사람은 절대 원하지 않는다.[2]

머니 마인드. 나는 워런 버핏이 이 표현을 쓰는 것을 처음 들었다. 그 순간, 오랜 세월 버핏을 연구해 온 내가 그동안 절반만 맞았다는 사실을 깨달았다.

나는 지금까지 워런 버핏의 투자 원칙에 동의하지 않는 사람을 본 적이 없다. 그의 원칙들은 《워런 버핏 웨이》에 나오는 투자 원칙으로 정리되었고, 이를 집중적이고 낮은 회전율의 포트폴리오 전략에 적용하면 놀라운 수익이 발생한다. 나는 여러 사람에게 버핏처럼 투자하고 싶냐고 물었고, 거의 모든 사람이 "그렇다"라고 대답했다. 하지만 시간이 흐르면서 나는 버핏 방식으로 투자하기로 선택한 대부분의 투자자들이 어려움을 겪고 있다는 사실을 발견했다. 자신이 보유한 주식이 하나의 '사업'이라는 사실을 이해하는 것과 주식시장의 단기적인 변동을 견뎌낼 수 있는 감정적 역량을 갖추는 것은 전혀 다른 문제였다. 나는 결국, '길을 아는 것'과 '그 길을 걷는 것' 사이에는 큰 차이가 있다는 것을 깨닫게 되었다.

그리고 그날 토요일 아침, 동료 주주들과 앉아 있으면서 성공적인 투자자가 되기 위해 필요한 것은 투자 원칙 그 자체보다 올바른 마인드를 갖추는 것이라는 사실을 비로소 이해하게 되었다. 하지만 나는 그들의 조언을 뒤로한 채, 기업의 가치를 정확히 계산하는 데 몰두했다. 주식시장에서 투자하기가 점점 어려워질수록, 나는 더욱 숫자에 집착했다. 그러다 마침내, 오마하에서 맞이한 그 운명적인 토요일 아침에 나는 가장 중요한 조언을 간과하고 있었다는 사실을 깨닫게 되었다.

확실히 말하면 이렇다. 워런 버핏의 투자 원칙을 선별한 몇 개의 주식에 적용하고, 이를 회전율이 낮은 포트폴리오로 유지하는 것은 평균 이상의 수익을 거두는 데 있어 의심할 여지 없이 올바른 접근법이다. 하지만 투자 원칙을 적용할 때 투자자의 기질이 확고하지 않으면, 그 포트폴리오는 거센 주식시장의 파도 속에서 방향을 잃을 위험이 크다. 기질과 투자 원칙은 분리할 수 없는 관계이기 때문이다. 둘 중 하나만으로는 제대로 작동하지 않는다.

워런 버핏은 언제나 그렇듯, 복잡한 개념을 명확한 한 단어로 정리해 냈다. 머니 마인드, 이 간결한 표현은 여러 가지 중요한 의미를 담고 있다. 우선 이는 투자라는 큰 질문을 대하는 사고방식을 의미한다. 또 한편으로는 현대 금융 세계에서 올바른 마인드를 형성하는 것을 뜻하기도 한다. 더 나아가, 머니 마인드는 불필요한 소음 속에서도 학습을 지속하고 집중력을 유지하려는 태도를 가진 사람을 가리키는 말이기도 하다. 그리고 더 깊이 들어가면, 머니 마인드의 핵심에 자리한 철학적·윤리적 기반은 그 사람이 어떤 사람인지 많은 것을 말해 준다. 그런 사람은 투자뿐 아니라 인생의 여러 측면에서도 성공할 가능성이 높다.

스포츠맨, 스승, 예술가

어린 시절 워런 버핏이 펼친 기발한 사업들을 기억하는가? 어린 나이에 그런 성과를 이루었다는 것은 놀라운 일이며, 그가 어떤 어른이 될지를 미리 보여주는 흥미로운 장면이었다. 하지만 앞서 다루지 않은 한 가지가 있는데, 게임에 대한 그의 열정이다. 버핏은 여섯 살 때 구슬 게임을 기획했다. 그는 여동생들을 화장실로 불러 욕조에 물을 가득 채우고 그 가장자리에 각자의 구슬을 놓도록 했다. 스톱워치가 작동하는 순간, 모두가 자신들의 구슬을 응원했고, 물이 빠지는 마개 쪽으로 가장 먼저 도착한 구슬이 승자가 되었다. 버핏은 어린 시절 친구인 밥 러셀 Bob Russell과 함께 수많은 게임을 개발했다. 한 게임은 지나가는 자동차의 번호판을 기록하는 것이었고, 또 다른 게임은 그날 발행된 〈오마하 월드 헤럴드 Omaha World-Herald〉에서 특정 알파벳이 몇 번 등장하는지 세는 게임이었다. 그리고 오마하에서 자란 소년답게, 그는 야구와 네브래스카대학교의 풋볼팀을 사랑했다. 그의 어린 시절 게임들을 하나로 연결하는 공통점이 있다면, 그것은 바로 경쟁이었다. 버핏은 경쟁을 사랑했다.

◆ 스포츠맨, 버핏

오늘날 워런 버핏이 열정적인 브리지 플레이어라는 사실은 널리 알려져 있다. 그가 첫 컴퓨터를 구매한 이유는 늦은 밤까지 집에서 온라인 브리지를 즐기기 위해서였고, "같이 브리지를 할 수 있는 세 명의 동료가 있다면, 감옥에 가도 상관 없다"[3]고 말한 적도 있다. 많은 사람이 브리지 게임과 투자 사이의 유사점을 지적한다. 두 게임 모두 확률 기반으로 한 의사결정이 핵심이며, 중요한 것은 자신의 결정을 신뢰하는 것이다. 그리고 무엇보다도, 이 두 게임은 계속해서 새로운 판이 주어진다. 문제 해결이 끝나지 않는 것이다. 하지만 버핏은 이렇게 강조한다. "투자는 최고의 게임이다."[4]

투자는 신체적인 도전이 아니지만, 분명 일종의 게임이며, 사고하는 게임이다. 그리고 모든 게임과 마찬가지로 투자는 경쟁이며, 플레이하는 사람들에게 이기고자 하는 강한 욕구를 불러일으킨다. 스포츠 심리학자들은 운동선수들을 결과 지향적 또는 과정 지향적이라는 두 그룹으로 나눈다. 짐작하겠지만, 결과 지향적 운동선수들은 오직 승리에만 집중한다. 그들은 다른 것을 생각하지 못한다. 반면 과정 지향적 운동선수들은 그들의 스포츠를 훨씬 더 넓은 관점에서 본다. 그들은 활동 자체에서 보상을 찾으며, 일부는 이를 "게임을 사랑하기 때문에"라고 표현한다. 또한 과정 지향적 운동선수들은 자기 개선과 팀을 위해 노력하는 데서 오는 더 깊은 만족감에 헌신한다.[5]

투자 역시 과정과 결과가 함께 작용하는 게임이다. 스포츠든 투자든, 과정을 소중히 여긴다는 건 단순한 결과뿐만 아니라 여정을 인정하는 것을 의미한다. 워런 버핏 같은 위대한 투자자들은 투자가 긴 여정임을 이해하고 그것을 소중히 여긴다. 그들은 단기적인 손익계산만으로 자신의 능력을 평가하지 않는다. 버핏의 투자 과정은 단 하루의 성적표보다 훨씬 더 큰 목표를 위한 것이다.

투자자와 운동선수 모두 추구하는 것은 탁월함이다. 운동선수와 마찬가지로 투자자들도 현실적이고, 적응력이 뛰어나며, 승률을 높이기 위해 자신의 습관과 루틴을 바꿀 의지가 있다. 또한 투자자들은 운동선수와 마찬가지로 지식을 습득하는 데 끝없는 관심을 가진다.

◆ 투자의 스승, 버핏

지식에는 두 가지 유형이 있다. 직접 경험을 통해 얻는 지식과 객관적인 정보를 통해 습득하는 간접 지식이다. 첫 번째 유형의 지식은 경험자가 직접 체험한 것에서 비롯된다. 워런 버핏이 바로 그러한 경험자다. 그의 투자에 대한 통찰은 직접 비상장 기업과 보통주를 매수하며 얻은 경험에서 나온다. 반면, 두 번째 유형의 지식은 더 큰 지식의 축적물, 즉 공유된 경험이라 불리는 것에 의해 얻게 된다.[6] 철학자이자 심리학자인 존 듀이John Dewey는 학습이 사회적이고 상호작용적인 과정이어야 한다고 주장했다. 그는 "가장 좋은 교육은 직접 해보면서 배우는 것"이라고 믿었지만, 교육이 효과적이기 위해서는 교육적 경험에 학생과 환경 사이의 상호작용도 필요하다고 강조했다. 즉, 학습자는 공유된 경험이라는 더 큰 지식의 축적물을 접하고 상호작용함으로써 더욱 큰 이점을 얻을 수 있다.

버크셔 해서웨이는 바로 이러한 공유된 경험의 장이다. 혹자는 이를 버크셔대학교라고 부르기도 한다.[7] 이런 환경이 조성될 수 있었던 이유는 바로 워런 버핏이 주주들에게 헌신했기 때문이다. 1973년, 버핏은 버크셔 주주들에게 한 통의 초대장을 보냈다. 몇 시간 동안 자신에게 회사와 투자 전반에 대해 질문할 기회를 주겠다는 내용이었다. 그해, 약 12명의 주주가 내셔널 인뎀니티 직원 식당에 모였다. 이후 매년 더 많은 주주들이 오마하로 향했고, 연례 주주총회의 참석자가 급증하면서 버핏은 점점 더 큰 장소를 찾아야 했다. 그리고 오늘날, 버크셔 주주총회는 오마하에서 가장 큰 행사장인 오마하 컨벤션센터 앤드 아레나 Omaha Convention Center and Arena에서 열린다. 지금도 매년 약 4만 명의 투자자들이 이곳을 성지 순례하듯 방문하고 있다.

버크셔의 연례 주주총회는 이제 자본주의의 우드스톡 Woodstock of Capitalism이라 불린다. 이 행사는 단순히 토요일에 열리는 주주총회만이 아니다. 회의 전후로 여러 개의 투자 컨퍼런스가 열리며, 버크셔의 '학생들'은 매년 오마하로 모여 이른 아침부터 늦은 밤까지 그룹을 형성해 끊임없이 투자와 버크셔에 대해 논의한다. 주주총회 현장에는 버크셔 관련 서적들로 가득한 도서관이 마련된다. 그중 백미는 《버크셔 해서웨이 주주 서한 Berkshire Hathaway Letters to Shareholders》이다. 이 책에는 1965년부터 2022년까지, 57년에 걸쳐 워런 버핏이 작성한 주주서한이 담겨 있으며, 그 분량은 총 906페이지에 달한다.

버크셔대학교가 이룬 가장 큰 성과는 '경험에서 얻은 지식'과 '객관적인 정보로 습득하는 지식'을 결합했다는 점이다. 한 금융 기자가 버핏에게 앞으로 몇 년 동안 버크셔가 시장을 앞설 것으로 기대하냐고 질문한 적이 있다. 이 질문은 가정법적인 맥락에서 제기되었다. 기자는 자기 아들이 S&P 500 인덱스 펀드에 투자하는 것과 버크셔에 투자하는 것 중에서 어떤 선택을 하는 게 더 나은지 물어보았다. 그러자 경험자로서의 버핏이 이렇게 대답했다. "당신 아들이 버크셔 주식을 보유한다면, 훨씬 더 많은 것을 배우게 될 것이다."[8]

오늘날, 버크셔대학교의 가상 학습 시스템 덕분에 전 세계의 주주와 투자자들도 버크셔에서 제공하는 교육을 접할 수 있다. 버크셔의 학생들은 야후 금융Yahoo Finance에서 워런 버핏과 찰리 멍거의 영상을 볼 수 있다. CNBC닷컴의 '워런 버핏 아카이브'에는 1994년부터 현재까지의 버크셔 해서웨이 주주총회 영상 전체가 보관되어 있다. 유튜브에도 버핏과 멍거의 영상이 다수 올라와 있으며, 심지어 1962년, 서른두 살의 버핏이 출연한 최초의 TV 인터뷰 영상까지 찾아볼 수 있다.

버핏이 강사가 된 건 어찌 보면 당연한 일이다. 그의 영웅인 아버지는 교회와 정치에서 가르치는 역할을 했다. 버핏의 멘토인 벤저민 그레이엄은 컬럼비아대학교에서 30년 넘게 강의했다. 그의 오랜 파트너인 찰리 멍거는 투자의 개념을 확장해 여러 학문 분야를 아우르는 사상가가 되었다. 멍거는 '세속적인 지혜(처세)'를 쌓는 것이 얼마나 중요한지 기꺼이 공유하는 교육자였다. 버핏 또한 일찍부터 교육자로 활동했다. 1951년, 컬럼비아대학교를 졸업한 직후 오마하대학교에서 첫 강의를 진행했다. 그 이후 13년간 '버핏 파트너십'에서 자신의 투자 파트너들을 가르쳤다. 그리고 거의 60년 동안 버크셔의 주주들에게 지속적으로 투자 교육을 제공하고 있다.

미국의 철학자 윌리엄 제임스는 최고의 교사란 연산작용을 바탕으로 가르치는 사람이라고 믿었다. 제임스는 "당신의 학생들은 어떤 존재이든 간에, 결국은 작은 연상 기계들이다"[9]라고 말했다. 실용적인 교육 측면에서 이것은 한 가지를 다른 무언가와 비교해 가르치는 방식을 의미한다. 이는 교육 이론 치고는 추상적으로 들릴 수 있지만, 투자 세계에서는 실제로 매우 유용하게 적용된다. 벤저민 그레이엄이 "투자는 가장 사업적일 때 가장 지적인 행위가 된다"라고 말했을 때, 그는 연상작용을 이용해 가르치고 있던 것이다. 워런 버핏이 투자자들에게 "주식을 단순한 숫자가 아니라 기업의 소유권으로 바라봐야 한다"라고 말했을 때도 마찬가지다. 이러한 가르침 덕분에, 많은 투자자들이 난해하고 비현실적으로 보이던 '보통주'라는 개념을 명확하게 이해하기 시작했다. 윌리엄 제임스는 교육의 목적이 학생들을 충격에 빠뜨리는 것이 아니라 "그들을 긍정적이고 건강한 결론으로 이끄는 것"[10]이라고 설명했다. 버핏이 강조한 기업 중심 투자는 바로 이러한 철학을 실천한 대표적인 사례다. 이는 윌리엄 제임스가 말한 '건강한 마음'과도 연결된다. 그는 열린 태도, 적극적인 참여, 그리고 낙관적인 시각을 가진 사람들을 이렇게 표현했다. 이러한 특성은 워런 버핏이 보여주는 투자의 모습과도 일치한다.

윌리엄 제임스는 자신의 저서 《학생과의 대화 Talk to Students》에서 삶의 의미를 탐구하는 '특정한 맹목성 A Certain Blindness'이라는 제목의 에세이를 실었다. 그는 이렇게 썼다. "삶의 과정이 그것을 살아가는 사람에게 열정을 불어넣는 순간, 그 삶은 진정한 의미를 갖게 된다." 그리고 이 '열정'은 스포츠, 예술, 글쓰기, 사색 등 다양한 활동에서 나타날 수 있다고 했다. "그러나 그것이 어디에서 발견되든, 거기에는 열정, 짜릿함, 그리고 현실의 흥분이 존재한다."[11]

열정은 강한 의지와 에너지를 의미한다. 제임스는 이를 "인간 의미의 생동감 있는 본질"이라고 설명했다.[12] 그리고 이 단어만큼 워런 버핏을 잘 설명하는 표현도 없을 것이다. 그와 접촉한 모든 사람은 그의 에너지, 낙관주의, 유머 그리고 끝없는 열정에 즉각적으로 이끌린다.

《워런 버핏 웨이》 초판에서, 나는 마지막 문단을 이렇게 마무리했다. "그는 매일 출근하는 것을 정말로 좋아한다. '내 인생에서 원하는 건 전부 여기에 있다.' 버핏은 이렇게 말했다. '나는 매일이 즐겁다. 나는 이곳에서 좋아하는 사람들과 탭 댄스를 추듯이 일한다.'"[13] 그리고 30년이 지난 지금도 그에게는 아무런 변화가 없다. 어쩌면 "탭 댄스를 추듯이 일한다"는 말은 '열정'의 은유라고 할 수 있을 것이다. 이것은 동시에 캐럴 루미스의 책 제목*이기도 하다. 이 책은 46년에 걸쳐 워런 버핏에 관한 기사 86개를 모아놓은 작품으로, 그중 다수가 캐럴 루미스 본인이 직접 쓴 것이다. 그녀는 서문에 이렇게 적었다. "이 책을 다 읽고 나면, 워런이 평생에 걸쳐 걸어온 비즈니스의 여정이 한눈에 보일 것이다."[14] 그리고 그 삶은 실로 대단한 것이었다.

◆ 예술가, 버핏

"나는 내 일이 정말 좋다." 버핏은 이렇게 말했다. "매일 사무실에 들어설 때마다, 마치 시스티나 성당에 그림을 그리러 가는 기분이 든다. 이보다 재미있는 일이 있을까? 미완성의 그림과 같다. 캔버스에 파란색을 칠하고 싶으면 파란색을, 빨간색을 칠하고 싶으면 빨간색을 칠하면 된다."[15] 만약 버크셔가 캔버스라면, '자본'은 워런 버핏이라는 예술가가 붓으로 표현하는 색채인 셈이다.

---

* 캐럴 루미스의 책 《Tap Dancing to Work》의 경우 국내에 《무엇이 워런 버핏을 세계 최고의 부자로 만들었을까?》로 출간되었다.

시스티나 성당의 천장은 창세기에 나오는 아홉 가지 장면을 묘사한 거대한 프레스코(수채로 그리는 벽화)로 이루어져 있다. 이 작품의 경이로운 점은 그 장엄한 아름다움뿐 아니라 극도로 어려운 환경에서 단 한 사람이 홀로 완성했다는 사실이다. 버핏이 자신의 일을 미켈란젤로와 비교하는 것은 자만심에서 나온 것이 아니다. 그의 겸손함은 삶과 태도에 깊이 자리 잡고 있으며, 널리 알려져 있다. 나는 오히려 이것이 버핏의 다양한 분야에 걸친 폭넓은 관심을 반영한다고 본다. 그런 의미에서 버크셔의 역사를 거대한 프레스코화에 비유하는 것은 단순한 표현 이상의 의미가 있다. 이 또한 버핏이 즐겨 사용하는 은유적 가르침의 한 방식인 것이다.

버크셔의 프레스코화에는 수많은 장면과 도전, 그리고 사건들이 담겨 있을 것이다. 그중 가장 유명한 장면 하나를 고르는 것은 버핏에게조차 어려운 일일 수 있다. 심지어 버크셔 해서웨이의 금융적 걸작을 구성하는 9개의 핵심 장면을 선정하는 것도 쉽지 않다. 버크셔는 너무나 많은 사람, 기업, 그리고 크고 작은 투자자들의 영향을 받아 형성되었다. 그러나 이 모든 요소를 하나의 장면으로 통합해 그려낸 것은 본질적으로 한 사람의 작업이었다. 요한 볼프강 폰 괴테는 이렇게 말했다. "시스티나 성당을 직접 보지 않고서는 한 사람이 해낼 수 있는 일이 얼마나 위대한지 제대로 이해할 수 없다." 마찬가지로, 버크셔의 이야기를 진정으로 이해하려면, 한 개인의 손에서 탄생한 예술 작품으로 바라보아야 한다. 그리고 그렇게 바라보는 순간, 우리는 이렇게 중얼거리게 될 것이다. "이건 경이롭다. 우리 중 한 사람이 이런 일을 해냈다니."[16]

미술평론가 랜스 에스플런드Lance Esplund는 이렇게 썼다. "예술에서 중요한 것은 최종 목적지가 아니라, 그것을 완성해 가는 과정이다." 이러한 예술의 여정은 장기 투자의 '과정'과도 같다. 미술 작품을 제대로 감상하려면 편안한 의자가 필요하다는 말이 있다. 왜 하필 의자일까? 작품을 제대로 감상하기 위해서는 편안한 환경에서, 인내심을 가지고, 방해받지 않는 집중이 필요하기 때문이다. 에스플런드는 이렇게 설명했다. "그러면 우리는 단순히 '보는 기술'을 넘어서게 된다. 이제 우리는 '찾아내는 기술', 그리고 '진정으로 보는 기술'을 익히게 될 것이다."[17]

기업을 인수하는 결정은 마치 예술 감상 수업과도 같다. 투자자는 위대한 비즈니스 예술 작품을 정의하는 요소들을 살펴본다. 즉, 기업이 제공하는 제품과 서비스, 경쟁적 위치, 창출하는 재무적 수익, 그리고 자본 배분을 결정하는 경영진을 분석한다. 진정한 투자는 사업의 예술적 형태를 탐구하는 과정이다.

대부분의 투자자는 주식을 볼 때 재무적 사실을 빠르게 계산하지만, 정작 중요한 질문인 '어떻게 이런 결과가 나왔는가?'를 보지 못한다. 그러나 이러한 질문을 던질 때에만 기업을 진정으로 이해할 수 있으며, 궁극적으로 미래의 답을 예측할 통찰력을 가질 수 있다. 마치 한 점의 그림을 흘깃 봐서는 완전히 이해할 수 없는 것처럼, 한 기업 또는 몇 가지 회계 수치를 계산하고, 피상적인 논평을 듣고 가벼운 의견을 나누는 것만으로는 완전히 파악할 수 없다.

윌리엄 제임스는 "삶을 가장 가치 있게 사용하는 방법은 그것이 지속될 무언가에 바치는 것이다"[18]라고 말했다." 스티브 조던 Steve

Jordon의 책 《오마하의 현인The Oracle & Omaha》의 말미에서, 워런 버핏은 버크셔 해서웨이에 대해 이렇게 말했다. "나는 평생을 바쳐 이 회사를 만들었다. 버크셔는 가장 영속적인 회사 중 하나라고 생각한다."[19] 원래 버크셔 면 제조회사는 1889년에 설립되었으며, 워런 버핏이 1965년에 경영권을 인수했다. 따라서 초기 형태의 버크셔부터 따져보면 135년의 역사를 가지고 있지만, 현재의 버크셔는 59년 된 비교적 젊은 회사라고 봐야 한다. 그럼에도 대부분의 대기업 평균 수명과 비교하면 상당히 오랜 기간이다.

기업의 지속성은 기업 가치 평가뿐만 아니라 장기적인 지속 가능 경쟁력을 판단하는 데 핵심적인 요소다. 대부분 기업의 생존율은 그리 길지 않다. 1965년부터 2015년까지 시가총액이 최소 2억 5000만 달러(약 3702억 5000만 원) 이상의 글로벌 기업 중 10년 이상 생존한 기업은 절반에 불과했다. 살아남아 〈포춘〉 500대 기업에 속한 기업들은 비교적 더 오래 지속되었지만, 그 차이는 크지 않았다. 현재 가장 규모가 큰 기업들의 평균 예상 생존 기간은 겨우 16년이다.[20]

기업의 수명을 이해하는 핵심은 변화와 밀접한 연관이 있다는 점을 인식하는 것이다. 경제학자 조지프 슘페터Joseph Schumpeter는 "창조적 파괴의 끊임없는 광풍"이라고 표현했다. 우리는 기업의 수명이 짧아지는 현상이 빠른 혁신과 관련되어 있다는 것을 알고 있다. 즉, "변화의 속도가 빨라질수록 기업의 생존 기간이 짧아진다."[21]

지난 250년 동안 발생한 경제적 변화들을 떠올려보자. 첫 번째 변화인 산업혁명은 1771년 영국 크롬포드에서 아크라이트Richard Arkwright가 수력 방적 공장을 세우면서 시작되었다. 두 번째 변화는 1829년 증기기관과 철도의 시대로, 리버풀과 맨체스터를 잇는 철도 노선에서 로켓 증기 기관차의 시험 운행을 통해 시작되었다. 세 번째 변화는 철강, 전기, 중공업의 시대로, 1875년 피츠버그에서 베서머Bessemer의 철강 가공 공장이 가동되면서 본격화되었다. 네 번째 변화는 석유, 자동차, 대량 생산의 시대로, 1908년 디트로이트에 위치한 포드 조립 공장에서 최초의 모델 T 자동차가 출고되면서 시작되었다. 오늘날 우리는 정보 통신의 시대 한가운데에 있으며, 이 시대는 1971년 캘리포니아 산타클라라에서 인텔이 마이크로프로세서를 공개하면서 시작되었다.²² 18세기 후반부터 일어난 경제적 격변은 실로 놀라운 수준이다.

미켈란젤로가 그린 시스티나 성당 천장화는 500년이 넘는 세월을 버텨냈다. 버크셔 해서웨이가 그 정도로 오랜 세월을 생존할 수 있을까? 상상하기 어렵다. 그럼에도 불구하고, 지난 250년 동안 슘페터가 말한 "창조적 파괴"가 끊임없이 일어났던 가운데, 단 하나 변하지 않은 것이 있다. 바로 수학적 상수 e, 즉 복리다. 그렇기에 버크셔가 앞으로 100년 혹은 그 이상을 살아남아 전 세계의 모든 주요 기업을 모두 뛰어넘는 장수 기업이 될 가능성을 상상하는 것이 그리 터무니 없는 일은 아닐지도 모른다.

 **버크셔 해서웨이: 미국의 대표 기업**

"버크셔는 이제 방대한 범위를 아우르는 복합기업이며, 우리는 끊임없

이 더 확장하려 하고 있다."²³ 워런 버핏은 이렇게 말했다. "초기의 버크셔는 단 하나의 사업에 의존하는 외줄타기 조랑말one-trick pony*과 같았으며, 사양산업인 섬유 산업을 벗어나지 못했다. 그러다 행운이 찾아왔다. 1967년 내셔널 인뎀니티를 매수했다."²⁴ 이 인수로 인해 버크셔 해서웨이는 보험업에 진출하게 되었다. 그 이후 버크셔의 총 유동자금은 860만 달러(약 127억 3660만 원)에서 1650억 달러(약 244조 3650억 원)로 성장하며, 세계 최대의 보험 유동자금을 운용하는 기업으로 자리 잡았다.

현재 버크셔는 수십 개의 기업을 보유하고 있지만, 버핏이 '우리의 네 거인'이라 부르는 핵심 사업이 회사를 이끌고 있다.²⁵ 첫 번째 거인은 보험 사업으로 막대한 양의 유동성을 제공해 버핏이 투자할 수 있는 자금을 마련해 준다. 세 번째 거인은 미국 최대의 화물 철도인 벌링턴 노던 산타페로, 28개 주에 걸쳐 3만 2500마일(약 5만 2300km)의 철로와 약 8000대의 기관차를 운영한다. 네 번째 거인은 2000년에 버크셔가 처음 인수한 버크셔 해서웨이 에너지Berkshire Hathaway Energy, BHE다. 당시 이 회사의 수익은 1억 2200만 달러(약 1806억 8200만 원)였으나, 20년이 후인 현재 버크셔 해서웨이 에너지는 40억 달러(약 5조 9240억 원)의 수익을 창출하고 있다.

빠뜨릴 수 없는 두 번째 거인은 어디일까? 말할 것도 없이, 2위는 애플이다. 워런 버핏은 이를 두고 "우리가 보유한 어떤 기업보다도 더 나

---

* 단 하나의 기술이나 능력만 가지고 있는 존재를 의미하는 표현으로, 비유적으로 다양한 역량 없이 특정 분야에만 의존하는 기업이나 사람을 비유적으로 말하는 데 사용하기도 한다.

은 기업"이라고 말했다.[26] 비록 버크셔의 GAAP 이익에는 애플이 지급하는 연간 배당금(8억 7800만 달러, 약 1조 3003억 1800만 원)만이 반영되지만, 버크셔가 보고하지 않는 애플의 유보이익의 가치는 어마어마하다. 현재 버크셔는 애플의 보통주 9억 1500만 주를 보유하고 있으며, 이는 1620억 달러(약 239조 9220억 원)의 가치에 달한다. 버크셔의 애플 지분율은 5.9%로, 단순한 투자 그 이상이다. 만약 애플의 5.9% 지분이 버크셔의 경제적 가치에 큰 영향을 주지 않는다고 생각한다면, 다시 생각해 봐야 한다. 2022년 애플의 이익 중 0.1%에 해당하는 금액이 1억 달러(약 1481억 원)였으며, 이는 버크셔가 보고하지 않았을 뿐 실질적으로 소유한 이익이다. 즉, 버크셔는 애플의 5.9% 지분을 통해 59억 달러(약 8조 7379억 원)의 이익을 얻고 있으며, 이 중 상당 부분이 애플의 자사주 매입에 사용된다. 애플이 자사주를 매입할수록 버크셔의 애플 지분율은 자연스럽게 증가하며, 버크셔는 추가 투자 없이도 보유 지분을 확대하는 효과를 얻는다.

버크셔의 독특한 구조에 대해 버핏은 다음과 같이 설명했다. "훌륭한 기업의 일부, 즉 보통주를 매입할 수 있는 능력은 대부분의 경영진에게 주어진 선택지가 아니다." 버크셔는 설립 이후 기업을 완전히 인수하는 방식뿐만 아니라 상장기업의 보통주를 매입하는 방식으로 성장해 왔다. 버핏은 계속해서 이렇게 덧붙였다. "우리가 매일 주식시장에서 매입할 수 있는 기업의 지분(비록 작은 조각들이지만)은 우리가 통째로 인수할 수 있는 기업보다 훨씬 더 매력적인 경우가 많다."

추가로 버핏이 강조했다. "보통주를 보유하면서 실현한 자본이득 덕분에 우리의 재무 능력을 넘어섰을 대형 인수들을 추진할 수 있었다."

마지막으로 그는 이렇게 덧붙였다. "버크셔에게는 전 세계가 기회의 장이다. 이 세계는 대부분의 기업들이 현실적으로 접근할 수 없는 다양한 기회를 우리에게 제공한다."[27] 이 말은 사실이지만, 한 가지 더 기억할 점이 있다. 버크셔가 주식시장에서 얻을 수 있는 기회는 개인 투자자들에게도 열려 있다.

버크셔가 내셔널 인뎀니티를 인수한 이후 걸어온 긴 여정은 "순탄치 않은 길"이었다고 버핏은 말했다. 그 과정에서 소유주들이 지속적으로 절약한 유보이익, 복리의 힘, 큰 실수를 피하는 신중함, 그리고 가장 중요한 요소인 "미국의 성장 동력"이 결합되었다. 버핏은 이렇게 고백했다. "미국은 버크셔 없이도 잘 성장했을 것이다. 하지만 그 반대는 아니다."[28]

워런 버핏은 미국에 대해 변함없는 낙관론자다. 그는 미국이 성실하게 노력하는 누구에게나 엄청난 기회를 제공하는 나라라고 믿으며, 이를 숨기지 않고 적극적으로 표현해 왔다. 일반적으로 젊을 때는 낙관적이지만, 나이가 들수록 비관적인 시각이 커진다고들 한다. 그러나 버핏은 예외적인 사례다. 그리고 그 이유 중 하나는 그가 80년이 넘는 세월 동안 미국 주식시장에 투자해 왔기 때문이라고 생각한다.

1942년 3월 11일, 워런 버핏이 처음으로 주식을 산 날로부터 현재까지 82년이 지났다. "나는 열한 살이었고, 여섯 살 때부터 모은 전 재산 114.75달러(약 17만 원)를 모두 투자했다. 내가 산 건 시티즈 서비스의 우선주 3주였다. 나는 자본가가 되었고, 그 기분은 최고였다."[29]

2016년 버크셔 해서웨이 연례 보고서에서 버핏은 다음과 같이 말했다. "미국 경제의 성장은 주주들에게 엄청난 이익을 가져다주었다.

20세기 동안 다우존스 산업평균지수는 66에서 1만 1497로 상승했으며, 이는 1만 7320%의 상승률을 기록한 것이다." 지난 100년 동안 미국이 겪은 경제적, 정치적, 군사적 도전을 생각해 보면 정말 위대한 업적이 아닐 수 없다.

버핏은 이렇게 확신한다. "미국의 기업들과 주식시장 전체는 앞으로 더욱 높은 가치를 가지게 될 것이 거의 확실하다. 혁신, 생산성 향상, 기업가 정신, 그리고 풍부한 자본이 이를 뒷받침할 것이다. 늘 존재하는 비관론자들은 어두운 전망을 팔아 돈을 벌 수도 있다. 하지만 그들이 스스로 그런 헛소리를 믿고 행동한다면, 신의 가호가 필요할 것이다."

그는 이어서 말했다. "물론 많은 기업이 뒤처질 것이고, 일부는 실패할 것이다. 이런 도태는 시장의 역동성이 만들어내는 자연스러운 결과다. 또한 앞으로의 세월 속에서 주식시장은 대규모 하락, 심지어 모든 주식에 영향을 미치는 공황까지 겪게 될 것이다."[30]

버핏은 투자자들에게 이렇게 조언했다. "이렇게 무서운 시기에는 두 가지를 기억해야 한다. 첫째, 광범위한 공포는 투자자에게 좋은 친구다. 이는 저렴한 가격에 주식을 매입할 기회를 제공하기 때문이다. 둘째, 개인적인 두려움은 투자자의 적이다. 그리고 그러한 두려움은 대부분 근거 없는 것이다. 높은 비용과 불필요한 지출을 피하고, 대형 우량 기업들에 장기적으로 투자한다면, 거의 확실히 좋은 결과를 얻을 수 있다."[31]

그 후 버핏은 자신의 가장 유명한 발언 중 하나를 다시 강조했다. "미국을 과소평가하는 것은 끔찍한 실수였다. 그리고 지금은 그런 실수를 시작할 때가 아니다. 미국이라는 황금 거위는 계속해서 더 크고 많은 황금알을 낳을 것이다. 그리고 미국의 아이들은 부모 세대보다 훨씬 더 나은 삶을 살게 될 것이다."[32]

플라톤은 《국가론》에서 네 가지 핵심 덕목을 제시한다. 바로 신중, 정의, 용기, 절제다. 플라톤은 이 덕목들이 도덕적으로 올바른 삶을 살아가기 위해 필요한 기본 자질이라고 보았으며, 이를 기본적 덕목cardinal virtues이라고 불렀다. 여기서 '덕목cardinal'은 로마 가톨릭교회의 추기경Cardinal과 관련된 것이 아니다. 이 단어는 라틴어에서 유래했으며, 어원적으로 '문을 여닫게 하는 경첩'을 의미한다. 즉 이 네 가지 덕목은 도덕적인 삶을 살아가는 데 필수적인 중심축이라고 여겨졌다. 각 덕목은 투자에서도 중요한 의미를 갖는다. '신중함'은 미래를 염두에 두고 행동하는 것을 의미한다. 신중한 투자는 곧 사려 깊은 투자의 핵심이다. '정의'를 믿는 사람은 마땅히 받아야 할 것과 그렇지 않은 것을 분별할 줄 알며, 이는 투자 성과를 평가하는 데 있어 중요한 능력이다. '용기'는 역경 속에서도 용기를 잃지 않는 것을 말하며, 이는 변동성이 큰 주식시장에서도 흔들림 없이 버티는 자세와 연결된다. 마지막으로 플라톤은 '절제'를 '건전한 정신상태'라고 정의했으며, 이를 가장 중요한 덕목이라고 보았다. '건전한 정신상태', 이 멋진 표현은 "머니 마인드"를 묘사하는 완벽한 단어일지도 모른다. 이 네 가지 핵심 덕목은 장기 투자의 핵심 요소라고 할 수 있다.

워런 버핏의 삶을 연구한 사람이라면, 그가 투자의 세계뿐만 아니라 인생 전반에서도 덕망 있는 삶을 살아왔음을 알 수 있다. 잘 알려져 있듯이 버핏의 자선 활동은 모두가 알듯 타의 추종을 불허한다. 그는 자신의 순자산 99%를 자선단체와 재단에 기부하겠다고 서약했다. 2023년 버핏은 버크셔 해서웨이 주식 46억 달러(약 6조 8156억 원)를 빌 앤드 멜린다 게이츠 재단 Bill and Melinda Gates Foundation, 수잔 톰슨 재단 Susan Thompson Foundation, 하워드 G. 버핏 재단 Howard G. Buffett Foundation, 셔우드 재단 Sherwood Foundation, 노보 재단 NoVo Foundation 등 5개의 자선단체에 기부했다. 2006년부터 지금까지 버핏은 500억 달러(약 74조 500억 원) 이상의 버크셔 주식을 기부했다. 이는 2006년 당시 그의 순자산(430억 달러, 약 63조 6830억 원)보다도 많은 금액이다. 이것이 가능했던 이유는 버크셔 해서웨이 주식의 지속적인 가치 상승 덕분이다. 현재 버핏은 1120억 달러(약 165조 8720억 원) 규모의 버크셔 주식을 여전히 보유하고 있으며, 그가 최종적으로 사회에 환원할 금액은 1600억 달러(약 237조 9600억 원) 이상이 될 전망이다. 역사상 이런 기부 사례는 없었다.

현재 버크셔 해서웨이는 세대 교체 과정에 있다. 버핏은 2018년 내셔널 인뎀니티의 CEO였던 아지트 자인 Ajit Jain을 버크셔의 보험사업 부문 부회장으로, 버크셔 해서웨이 에너지 CEO인 그렉 아벨 Greg Abel을 비非보험사업 부문 부회장으로 임명했다. 이후 버크셔는 차기 CEO로 그렉 아벨이 선임될 것임을 공식적으로 발표했다. 그리고 버핏의 장남인 하워드 버핏은 적절한 시점에 이사회 의장 역할을 맡을 준비가 되어 있다. 한편, 토드 콤스와 테드 웩슬러 Ted Wechsler는 각각 2011년과 2012년에 버크셔에 합류해 현재 회사의 투자 포트폴리오 일부를 운영 중이다. 이처럼 필요한 인물들이 모두 준비되어 있으며, 그날이 오면 더 이상 버핏이 연례 주주총회에서 직접 질문에 답하지 않게 될 것이다.

그럼에도 많은 사람이 버크셔가 워런 버핏 없이 버틸 수 있을지 의문을 품는다. 이에 대해 교수이자, 버핏과 버크셔 해서웨이에 관한 여러 책을 쓴 로렌스 커닝험 Lawrence Cunningham은 이렇게 말했다. "사람들은 워런 버핏이 너무 특별한 존재이기 때문에, 그가 없으면 버크셔가 존속할 수 없다고 말한다. 하지만 나는 오히려 버크셔가 너무 특별한 기업이기 때문에 버핏 없이도 지속될 수 있다고 생각한다. 그가 구축한 '영속성의 문화' 덕분이다."[33]

커닝험은 버크셔의 지속 가능성이 바로 그 기업 문화에 뿌리를 두고 있다고 본다. 수잔 데커 Susan Decker, 버크셔 해서웨이의 이사회 멤버 역시 이에 동의했다. 그에게 "워런 버핏 이후에도 버크셔가 지속 가능하다고 생각하는가?"라는 질문을 하자, 그는 단호하게 답했다. "이 모든 것은 결국 문화의 문제다." 수십 년간 버크셔 해서웨이 주주 서한의 편집을 맡아온 그는 짧지만 의미 있는 한마디를 남겼다. "결국 중요한 것은 사람이다."[34]

워런 버핏이 전문적으로 이룬 모든 업적 가운데 가장 위대한 성취는 버크셔 해서웨이라는 기업 문화에 생명을 불어넣은 것이라 할 수 있다. 이 회사의 중심에는 소유 파트너, 경영진, 직원으로 이루어진 공동체가 있다. 그리고 그들이 가장 우선시하는 목표는 자본을 합리적으로 배분하는 것이다. 이 "자본 배분"이라는 핵심 원칙이 바로 버크셔 해서웨이를 움직이는 엔진이다. 그렇다면 왜 이 문화가 앞으로도 수십 년 동안 지속될 수 없다고 생각하는가? 워런 버핏에게 "당신이 떠나면, 지난 60년 가까운 성공이 멈출 것인가?"라는 질문을 했을 때, 그는 간결하면서도 강한 의미를 담은 한마디를 남겼다. "이제 그 명성은 버크셔 자체의 것이 되었다."[35]

감사의 말

무엇보다 먼저, 워런 버핏에게 깊은 감사를 전한다. 그의 가르침뿐만 아니라 버크셔 해서웨이 연례 보고서에 실린 저작권 보호 자료를 사용할 수 있도록 허락해 준 것에 대해 특히 감사드린다. 워런 버핏이 직접 쓴 글을 더 나은 표현으로 바꾸는 것은 거의 불가능하다. 이 책의 독자들이 그의 글을 직접 읽을 수 있는 것은 큰 행운이다. 어설픈 해석이 아닌 버핏의 통찰을 있는 그대로 접할 수 있기 때문이다.

나는 항상 솔직하게 말해 왔다.

《워런 버핏 웨이》가 성공할 수 있었던 것은 무엇보다도 워런의 덕분이라는 사실을 나는 한 번도 주저없이 밝혀왔다. 투자 분야에서 그를 가장 인기 있는 롤모델로 만든 따뜻한 인품과 그를 세계 최고의 투자자로 만든 비할 데 없는 성공이 그 증거다. 이 두 가지를 동시에 갖춘다는 것은 결코 흔한 일이 아니다. 또한 데비 보사넥Debbie Bosanek에게도 진심으로 감사드린다. 그는 지난 30년 동안 언제나 친절했고, 원활한 소통을 위해 아낌없이 시간을 내어주었다. 분명 그에게는 더

시급한 일이 수없이 많았을 텐데도 말이다. 그 배려와 지원이 없었다면, 이 책은 결코 완성되지 못했을 것이다.

또 찰리 멍거에게 깊이 감사드린다. 그는 투자라는 거대한 학문의 발전에 지대한 공헌을 했다. 그가 제시한 '오판의 심리학psychology of misjudgment'과 '정신적 모델의 격자latticework of mental models'에 대한 통찰은 매우 중요하며, 모든 투자자가 반드시 연구해야 할 개념이다. 워런 버핏을 연구하는 것 다음으로, 찰리 멍거의 '세상에 대한 지혜'를 배우며 주요 정신적 모델들을 탐구하는 과정은 내 경력에서 가장 의미 있는 성취 중 하나였다. 나는 다양한 학문적 관점을 결합해 사고하는 능력을 기르게 되었고, 그 덕분에 더 나은 투자자가 되었다고 확신한다. 찰리 멍거의 지적 탐구심은 나에게 매일 영감을 준다.

《워런 버핏 웨이》가 출간된 직후, 나는 당시 87세였던 필립 피셔에게 한 통의 편지를 받았다. 이 인연을 계기로 우리는 여러 해 동안 다양한 투자 주제에 대해 서신을 주고받았다. 그의 편지들은 내 투자 철학이 올바른 방향으로 가고 있다는 확신을 심어주었다. 비록 시간이 짧아 아쉬움이 남지만, 그와의 우정을 언제까지나 소중히 간직할 것이다.

또 이 책의 서문을 써준 전설적인 투자자 피터 린치와 하워드 막스에게 깊이 감사드린다. 그리고 빌 밀러에게도 깊은 감사를 전한다. 내 투자 기술을 발전시키는 데 있어, 빌은 이론에서 실전으로 나아가는 과정에서 가장 중요한 역할을 했다. 그는 친구이자, 지적 멘토였다. 그는 나를 산타페 연구소에 소개했고, 복잡 적응 시스템 연구와 철학적 사고의 깊은 세계로 이끌어주었다. 지난 40년 동안 보여준 그의 지적 관대함은 말로 다 표현할 수 없을 만큼 크다. 그에게 진심으로 감사드린다.

지난 수년간, 나는 워런 버핏과 투자에 대해 수많은 뛰어난 인재들과 이야기할 기회를 가졌다. 그들은 인식하지 못했을 수도 있지만, 그 대화들은 나에게 중요한 통찰을 제공했고, 결국 이 책에 녹아들었다. 이에 깊은 감사를 담아, 피터 번스타인, 잭 보글Jack Bogle, 데이비드 브레이버먼David Braverman, 찰스 엘리스Charles Ellis, 켄 피셔Ken Fisher, 버튼 그레이Burton Gray, 에드 할데먼Ed. Haldeman, 아지트 자인, 폴 존슨Paul Johnson, 마이클 모부신, 리사 라푸아노Lisa Rapuano, 존 로스차일드John Rothchild, 빌 루안, 그리고 루 심슨에게 감사의 인사를 전한다.

나는 버크셔와 관련된 글을 쓰는 커뮤니티 일원으로 참여할 수 있었던 행운을 가졌다. 그리고 그 덕분에 워런 버핏, 찰리 멍거, 버크셔 해서웨이를 연구한 분들의 지식과 통찰을 배울 수 있었다. 특별히 앤디 킬패트릭Andy Kilpatrick에게 감사의 말을 전한다. 그는 버크셔의 공식 역사학자라고 할 만한 인물이다. 여기에 더해, 애덤 미드Adam Mead의 책《버크셔 해서웨이의 완전한 금융사The Complete Financial History of Berkshire Hathaway》도 빼놓을 수 없다. 나는 로렌스 커닝험에게도 큰 빚을 지고 있다. 그는 버핏의 글을 체계적으로 정리한 걸작을 만들어냈으며, 그 외에도 깊은 통찰이 담긴 책을 다수 집필했다. 또한 스테파니 쿠바Stephanie Cuba에게도 감사드린다. 또한 훌륭한 책들을 저술했을 뿐만 아니라 버크셔 관련 연구가 지속될 수 있도록 변함없는 지원을 아끼지 않은 밥 마일스Bob Miles에게도 감사를 전한다. 그리고 특별히 캐럴 루미스에게도 깊은 감사를 전한다. 그가 남긴 금융 저널리즘의 업적은 그 누구도 따라올 수 없다. 워런 버핏이 투자 파트너십을 시작하기 2년 전, 캐럴은 〈포춘〉에서 연구원으로 커리어를 시작했다. 그 후 수석 에디터로 승진했으며, 〈뉴욕 타임스〉 베스트셀러 작가이자 미국을 대표하는 금융 저널리스트 중 한 명으로 자리 잡았다. 또 많은 사람이 알 듯, 그는 1977년부터 워런 버핏의 주주 서한을 편집해 왔다. 캐럴이 초창기에 해주었던 격려의 말들은 내게 말로 다 표현할 수 없을 큰 의미가 있었다.

워런 버핏, 찰리 멍거 그리고 버크셔 해서웨이에 대한 내 생각을 더욱 깊이 있게 만들어준 피터 베블린Peter Bevlin, 로널드 찬Ronald Chan, 데이비드 클라크David Clark, 토드 핀클, 트렌 그리핀Tren Griffin, 스티브 조던, 재닛 로우, 로저 로웬스타인, 제러미 밀러Jeremy Miller, F. C. 미네커, 대니엘 피컷Daniel Peacut, 로라 리튼하우스Laura Rittenhouse, 앨리스 슈뢰더Alice Schroeder, 윌리엄 손다이크, 코리 렌Corey Wren에게도 감사의 말을 전한다.

30년 전 버크셔를 깊이 연구하는 이들 중 가장 먼저 나에게 연락을 준 밥 콜먼Bob Coleman에게도 특별히 감사의 마음을 전한다. 그는 투자에 대한 끝없는 호기심을 가진 사람이며, 그와의 대화에 참여할 수 있었던 것은 내게 큰 행운이었다. 그리고 그를 통해 나는 톰 루소Tom Russo를 알게 되었다. 그는 내 글로벌 투자에 대한 이해를 넓혀주었다. 그때부터 새로운 인연들이 이어졌다. 나는 또한 척 아크레Chuck Akre, 제이미 클라크Jamie Clark, 크리스 데이비스, 톰 게이너Tom Gayner, 메이슨 호킨스Mason Hawkins, 그리고 월리 와이츠Wally Weitz에게도 감사드린다.

나는 또한 존 와일리 앤드 선스 출판사John Wiley & Sons, Inc. 관계자 분들께 감사 인사를 전한다. 그들은 《워런 버핏 웨이》를 출간해 주었을 뿐만 아니라 이 책을 위해 한결같은 지지와 헌신적인 노력을 아끼지 않았다. 와일리 출판사의 모든 분들은 진정한 전문가들이다. 특히 기획편집자인 케빈 해럴드Kevin Harreld, 편집장인 수전 세라Susan Cerra, 개발 편집자 거스 A. 미클로스Gus A. Miklos, 교정편집자인 수전 게러티Susan Geraghty에게 감사의 인사를 전한다.

1993년 당시 존 와일리 앤드 선스의 발행인이자, 편집자였던 마일스 톰슨Myles Thompson을 처음 만났다. 나는 그에게 워런 버핏에 대한 책을 쓰겠다는 아이디어를 이야기했다. 마일스는 이 아이디어를 지지해 주었고, 그 덕분에 《워런 버핏 웨이》 원고가 절반쯤 완성된 상태에서 출판이 결정되었다. 그가 아니었다면 나는 첫 책을 출간하지 못했을지도 모른다. 이름난 경력을 갖추지 못한 신인 작가에게 기회를 주었던 것은 내게 평생 잊을 수 없는 행운이었다. 만약 마일스가 제안을 거절했다면, 내 인생은 지금과 많이 달랐을 것이고, 아마 더 나아지지는 않았을 것이다. 마일스에게 다시 한번 감사 인사를 드린다.

로리 하퍼Laurie Harper에게 얼마나 깊은 감사를 전해야 할지 말로 다 표현하기 어렵다. 그는 완벽한 에이전트다. 로리는 똑똑하고, 친절하며, 신뢰할 수 있는 사람이다. 그는 출판업계를 누구보다 정직하고 성실하게 이끌어나가면서도 유머와 품위를 잃지 않는다. 나는 그보다 더 좋은 사람과 함께할 수 없었다. 또한 고故 마이클 콘Michael Cohn에게도 특별한 감사를 전한다. 그는 무명의 신인 작가였던 나에게 기회를 준 사람이었다.

그리고 마지막으로, 나는 매기 스터키Maggie Stuckey에게 가장 큰 감사의 마음을 전하고 싶다. 그는 내 책의 전담 편집자이자, 글쓰기 파트너로 수십 년 동안 신인 작가였던 나를 '제법 괜찮은 저자'로 성장할 수 있도록 도와주었다. 우리는 서로 다른 대륙에 떨어져 있음에도, 매기는 언제나 내가 쓴 내용을 깊이 이해하고 핵심을 정확히 짚어내 주었다. 그는 책의 흐름을 자연스럽게 연결하는 방법을 고민하고, 내가 전하고자 하는 내용을 더 쉽고 명확한 문장으로 다듬기 위해 늘 최선을 다했다. 매기 스터키는 이 업계 최고의 편집자다. 그가 자신의 뛰어난 능력을 저자인 나에게뿐만 아니라 독자에게도 공유해 준 것은 내게 큰 행운이다.

이 책이 좋은 평가를 받을 수 있다면, 그것은 앞서 언급한 분들 덕분이다. 그러나 책 속에 실수나 부족한 점이 있다면, 그 책임은 오롯이 내 몫이다.

2023년 11월
로버트 G. 해그스트롬

부록 A
버크셔의 성과와
S&P 500 지수 비교
(1965~2022)

표 A.1 버크셔 성과와 S&P 500 지수 비교(1965~2022)

연(year)	연평균 변화율(%)	
	버크셔 주당 시장 가치 기준	배당금 포함 S&P 500 총 수익률 기준
1965	49.5	10.0
1966	(3.4)	(11.7)
1967	13.3	30.9
1968	77.8	11.0
1969	19.4	(8.4)
1970	(4.6)	3.9
1971	80.5	14.6
1972	8.1	18.9
1973	(2.5)	(14.8)
1974	(48.7)	(26.4)
1975	2.5	37.2
1976	129.3	23.6
1977	46.8	(7.4)
1978	14.5	6.4
1979	102.5	18.2
1980	32.8	32.3
1981	31.8	(5.0)
1982	38.4	21.4
1983	69.0	22.4
1984	(2.7)	6.1

연(year)	연평균 변화율(%)	
	버크셔 주당 시장 가치 기준	배당금 포함 S&P 500 총 수익률 기준
1985	93.7	31.6
1986	14.2	18.6
1987	4.6	5.1
1988	59.3	16.6
1989	84.6	31.7
1990	(23.1)	(3.1)
1991	35.6	30.5
1992	29.8	7.6
1993	38.9	10.1
1994	25.0	1.3
1995	57.4	37.6
1996	6.2	23.0
1997	34.9	33.4
1998	52.2	28.6
1999	(19.9)	21.0
2000	26.6	(9.1)
2001	6.5	(11.9)
2002	(3.8)	(22.1)
2003	15.8	28.7
2004	4.3	10.9

연(year)	연평균 변화율(%)	
	버크셔 주당 시장 가치 기준	배당금 포함 S&P 500 총 수익률 기준
2005	0.8	4.9
2006	24.1	15.8
2007	28.7	5.5
2008	(31.8)	(37.0)
2009	2.7	26.5
2010	21.4	15.1
2011	(4.7)	2.1
2012	16.8	16.0
2013	32.7	32.4
2014	27.0	13.7
2015	(12.5)	1.4
2016	23.4	12.0
2017	21.9	21.8
2018	2.8	(4.4)
2019	11.0	31.5
2020	2.4	18.4
2021	29.6	28.7
2022	4.0	(18.1)
복리 연간 수익률 (1965~2022)	19.8%	9.9%
총 수익률 (1964~2022)	3,787,464%	24,708%

참고: 자료는 다음의 예외를 제외하고는 모두 연말 기준(12월 31일)이다. 1965년과 1966년은 회계연도가 9월 30일에 종료되었으며, 1967년은 15개월간(해당 회계연도는 12월 31일에 종료됨)을 기준으로 한다.

# 부록 B
버크셔의 보통주 포트폴리오
(1977~2021)

표 B.1 버크셔 해서웨이 1977년 보통주 포트폴리오(단위: 1000달러)

주식 수	기업명	비용($)	시장 가치($)
934,300	워싱턴 포스트 (The Washington Post Company)	10,628	33,401
1,969,953	가이코 전환우선주 (GEICO Convertible Preferred)	19,417	33,033
592,650	인터퍼블릭 그룹 (Interpublic Group of Companies)	4,531	17,187
220,000	캐피탈 시티즈 커뮤니케이션 (Capital Cities Communications, Inc.)	10,909	13,228
1,294,308	가이코 보통주 (GEICO Common Stock)	4,116	10,516
324,580	카이저 알루미늄 앤드 케미컬 (Kaiser Aluminum and Chemical Corp.)	11,218	9,981
226,900	나이트-리더 신문사 (Knight-Ridder Newspapers)	7,534	8,736
170,800	오길비 앤드 매더 인터내셔널 (Ogilvy & Mather International)	2,762	6,960
1,305,800	카이저 인더스트리 (Kaiser Industries, Inc.)	778	6,039
총계($)		71,893	139,081
기타 모든 보통주($)		34,996	41,992
보통주 총계($)		106,889	181,073

출처: 1977년 버크셔 해서웨이 연례 보고서

표 B.2 버크셔 해서웨이 1978년 보통주 포트폴리오(단위: 1000달러)

주식 수	기업명	비용($)	시장 가치($)
934,000	워싱턴 포스트	0,628	43,445
1,986,953	가이코 전환우선주	19,417	28,314
953,750	세이프코 (SAFECO Corporation)	23,867	26,467
592,650	인터퍼블릭 그룹	4,531	19,039
1,066,934	카이저 알루미늄 앤드 케미컬	18,085	18,671
453,800	나이트-리더 신문사	7,534	10,267
1,294,308	가이코 보통주	4,116	9,060
246,450	아메리칸 브로드캐스팅 (American Broadcasting Companies)	6,082	8,626
총계($)		94,260	163,889
기타 모든 보통주($)		39,506	57,040
보통주 총계($)		133,766	220,929

출처: 1978년 버크셔 해서웨이 연례 보고서

표 B.3 버크셔 해서웨이 1979년 보통주 포트폴리오(단위: 1000달러)

주식 수	기업명	비용($)	시장 가치($)
5,730,114	가이코 코퍼레이션(보통주)	28,288	68,045
1,868,000	워싱턴 포스트	10,628	39,241
1,007,500	핸디 앤드 하먼 (Handy & Harman)	21,825	38,537
953,750	세이프코	23,867	35,527
711,180	인퍼블릭 그룹	4,531	23,736
1,211,834	카이저 알루미늄 앤드 케미컬 그룹	20,629	23,328
771,900	울워스(F.W. Woolworth Company)	15,515	19,394
328,700	제너럴 푸즈(General Foods, Inc.)	11,437	11,053
246,450	아메리칸 브로드캐스팅	6,082	9,673
289,700	어필리에이티드 퍼블리케이션스 (Affiliated Publications)	2,821	8,800
391,400	오길비 앤드 매더 인터내셔널	3,709	7,828
282,500	미디어 제너럴(Media General, Inc.)	4,545	7,345
112,545	아메라다 헤스(Amerada Hess)	2,861	5,487
총계($)		156,738	297,994
기타 모든 보통주($)		28,675	36,686
보통주 총계($)		185,413	334,680

출처: 1979년 버크셔 해서웨이 연례 보고서

표 B.4 버크셔 해서웨이 1980년 보통주 포트폴리오(단위: 1000달러)

주식 수	기업명	비용($)	시장 가치($)
7,200,000	가이코	47,138	105,300
1,983,812	제너럴 푸즈	62,507	59,889
2,015,000	핸디 앤드 하먼	21,825	58,435
1,250,525	세이프코	32,063	45,177
1,868,600	워싱턴 포스트	10,628	42,277
464,317	알코아(Aluminum Company of America)	25,577	27,685
1,211,834	카이저 알루미늄 앤드 케미컬 그룹	20,629	27,569
711,180	인퍼블릭 그룹	4,531	22,135
667,124	울워스	13,583	16,511
370,088	핑커톤(Pinkerton's, Inc.)	12,144	16,489
475,217	클리블랜드-클리프스 (Cleveland-Cliffs Iron Company)	12,942	15,894
434,550	어필리에이티드 퍼블리케이션스	2,821	12,222
245,700	R.J. 레이놀즈(R.J. Reynolds Industries)	8,702	11,228
391,400	오길비 앤드 매더 인터내셔널	3,709	9,981
282,500	미디어 제너럴	4,545	8,334
247,039	내셔널 디트로이트 (National Detroit Corporation)	5,930	6,299
151,104	타임스 미러(The Times Mirror Company)	4,447	6,271
881,500	내셔널 스튜던트 마케팅 (National Student Marketing)	5,128	5,895
총계($)		298,848	497,591
기타 모든 보통주($)		26,313	32,096
보통주 총계($)		325,161	529,687

출처: 1980년 버크셔 해서웨이 연례 보고서

표 B.5 버크셔 해서웨이 1981년 보통주 포트폴리오(단위: 1000달러)

주식 수	기업명	비용($)	시장 가치($)
7,200,000	가이코	47,138	199,800
1,764,824	R.J. 레이놀즈 인더스트리	76,668	83,127
2,101,244	제너럴 푸즈	66,277	66,714
1,868,600	워싱턴 포스트	10,628	58,160
2,015,000	핸디 앤드 하먼	21,825	36,270
785,225	세이프코	21,329	31,016
711,180	인퍼블릭 그룹	4,531	23,202
370,088	핑커톤	12,144	19,675
703,634	알코아	19,359	18,031
420,441	아카타(Arcata Corporation)	14,076	15,136
475,217	클리블랜드-클리프스	12,942	14,362
451,650	어필리에이티드 퍼블리케이션스	3,297	14,362
441,522	GATX(GATX Coporation)	17,147	13,466
391,400	오길비 앤드 매더 인터내셔널	3,709	12,329
282,500	미디어 제너럴	4,545	11,088
총계($)		335,615	616,490
기타 모든 보통주($)		16,131	22,739
보통주 총계($)		351,746	639,229

출처: 1981년 버크셔 해서웨이 연례 보고서

표 B.6 버크셔 해서웨이 1982년 보통주 포트폴리오(단위: 1000달러)

주식 수	기업명	비용($)	시장 가치($)
7,200,000	가이코	47,138	309,600
3,107,675	R.J. 레이놀즈 인더스트리	142,343	158,715
1,868,600	워싱턴 포스트	10,628	103,240
2,101,244	제너럴 푸즈	66,277	83,680
1,531,391	타임(Time, Inc.)	45,273	79,824
908,800	크럼 앤드 포스터(Crum & Forster)	47,144	48,962
2,379,200	핸디 앤드 하먼	27,318	46,692
711,180	인퍼블릭 그룹	4,531	34,314
460,650	어필리에이티드 퍼블리케이션스	3,516	16,929
391,400	오길비 앤드 매더 인터내셔널	3,709	17,319
282,500	미디어 제너럴	4,545	12,289
총계($)		402,422	911,564
기타 모든 보통주($)		21,611	34,058
보통주 총계($)		424,033	945,622

출처: 1982년 버크셔 해서웨이 연례 보고서

표 B.7 버크셔 해서웨이 1983년 보통주 포트폴리오(단위: 1000달러)

주식 수	기업명	비용($)	시장 가치($)
6,850,000	가이코	47,138	398,156
5,618,661	R.J. 레이놀즈 인더스트리	268,918	314,334
4,451,544	제너럴 푸즈	163,786	228,698
1,868,600	워싱턴 포스트	10,628	136,875
901,788	타임	27,732	56,860
2,379,200	핸디 앤드 하먼	27,318	42,231
636,310	인퍼블릭 그룹	4,056	33,088
690,975	어필리에이티드 퍼블리케이션스	3,516	26,603
250,400	오길비 앤드 매더 인터내셔널	2,580	12,833
197,200	미디어 제너럴	3,191	11,191
총계($)		558,863	1,260,869
기타 모든 보통주($)		7,485	18,044
보통주 총계($)		566,348	1,278,913

출처: 1983년 버크셔 해서웨이 연례 보고서

표 B.8 버크셔 해서웨이 1984년 보통주 포트폴리오(단위: 1000달러)

주식 수	기업명	비용($)	시장 가치($)
6,850,000	가이코	47,138	397,300
4,047,191	제너럴 푸즈	149,870	226,137
3,895,710	엑슨(Exxon Corporation)	173,401	175,307
1,868,600	워싱턴 포스트	10,628	149,955
2,553,488	타임	89,237	109,162
740,400	아메리칸 브로드캐스팅	44,416	46,738
2,379,200	핸디 앤드 하먼	27,318	38,662
690,975	어필리에이티드 퍼블리케이션스	3,516	32,908
818,872	인퍼블릭 그룹	2,570	28,149
555,949	노스웨스트 인더스트리 (Northwest Industries)	26,581	27,242
총계($)		573,340	1,231,560
기타 모든 보통주($)		11,634	37,326
보통주 총계($)		584,974	1,268,886

출처: 1984년 버크셔 해서웨이 연례 보고서

표 B.9 버크셔 해서웨이 1985년 보통주 포트폴리오(단위: 1000달러)

주식 수	기업명	비용($)	시장 가치($)
6,850,000	가이코	45,713	595,950
1,727,765	워싱턴 포스트	9,731	205,172
900,800	아메리칸 브로드캐스팅	54,435	108,997
2,350,922	베아트리스 컴퍼니즈 (Beatrice Companies, Inc.)	106,811	108,142
1,036,461	어필리에이티드 퍼블리케이션스	3,516	55,710
2,553,488	타임	20,385	52,669
2,379,200	핸디 앤드 하먼	27,318	43,718
총계($)		267,909	1,170,358
기타 모든 보통주($)		7,201	27,963
보통주 총계($)		275,110	1,198,321

출처: 1985년 버크셔 해서웨이 연례 보고서

표 B.10 버크셔 해서웨이 1986년 보통주 포트폴리오(단위: 1000달러)

주식 수	기업명	비용($)	시장 가치($)
2,990,000	캐피탈 시티즈/ABC	515,775	801,694
6,850,000	가이코	45,713	674,725
1,727,765	워싱턴 포스트	9,731	269,531
2,379,200	핸디 앤드 하먼	27,318	46,989
489,300	리어 지글러(Lear Siegler, Inc.)	44,064	44,587
총계($)		642,601	1,837,526
기타 모든 보통주($)		12,763	36,507
보통주 총계($)		655,364	1,874,033

출처: 1986년 버크셔 해서웨이 연례 보고서

표 B.11 버크셔 해서웨이 1987년 보통주 포트폴리오(단위: 1000달러)

주식 수	기업명	비용($)	시장 가치($)
3,000,000	캐피탈 시티즈/ABC	517,500	1,035,000
6,850,000	가이코	45,713	756,925
1,727,765	워싱턴 포스트	9,731	323,092
보통주 총계($)		572,944	2,115,017

출처: 1987년 버크셔 해서웨이 연례 보고서

표 B.12 버크셔 해서웨이 1988년 보통주 포트폴리오(단위: 1000달러)

주식 수	기업명	비용($)	시장 가치($)
3,000,000	캐피탈 시티즈/ABC	517,500	1,086,750
6,850,000	가이코	45,713	849,400
14,172,500	코카콜라(The Coca-Cola Company)	592,540	632,448
1,727,765	워싱턴 포스트	9,731	364,126
2,400,000	프레디 맥 (Federal Home Loan Mortgage Corp.)	71,729	121,200
보통주 총계($)		1,237,213	3,053,924

출처: 1988년 버크셔 해서웨이 연례 보고서

표 B.13 버크셔 해서웨이 1989년 보통주 포트폴리오(단위: 1000달러)

주식 수	기업명	비용($)	시장 가치($)
23,350,000	코카콜라	1,023,920	1,803,787
3,000,000	캐피탈 시티즈/ABC	517,500	1,692,375
6,850,000	가이코	45,713	1,044,625
1,727,765	워싱턴 포스트	9,731	486,366
2,400,000	프레디 맥	71,729	161,100
보통주 총계($)		1,668,593	5,188,253

출처: 1989년 버크셔 해서웨이 연례 보고서

표 B.14 버크셔 해서웨이 1990년 보통주 포트폴리오(단위: 1000달러)

주식 수	기업명	비용($)	시장 가치($)
46,700,000	코카콜라	1,023,920	2,171,550
3,000,000	캐피탈 시티즈/ABC	517,500	1,377,375
6,850,000	가이코	45,713	1,110,556
1,727,765	워싱턴 포스트	9,731	342,097
2,400,000	프레디 맥	71,729	117,000
보통주 총계($)		1,958,024	5,407,953

출처: 1990년 버크셔 해서웨이 연례 보고서

표 B.15 버크셔 해서웨이 1991년 보통주 포트폴리오(단위: 1000달러)

주식 수	기업명	비용($)	시장 가치($)
46,700,000	코카콜라	1,023,920	3,747,675
6,850,000	가이코	45,713	1,363,150
24,000,000	질레트(The Gillette Company)	600,000	1,347,000
3,000,000	캐피탈 시티즈/ABC	517,500	1,300,500
2,495,200	프레디 맥.	77,245	343,090
1,727,765	워싱턴 포스트	9,731	336,050
31,247,000	기네스(Guinness plc)	264,782	296,755
5,000,000	웰스파고(Wells Fargo & Company)	289,431	290,000
보통주 총계($)		2,828,322	9,024,220

출처: 1991년 버크셔 해서웨이 연례 보고서

부록 B | 버크셔의 보통주 포트폴리오

표 B.16 버크셔 해서웨이 1992년 보통주 포트폴리오(단위: 1000달러)

주식 수	기업명	비용($)	시장 가치($)
93,400,000	코카콜라	1,023,920	3,911,125
34,250,000	가이코	45,713	2,226,250
3,000,000	캐피탈 시티즈/ABC	517,500	1,523,500
24,000,000	질레트	600,000	1,365,000
16,196,700	프레디 맥	414,527	783,515
6,358,418	웰스파고	380,983	485,624
4,350,000	제너럴 다이내믹스(General Dynamics)	312,438	450,769
1,727,765	워싱턴 포스트	9,731	396,954
38,335,000	기네스	333,019	299,581
보통주 총계($)		3,637,831	11,442,318

출처: 1992년 버크셔 해서웨이 연례 보고서

표 B.17 버크셔 해서웨이 1993년 보통주 포트폴리오(단위: 1000달러)

주식 수	기업명	비용($)	시장 가치($)
93,400,000	코카콜라	1,023,920	4,167,975
34,250,000	가이코	45,713	1,759,594
24,000,000	질레트	600,000	1,431,000
2,000,000	캐피탈 시티즈/ABC	345,000	1,239,000
6,791,218	웰스파고	423,680	878,614
13,654,600	프레디 맥	307,505	681,023
1,727,765	워싱턴 포스트	9,731	440,148
4,350,000	제너럴 다이내믹스	94,938	401,287
38,335,000	기네스	333,019	270,822
보통주 총계($)		3,183,506	11,269,463

출처: 1993년 버크셔 해서웨이 연례 보고서

표 B.18 버크셔 해서웨이 1994년 보통주 포트폴리오(단위: 1000달러)

주식 수	기업명	비용($)	시장 가치($)
93,400,000	코카콜라	1,023,920	5,150,000
24,000,000	질레트	600,000	1,797,000
20,000,000	캐피탈 시티즈/ABC	345,000	1,705,000
34,250,000	가이코	45,713	1,678,250
6,791,218	웰스파고	423,680	984,272
27,759,941	아메리칸 익스프레스 (American Express Company)	723,919	818,918
13,654,600	프레디 맥	270,468	644,441
1,727,765	워싱턴 포스트	9,731	418,983
19,453,300	PNC 파이낸셜(PNC Bank Corporation)	503,046	410,951
6,854,500	개닛(Gannett Co., Inc.)	335,216	365,002
보통주 총계($)		4,280,693	13,972,817

출처: 1994년 버크셔 해서웨이 연례 보고서

표 B.19 버크셔 해서웨이 1995년 보통주 포트폴리오(단위: 100만 달러)

주식 수	기업명	비용($)	시장 가치($)
49,456,900	아메리칸 익스프레스	1,392.70	2,046.30
20,000,000	캐피탈 시티즈/ABC	345.00	2,467.50
100,000,000	코카콜라	1,298.90	7,425.00
12,502,500	프레디 맥	260.10	1,044.00
34,250,000	가이코	45.70	2,393.20
48,000,000	질레트	600.00	2,502.00
6,791,218	웰스파고	423.70	1,466.90
보통주 총계($)		4,366.10	19,344.90

출처: 1995년 버크셔 해서웨이 연례 보고서

표 B.20 버크셔 해서웨이 1996년 보통주 포트폴리오(단위: 100만 달러)

주식 수	기업명	비용($)	시장 가치($)
49,456,900	아메리칸 익스프레스	1,392.70	2,794.30
200,000,000	코카콜라	1,298.90	10,525.00
24,614,214	월트 디즈니(The Walt Disney Company)	577.00	1,716.80
64,246,000	프레디 맥	333.40	1,772.80
48,000,000	질레트	600.00	3,732.00
30,156,600	맥도날드(McDonald's Corporation)	1,265.30	1,368.40
1,727,765	워싱턴 포스트	10.60	579.00
7,291,418	웰스파고	497.80	1,966.90
보통주 총계($)		5,975.70	24,455.20

출처: 1996년 버크셔 해서웨이 연례 보고서

표 B.21 버크셔 해서웨이 1997년 보통주 포트폴리오(단위: 100만 달러)

주식 수	기업명	비용($)	시장 가치($)
49,456,900	아메리칸 익스프레스	1,392.70	4,414.00
200,000,000	코카콜라	1,298.90	13,337.50
21,563,414	월트 디즈니	381.20	2,134.80
63,977,600	프레디 맥	329.40	2,683.10
48,000,000	질레트	600.00	4,821.00
23,733,198	트래블러스 그룹(Travelers Group Inc.)	604.40	1,278.60
1,727,765	워싱턴 포스트	10.60	840.60
6,690,218	웰스파고	412.60	2,270.90
보통주 총계($)		5,029.80	31,780.50

출처: 1997년 버크셔 해서웨이 연례 보고서

표 B.22 버크셔 해서웨이 1998년 보통주 포트폴리오(단위: 100만 달러)

주식 수	기업명	비용($)	시장 가치($)
50,536,900	아메리칸 익스프레스	1,470	5,180
200,000,000	코카콜라	1,299	13,400
51,202,242	월트 디즈니	281	1,536
60,298,000	프레디 맥	308	3,885
96,000,000	질레트	600	4,590
1,727,765	워싱턴 포스트	11	999
63,595,180	웰스파고	392	2,540
기타		2,683	5,135
보통주 총계($)		7,044	37,265

★ 세무 기준 원가를 나타내며, 총액 기준으로 GAAP 기준 원가보다 15억 달러 낮다.

출처: 1998년 버크셔 해서웨이 연례 보고서

표 B.23 버크셔 해서웨이 1999년 보통주 포트폴리오(단위: 100만 달러)

주식 수	기업명	비용($)	시장 가치($)
50,536,900	아메리칸 익스프레스	1,470	8,402
200,000,000	코카콜라	1,299	11,650
59,559,300	월트 디즈니	281	1,536
60,298,000	프레디 맥	294	2,803
96,000,000	질레트	600	3,954
1,727,765	워싱턴 포스트	11	960
59,136,680	웰스파고	349	2,391
기타		4,180	6,848
보통주 총계($)		8,203	37,008

★ 세무 기준 원가를 나타내며, 총액 기준으로 GAAP 기준 원가보다 6억 9,100만 달러 낮다.
출처: 1999년 버크셔 해서웨이 연례 보고서

표 B.24 버크셔 해서웨이 2000년 보통주 포트폴리오(단위: 100만 달러)

주식 수	기업명	비용($)	시장 가치($)
151,610,700	아메리칸 익스프레스	1,470	8,329
200,000,000	코카콜라	1,299	12,188
96,000,000	질레트	600	3,468
1,727,765	워싱턴 포스트	11	1,066
55,071,380	웰스파고	319	3,067
기타		6,703	9,501
보통주 총계($)		10,402	37,619

출처: 2000년 버크셔 해서웨이 연례 보고서

표 B.25 버크셔 해서웨이 2001년 보통주 포트폴리오(단위: 100만 달러)

주식 수	기업명	비용($)	시장 가치($)
151,610,700	아메리칸 익스프레스	1,470	5,410
200,000,000	코카콜라	1,299	9,430
96,000,000	질레트	600	3,206
15,999,200	H&R 블록(H&R Block, Inc.)	255	715
24,000,000	무디스(Moody's Corporation)	499	957
1,727,765	워싱턴 포스트	11	916
53,265,080	웰스파고	306	2,315
기타		4,103	5,726
보통주 총계($)		8,543	28,675

출처: 2001년 버크셔 해서웨이 연례 보고서

표 B.26 버크셔 해서웨이 2002년 보통주 포트폴리오(단위: 100만 달러)

주식 수	기업명	비용($)	시장 가치($)
151,610,700	아메리칸 익스프레스	1,470	5,359
200,000,000	코카콜라	1,299	8,768
15,999,200	H&R 블록	255	643
24,000,000	무디스	499	991
1,727,765	워싱턴 포스트	11	1,275
53,265,080	웰스파고	306	2,497
기타		4,621	5,383
보통주 총계($)		9,146	28,363

출처: 2002년 버크셔 해서웨이 연례 보고서

표 B.27 버크셔 해서웨이 2003년 보통주 포트폴리오(단위: 100만 달러)

주식 수	기업명	비용($)	시장 가치($)
151,610,700	아메리칸 익스프레스	1,470	7,312
200,000,000	코카콜라	1,299	10,150
96,000,000	질레트	600	3,526
14,610,900	H&R 블록	227	809
15,476,500	HCA(HCA Inc.)	492	665
6,708,760	M&T 뱅크(M&T Bank Corporation)	103	659
24,000,000	무디스	499	1,453
2,338,961,000	페트로차이나(PetroChina Company Limited)	488	1,340
1,727,765	워싱턴 포스트	11	1,367
56,448,380	웰스파고	463	3,324
기타		2,863	4,682
보통주 총계($)		8,515	35,287

출처: 2003년 버크셔 해서웨이 연례 보고서

표 B.28 버크셔 해서웨이 2004년 보통주 포트폴리오(단위: 100만 달러)

주식 수	기업명	비용($)	시장 가치($)
151,610,700	아메리칸 익스프레스	1,470	8,546
200,000,000	코카콜라	1,299	8,328
96,000,000	질레트	600	4,299
14,350,600	H&R 블록	233	703
6,708,760	M&T 뱅크	103	723
24,000,000	무디스	499	2,084
2,338,961,000	페트로차이나 H주(PetroChina "H" Shares)	488	1,249
1,727,765	워싱턴 포스트	11	1,698
56,448,380	웰스파고	463	3,508
1,724,200	화이트 마운틴 보험사 (White Mountain Insurance)	369	1,114
기타		3,351	5,465
보통주 총계($)		9,056	37,717

출처: 2004년 버크셔 해서웨이 연례 보고서

표 B.29 버크셔 해서웨이 2005년 보통주 포트폴리오(단위: 100만 달러)

주식 수	기업명	비용($)	시장 가치($)
151,610,700	아메리칸 익스프레스	1,287	7,802
30,322,137	아메리프라이즈 파이낸셜 (Ameriprise Financial, Inc.)	183	1,243
43,854,200	앤하이저-부시(Anheuser-Busch, Inc.)	2,133	1,844
200,000,000	코카콜라	1,299	8,062
6,708,760	M&T 뱅크	103	732
48,000,000	무디스	499	2,084
2,338,961,000	페트로차이나 H주	488	1,915
100,000,000	프록터 앤드 갬블 (The Procter & Gamble Company)	940	5,788
19,944,300	월마트(Wal-Mart Stores, Inc.)	944	933
1,727,765	워싱턴 포스트	11	1,322
95,092,200	웰스파고	2,754	5,975
1,724,200	화이트 마운틴 보험사	369	963
기타		4,937	7,154
보통주 총계($)		15,947	46,721

출처: 2005년 버크셔 해서웨이 연례 보고서

표 B.30 버크셔 해서웨이 2006년 보통주 포트폴리오 (단위: 100만 달러)

주식 수	기업명	비용($)	시장 가치($)
151,610,700	아메리칸 익스프레스	1,287	9,198
36,417,400	앤하이저-부시	1,761	1,792
200,000,000	코카콜라	1,299	9,650
17,938,100	코노코필립스(ConocoPhillips)	1,066	1,291
21,334,900	존슨 앤드 존슨(Johnson & Johnson)	1,250	1,409
6,708,760	M&T 뱅크	103	820
48,000,000	무디스	499	3,315
2,338,961,000	페트로차이나 H주	488	3,313
3,486,006	포스코(POSCO)	572	1,158
100,000,000	프록터 앤드 갬블	940	6,427
299,707,000	테스코(Tesco plc)	1,340	1,820
31,033,800	US 뱅코프(U.S. Bancorp)	969	1,123
17,072,192	USG 코퍼레이션(USG Corp.)	536	936
19,944,300	월마트	942	921
1,727,765	워싱턴 포스트	11	1,288
218,169,300	웰스파고	3,697	7,758
1,724,200	화이트 마운틴 보험사	369	999
기타		5,866	8,315
보통주 총계($)		22,995	61,533

출처: 2006년 버크셔 해서웨이 연례 보고서

표 B.31 버크셔 해서웨이 2007년 보통주 포트폴리오(단위: 100만 달러)

주식 수	기업명	비용($)	시장 가치($)
151,610,700	아메리칸 익스프레스	1,287	7,887
35,563,200	앤하이저-부시	1,718	1,861
60,828,818	벌링턴 노던 산타페	4,731	5,063
200,000,000	코카콜라	1,299	12,274
17,508,700	코노코필립스	1,039	1,546
64,271,948	존슨 앤드 존슨	3,943	4,287
124,393,800	크래프트 푸즈	4,152	4,059
48,000,000	무디스	499	1,714
3,486,006	포스코	572	2,136
101,472,000	프록터 앤드 갬블	1,030	7,450
17,170,953	사노피-아벤티스 (Sanofi-Aventis)	1,466	1,575
227,307,000	테스코	1,326	2,156
75,176,026	US 뱅코프	2,417	2,386
17,072,192	USG 코퍼레이션	536	611
19,944,300	월마트	942	948
1,727,765	워싱턴 포스트	11	1,367
303,407,068	웰스파고	6,677	9,160
1,724,200	화이트 마운틴 보험사	369	886
기타		5,238	7,633
보통주 총계($)		39,252	74,999

출처: 2007년 버크셔 해서웨이 연례 보고서

표 B.32 버크셔 해서웨이 2008년 보통주 포트폴리오(단위: 100만 달러)

주식 수	기업명	비용($)	시장 가치($)
151,610,700	아메리칸 익스프레스	1,287	2,812
200,000,000	코카콜라	1,299	9,054
84,896,273	코노코필립스	7,008	4,398
30,009,591	존슨 앤드 존슨	1,847	1,795
130,272,500	크래프트 푸즈	4,330	3,498
3,947,554	포스코	768	1,191
91,941,010	프록터 앤드 갬블	643	5,684
22,111,966	사노피-아벤티스	1,827	1,404
11,262,000	스위스 리(Swiss Re)	733	530
227,307,000	테스코	1,326	1,193
75,145,426	US 뱅코프	2,337	1,879
19,944,300	월마트	942	1,118
1,727,765	워싱턴 포스트	11	674
304,392,068	웰스파고	6,702	8,973
	기타	6,035	4,870
	보통주 총계($)	37,135	49,073

출처: 2008년 버크셔 해서웨이 연례 보고서

표 B.33 버크셔 해서웨이 2009년 보통주 포트폴리오(단위: 100만 달러)

주식 수	기업명	비용($)	시장 가치($)
151,610,700	아메리칸 익스프레스	1,287	6,143
225,000,000	BYD 컴퍼니(BYD Company, Ltd.)	232	1,986
200,000,000	코카콜라	1,299	11,400
37,711,330	코노코필립스	2,741	1,926
28,530,467	존슨 앤드 존슨	1,724	1,838
130,272,500	크래프트 푸즈	4,330	3,541
3,947,554	포스코	768	2,092
83,128,411	프록터 앤드 갬블	533	5,040
25,108,967	사노피 아벤티스	2,027	1,979
234,247,373	테스코	1,367	1,620
76,633,426	US 뱅코프	2,371	1,725
39,037,142	월마트	1,893	2,087
334,235,585	웰스파고	7,394	9,021
기타		6,680	8,636
보통주 총계($)		34,646	59,034

출처: 2009년 버크셔 해서웨이 연례 보고서

표 B.34 버크셔 해서웨이 2010년 보통주 포트폴리오(단위: 100만 달러)

주식 수	기업명	비용($)	시장 가치($)
151,610,700	아메리칸 익스프레스	1,287	6,507
225,000,000	BYD 컴퍼니	232	1,182
200,000,000	코카콜라	1,299	13,154
29,109,637	코노코필립스	2,028	1,982
45,022,563	존슨 앤드 존슨	2,749	2,785
97,214,684	크래프트 푸즈	3,207	3,063
19,259,600	뮌헨 재보험(Munich Re)	2,896	2,924
3,947,554	포스코	768	1,706
72,391,036	프록터 앤드 갬블	464	4,657
25,848,838	사노피-아벤티스	2,060	1,656
242,163,773	테스코	1,414	1,608
78,060,769	US 뱅코프	2,401	2,105
39,037,142	월마트	1,893	2,105
358,936,125	웰스파고	8,015	11,123
기타		3,020	4,956
보통주 총계($)		33,733	61,513

출처: 2010년 버크셔 해서웨이 연례 보고서

표 B.35 버크셔 해서웨이 2011년 보통주 포트폴리오(단위: 100만 달러)

주식 수	기업명	비용($)	시장 가치($)
151,610,700	아메리칸 익스프레스	1,287	7,151
200,000,000	코카콜라	1,299	13,994
29,100,937	코노코필립스	2,027	2,121
63,905,931	IBM(International Business Machines Corp.)	10,856	11,751
31,416,127	존슨 앤드 존슨	1,880	2,060
79,034,713	크래프트 푸즈	2,589	2,953
20,060,390	뮌헨 재보험	2,990	2,464
3,947,555	포스코	768	1,301
72,391,036	프록터 앤드 갬블	464	4,829
25,848,838	사노피	2,055	1,900
291,577,428	테스코	1,719	1,827
78,060,769	US 뱅코프	2,401	2,112
39,037,142	월마트	1,893	2,333
400,015,828	웰스파고	9,086	11,024
	기타	6,895	9,171
	보통주 총계($)	48,209	76,991

출처: 2011년 버크셔 해서웨이 연례 보고서

표 B.36 버크셔 해서웨이 2012년 보통주 포트폴리오(단위: 100만 달러)

주식 수	기업명	비용($)	시장 가치($)
151,610,700	아메리칸 익스프레스	1,287	8,715
400,000,000	코카콜라	1,299	14,500
24,123,911	코노코필립스	1,219	1,399
22,999,600	다이렉TV(DirecTV)	1,057	1,154
68,115,484	IBM	11,680	13,048
28,415,250	무디스	287	1,430
20,060,390	뮌헨 재보험	2,990	3,599
20,668,118	필립스 66(Phillips 66)	660	1,097
3,947,555	포스코	768	1,295
52,477,678	프록터 앤드 갬블	336	3,563
25,848,838	사노피	2,073	2,438
415,510,889	테스코	2,350	2,268
78,060,769	US 뱅코프	2,401	2,493
54,823,433	월마트	2,837	3,741
456,170,061	웰스파고	10,906	15,592
기타		7,646	11,330
보통주 총계($)		49,796	87,662

출처: 2012년 버크셔 해서웨이 연례 보고서

표 B.37 버크셔 해서웨이 2013년 보통주 포트폴리오(단위: 100만 달러)

주식 수	기업명	비용($)	시장 가치($)
151,610,700	아메리칸 익스프레스	1,287	13,756
400,000,000	코카콜라	1,299	16,524
22,238,900	다이렉TV	1,017	1,536
41,129,643	엑슨모빌(Exxon Mobil Corp.)	3,737	4,162
13,062,594	골드만삭스(The Goldman Sachs Group, Inc.)	750	2,315
68,121,984	IBM	11,681	12,778
24,669,778	무디스	248	1,936
20,060,390	뮌헨 재보험	2,990	4,415
20,668,118	필립스 66	660	1,594
52,477,678	프록터 앤드 갬블	336	4,272
22,169,930	사노피	1,747	2,354
301,046,076	테스코	1,699	1,666
96,117,069	US 뱅코프	3,002	3,883
56,805,984	월마트	2,976	4,470
483,470,853	웰스파고	11,871	21,950
기타		11,281	19,984
보통주 총계($)		56,581	117,505

출처: 2013년 버크셔 해서웨이 연례 보고서

표 B.38 버크셔 해서웨이 2014년 보통주 포트폴리오(단위: 100만 달러)

주식 수	기업명	비용($)	시장 가치($)
151,610,700	아메리칸 익스프레스	1,287	14,106
400,000,000	코카콜라	1,299	16,888
18,513,482	다비타 헬스케어 파트너스 (DaVita HealthCare Partners, Inc.)	843	1,402
15,430,586	디어 컴퍼니 (Deere & Company)	1,253	1,365
24,617,939	다이렉TV	1,454	2,134
13,062,594	골드만삭스	750	2,532
76,971,817	IBM	13,157	12,349
24,669,778	무디스	248	2,364
20,060,390	뮌헨 재보험	2,990	4,023
52,477,678	프록터앤드갬블	336	4,683
22,169,930	사노피	1,721	2,032
96,890,665	US 뱅코프	3,033	4,335
43,387,980	USG 코퍼레이션	836	1,214
67,707,544	월마트	3,798	5,815
483,470,853	웰스파고	11,871	26,504
기타		10,180	15,704
보통주 총계($)		55,056	117,470

출처: 2014년 버크셔 해서웨이 연례 보고서

표 B.39 버크셔 해서웨이 2015년 보통주 포트폴리오(단위: 100만 달러)

주식 수	기업명	비용($)	시장 가치($)
151,610,700	아메리칸 익스프레스	1,287	10,545
46,577,138	AT&T	1,283	1,603
7,463,157	차터 커뮤니케이션스 (Charter Communications, Inc.)	1,202	1,367
400,000,000	코카콜라 컴퍼니	1,299	17,184
18,513,482	다비타 헬스케어 파트너스	843	1,291
22,164,450	디어 컴퍼니	1,773	1,690
24,617,939	다이렉TV	1,454	2,134
11,390,582	골드만삭스	654	2,053
81,033,450	IBM	13,791	11,152
24,669,778	무디스	248	2,475
55,384,926	필립스 66	4,357	4,530
52,477,678	프록터앤드갬블	336	4,683
22,169,930	사노피	1,701	1,896
101,859,335	US 뱅코프	3,239	4,346
63,507,544	월마트	3,593	3,893
500,000,000	웰스파고	12,730	27,180
기타		10,276	16,450
보통주 총계($)		58,612	112,338

출처: 2015년 버크셔 해서웨이 연례 보고서

표 B.40 버크셔 해서웨이 2016년 보통주 포트폴리오(단위: 100만 달러)

주식 수	기업명	비용($)	시장 가치($)
151,610,700	아메리칸 익스프레스	1,287	11,231
61,242,652	애플(Apple Inc.)	6,747	7,093
6,789,054	차터 커뮤니케이션스	1,210	1,955
400,000,000	코카콜라	1,299	16,584
54,934,718	델타항공(Delta Airlines Inc.)	2,299	2,702
11,390,582	골드만삭스	654	2,727
81,232,303	IBM	13,815	13,484
24,669,778	무디스	248	2,326
74,587,892	필립스 66	5,841	6,445
22,169,930	사노피	1,692	1,791
43,203,775	사우스웨스트항공(Southwest Airlines Co.)	1,757	2,153
101,859,335	US 뱅코프	3,239	5,233
26,620,184	유나이티드 콘티넨탈 홀딩스 (United Continental Holdings Inc.)	1,477	1,940
43,387,980	USG 코퍼레이션	836	1,253
500,000,000	웰스파고	12,730	27,255
	기타	10,697	17,560
	보통주 총계($)	65,828	122,032

출처: 2016년 버크셔 해서웨이 연례 보고서

표 B.41 버크셔 해서웨이 2017년 보통주 포트폴리오(단위: 100만 달러)

주식 수	기업명	비용($)	시장 가치($)
151,610,700	아메리칸 익스프레스	1,287	15,056
166,713,209	애플	20,961	28,213
700,000,000	뱅크 오브 아메리카 (Bank of America Corporation)	5,007	20,664
53,307,534	뉴욕멜론은행 (The Bank of New York Mellon Corporation)	2,230	2,871
225,000,000	BYD 컴퍼니	232	1,961
6,789,054	차터 커뮤니케이션스	1,210	2,281
400,000,000	코카콜라	1,299	18,352
53,110,395	델타항공	2,219	2,974
44,527,147	제너럴 모터스(General Motors Company)	1,343	1,825
11,390,582	골드만삭스	654	2,902
24,669,778	무디스	248	3,642
74,587,892	필립스 66	5,841	7,545
47,659,456	사우스웨스트항공	1,997	3,119
103,855,045	US 뱅코프	3,343	5,565
482,544,468	웰스파고	11,837	29,276
	기타	14,968	24,294
	보통주 총계($)	74,676	170,540

출처: 2017년 버크셔 해서웨이 연례 보고서

표 B.42 버크셔 해서웨이 2018년 보통주 포트폴리오(단위: 100만 달러)

주식 수	기업명	비용($)	시장 가치($)
151,610,700	아메리칸 익스프레스	1,287	14,452
255,300,329	애플	36,044	40,271
918,919,000	뱅크 오브 아메리카	11,650	22,642
84,488,751	뉴욕멜론은행	3,860	3,977
6,789,054	차터 커뮤니케이션스	1,210	1,935
400,000,000	코카콜라	1,299	18,940
65,535,000	델타항공	2,860	3,270
18,784,698	골드만삭스	2,380	3,138
50,661,394	JP모건 체이스(JPMorgan Chase & Co.)	5,605	4,946
24,669,778	무디스	248	3,455
47,890,899	사우스웨스트항공	2,005	2,226
21,938,642	유나이티드항공 (United Continental Holdings Inc.)	1,195	1,837
146,346,999	US 뱅코프	5,548	6,688
43,387,980	USG 코퍼레이션	836	1,851
449,349,102	웰스파고	10,639	20,706
기타		16,201	22,423
보통주 총계($)		102,867	172,757

출처: 2018년 버크셔 해서웨이 연례 보고서

표 B.43 버크셔 해서웨이 2019년 보통주 포트폴리오(단위: 100만 달러)

주식 수	기업명	비용($)	시장 가치($)
151,610,700	아메리칸 익스프레스	1,287	18,874
250,866,566	애플	35,287	73,667
947,760,000	뱅크 오브 아메리카	12,560	33,380
81,488,751	뉴욕멜론은행	3,696	4,101
5,426,609	차터 커뮤니케이션스	944	2,632
400,000,000	코카콜라	1,299	22,140
70,910,456	델타항공	3,125	4,147
12,435,814	골드만삭스	890	2,859
60,059,932	JP모건 체이스	6,556	8,372
24,669,778	무디스	248	5,857
46,692,713	사우스웨스트항공	1,940	2,520
21,938,642	유나이티드항공	1,195	1,933
149,497,786	US 뱅코프	5,706	8,864
10,239,160	비자(Visa Inc.)	349	1,924
345,688,918	웰스파고	7,040	18,598
기타		28,215	38,159
보통주 총계($)		110,340	248,027

출처: 2019년 버크셔 해서웨이 연례 보고서

표 B.44 버크셔 해서웨이 2020년 보통주 포트폴리오(단위: 100만 달러)

주식 수	기업명	비용($)	시장 가치($)
25,533,082	애브비 (AbbVie, Inc.)	2,333	2,736
151,610,700	아메리칸 익스프레스	1,287	18,331
907,559,761	애플	31,089	120,424
1,032,852,006	뱅크 오브 아메리카	14,631	31,306
66,835,615	뉴욕멜론은행	2,918	2,837
225,000,000	BYD 컴퍼니	232	5,897
5,213,461	차터 커뮤니케이션스	904	3,449
48,498,965	셰브론 (Chevron Corporation)	4,024	4,096
400,000,000	코카콜라	1,299	21,936
52,975,000	제너럴 모터스	1,616	2,206
81,304,200	이토추 상사 (Itochu Corporation)	1,862	2,336
28,697,435	머크 (Merck & Co., Inc.)	2,390	2,347
24,669,778	무디스	248	7,160
148,176,166	US 뱅코프	5,638	6,904
146,716,496	버라이즌(Verizon Communications)	8,691	8,620
기타		29,458	40,850
보통주 총계($)		108,620	281,170

출처: 2020년 버크셔 해서웨이 연례 보고서

표 B.45 버크셔 해서웨이 2021년 보통주 포트폴리(단위: 100만 달러)

주식 수	기업명	비용($)	시장 가치($)
151,610,700	아메리칸 익스프레스	1,287	24,804
907,559,761	애플	31,089	161,155
1,032,852,006	뱅크 오브 아메리카	14,631	45,952
66,835,615	뉴욕멜론은행	2,918	3,882
225,000,000	BYD 컴퍼니	232	7,693
3,828,941	차터 커뮤니케이션스	643	2,496
38,245,036	셰브론	3,420	4,488
400,000,000	코카콜라	1,299	23,684
52,975,000	제너럴 모터스	1,616	3,106
89,241,000	이토추 상사	2,099	2,728
81,714,800	미쓰비시 상사(Mitsubishi Corporation)	2,102	2,593
93,776,200	미쓰이 물산(Mitsui & Co., Ltd.)	1,621	2,219
24,669,778	무디스	248	9,636
143,456,055	US 뱅코프	5,384	8,058
158,824,575	버라이즌	9,387	8,253
기타		26,629	39,972
보통주 총계($)		104,605	350,719

출처: 2021년 버크셔 해서웨이 연례 보고서

참고 문헌

추천의 글

1   2025년 1월 진행된 강의로 홍춘욱 박사는 "트럼프 재집권이 불러올 나비효과: 2025년은 위기인가 기회인가"에서는, 트럼프의 재집권 가능성이 글로벌 증시와 원자재 시장, 환율, 금리, 지정학적 리스크에 미칠 파장을 중심으로 분석되었다. 특히 미국의 에너지 정책 전환, 미중 갈등 심화, 우크라이나-중동 전선의 장기화 가능성 등을 언급하며, "정치적 충격은 공포보다 불확실성에서 비롯된다"고 강조했다. 위기와 기회가 공존하는 2025년을 앞두고 투자자는 '자산의 민감도'를 기준으로 대응 전략을 세워야 한다는 조언도 덧붙였다.
강의 영상: https://youtu.be/4ESAo2MPP6Q
2   본책, 85쪽
3   본책, 125쪽
4   본책, 176쪽

Chapter 1. 세계 최고의 투자자

1   Cited by Carol Loomis, "Inside Story of Warren Buffett," Fortune (April 11, 1998). 나스닥에 따르면 4시그마 사건은 약 3만 1560일마다 즉, 126년에 하루 정도 발생할 것으로 예상된다. 5시그마 사건은 약 348만 3046일마다 즉 1만 3932년에 하루 정도 발생할 것으로 예상된다.

2 John Templeton managed the Templeton Growth Fund for 38 years starting in 1954. William H. Kidd managed Central Securities Corp, a closed-end fund from 1974 to 2022, 48 years. Phil Carret founded the Pioneer Fund in 1928 and managed the portfolio for 55 years.
3 George Johnson, Fire in the Mind: Science, Faith and the Search for Order (New York: Vintage Books, 1996), 104.
4 Stephen Jay Gould, "The Streak of Streaks," Triumph and Tragedy in Mudville: A Lifelong Passion for Baseball (New York: W.W. Norton & Company, 2004), 173.
5 Roger Lowenstein, Buffett: The Making of an American Capitalist (New York: Random House, 1995), 10.
6 Lowenstein, 20.
7 Alice Schroeder, The Snowball: Warren Buffett and the Business of Life (New York: Bantam Books, 2008), 63.
8 F. C. Minaker, One Thousand Ways to Make $1,000: Practical Suggestions, Based on Actual Experience, for Starting a Business of Your Own and Making Money in Your Spare Time (Chicago: Dartnell Corporation, 1936), 14.
9 Schroeder, 64.
10 Schroeder, 64.
11 같은 책에서.
12 같은 책에서.
13 같은 책에서., 17.
14 Andrew Kilpatrick, Of Permanent Value: The Story of Warren Buffett: 2015 Golden Anniversary Edition (Birmingham, AL, AKPE Publishing, 2015), 39.
15 같은 곳에서., 40.
16 Schroeder, 129.
17 John Train, The Money Masters (New York: Penguin Books, 1981), 11.
18 Schroeder, 129.
19 Lowenstein, 26.
20 Schroeder, 146. Note: Schroeder references this apt analogy to Plato's cave, which was originally made by Patrick Byrne.
21 Lowenstein, 120.
22 Train, 11.
23 John Brooks, The Go-Go Years (New York: Weybright & Talley), 1973.
24 Jeremy C. Miller, Warren Buffett's Ground Rules (New York: HarperCollins, 2016), xii.
25 Train, 12.

26 같은 곳에서.
27 Miller, 250.
28 Lowenstein, 120.
29 2014 Berkshire Hathaway Annual Report, 25.
30 Ibid., 30.
31 In his letters to his partners, Buffett devoted time helping his partners better understand investing. The "Joys of Compounding" appeared in a Buffett Partnership Letter as cited by Jeremy C. Miller, Warren Buffett's Ground Rules (New York: Harper Collins, 2016), 18-21.

Chapter 2. 워런 버핏의 투자 수업

1   John R. Minahan and Thusiith I. Mahanama, "Investment Philosophy and Manager Evaluation, Again," The Journal of Investing (Spring 2017), 26-32.
2   Alice Schroeder, The Snowball: Warren Buffett and the Business of Life (New York: Bantam Dell, 2008), 643.
3   David McCullough, The Pioneers: The Heroic Story of the Settlers Who Brought the American Ideal West (New York: Simon & Schuster, 2019), 12.
4   Greg Ip, "The Era of Fed Power Is Over: Prepare for a More Perilous Road Ahead," Wall Street Journal (January 15, 2020).
5   Roger Lowenstein, Buffett: The Making of an American Capitalist (New York: Random House, 1995), 11.
6   Steve Jordon, The Oracle & Omaha (Omaha: Omaha World Herald, 2013), 19.
7   Michael Dirda, Bound to Please: An Extraordinary One-Volume Literary Education(New York: W. W. Norton, 2004), 118.
8   Lowenstein, 26.
9   Jordon, 33.
10 Ralph Waldo Emerson, Self-Reliance, Vol I, Collected Essays, Richard Whelan, ed. (Harmony Publishing, First Edition, 1991).
11 As told to me by Steve Jordon on September 25, 2019, who in turn had the conversation with Warren Buffett.
12 Lowenstein, 26.
13 Becoming Warren Buffett, HBO Documentary, February 11, 2017.

14 Andy Kilpatrick, Of Permanent Value: The Story of Warren Buffett, rev. ed. (Birmingham, AL: AKPE, 2000), 81.
15 Jordon, September 25, 2019.
16 Irving Kahn and Robert Milne, Benjamin Graham: The Father of Financial Analysis, Occasional Paper Number 5 (Charlottesville, VA: The Financial Analysts Research Foundation, 1977).
17 Brian Thomas, ed., Columbia Business School: A Century of Ideas (New York: Columbia University Press, 2016). The background information on Benjamin Graham's history at Columbia University was referenced from this work.
18 같은 곳에서., 32.
19 같은 곳에서., 33.
20 Louis Rich, "Sagacity and Securities," The New York Times (December 2, 1934), 13.
21 Benjamin Graham and David Dodd, Security Analysis, 3rd ed. (New York: McGraw-Hill, 1951), 38.
22 Benjamin Graham, The Intelligent Investor 4th rev. ed. (New York: Harper & Row, 1973), 1-3.
23 1997 Berkshire Hathaway Annual Report, 13.
24 1989 Berkshire Hathaway Annual Report, 20.
25 Graham, 277.
26 1990 Berkshire Hathaway Annual Report, 14.
27 1987 Berkshire Hathaway Annual Report, 11-12.
28 1987 Berkshire Hathaway Annual Report, 12.
29 Lowenstein, 36.
30 같은 곳에서., 44.
31 A popular Warren Buffett witticism.
32 Stuart Lavietes, "Philip A. Fisher, 96, Is Dead: Wrote Key Investment Book, The New York Times (April 19, 2004).
33 Warren Buffett, "What We Can Learn from Philip Fisher," Forbes (October 19, 1987), 40.
34 John Train, The Money Masters (New York: Penguin Books, 1981), 60.
35 Fisher's 15 Point System can be found in his book, Common Stocks and Uncommon Profits (New York: Harper & Brothers, 1958).
36 같은 곳에서., 11.
37 같은 곳에서., 16.
38 같은 곳에서., 33.
39 Philip Fisher, Developing an Investment Philosophy, Monograph Number 10 (Char-

lottesville, VA: Financial Analysts Research Foundation), 1.
40 Fisher, Common Stocks and Uncommon Profits, 13.
41 Train, 64
42 Fisher, Developing an Investment Philosophy, 9.
43 "The Money Men—ow Omaha Beats Wall Street," Forbes (November 1, 1969), 82.
44 L. J. Davis, "Buffett Takes Stock," The New York Magazine (April 1, 1990), 61.
45 1983 Berkshire Hathaway Annual Report, 5.
46 같은 곳에서.
47 같은 곳에서.
48 James W. Michaels, "Are You Doing Things Your Rivals Haven't Yet Figured Out?", Forbes (September 23, 1996), 222.
49 2014 Berkshire Hathaway Annual Report, 26.
50 Kilpatrick, 89.
51 Warren Buffett, "The Superinvestors of Graham-and-Doddsville," Hermes (Fall 1984).
52 Remarks made at the 1997 Berkshire Annual Meeting; quoted in Jane Lowe's biography of Charlie Munger, Damn Right! (New York: John Wiley & Sons, 2000).
53 2014 Berkshire Hathaway Annual Report, 27.
54 The reference was made by Lou Simpson, noted in Janet Lowe's book Damn Right, 77.
55 Robert Lenzner and Robert Dindiller, "The Not So Silent Partner," Forbes(January 22, 1996), 78.
56 See Peter Bevelin, Seeking Wisdom from Darwin to Munger (Malmo: Sweden: Post Scriptum AB, 2003); Tren Griffin, Charlie Munger: The Complete Investor(New York: Columbia Business School Publishing, 2015); Lowe, Damn Right!
57 Robert G. Hagstrom, Investing: The Last Liberal Art (New York: Columbia Business School Publishing, 2015).
58 Charles T. Munger, Poor Charlie's Almanack: The Wit and Wisdom of Charles T. Munger (Virginia Beach, VA: PCA Publications, 2005), 393-394.
59 Munger, 398.
60 Munger, 430-433.
61 Munger, 443, 444.
62 Lowenstein, xv.
63 2015 Berkshire Hathaway Annual Meeting.
64 A. C. Grayling, History of Philosophy (London: Viking, 2009), 256.
65 Robert Lenzner, "Warren's Idea of Heaven," Forbes (October 18, 1993).

66 Griffin, 40.
67 Jason Zweig and Nicole Friedman, "Charlie Munger Unplugged," Wall Street Journal (May 3, 2019).
68 Remarks at the Daily Journal Annual Conference, February 11, 2020; reported by Alex Griese in Whitney Tilson's blog.
69 Griffin, 40.
70 Whitney Tilson blog.

Chapter 3. 기업 중심 투자

1   Benjamin Graham, The Intelligent Investor, 4th ed. (New York: Harper & Row, 1973), 286.
2   Robert G. Hagstrom, The Warren Buffett Way (New York: John Wiley & Sons, 1994), 97.
3   Graham, 286.
4   같은 곳에서., 102.
5   1987 Berkshire Hathaway Annual Report, 14.
6   같은 곳에서.
7   Robert Lenzner, "Warren Buffett's Idea of Heaven: 'I Don't Have to Work with People I Don't Like," Forbes (October 18, 1993).
8   Robert Lenzner, "Warren Buffett's Idea of Heaven: I Don't Have to Work with People I Don't Like," Forbes (October 18, 1993).
9   1987 Berkshire Hathaway Annual Report, 7.
10 1989 Berkshire Hathaway Annual Report, 22.
11 1995 Berkshire Hathaway annual meeting as quoted in Andrew Kilpatrick, Of Permanent Value: The Story of Warren Buffett, rev. ed. (Birmingham, AL: AKPE, 2004), 1356.
12 St. Petersburg Times (December, 15, 1999) as quoted in Kilpatrick, 1356.
13 Fortune (November 22, 1999) as quoted in Kilpatrick, 1356.
14 Lenzner.
15 Kilpatrick, 1344.
16 1989 Berkshire Hathaway Annual Report.
17 Carol Loomis, "The Inside Story of Warren Buffett," Fortune (April 11, 1988).

18 1988 Berkshire Hathaway Annual Report, 5.
19 1986 Berkshire Hathaway Annual Report, 5.
20 Kilpatrick, 89.
21 1989 Berkshire Hathaway Annual Report, 22.
22 Linda Grant, "The $4 Billion Regular Guy," Los Angeles Times (magazine section) (April 17, 1991), 36.
23 Lenzner.
24 1985 Berkshire Hathaway Annual Report, 9.
25 1979 Berkshire Hathaway Annual Report, 1.
26 Ibid., 2.
27 1987 Berkshire Hathaway Annual Report, 20.
28 1984 Berkshire Hathaway Annual Report, 15.
29 1986 Berkshire Hathaway Annual Report, 25.
30 Carol Loomis, Tap Dancing to Work: Warren Buffett and Practically Everything, 1996-2012 (New York: Time, Inc., 2012).
31 1990 Berkshire Hathaway Annual Report, 16.
32 1992 Berkshire Hathaway Annual Report, 9.
33 같은 곳에서.
34 같은 곳에서.
35 같은 곳에서.
36 같은 곳에서.
37 Jim Rasmussen, "Buffett Talks Strategy with Students," Omaha World-Herald(January 2, 1994), 26.
38 Paul Sonkin and Paul Johnson, Pitch the Perfect Investment: The Essential uide to Winning on Wall Street (Hoboken, NJ: John Wiley & Sons, 2017), 69.
39 John C. Bogle, "The (Non) Lessons of History—nd the (Real) Lessons of Returns and Costs." Remarks before The American Philosophical Society, Philadelphia, PA, November 10, 2012.
40 Sonkin and Johnson, 63-64.
41 1994 Berkshire Hathaway Annual Report, 2.
42 Benjamin Graham and David Dodd, Security Analysis (1934), as quoted in Sonkin and Johnson, 130.
43 Seth A. Klarman, Margin of Safety: Risk Averse Value Investing Strategies for the Thoughtful Investor (New York: Harper Collins, 1991), as quoted in Sonkin and Johnson.
44 1999 Berkshire Hathaway Annual Report, 5.

45 Kilpatrick, 800.
46 A popular Buffett witticism. The exact John Maynard Keynes quote is "It is better to be roughly right than precisely wrong."
47 A popular Warren Buffett witticism.
48 A popular Warren Buffett witticism.

Chapter 4. 보통주 매수(5가지 사례 연구)

1   1985 Berkshire Hathaway Annual Report, 8.
2   2014 Berkshire Hathaway Annual Report, 8-9.
3   For an excellent review of the story of the Washington Post see the Pulitzer Prize-winning Personal History by Katharine Graham (New York: Alfred A. Knopf, 1997).
4   Mary Rowland, "Mastermind of a Media Empire," Working Women (November 11, 1989), 115.
5   1991 Washington Post Company Annual Report, 2.
6   1984 Berkshire Hathaway Annual Report, 9.
7   1985 Berkshire Hathaway Annual Report, 17.
8   Chalmers M. Roberts, The Washington Post: The First 100 Years (Boston: Houghton Mifflin, 1977), 499.
9   William Thorndike Jr., The Outsiders: Eight Unconventional CEOs and Their Radically Rational Blueprint for Success (Boston: Harvard Business Review Press, 2012), 110.
10 1991 Berkshire Hathaway Annual Report, 4.
11 Carol Loomis, "An Accident Report on GEICO," Fortune (June 1976), 120.
12 Although the 1973-1974 bear market contributed to part of GEICO's earlier fall, its decline in 1975 and 1976 was all of its own making. In 1975, the Standard & Poor's 500 Index began at 70.23 and ended the year at 90.9. The next year, the stock market was equally strong. In 1976, interest rates fell and the stock market rose. GEICO's share price decline in 1975 and 1976 had nothing to do with the financial markets.
13 1980 Berkshire Hathaway Annual Report, 7.
14 같은 곳에서.
15 같은 곳에서.
16 같은 곳에서, 7-8.

17   Beth Brophy, "After the Fall and Rise," Forbes (February 2, 1981), 86.
18   Lynn Dodds, "Handling the Naysayers," Financial World (August 17, 1985), 42.
19   Solveig Jansson, "GEICO Sticks to Its Last," Institutional Investor (July 1986), 130.
20   1991 GEICO Annual Report, 5.
21   David Vise, "GEICO's Top Market Strategist Churning Out Profits," Washington Post (May 11, 1987).
22   1990 GEICO Annual Report, 5.
23   Berkshire Hathaway Compilation of Annual Reports 1977–1983, 58
24   1995 Berkshire Hathaway Annual Report, 6.
25   Compilation of Berkshire Hathaway Annual Reports 1977–1983, 33.
26   2010 Berkshire Hathaway Annual Report, 9.
27   같은 곳에서.
28   Andrew Kilpatrick, Warren Buffett: The Good Guy of Wall Street (New York:Donald Fine, 1992), 102.
29   Anthony Bianco, "Why Warren Buffett Is Breaking His Own Rules," BusinessWeek (April 15, 1985), 34.
30   1991 Berkshire Hathaway Annual Report, 8.
31   Bianco, 34.
32   Dennis Kneale, "Murphy & Burke," Wall Street Journal (February 2, 1990), 1.
33   1992 Capital Cities/ABC Inc. Annual Report.
34   "A Star Is Born," BusinessWeek, 77.
35   Anthony Baldo, "CEO of the Year Daniel B. Burke," Financial World (April 2, 1991), 38.
36   William N. Thorndike, The Outsiders: Eight Unconventional CEOs and Their Radically Rational Blueprint for Success (Boston: Harvard Business Review Press, 2012), 13–16.
37   "Tom Murphy's Pleasant Cash Problem," Forbes (October 1, 1976). Cited in Thorndike, 15.
38   1985 Berkshire Hathaway Annual Report, 20.
39   Kilpatrick, 123.
40   같은 곳에서.
41   Mark Pendegrast, For God, Country, and Coca-Cola(New York: Charles Scribner & Sons, 1993).
42   Art Harris, "The Man Who Changed the Real Thing." Washington Post (July 22, 1985), B1.
43   "Strategy for the 1980s," The Coca-Cola Company.

44 같은 곳에서.
45 Roger Lowenstein, Buffett: The Making of an American Capitalist (New York: Random House, 1995), 323.
46 Carlota Perez, Technological Revolutions: The Dynamics of Bubbles and Golden Ages(Cheltenham, UK: Edward Elgar, 2002).
47 Dominic Rushe, "Warren Buffett Buys $10b IBM Stake," The Guardian (November 14, 2011).
48 Akin, Oyedele, "Here's How Apple Shares Do Right After the New iPhone Launches." Business Insider (May 24, 2017).
49 Andrew Kilpatrick, Of Permanent Value: The Story of Warren Buffett, 2020 Elephant Edition (Birmingham, AL: AKPE Publishing, Inc., 2020), 14-15.
50 Paul Johnson, "Seminar in Value Investing," Columbia University Graduate School of Business, EMBA, Apple: Case Study: 3A (May 2020).
51 Andrew J. Mead, The Complete Financial History of Berkshire Hathaway(Petersfield, UK: Harriman House Ltd., 2021.), 679.
52 Professor Todd Finkle's recollection as cited in his book, Warren Buffett: Investor and Entrepreneur (New York: Columbia Business School Publishing, 2023), 100.
53 같은 곳에서., 102-103.
54 Michael J. Mauboussin and Dan Callahan, "The Impact of Intangibles on Base Rates" (Consilient Observer), Morgan Stanley Investment Management, Counter Global Insights (June 23, 2021).
55 같은 곳에서.
56 Michael Mauboussin and Dan Callahan, "ROIC and Intangible Assets: A Look at How Adjustments for Intangibles Affect ROIC" (Consilient Observer), Morgan Stanley Investment Management, Counterpoint Global Insights(November 9, 2022).
57 Michael Mauboussin and Dan Callahan, "What Does an EV/EBITDA Multiple Mean?" Blue Mountain Capital Management (September 13, 2018).
58 Michael Mauboussin and Dan Callahan, "What Does a Price-Earnings Multiple Mean? An Analytical Bridge Between P/Es and Solid Economics," Credit-Suisse(January 29, 2014).
59 같은 곳에서.
60 "Apple CEO and Fuqua Alum Tim Cook Talks Leadership at Duke" (February 21, 2014). http://www.fuqua.duke.edu/news_events/feature_stories/tim-cook-talks-leadership/.
61 As of August 10, 2023.
62 Mead, 680.

63   W. Brian Arthur, "Increasing Returns and the New World of Business," Financial Management (July-August 1996).
64   Patrick McGee, "Apple Profits Rise as Services Arm Surpasses 1b Users," Financial Times (August 3, 2023).
65   Malcom Owen, "Apple Extends Share Buybacks by Another $90 Billion" (May 4, 2023). https://appleinsider.com/articles/23/05/04apple-extends-share-buybacks-by-another-90b.
66   Kilpatrick, 953.
67   같은 곳에서.
68   Author's notes from the 2019 Berkshire Hathaway Annual Meeting.
69   1980 Berkshire Hathaway Annual Report, 1-2.
70   같은 곳에서.
71   같은 곳에서.
72   같은 곳에서.
73   As quoted in the 2019 Berkshire Hathaway Annual Report, 4.
74   같은 곳에서.
75   같은 곳에서.
76   2019 Berkshire Hathaway Annual Report, 10.
77   2020 Berkshire Hathaway Annual Report, 3.
78   같은 곳에서.

Chapter 5. 기업 포트폴리오 관리

1   Author conversation with Warren Buffett (August 1998).
2   S&P Dow Jones Indices, "SPIVA U.S. Scorecard" (Year-end 2022), 9.
3   1993 Berkshire Hathaway Annual Report, 15.
4   1991 Berkshire Hathaway Annual Report, 11.
5   2021 Berkshire Hathaway Annual Report, 3.
6   1991 Berkshire Hathaway Annual Report, 11.
7   같은 곳에서.
8   1993 Berkshire Hathaway Annual Report, 11.
9   Mark Hulbert, "Be a Tiger Not a Hen." Forbes (May 25, 1992), 298.
10 1991 Berkshire Hathaway Annual Report, 11.

11 Interview with Philip Fisher (September 15, 1998).
12 Philip Fisher, Common Stocks and Uncommon Profits (New York: John Wiley & Sons, Inc., 1996), 108.
13 Interview with Philip Fisher (September 15, 1998).
14 Interview with Kenneth Fisher (September 15, 1998).
15 1978 Berkshire Hathaway Annual Report, 6.
16 Author conversation with Warren Buffett (August 1998).
17 1993 Berkshire Hathaway Annual Report, 9.
18 1990 Berkshire Hathaway Annual Report, 15.
19 The heading "Superinvestors of Buffettville" is a nod to Warren Buffett's speech given to the Columbia University Business School, on May 17, 1984, at a seminar marking the 50th anniversary of the publication of Benjamin Graham and David Dodd's Security Analysis. The title of Buffett's talk was "The Superinvestors of Graham-and-Doddsville."
20 Jess H. Chua and Richard S. Woodward, "J. M. Keynes's Investment Performance: A Note." The Journal of Finance XXXVIII, no. 1 (March 1983).
21 같은 곳에서.
22 같은 곳에서.
23 Warren Buffett, "The Superinvestors of Graham-and-Doddsville," Hermes(Fall 1984).
24 같은 곳에서.
25 같은 곳에서.
26 1996 Sequoia Fund Annual Report.
27 1986 Berkshire Hathaway Annual Report, 15.
28 1995 Berkshire Hathaway Annual Report, 10.
29 The research described here was part of larger research study I conducted with Joan Lamm-Tennant, vice president, General-Re Corporation, Stamford, CT.
30 Joseph Nocera, "Who's Got the Answers?" Fortune (November 24, 1997), 329.
31 같은 곳에서.
32 Andrew Mauboussin and Samuel Arbesman, "Differentiating Skill and Luck in Financial Markets with Streaks" (February 3, 2011). http://ssrn.com/abstract=1664031.
33 Eugene Shahan, "Are Short-Term Performance and Value Investing Mutually Exclusive?" Hermes (Spring 1986). Note: Shahan's article was a follow-up to Warren Buffett's commentary written for Hermes in 1984 titled "The Superinvestors of Graham-and-Doddsville."
34 March 21, 1996, Sequoia Fund Quarterly Report.
35 Mark Cahart, "On Persistence in Mutual Fund Performance," The Journal of Finance

LII, no. 1 (March 1997); Burton G. Malkiel, "Returns from Investing in Equity Mutual Funds 1971 to 1991," The Journal of Finance L, no. 2 (June 1995).
36 Darryll Hendricks, Jayendu Patel, and Richard Zeckhauser, "Hot Hands in Mutual Fund: Short-Run Persistence of Relative Performance, 1974-1988, The Journal of Finance XLVIII, no. 1 (March 1993).
37 Amit Goyal and Sunil Wahal, "The Selection and Termination of Investment Management Firms by Plan Sponsors," The Journal of Finance 63, no. 4 (2008), 1805-1847.
38 Edward J. Russo and Paul J. H. Shoemaker, Winning Decisions: Getting It Right the First Time (New York: Double day, 2002).
39 Robert Rubin, Harvard Commencement Address (2001).
40 Widely referenced quote by Warren Buffett.
41 1987 Berkshire Hathaway Annual Report, 14.
42 같은 곳에서.
43 같은 곳에서.
44 1991 Berkshire Hathaway Annual Report, 2-3.
45 같은 곳에서., 3.
46 Outstanding Investor Digest (August 10, 1995), 10.
47 같은 곳에서.
48 1996 Berkshire Hathaway Annual Report, 11.
49 같은 곳에서.
50 Carole Gould, "The Price of Turnover," New York Times (November 21, 1997).
51 Robert Jeffrey and Robert Arnott, "Is Your Alpha Big Enough to Cover Your Taxes?" Journal of Portfolio Management (Spring 1993).
52 같은 곳에서.
53 같은 곳에서.
54 Robert G. Hagstrom, The Warren Buffett Portfolio: Mastering the Power of the Focus Investment Strategy (New York: John Wiley & Sons, 1999).
55 K. J. Martijn Cremers and Antii Petajisto, "How Active Is Your Fund Manager? A New Measure That Predicts Performance," Review of Financial Studies 22, no. 9 (September 2009), 3329-3365.
56 K. J. Martijn Cremers and Ankur Pareek, "Patient Capital Outperformance: The Investment Skill of High Active Share Managers Who Trade Infrequently," Journal of Financial Economics 122 (August 24, 2016), 288-305.
57 Outstanding Investor Digest (May 5, 1995), 61.
58 Outstanding Investor Digest (May 5, 1998).

Chapter 6. 지금도 유효한 액티브 운용

1   Author's notes from the 1997 Berkshire Hathaway Annual Shareholder Meeting.
2   Peter Bernstein, Capital Ideas: The Improbable Origins of Wall Street (New York: The Free Press, 1992), 44.
3   같은 곳에서., 37.
4   같은 곳에서., 46.
5   같은 곳에서., 47.
6   John Burr Williams, The Theory of Investment Value (Boston: Harvard University Press, 1938), preface.
7   Harry Markowitz, "Portfolio Selection," Journal of Finance 7, no.1 (March 1952), 77-91.
8   같은 곳에서., 77.
9   같은 곳에서., 89.
10 1975 Berkshire Hathaway Annual Report, 3.
11 Outstanding Investor Digest (April 8, 1990), 18.
12 1993 Berkshire Hathaway Annual Report, 13.
13 같은 곳에서, 10.
14 1993 Berkshire Hathaway Annual Report, 11.
15 2014 Berkshire Hathaway Annual Report, 9.
16 1996 Berkshire Hathaway Annual Report, 3.
17 2014 Berkshire Hathaway Annual Report, 18.
18 Markowitz, 89.
19 A popular Warren Buffett witticism.
20 Outstanding Investor Digest (August 8, 1996), 29.
21 Bernstein, 44.
22 같은 곳에서., 14.
23 Peter Schjeldahl, Let's See: Writing on Art from The New Yorker (New York: Thames & Hudson, 2008), 11.
24 "The Superinvestors of Graham-and-Doddsville" appeared in the 1984 fall edition of Hermes.
25 The track records of the individuals and firms mentioned in Warren Buffet's speech, "The Superinvestors of Graham-and-Doddsville," included Warren Buffett, Pacific Partners, Stan Perlmeter, Sequoia Fund, Walter Schloss, Tweedy, Browne, and Charlie Munger.
26 1988 Berkshire Hathaway Annual Report, 18.

27 같은 곳에서., 17.
28 Jason Zweig, "From a Skeptic: A Lesson on Beating the Market," Wall Street Journal (December 22, 2018).
29 같은 곳에서.
30 1998 Berkshire Hathaway Annual Report, 18.
31 Benjamin Graham, The Intelligent Investor, in the 1987 Berkshire Hathaway Annual Report, 12.
32 John Maynard Keynes, The General Theory of Employment, Interest, and Money (New York: Harcourt Brace & Company, 1964), 156.
33 같은 곳에서.
34 같은 곳에서., 154.
35 Outstanding Investor Digest (August 8, 1997), 14.
36 2000 Berkshire Hathaway Annual Report, 14; 2013 Berkshire Hathaway Annual Report, 18.
37 1985 Berkshire Hathaway Annual Report, 2.
38 같은 곳에서.
39 Keynes, 155.
40 Keynes, 157-158.
41 Graham, 95-96.
42 같은 곳에서., 105, 106.
43 같은 곳에서.
44 Robert Lenzner, "Warren Buffett's Idea of Heaven: I Don't Have to Work with People I Don't Like," Forbes (October 18, 1993), 43.
45 Carol Loomis, "Inside Story of Warren Buffett," Fortune (April 11, 1988), 34.
46 Outstanding Investor Digest (March 13, 1998), 63.
47 Outstanding Investor Digest (August 10, 1995), 21.
48 같은 곳에서.

Chapter 7. 머니 마인드

1 2017 Berkshire Hathaway shareholder meeting.
2 2017 Berkshire Hathaway shareholder meeting.
3 Andrew Kilpatrick, Of Permanent Value: The Story of Warren Buffett, 2020 Elephant

	Edition (Birmingham, AL: AKPE Publishing, 2020), 151.
4	Warren Buffett, Back to School: Question and Answer Session with Business Students(Hawthorne, CA: BN Publishing. 2008), 19.
5	Arnold LeUnes and Jack Nation, Sports Psychology: An Introduction (Wadsworth, CA: Pacific Grove, 2002) as quoted in Pragmatism and the Philosophy of Sport, eds. Richard Lally, Douglas Anderson, and John Kagg (Latham, MD: Lexington Books, 2013), 21.
6	It was John Dewey, US philosopher, psychologist, and educational reformer who introduced the concept of "shared experience" in his 1938 book, Experience and Education (New York: Macmillan Company, 1939).
7	Daniel Pecaut and Corey Wren, University of Berkshire: 30 Years of Lessons Learned from Warren Buffett & Charlie Munger at the Annual Shareholder eetings (Sioux City, IA: Daniel Pecaut & Corey Wren, 2017).
8	Robert Armstrom, Eric Platt, and Oliver Ralph, "Warren Buffett: I'm Having More Fun Than Any 88-Year-Old in the World," Financial Times(April 25, 2019).
9	Linda Simon, Genuine Reality: A Life of William James (New York: Harcourt Brace & Company, 1998), 264.
10	Simon, 267.
11	John Kaag, Sick Souls, Healthy Minds: How William James Can Save Your Life (Princeton, NJ: Princeton University Press, 2020), 153.
12	Ibid., 155.
13	Robert G. Hagstrom, The Warren Buffett Way: Investment Strategies of the World's Greatest Investor (New York: John Wiley & Sons, 1994), 256.
14	Carol Loomis, Tap Dancing to Work: Warren Buffett on Practically Everything, 1996-2012 (New York: Penguin, 2012), xviii.
15	Kilpatrick, 3.
16	Peter Schjeldahl, Hot Cold, Heavy, Light, 100 Art Writings, 1988-2016(New York: Abrams Press, 2019), 32.
17	Lance Esplund, The Art of Looking: How to Read and Modern Contemporary Art(New York: Basic Books, 2018), 231.
18	Kaag, 169.
19	Steve Jordon, The Oracle of Omaha: How Warren Buffett and His Hometown Shape Each Other (Marceline, MO: Wadsworth, 2013), 211.
20	Michael Mauboussin and Dan Callahan, "Why Corporate Longevity Matters: What Index Turnover Tells Us About Corporate Results," Credit-Suisse Global Financial Strategies (April, 16, 2014).

21 같은 곳에서.
22 Carla Perez, Technological Revolutions: The Dynamics of Bubbles and Golden Ages(Cheltenham, UK: Edward Elgar, 2002), 11.
23 2014 Berkshire Hathaway Annual Report, 29.
24 2022 Berkshire Hathaway Annual Report, 7.
25 2021 Berkshire Hathaway Annual Report, 5.
26 2023 Berkshire Hathaway Annual Meeting.
27 2014 Berkshire Hathaway Annual Report, 31.
28 2022 Berkshire Hathaway Annual Report, 7
29 2018 Berkshire Hathaway Annual Report, 13.
30 2016 Berkshire Hathaway Annual Report, 6.
31 같은 곳에서.
32 2015 Berkshire Hathaway Annual Report, 8.
33 Kilpatrick, 1269.
34 Quotes from Susan Decker and Carol Loomis are from the 2018 Berkshire Hathaway Shareholder Meeting.
35 Nicole Friedman, "Buffett Says Exit Won't Halt Success," Wall Street Journal (May 5, 2018).

찾아보기

A. C. 그레일링 141

CBS 238, 241, 242

IBM 197, 259~261, 310, 372

K. J. 마르테인 크레머스 343

V. 유진 샤한 323

15점 체계 115

1955년 다우존스 75

    1957~1969년 버핏 파트너십 수익률과 비교 57

    찰리 멍거 파트너십의 투자 성과 308, 309

    1973년 다우존스 산업평균지수 197

1달러 전제 173, 174, 206, 238

ㄱ

《가난한 찰리의 연감》 130

가격 책정 유연성 151

가이코 210~228

    가치 평가 226

    단순하고 이해하기 쉬운 사업 214

    버크셔의 자산으로서의 가이코 216, 217

    솔직한 경영 218~220

    수익률 225

    심슨의 집중 투자 전략 222

    일관된 운영 역사 216

    자기자본수익률 225

    장기적으로 유리한 전망 218

    제도적 관행 221

    합리적인 경영 220

가이코 보험사 74

가치

    기업 가치 평가 271

    네트워크 효과의 가장 큰 특징 278

    미래 가치 창출 271

    복리 효과 287

    윌리엄스의 가치 정의 271

가치 관련 원칙 174~183

가치 투자 109~114

가치 평가 175~181, 201, 202, 226~228, 233~238, 253~255, 267~274

    가이코 226, 227

    애플 267, 271, 274

    워싱턴 포스트 201

    캐피탈 시티즈/ABC 233

    코카콜라 253

거래 비용 339

경기 침체 238

경로 의존성 279

경영 원칙 149, 151, 150, 155, 166
경제적 벤치마크 336
경제적 변화 336, 408
경험주의 138, 139~142
공분산 358, 359, 366
구글 260, 283
구조 조정 172, 219
《국가론》 414
균형 105, 132, 251, 303, 380
그레이엄-뉴먼 회사 74, 75, 79, 104, 210, 376
그레이엄-도드 마을의 슈퍼 투자자들 374
그렉 아벨 415
긍정적 피드백 278, 279
기술 산업 259, 261, 263, 277, 291
기업 중심 투자/사업 중심 투자 147~185
    가치 원칙 166~173
    경영진 원칙 155~166
    기업 중심 투자의 장점 379~380
    비즈니스 원칙 150~155
    주식시장으로부터의 의도적인 거리두기 390~392
    평행 세계의 투자 387~392
    현대 포트폴리오 이론과의 비교 362~367
기업의 지속성 408
기회비용 180

ㄴ

내셔널 인뎀니티 보험회사 215, 402, 410, 412
내셔널 파이어 앤드 마린 보험사 191
내재가치 104, 107, 180, 182, 208, 257, 269, 271, 273, 274, 303, 308, 376
    내재가치 계산 377
    내재가치 추정 180, 376
    내재가치의 평가 271
    신문사의 가치 산정 201, 208
네브래스카주 오마하 64
네이선 브라운 65
네트워크 효과 278, 279
노먼 기든 212
뉴스위크 잡지사 194, 198

ㄷ

단기 성과 167, 322~324, 328, 346, 391
〈단기 성과와 가치 투자는 상호 배타적인가?〉(샤한) 323
단순하고 이해하기 쉬운 사업 151
    가이코 214, 215
    애플 262~264
    워싱턴 포스트 198, 199
    캐피탈 시티즈/ABC 231, 232

코카콜라 244, 245

담배꽁초 이론 84

당신의 초과 수익은 세금을 감당할 만큼 충분한가?' 340

당신의 펀드매니저는 얼마나 적극적인가? 343

대공황 10, 63, 115, 127, 298, 367

대니얼 카너먼 135

대릴 헨드릭스 329

댄 모넨 77

댄 버크 166

더 효과적인 성과 측정법 322, 323

데이비드 도드 57, 71, 105, 114, 177, 375

  《증권 분석》 57, 71, 72, 87, 104~106, 114, 149, 177, 211, 309, 357, 374

    그레이엄-도드 마을 324, 374, 375, 376

    도드에게 배우기 375

데이비드 크리거 210

데이비드 흄 134, 142, 352

도널드 키오 166, 255

《도덕 원칙에 관한 연구》 140

독 에인절 83

독립적 사고 164

돈 그레이엄 197, 198

돈 데일리 62

듀폰 117, 118

ㄹ

랠프 월도 에머슨 97, 98~101, 134

러셀 3000 지수 270

레너드 골든슨 230

레버리지 169

레오 굿윈 210

레일라 슈탈 101

로널드 웨인 262

로런스 커닝험 416

로버트 루빈 330

로버트 아노트 340

로버트 제프리 340

로버트 치알디니 135

로베르토 고이수에타 166, 246, 248~251, 252, 256

로웰 토마스 228

로저 로웬스타인 63, 75, 97, 113, 137, 420

루 거스트너 259

루 심슨 222

  시간 경과에 따른 투자 성과 224

  집중 투자 326

루안, 커니프 앤드 컴퍼니 310, 311

루이스 리치 105

루카 마에스트리 280

루트비히 비트겐슈타인 134

룩스루 이익 333~335

르네 데카르트 134, 139, 141
리들리 스콧 262
리스크
    가격 하락 357, 364
    버핏의 리스크 정의 236
    리스크와 분산 투자 294, 298
    변동성을 리스크 지표로 간주 362
    분산을 리스크 지표로 간주 356~359
    현대 포트폴리오 이론 364
리처드 비먼 131
릭 커니프 75, 310

ㅁ

마르시안 "테드" 호프 258
마샬 케첨 354
마이클 젠슨 374
마크 카하트 328
매력적인 가격에 매수하기 181~183
    가이코의 세 번째 원칙 223
    기관 투자자들의 "레밍" 같은 행동 384
    기업의 순자산 72
    리스크와 관련해 361
    시간과 리스크의 관계 363, 364
    시장 효율성 373~375
    장기적인 관점으로 37

주식 가격에 가장 큰 영향을 미치는 요인 360
주식시장에 관한 98
매력적인 가격에 매수하는 원칙 181
    코카콜라 255~257
    워싱턴 포스트 206~209
머니 마인드 395~416
    버크셔 해서웨이의 머니 마인드 문화 416
    버핏의 투자 사고방식 397, 398
    버핏의 후계자 선정 기준 396
머리 로스바드 96
메리 시 127
멜리사 터너 245
면세 지방채 182
모닝스타 322
《무엇이 워런 버핏을 세계 최고의 부자로 만들었을까?》 405
무위험 수익률 202
무형 자산에 대한 투자 107, 269, 274
미국의 성장 동력 412
미래 가치 창출 271, 272

ㅂ

〈배당 정책, 성장, 그리고 주식의 가치 평가〉 271
배당 할인 모델 177, 267, 274
배당금 58, 107, 158, 206, 209, 213, 221,

225, 251, 252, 257, 260, 271, 275, 276, 285, 287, 288, 354, 378, 411
배당수익률 10, 176, 177
《백만장자가 되는 1000가지 비밀》 64
버크셔 면 제조회사 83, 408
버크셔 해서웨이 83~88, 409~416
 1965~2022 버크셔의 성과와 S&P 500 지수 비교 424~426
  1977~2021년 보통주 포트폴리오 428~465
  내재가치 20
  네 거인 410
  단순하고 이해하기 쉬운 사업 151, 152
  룩스루 수익 335~336
  머니 마인드 395~416
  멍거의 설계 10
  멍거의 역할 334, 335
  미국의 대표 기업 409~416
  버크셔의 투자 기준 335, 336
  버핏 파트너십의 지분 31, 58, 79, 81~84, 101, 189
  버핏의 통제 78, 83
  보유한 전체 기업 및 보통주 184
  보험주 보유 191
  복합기업으로서 58
  복합기업으로서의 문화 416
  블루칩 스탬프 보유 315
  새뮤얼슨의 가설 371
  세대 교체 415
  시스캔디 매입 128
  시스캔디와의 복리 효과(공유된 경험으로서) 129
  연례 보고서 412
  연례 주주총회 415
  영속성의 문화 416
  이익률 119
  잉익잉여금의 가치 284~288
  집중 투자 292
  참고 도서관 68
  후계 396
버크셔 해서웨이 에너지(BHE) 410
버크셔 해서웨이 주주 서한 402, 416
버크셔 해서웨이 초기 83~88
버턴 말킬 328
버핏-팔크 앤드 컴퍼니 74
버핏에게 영향을 준 인물들 134
 버핏의 어린 시절과 초기 경력 63~76
 벤저민 그레이엄 102~114
 찰리 멍거 125~144
 필립 피셔 114~125
 하워드 호먼 버핏 93~101
벌링턴 노던 산타페 철도 34, 410
베타 계수 360
벤 브래들리 195
벤저민 그레이엄 30, 84, 102~114, 177, 180, 380, 385

감정적 대응 379
투자자의 심리 352
장기적 전망을 가지고 있는가 116
주식시장 거래 정지에 대한 언급 331
내재가치 중심의 투자 302
주가수익비율 110
단기적 시장은 인기투표, 장기적으로는 저울 332
벤저민 그레이엄 6, 20, 26, 30, 33, 57, 71, 72, 73, 74, 78, 81, 84, 86, 102, 109, 111, 112, 113, 114, 122, 123, 127, 143, 147, 177, 180, 203, 210, 211, 214, 234, 309, 332, 334, 354, 357, 360, 361, 375, 378, 380, 383, 385, 387, 388, 403

《증권 분석》 57, 71, 72, 87, 105, 106, 114, 177, 211, 309, 357, 374

《현명한 투자자》 27, 57, 71, 74, 87, 106, 109, 111, 147, 357, 385

가이코 주식 매수 211
그레이엄-뉴먼 회사 74, 75, 79, 104, 210, 376
그레이엄의 세미나 수강 71, 75
내재가치 개념 180
담배꽁초 이론 9, 84, 125, 127
방법론과의 결별 86
버핏에게 끼친 영향 108, 109, 111, 112
생애 및 배경 102~104

안전마전 개념 110
이성주의자 140
벤저민 프랭클린 130~132
변동성/시장 가격의 변화 30, 296, 305, 360, 364, 380
변화
　경제적 변화 408~410
　제도적 관행 156, 161~164
보유 기간 345
보유 시점과 과세 시점의 복리 효과 339~343
보통주 매수 108, 189~288
　가이코 210~228
　버크셔의 보통주 포트폴리오(1977~2021) 428~465
　버핏의 미래에 대한 전망 184~185
　보통주 매수에 대한 버핏의 투자 접근 방식 388~391
　보통주를 사업체처럼 소유하는 것 184, 185
　실패한 투자 107~109
　애플 258~284
　워싱턴 포스트 194~209
　이익잉여금 284~286
　이익잉여금의 가치 286~288
　캐피탈 시티즈/ABC 228~243
　집중 투자 292
　코카콜라 243~257
　IBM 259~261

보험회사 20, 191, 210, 215
《보통주의 장기 투자》 286
복리 58, 67, 87, 207, 209, 224
    가이코 수익률의 복리 효과 224
    내재가치의 장기적인 복리 성장 379
    시스캔디의 복리 효과 129
    애플 수익률의 복리 효과 277
    워싱턴 포스트의 복리 효과 207, 209
    이익잉여금의 복리 성장 287
부채 수준 169
분권화 237
분산 투자 38, 39, 56, 223, 294, 297~300, 365, 366, 371
분산/가격 변동성 측정 지표인 리스크 357
불균형 132
《불확실성 속의 판단: 휴리스틱과 편향》 135
브누아 망델브로 372
블루칩 스탬프 127, 128, 315
비용 통제 172, 237
비즈니스 원칙 150~155
빌 루안 73, 75, 82, 301, 309, 310, 324, 419
    성과 변동 비율 326
    집중 투자 310
빌 페일리 241

ㅅ

사회적 증거 경향 136
샐러드 오일 스캔들 80, 217, 361
샘 팔미사노 259
생태계 263, 277, 281
선힐 와할 329
《설득의 심리학》 135
성과 지속성 329
성과 측정 322~343
    5년 평균 성과 167
    거래 비용 338
    경영진의 가치가 반영된 성과 165
    단기 성과 중심의 평가 방식 323
    대안적인 성과 평가 기준 331
    룩스루 이익 333
    버크셔의 투자 기준 335
    보유 기간과 성과 관계 337
    세후 수익 338
    자기자본수익률 335
성장 투자 대 가치 투자 176
세스 클라먼 180
세쿼이아 펀드 75, 82, 301, 309~311, 324, 326
    집중 투자 310
    시간 경과에 따른 성과 비율 325, 326
세후 수익 338, 339, 342
소유주처럼 행동하는 경영진 231

솔직한 경영 159
  가이코 218~220
  코카콜라 250, 251
수익성
  무형 자산의 가치 270
  무형 자산 투자 268
  수익성 있는 사업 역사 232
  버핏의 견해 158, 176
수익의 분산 356
수잔 데커 416
수확 체감의 법칙 277, 278
순자산 110, 168, 224, 227, 253, 364, 414, 415
순현재가치 180, 354, 365
숨겨진 인덱서 344
《스노볼》 76
스탠더드 앤드 푸어스 75
  가이코 224
  버크셔의 성과와 S&P 500 지수 비교(1965~2022) 424~426
  성과 측정 기준으로서의 S&P 500 326
  세쿼이아 펀드 성과 비교 311
  애플 269
  워싱턴 포스트 203
  워싱턴 포스트의 세전 이익률과 S&P 비교 202
  집중 투자 전략과 S&P 500 수익률 비교 316
  코카콜라 247

S&P 500 평균 투자자본수익률 273
스티브 잡스 262
스티브 조던 407
시드니 호먼 버핏 60, 94
시스캔디 127~129
신문 사업 209
실용주의 134
실패 68, 95, 160, 413,
심리적 오류 135
  시장 심리 81, 381, 385
  장기적으로 유리한 전망을 가진 기업 149

ㅇ

아마존 24, 282, 283
아마존 웹 서비스 282
아메리칸 브로드캐스팅(ABC) 229~243
아메리칸 익스프레스 80, 81, 217
아밋 고얄 329
아이작 뉴턴 132
아지트 자인 415
안전마진 107, 109, 110, 113, 142, 182, 183, 307, 335, 354
  가이코의 세전 이익률 225
  버핏의 견해 142
  워싱턴 포스트의 세전 이익률 202

코카콜라의 세전 이익률 247
《안전마진》 180
안쿠르 파리크 345
안티 페타이스토 343
알베르트 아인슈타인 67
알코아, 알루미늄 컴퍼니 오브 아메리카 117, 118
알프레드 카울스 353
애드거 로런스 스미스 286
애플 258~284
   가치 평가 267~274
   경제적 해자 277
   단순하고 이해하기 쉬운 사업 262~264
   디지털 생태계 277
   무형 자산 투자 268~272, 274
   버크셔 해서웨이 자산으로서 260
   자기자본수익률 265~267
   장기적으로 유리한 전망 276~282
   제품과 서비스 265
   합리적인 경영 274~276
액티브 셰어 343~345, 379
액티브 포트폴리오 관리 292~295
   세금이 수익률에 미치는 영향 301
   액티브 운용 293~294
   인덱스 투자 대 액티브 운용 비교 293~295
   투기 대 투자 구분 380~387
   투기적 거래와의 대비 376, 377
   투자 영역 389

투자자의 감정적 대응 351
   현대 포트폴리오 이론과의 관계 352
   효율적 시장 가설과 액티브 운용의 관계 301~315
앤드루 카네기 283
앨러게니 코퍼레이션 192
앨리스 슈뢰더 420
야코프 마르샤크 353
야코프 베르누이 87
양도소득세 339
어니스트 버핏 60, 95, 125
어빙 칸 102
에이모스 트버스키 135
연례 보고서 22, 68, 313
연평균 수익률 57, 318, 319
영업원 124, 228, 232
오너 어닝 150, 167, 170, 171, 177, 201, 202, 252, 253, 254, 255, 256, 274
   인플레이션의 영향 170
   코카콜라 252, 253
오마하 선 192
《오마하의 현인》 408
오차 변동성 344
요한 볼프강 폰 괴테 406
워너메이커 앤드 브라운 66
워런 버핏 55~93
   배움을 얻다 70~73

버핏의 배경과 가족 60~62
복리의 제왕 83~88
스포츠맨 버핏 399~401
예술가 버핏 405~409
워싱턴 포스트 이사 198
투자 철학 64~70
투자의 스승 버핏 401~405
워런 버핏의 12가지 투자 원칙 150
  가치 원칙 174~183
  가치 평가 176~181
  경영진 원칙 155~166
  단순하고 이해하기 쉬운 사업 151, 152
  매력적인 가격에 매수 181
  비즈니스 원칙 151~155
  솔직한 경영 159~161
  수익률 72~73
  오너 어닝 170, 171
  일관된 운영 역사 152, 153
  자기자본수익률 167~169
  장기적으로 유리한 전망 153~155
  재무 원칙 166~174
  합리적인 경영진 156~159
〈워싱턴 타임스-헤럴드〉 62
워싱턴 포스트 21, 194~209
  1달러 전제 적용 사례 206~209
  내재가치 평가 201
  단순하고 이해하기 쉬운 사업 198, 199

버크셔 포트폴리오 자산의 일부로 편입 197
  수익률 204, 205
  안전마진을 확보한 후 매입 202, 203
  일관된 운영 역사 199, 200
  자기자본수익률 203, 204
  장기적으로 유리한 전망 200, 201
  합리적인 경영 205, 206
〈워싱턴 포스트〉 62, 194, 195
원자재 사업 154, 155
월터 슐로스 75
위대한 기업에 대한 버핏의 정의 154
《위대한 기업에 투자하라》 114, 299
위험 회피 전략 104, 108
윌리엄 샤프 359, 360, 372
윌리엄 손다이크 241, 420
윌리엄 제임스 134
유동성 192
유진 파마 371, 372~374
유형 자산 및 무형 자산 268~269
유형 자산 투자 268~270
이성적 사고 142
이성주의자 140
이익 재투자 251
이익잉여금 284~288
《인간 본성에 관한 논고》 140
《인간 이해에 관한 연구》 140, 352
인간의 오판 심리 136

〈인내하는 자본의 초과 성과〉 345
인덱스 투자 292, 293, 294, 295, 297
일관된 운영 역사 150, 151, 152, 199, 216, 232
임마누엘 칸트 134, 140, 142

ㅈ

《자기 신뢰》 98
자기자본수익률 167~169
    애플 265, 266
    코카콜라 249, 250
    집중 투자와 자기자본수익률 335
    가이코 225
자물쇠 효과 279
자본
    1달러 전제 238
    가치 평가 233~238
    단순하고 이해하기 쉬운 사업 231
    일관된 운영 실적 232
    자본의 기회비용 179
    장기적으로 좋은 전망 232~233
    제도적 관행 240~243
    캐피탈 시티즈 228~231
    캐피탈 시티즈/ABC 228~243
    투자자본수익률 271
    합리적인 경영 156~159, 163, 205

자본 비용
    거래 비용 293, 301, 305, 321, 338, 339, 346
    운영 비용 44~46
    전환 비용 279
자본적 지출 170
자본이득 169, 411
자사주 매입 158, 206, 221, 223, 239, 242, 252, 260, 275, 276, 282, 411
    가이코 221
    애플 260
    캐피탈 시티즈/ABC 239
자산 집약적 사업 170
자유지상주의 96, 97
장기적으로 유리한 전망 200, 218, 232, 245
    가이코 218
    애플 262~264
    워싱턴 포스트 200, 201
    캐피탈 시티즈/ABC 232, 233
    코카콜라 245~249
재무 성과를 예측할 수 있는 경고 신호 165
재무 원칙 149, 150, 166, 167, 235
잭 링월트 215
전문성의 범위 123~125
전자 소비재 산업 262~264
전환 비용 279
정부 직원 보험회사(가이코) 74
정상 상태 가치 271

찾아보기

제너럴 리 192
제도적 관행 156, 161, 221, 240, 241
　캐피탈 시티즈/ABC 240~243
　코카콜라 221~225
제롬 뉴먼 75, 104
제임스 C. 페니 65
제프 베이조스 208, 282
조셉 노세라 322
조지프 슘페터 408
존 로크 97
존 록펠러 283
존 메이너드 케인스 302~305
　연평균 수익률 304
　케인스의 집중 투자 303
　투기에 대한 견해 305
존 버 윌리엄스 226, 267, 271, 354, 355, 357, 380, 381
존 버핏 60
존 워너메이커 65
잭 번 18, 43, 213, 216, 218, 220, 222, 236
주가수익비율 10, 108, 110, 113, 141, 176, 177, 211, 215, 269, 273, 274, 376
주가순자산비율 10, 113, 176, 177
〈주가의 행동〉(파마) 372
주당 순이익 150, 167, 168, 250, 269, 270, 288
주식 시장
　1973~1974년 약세장 367

버핏은 주식을 하나의 사업으로 보는 방법 147
비이성적인 결정 397
전통적 투자자 367
주가의 가장 큰 영향을 주는 요소는 '주식시장 자체' 360
주식 위험 프리미엄 178
주식시장 뉴스에 집중하는 태도에 대한 비판 385
주주 가치 156, 159, 174, 223, 251, 273, 277, 287
주주에게 이익을 환원 158, 363
증권 분석 71, 309
《증권 분석》 57, 71, 72, 87, 105, 106, 114, 211, 357, 374
증권거래소 103, 164, 350
지식 299
진 오스틴 247, 248
집단 지성 효과 133
집중 액티브 투자 343~346
　가이코 218
　워싱턴 포스트 200~201
　캐피탈 시티즈/ABC 232~233
집중 투자 292, 295~301
　루 심슨(가이코 투자 책임자) 311
　룩스루 이익 333~335, 346, 380
　버핏 리미티드 파트너십 57, 77, 184, 217, 300
　세쿼이아 펀드 75, 309, 312

저조한 성과 324, 326, 327

　　존 메이너드 케인스 40, 124, 181, 286, 298, 302, 304, 324, 380, 381, 385

　　집중 액티브 투자 343, 345

　　찰리 멍거 파트너십 307, 308

　　포트폴리오 관리와 집중 투자 295

　　찰스 멍거 파트너십 307~315

척 퍼슨 77

척 허긴스 43, 128

ㅋ

칼 팔크 63, 74

캐럴 루미스 18, 156, 405

캐서린 그레이엄 194~198, 202~207

캐피탈 시티즈/ABC 166, 172, 228, 231, 233, 236, 238~241, 243

캐피탈 시티즈의 경영 방식 239, 240

　　분권화된 경영 237

　　제도적 관행 240~243

　　피셔의 경영 철학 121

켄 체이스 189

코카콜라 129, 243~257

　　기업 가치 평가 253~255

　　단순하고 이해하기 쉬운 사업 244~245

　　매력적인 가격에 매수하기 256, 257

　　솔직한 경영진 250, 251

　　수익률 249

　　시가총액 247

　　오너 어닝 252, 253

　　자기자본수익률 249, 250

　　장기적으로 유리한 전망 245~249

ㅊ

찰리 멍거 9, 18, 20

　　구글에 투자하지 않은 이유 283

　　대안과 비교 179

　　멍거의 박학다식함 129~132

　　멍거의 투자 철학과 원칙 130~144

　　미디어 기업의 가치 평가 207

　　버크셔대학교 401

　　버핏과 멍거의 관계 127~129

　　버핏이 멍거에게 받은 철학적 영향 127

　　성장 배경 125

　　세속적 지혜 130, 132

　　실패의 근본 원인을 파악하는 일 135

　　아마존에 투자하지 않은 이유 283

　　연평균 수익률 305

　　지식을 쌓는 것 392

　　찰리 멍거 파트너십 307~309

　　찰스 다윈 133

합리적인 경영진 252
코카콜라 아마틸 245
코카콜라 엔터프라이즈 245
콘래드 타프 378
클리브스 레아 210
킹스 칼리지 체스트 펀드 302~305

ㅌ

테드 웨슐러 261
토드 콤스 261
토드 핀클 267, 420
토머스 베이즈 133
토머스 페인 97
톰 냅 75
톰 머피(캐피탈 시티즈의 CEO) 241~243
투기 45, 175, 350, 367, 380, 381~383, 387
투자 사고방식 284
투자 영역 389, 391
투자 철학 85, 102, 127, 130
《투자가치론》 177
투자는 최고의 게임 400, 401
   가치 투자 57, 81
   가치주 외면 310
   그레이엄의 투자 기법 113, 357
   무형 자산 대 유형 자산 투자 268

버핏의 투자 사고 변화 124
장기 투자 24, 47, 233, 311, 345, 364, 385, 407
전문성의 범위 123~125
전통적인 투자 관행 222
주주 중심적인 경영진이 운영하는 기업에 투자 173, 181
   지적인 투자 183~185
   집중 액티브 투자 343, 345
   투자 사고방식 284
   투자 이론 56
   투자 철학 85
   투자에 완벽한 기질 222
   패턴 이해하기 59, 60
   피셔의 투자법 298, 299
   합리적인 투자 57
투자자본수익률 271, 273, 274, 377
투자자의 행동 175
팀 쿡 267, 274, 275, 281

ㅍ

패턴 59, 60
〈펜실베이니아 청소년 교육과 연관된 제언〉 131
포트폴리오 관리 291~341
   분산 투자 294, 300, 371
   액티브 포트폴리오 관리 292

집중 액티브 투자 343~346

집중 투자 대 액티브 투자 292~294

회전율 293, 301, 337

〈포트폴리오 분석의 단순화 모형〉 359

〈포트폴리오 선별〉 355, 360, 365

폴 새뮤얼슨 371

폴 오스틴 247, 248, 250

표준 투자 접근법 379

프랑코 모딜리아니 271

프랜시스 베이컨 139, 141

프랜차이즈 21, 22, 153, 246, 257, 279, 280

프랭크 스미스 228

프레더릭 케펠 102

플라톤 414

피셔 앤드 컴퍼니 115

피에르 드 페르마 133

피터 L. 번스타인 367

필립 그레이엄 194, 195

필립 피셔 7, 15, 20, 114, 122, 123, 127, 172, 214, 298, 299, 392, 418

ㅎ

하워드 버핏 415

하워드 호먼 버핏 93~101

학계의 상아탑 56

《학생과의 대화》 404

한나 타이투스 60

할인된 현금흐름 모델 177, 178, 267, 377

할인율 177, 234, 267

합리적인 경영 156~159

가이코 220~221

애플 274~276

워싱턴 포스트 205~206

캐피탈 시티즈/ABC 239, 240

코카콜라 252

합리적인 투자 57, 175

해럴드 블룸 97

해리 라슨 66

해리 M. 마코위츠 352~367, 359

해서웨이 제조사 84

행동재무학 135, 376

헨리 소로우 97

헨리 포드 287

《현금의 재발견》 207

현금흐름 151, 157

기술 기업의 현금흐름 275~276

워싱턴 포스트의 현금흐름 205

현대 포트폴리오 이론 56, 57, 98, 351, 352, 355, 356, 360, 361, 363, 364, 365, 366, 367, 369, 370, 371, 378, 379, 387

리스크의 척도로 사용하는 주가 변동성 178

버핏의 투자 방식과 비교 360

분산된 포트폴리오 56, 223, 294, 366

분산을 리스크 측정 수단으로 간주 358

사업 주도형 투자와 비교 362

수익과 위험의 관계 352

주가 변동성 351, 355, 361

현대 포트폴리오 이론의 재고 367~371

효율적 시장 가설 371~380

《현명한 투자자》 27, 57, 71, 74, 87, 106, 109

현장 정보 수집 조사 121

확률 이론 133, 134

회계 통제 116, 119

회의론자로부터: 시장을 이기는 교훈 378

효율적 시장 가설 371~380

〈효율적인 자본 시장〉 373

신용우

성균관대학교 대학원에서 번역을 전공하고 영어번역가로 활동하면서 《낭만적인 유럽 거리를 수놓다》, 《기네스 세계기록 2022》, 《실은 나도 과학이 알고 싶었어》, 《우리는 실패하지 않았다》, 《우아하게 랍스터를 먹는 법》, 《인생이 바뀌는 시간 관리의 비밀》, 《소크라테스 성공법칙》 등을 옮겼고, IPTV를 통해 방영된 해외 드라마와 영화도 70편 이상 번역했다. EBS를 통해 방영된 작품으로는 영화 〈블레이드 러너〉, 다큐멘터리 〈나의 시, 나의 도시〉, 〈데이비드 보위: 지기 스타더스트 마지막 날들〉 등이 있으며, 개봉작으로는 〈랜드 오브 마인〉이 있다. 현재 출판번역에이전시 글로하나에서 경제경영, 인문 분야를 중심으로 영미서를 번역, 리뷰하고 있다.

워런 버핏 웨이

초판 1쇄 발행 2025년 5월 21일
초판 18쇄 발행 2025년 7월 23일

지은이 로버트 해그스트롬
옮긴이 신용우
펴낸이 고영성

책임편집 황남상 편집 윤충희 디자인 이화연 저작권 주민숙, 한연
펴낸곳 주식회사 상상스퀘어
출판등록 2021년 4월 29일 제2021-000079호
주소 경기도 성남시 분당구 성남대로 52, 그랜드프라자 604호
팩스 02-6499-3031
이메일 publication@sangsangsquare.com
홈페이지 www.sangsangsquare.com

ISBN 979-11-94368-13-7 (03320)

- 상상스퀘어는 출간 도서를 한국작은도서관협회에 기부하고 있습니다.
- 이 책은 저작권법에 따라 보호를 받는 저작물이므로 무단 전재와 복제를 금지하며, 이 책 내용의 전부 또는 일부를 사용하려면 반드시 저작권자와 상상스퀘어의 서면 동의를 받아야 합니다.
- 파손된 책은 구입하신 서점에서 교환해 드리며 책값은 뒤표지에 있습니다.